Debora Sommer
JULIANE VON KRÜDENER

Debora Sommer

Juliane von Krüdener

Eine Baronin missioniert Europa

Über die Autorin:
Debora Sommer studierte in der Schweiz und Südafrika Theologie und promovierte über Juliane von Krüdener. Sie ist Referentin, Leiterin des Fernstudiengangs am Theologischen Seminar St. Chrischona, Schweiz und Co-Researcher am Department of Christian Spirituality, Church History and Missiology der University of South Africa, Pretoria. Sie ist verheiratet, hat zwei Kinder und lebt in der Schweiz.

Bibliografische Information Der Deutschen Bibliothek
Die Deutsche Bibliothek verzeichnet diese Publikation in der Deutschen Nationalbibliografie; detaillierte bibliografische Daten sind im Internet über http://dnb.ddb.de abrufbar.

ISBN 978-3-86827-468-4
Alle Rechte vorbehalten
© 2014 by Verlag der Francke-Buchhandlung GmbH
35037 Marburg an der Lahn
Umschlagbild: © akg-images / Erich Lessing
(Juliane von Krüdener im Alter von 21 Jahren,
Ausschnitt aus einem Gemälde von Angelika Kauffmann)
Umschlaggestaltung: Verlag der Francke-Buchhandlung GmbH /
Sven Gerhardt
Satz: Verlag der Francke-Buchhandlung GmbH
Printed in Czech Republic

www.francke-buch.de

INHALT

Ahnentafel der Baronin von Krüdener 8

Prolog 9

Kapitel 1
Kindheit & Jugend einer Baronesse 13

Kapitel 2
Junge Ehefrau & Botschaftergattin 46

Kapitel 3
Liebeswirren & Sinnkrisen 83

Kapitel 4
Erfolg & Gottesbegegnung mit Folgen 119

Kapitel 5
Selbstfindung & missionarische Anfänge 159

Kapitel 6
Politischer Einfluss & Missionsreise 224

Kapitel 7
Exil & neues Missionsfeld 296

Kapitel 8
Abschied & Vermächtnis 354

Zeittafel 360

Anmerkungen 362

Bibliografie 380

Für meine Kinder, Ruben & Dina.

Möget ihr die Geschichten vergessener Frauen an eure und die nächste Generation weitergeben und als Mann und als Frau selber Geschichte schreiben!

* * *

In dankbarer Erinnerung an Juliane von Krüdeners Nachkommen Francis Ley (1920–2014) und an Ulrich Grammel (1934–2013), mit denen ich meine Forschungsleidenschaft teilen und von denen ich viel lernen durfte.

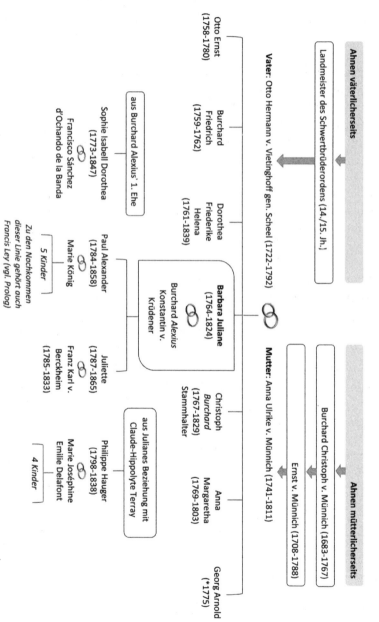

PROLOG

Noch heute sehe ich die Ereignisse jenes nasskalten Novembertags im Jahr 2005 vor mir, als ob sie sich gestern zugetragen hätten. Meine Aufregung war nicht zu verbergen, als ich in der französischen Eisenbahn, begleitet von meiner Schwester und einer Freundin, der Pariser Banlieue entgegenbrauste. In Kürze sollte ich einem leiblichen Nachkommen jener Frau gegenüberstehen, die mich seit rund sieben Jahren faszinierte: Barbara Juliane von Krüdener, die adlige, weit gereiste Botschaftergattin aus den russischen Ostseeprovinzen. Die um 1800 in Paris gefeierte Romanautorin und Salonnière, welche knapp 20 Jahre später aufgrund ihrer missionarischen Aktivitäten aus Westeuropa verbannt wurde.

Die Begegnung mit Juliane von Krüdeners Ur-Ur-Ur-Enkel Francis Ley und seiner liebenswerten Gattin übertraf meine kühnsten Erwartungen. Einer Zeitreise gleich wurde Geschichte lebendig, erzählten Porträts und Gemälde von Liebe und Schicksal, Sieg und Niederlage, enthüllten Schubladen, Karteikästchen und Bücherregale Schätze, von denen ich nichts geahnt hatte. Francis Ley erwies sich als hervorragender Reiseführer auf dem Rundgang durchs Privatmuseum. Jahrzehntelang hatte er unzählige Stunden in die Auswertung der Familienarchivalien investiert, zahllose Korrespondenzen unterhalten, Dokumente und vielerlei mehr gesammelt. All dies floss in seine zahlreichen Publikationen ein, die im deutschsprachigen Raum kaum zur Kenntnis genommen wurden. Sorgsam hinter Glas verwahrt sein besonderer Stolz: Ein Dolch von Zar Alexander I. und ein Säbel von Kaiser Napoleon. Besitztümer zweier Männer, die nicht nur die Hauptvertreter der großen politischen Kontrahenten jener Zeit waren, sondern die Juliane von Krüdener auch persönlich kannte. Beim freundschaftlichen Tee mit farbenfrohen Macarons sah ich mich in meinem Beschluss bestätigt, das Leben der geheimnisvollen Baltin weiter zu erforschen.

Auf der Heimreise kreisten meine Gedanken einmal mehr um

die Frage, wie es geschehen konnte, dass eine Frau vom Format Krüdeners aus dem Geschichtsbewusstsein mehrerer Generationen verschwand, während viele befreundete Geistesgrößen ihre verdiente historische Ehre erlangten. Mit ihrem kosmopolitischen Hintergrund sowie ihrem grenzüberschreitenden Leben und Wirken von Ost- bis Westeuropa war die Baltin zweifellos nicht leicht einzuordnen. Ihre russische Andersartigkeit und Direktheit waren für manchen nüchternen Westeuropäer eine Überforderung. Die Botschaft ihrer missionarisch aktiven Jahre war unbequem und forderte ein Umdenken. Tausende von Menschen strömten in Schweizer Städten wie Basel, Aarau oder Luzern zusammen, um die Frau aus dem Norden zu sehen, zu hören oder Hilfe zu finden. Tief betroffen von der erbarmungslosen Hungersnot jener Jahre setzte sich die Baltin nach Kräften und mit allen Mitteln für die leidende Bevölkerung ein. Die »Mutter der Armen« nahm kein Blatt vor den Mund, wenn sie Geistliche und Regierungen auf ihre Verantwortung aufmerksam machte und forderte ein Evangelium der Tat. Unerschrocken trat sie vor Herrscher und prophezeite lange im Voraus den Untergang der Bourbonen und Napoleons Rückkehr von der Insel Elba. Die baltische Missionarin war wiederholt in den Top-Schlagzeilen ihrer Zeit – in Russland, Frankreich, Deutschland, der Schweiz und Italien. Ihr missionarisches Auftreten führte zu hitzigen Diskussionen und Korrespondenzen. Die »Angelegenheit Krüdener« wurde in den höchsten Ebenen der Politik und selbst bei Pfarrkonventen auf die Tagesordnung gesetzt. Geistliche wurden ihretwegen suspendiert, die Kriminalpolizei heftete sich an ihre Fersen und vieles mehr. Sie polarisierte Familien, Kirchengemeinden, Städte und Kantone. Ihre Ausweisung nach Russland brachte vielen Westeuropäern die erwünschte Ruhe. Es bedeutete eine Erleichterung, die Akte Krüdener schließen zu können.

Seit jenem Novembertag im Jahr 2005 sind über acht Jahre verstrichen. Jahre, die mich in viele Archive und zu diversen Lebensschauplätzen der baltischen Missionarin geführt haben – etliche davon in meiner Schweizer Heimat, andere etwas weiter entfernt. Jahre, in denen die wertvolle Vernetzung mit Krüdener-Forschern in West- und Osteuropa meinen Forschungshorizont erweiterte. Das Ergebnis meiner Nachforschungen nahm in der Abfassung einer umfangreichen Doktorarbeit Gestalt an, die seit Oktober 2013 als Publikation[1] vorliegt. Es handelt sich dabei um die erste umfassende Studie über das Leben der baltischen Missionarin aus theologischer Perspektive.

Die Spurensuche führte mich von West- bis Osteuropa. Neben einer bis heute nicht ausgeschöpften Fülle an Archivalien und einem bunten Reigen an Forschungsliteratur in diversen Sprachen sind die junge Juliane und ihr zweieinhalbjähriger Sohn Paul – der spätere Botschafter von Bern – zum Beispiel im Pariser *Louvre* zu bewundern. An Julianes Aufenthalt im Landkreis Heilbronn erinnert ein Gedenkstein in der *Königsmauer* auf der Burgruine Weibertreu bei Weinsberg. Spuren finden sich ebenda auch im Hotel *Rappenhof*. In jener Gegend erlebte die Baltin in den vergangenen Jahren in ihrer Rolle als Schriftstellerin der Romantik eine Art Renaissance. Dementsprechend wurde sie in jüngster Zeit mit einer Station auf dem literarischen Radweg *Per Pedal zur Poesie* oder auch im Rahmen der touristischen Gästeführung *Die Frauen von Weinsberg* gewürdigt. Auf Julianes erweckliche Impulse auf den *Genfer Réveil* weist eine Hinweistafel im Untergeschoss des *Internationalen Museums der Reformation* in Genf hin. In Erinnerung an Julianes Wirken in der Schweiz in den Jahren 1816-1817 wurden der Baltin im Jahr 1998 in Aarau und im Juni 2010 in Luzern je eine Gedenkstation anlässlich von Stadtführungen gewidmet. Auch in Osteuropa finden sich vereinzelt Spuren: Im Park von Julianes ehemaligem Landgut *Kosse* steht beispielsweise eine Gedenktafel zur Geschichte des Anwesens, auf der der ehemaligen Besitzerin und Wohltäterin gedacht wird.

Die Spurenbilanz löste zwiespältige Gefühle in mir aus. Umgetrieben hat mich vor allem die Frage, was Juliane von Krüdener wohl zu diesen Spuren sagen würde. Ob es tatsächlich *die* Art von Spuren ist, die sich die baltische Missionarin zu hinterlassen gewünscht hatte? Als Station einer Stadtführung und eines Radweges, als Gedenkstein in einer Mauer oder auf einer Gedenktafel zu enden? Was ist mit ihrem missionarischen Anliegen, das ab 1814 alle anderen Anliegen dominierte? Wo bleiben die Spuren ihres missionarischen Wirkens? Gibt es überhaupt welche?

Am 22. November 2014 jährt sich Juliane von Krüdeners Geburtstag zum 250. Mal. Ein Vierteljahrtausend Juliane von Krüdener ist ein würdiger Zeitpunkt, die Akte Krüdener neu zu öffnen und der Weltöffentlichkeit zugänglich zu machen. Lassen Sie sich mitnehmen auf eine Reise in eine der ereignisreichsten Epochen der neueren Geschichte: In die Zeit der französischen Revolution, die Juliane von Krüdener aus unmittelbarer Nähe miterlebte. In die Blütezeit der Salons europäischer Metropolen, geprägt von Aufklärung, Klassik und Romantik. Und mittendrin eine adlige Salondame, die mit vorherrschenden Traditionen brach und neue Wege beschritt. Begleiten Sie mich auf eine Reise in die Vergangenheit. Tauchen Sie ein in das Leben einer Frau, die einen Platz in der Geschichte verdient hat, selbst wenn die Beurteilung ihres Wirkens unterschiedlich ausfallen mag.

Kapitel 1

Kindheit & Jugend einer Baronesse

1764-1782

»*Die Einsamkeit der Meere, ihre ungeheure Stille oder ihr stürmisches Treiben, der unsichere Flug des Eisvogels, der melancholische Schrei des Vogels, der unsere erstarrten Gegenden liebt, die traurige und milde Klarheit unserer Nordlichter, all dies nährte die verschwommenen und bezaubernden Unruhen meiner Jugend*«.[2]

Juliane von Krüdener in ihrem Roman *Valérie*

Geburt einer Baronesse

Während man im Westen gemäß neuer Zeitrechnung den 22. November 1764 schrieb, fiel der geschichtsträchtige Tag in Riga auf einen 11. November. Die Nachricht von der Geburt der kleinen Baronesse verbreitete sich wie ein Lauffeuer in der livländischen Metropole und machte die klirrende Kälte des Novembertags erträglicher. Dabei war es weniger das neugeborene Mädchen, das der Ankündigung Gewicht verlieh, sondern vielmehr die Prominenz der Familie, in die es hineingeboren wurde. Das Volk fieberte nach Neuigkeiten aus dem Adelspalais der Familie von Vietinghoff. Baron Otto Hermann, der Vater der kleinen Baronesse, galt als einer der reichsten Männer Russlands und wurde in den Gassen von Riga und den Weiten der angrenzenden Provinzen ehrfürchtig *König von Riga* und *Halbkönig von Livland* genannt. Livland gehörte neben Estland und Kurland zu den drei russischen Ostseeprovinzen, aus denen sich später die heutigen Staaten Estland und Lettland bildeten. Riga, die stolze Hansestadt, das Herzstück des historischen Livlands, wurde somit zur Wiege der neugeborenen Baronesse. Eine Stadt der Kontraste, die eine Vielzahl von Kulturen, Konfessionen und Gesellschaftsschichten in sich vereinte, aber auch Extreme wie Reichtum und Armut. Gewissermaßen symbolisch für die Zukunft der neugeborenen Baronesse, deren Leben eine ähnlich faszinierende Verschmelzung unterschiedlichster Elemente und Kontraste werden sollte.

Nicht weniger als drei Edeldamen und ebenso viele Edelmänner standen wenige Tage später in der imposanten Domkirche zu Riga Pate, als die kleine Baronesse am 29. November im Rahmen einer würdevollen Feier auf das evangelisch-lutherische Bekenntnis getauft wurde. Einer ihrer Paten war kein Geringerer als der amtierende Gouverneur von Livland.

Die beiden deutschen Vornamen *Barbara Juliana* erhielt das kleine Mädchen zu Ehren zweier berühmter Frauen des mütterlichen Familienzweigs. *Barbara* wurde sie aus Wertschätzung zu Barbara Eleonora Gräfin Saltikowa (1691-1774) genannt, der zweiten Frau ihres weltberühmten Urgroßvaters Graf von Münnich. *Juliana* hieß sie nach ihrer Patin und Großtante Juliana von Mengden (1719-1786), die als Hofdame freiwillig die Verbannung der russischen Zarin Anna Leopoldowna geteilt hatte. Die schöne und zufriedene Juliana von Mengden hinterließ einen prägenden Eindruck auf die kleine Baronesse. »Manchmal gingen wir aufs Land, wo die Luft noch von den alten Sitten erfüllt war«[3], erinnerte sich Barbara Juliana in späteren Jahren an die Besuche bei ihrer Urgroßmutter Barbara und ihrer Großtante Juliana. Letztere war trotz des Lebens am Zarenhof von bescheidener Einfachheit geblieben. Als Kind beobachtete die kleine Baronesse wiederholt voller Bewunderung, wie ihre Großtante frühmorgens aufstand, um mit einigen Bäuerinnen zu spinnen. Dazu sangen sie religiöse Lieder. Möglicherweise war die besondere Verbindung zur Großtante ausschlaggebend dafür, dass *Juliana* bzw. *Juliane* zum gängigen Rufnamen der kleinen Baronesse wurde.

Deutschbaltisches Erbe

Dass Barbara Juliane trotz russischer Staatszugehörigkeit zwei *deutsche* Vornamen erhielt, hing mit ihrer deutschbaltischen Herkunft zusammen. Auch wenn sie in ihrer Unbekümmertheit noch nicht ahnte, wie sehr jene Abstammung ihr Leben bestimmen würde, war dieser Eckpfeiler unverrückbar gesetzt und durchdrang schon wenige Jahre später die kindliche Realität. »Ich kann nicht genau sagen, zu welcher Nation ich gehöre«[4], beschrieb Juliane später als junge Frau ihr deutschbaltisches Dilemma.

Deutschbaltisch zu sein, war in der Tat etwas Besonderes. Die Bewohner des Baltikums bildeten gewissermaßen eine lebende Brücke zwischen West- und Osteuropa. Das Resultat war eine einzigartige Verbindung westlicher und östlicher Eigenheiten; ein Gemisch von nordischen, slawischen, deutschen und französischen Einflüssen. Obwohl die baltischen Ostseeprovinzen zu Julianes Lebzeiten unter russischer Herrschaft standen, war die russische Nationalität ihrer Bewohner keineswegs auf den ersten Blick auszumachen, zumal die russische Sprache lediglich eine Nebenrolle spielte. Die Oberschicht unterhielt sich vorwiegend auf Deutsch und Französisch. Letzteres wurde in den baltischen Ostseeprovinzen – wie vielerorts im damaligen Europa – als Sprache der gehobenen Gesellschaft bevorzugt. Die deutsche Sprache hingegen war Teil der Geschichte und gehörte daher genauso zum Baltikum wie die vielen Deutschbalten.

Mehr als 550 Jahre zuvor war Riga nämlich von einem deutschen Bischof gegründet worden. Im Laufe mehrerer Jahrhunderte hatten deutsche Ordensritter, darunter auch Vorfahren von Julianes Vater, das Gebiet nach und nach erobert. Später verwalteten und gestalteten sie im Auftrag wechselnder Herrscher – dänischer, polnischer, schwedischer und seit 1710 russischer Machthaber – Gebiete im heutigen Estland und Lettland. Dabei agierten sie gemäß deutschem Recht und mit deutscher Amtssprache. So bestimmten die Deutschbalten über Jahrhunderte hinweg die Geschicke der baltischen Ostseeprovinzen. Sie übten großen Einfluss auf die dortige Kultur, Tradition, Religion und Sprache aus. Obwohl mit dem deutschen Kulturgebiet verbunden, blieben die Deutschbalten jedoch unabhängig und dienten meistens dem Russischen Reich. Die Familiengeschichte der kleinen Baronesse liefert den besten Beweis dafür. Sowohl Julianes Urgroßvater und Großvater mütterlicherseits als auch ihr Vater, ihre Brüder sowie viele weitere Verwandte und Freunde standen in russischen Diensten.

Trotz aller Bemühungen, sich zu integrieren, wurden die Deutschbalten von den Einheimischen als Ausländer und Fremde wahrgenommen. Sie waren russische Staatsangehörige und doch keine Russen. Sie waren deutschen Ursprungs und doch keine Deutschen. Dies führte vielfach zu einem Grundgefühl der Heimatlosigkeit. Auch Juliane sollte dieses Gefühl kennenlernen. Später entdeckte sie allerdings in Frankreich und der Schweiz – den beiden Ländern, zu denen sie sich am stärksten hingezogen fühlte – dass es auch Vorteile hatte, als Fremde angesehen zu werden, als nördliches Wunder voller »asiatischem Charme«[5]. Schließlich bildete genau jene Verschmelzung verschiedener Kulturen ein nicht zu unterschätzendes Element für ihren späteren schriftstellerischen Erfolg. Es machte sie interessant und geheimnisvoll.

Deutschbaltisch zu sein hieß also einerseits, nirgends richtig dazuzugehören, andererseits bot es die Möglichkeit, zwischen verschiedenen Kulturen zu wählen. Juliane entschied sich als junge Frau für die französische Kultur und Sprache, denen sich die ganze europäische Gesellschaft untergeordnet hatte. Diese wurden für sie zur Mutterkultur und Muttersprache, Frankreich zur »Heimat ihres Herzens«[6]. Aufgrund ihrer Liebe zu Frankreich bevorzugte sie später den Rufnamen *Julie*, die französische Variante ihres zweiten Vornamens.

Tempelrittervorfahren väterlicherseits

Julies Stammbaum väterlicherseits mit seiner ruhmvollen Vergangenheit kann bis ins 13. Jahrhundert zurückverfolgt werden. Das Adelsgeschlecht von Vietinghoff ist untrennbar mit der deutschbaltischen Geschichte verflochten. Im 14. und 15. Jahrhundert gingen Arnold und Conrad von Vietinghoff als Landmeister, also als oberste Führer des Schwertbrüderordens, in die Geschichte ein. Dieser geistliche Ritterorden war im Jahr 1202 nach dem Vorbild der Tempelritter gegründet worden und hatte die Missionierung Livlands zum Ziel. Riga entwickelte sich in der Folge zur Hauptstadt der Schwertbrüder. Die Bedeutsamkeit der väterlichen Ahnengalerie war Julie von Kind auf vertraut und sie war stolz darauf. Zugleich stand die Templervergangenheit wie ein Mahnmal über ihrem Leben:

> Aber während mich einerseits der Ruhm für das Großartige der Welt mitriss durch die Macht, welche ihr verführerischer Glanz auf mein Herz ausübte, so mäßigte andererseits das auf meinem Schreibtisch aufgestellte Kreuz der Ahnen meines Vaters, der Nachkommen der Tempelritter, diese Glut. Dieser souveräne Orden, welcher lange Zeit über Preußen und Livland, die Gegend, wo ich geboren wurde, regierte, lehrte mich, den Prunk und die Größe gering zu schätzen und bereitete mein Herz auf diese Siege vor, die noch größer sind als jene, durch welche Kaiserreiche unterworfen werden.[7]

Im 16. Jahrhundert war das Adelsgeschlecht von Vietinghoff mit beeindruckendem Besitz über ganz Alt-Livland verteilt und durch zahlreiche Eheschließungen mit den alten Geschlechtern des Landes verbunden.

Unter Julies Vater erreichte der Familienzweig von Vietinghoff mit dem Beinamen *Scheel* einen neuen Höhepunkt. Otto Hermann Baron von Vietinghoff (1722-1792) hatte eine äußerst erfolgreiche Karriere als Offizier der russischen Armee durchlaufen. Nach seinem Ausscheiden aus dem Militärdienst wurde er livländischer Regierungsrat im Rang eines russischen Staatssekretärs. Daneben war er stolzer Besitzer von über 30 Ländereien und Schlössern auf dem Boden der heutigen Staaten Estland und Lettland. Dazu gehörten Schloss Marienburg, Schloss Lubahn, Schloss Alt-Schwanenburg sowie die Rittergüter Kosse, Kroppenhof und das Gut Groß-Jungfernhof. Als tüchtiger Geschäftsmann betrieb er auf einigen seiner Ländereien ein florierendes Gewerbe mit Branntweinbrennereien, Ledergerbereien und Leinenwebereien. Wie viele einflussreiche Geistesgrößen seiner Zeit war er Mitglied einer Freimaurerloge. »Mein Vater liebte die Großartigkeit, die sich durch den Luxus der Gedanken verschönert«[8], eröffnete Julie und ergänzte: »Seine Vorliebe für Gebäude eines imposanten Baustils ließen ihn große Bauwerke in Riga errichten und wir bewohnten eines dieser Anwesen.« Auch ein Palais in Sankt Petersburg gehörte zum Familienbesitz. Otto Hermann von Vietinghoffs Stellung, sein Reichtum und seine Bildung ermöglichten ihm maßgeblichen Einfluss auf das gesellschaftliche und künstlerische Leben der baltischen Metropole Riga. Er galt im Volk als *Ludwig XIV. von Riga* und gehörte zu den markantesten Persönlichkeiten der baltischen Provinzen im 18. Jahrhundert.

Heldenhafte Ahnen mütterlicherseits
Der Stammbaum mütterlicherseits lässt sich zwar nicht ganz so weit zurückverfolgen, ist aber nicht weniger ruhmreich. Julies Mutter war die Enkelin des in ganz Europa berühmten Burchard Christoph Graf von Münnich (1683-1767). Der Oldenburger ging als brillanter Ingenieur, Architekt, russischer Generalfeldmarschall, Premierminister und Krim-Eroberer in die Weltgeschichte ein. Seine steile Karriere im Dienste russischer Zarinnen und Zaren begann 1721 unter Peter dem Großen. Letzterer bezeichnete ihn öffentlich als seinen fähigsten Mitarbeiter. Der hochgebildete von Münnich sprach mehrere Sprachen fließend und korrespondierte unter anderem mit Friedrich II. und Voltaire. Zu Graf von Münnichs Glanzleistungen gehörte der Bau des Ladogakanals. Dieser längste Schiffskanal jener Zeit verbesserte den Wasserweg von der Wolga zur Ostsee und erleichterte die Versorgung des 1703 gegründeten Sankt Petersburg. Auch der Hafen von Kronstadt und die Festungsanlagen von Riga entstanden unter von Münnichs fachmännischer Leitung. Als Generalfeldmarschall und Präsident des Kriegskollegiums reorganisierte er unter Zarin Anna I. die russische Armee und eroberte im Russisch-Österreichischen Türkenkrieg 1736 die Krim.

Kurzzeitig als Premierminister im Amt, brachte ein Staatsstreich im Dezember 1741 das Todesurteil für Burchard Christoph mit sich. Auf dem Schafott erfolgte überraschend die Begnadigung. Anstelle der Todesstrafe kam es zur Güterenteignung und zur Verbannung. So lebte Julies Urgroßvater für die nächsten

20 Jahre im sibirischen Dorf Pelim, bis er 1762 unter Peter III. nach Sankt Petersburg zurückkehren und seinen alten Posten als Generalfeldmarschall wieder einnehmen durfte. Noch im selben Jahr ernannte ihn Katharina II. zum Generaldirektor der baltischen Häfen und Kanäle. Die Zarin würdigte ihn mit den Worten: »Obgleich Münnich kein Sohn war, so war er doch ein Vater des Russischen Reiches.«[9]

Burchard Christoph von Münnich starb, als seine Urenkelin Julie drei Jahre alt war: »Ich erinnere mich ganz genau«, so Julie, »dass ich – als ich kaum gehen konnte – in Trauerkleidung gehüllt zu meinen Eltern gebracht wurde: Der Marschall war gerade in Petersburg gestorben (...) Meine Mutter, die er leidenschaftlich geliebt hatte, weinte bittere Tränen um ihn.«[10] Obwohl Julie bei seinem Tod noch klein war, blieb ihr Urgroßvater eine der prägendsten Gestalten ihres Lebens. Sie erkannte seine Charaktereigenschaften in sich selbst wieder.

> Von Geburt an umgeben mit allem Ansehen und allen Gefahren, welche der Macht anhaften, sah ich meine Jugendzeit umweht von ruhmreichen Fahnen, und der Marschall von Münnich, welcher das Osmanische Reich zweimal durch seine Armee unterworfen sah und mit einem so edlen Charakter versehen war, übertrug seiner Enkelin [Ur-Enkelin, D.S.] gewissermaßen wie einer jungen Tigerin diesen ritterlichen Geist und diesen edlen Enthusiasmus, welche ihn kennzeichneten.[11]

Der Generalfeldmarschall prägte Julies Mutter und deren Nachkommen auch in religiöser Hinsicht. Graf von Münnich hatte als junger Mann in französischer Kriegsgefangenschaft Erzbischof Fénelon kennengelernt, der ihn stark beeinflusste. Seit seinem Eintritt in russische Dienste im Jahr 1721 war Münnich ein aktives Mitglied der Evangelisch-Lutherischen Kirche. Im Jahr 1728 war er Architekt, Bauherr und Patron der St. Petri Kirche in Sankt Petersburg. Die Aufzeichnungen eines befreundeten Pastors bieten interessante Einblicke in das 20-jährige Exil des Generalfeldmarschalls. Der gesamte Tagesablauf in der Einöde Sibiriens, fernab jeglicher Zivilisation und unter härtesten Lebensbedingungen, war von einer anhaltenden religiösen Praxis und Liturgie geprägt. Genau festgelegte Gesänge, Gebete, Segen und Gedichte wurden jedem einzelnen Wochentag zugeteilt und in wöchentlichem Rhythmus wiederholt. Täglich fanden zwei Gebetsstunden statt. Die ersten sieben Jahre standen diese unter der Leitung des Hauspredigers Martens, der seinem Herrn freiwillig in die Verbannung gefolgt war. Nach dessen Tod übernahm Julies Urgroßvater selbst die Leitung. Vom Moment des Erwachens bis zum Einschlafen am Abend versuchte Burchard Christoph von Münnich, seine Gedanken durch anhaltendes Gebet auf Gott auszurichten. Die so entstandenen Lieder und Gebete sammelte er in einem Buch.[12] Der Psalm 51 war 20 Jahre lang sein täglicher Begleiter. Später versicherte er, dass er in der Verbannung fast immer fröhlich und guten Mutes gewesen sei.

Innerhalb dieses religiös geprägten Tagesablaufes widmete sich der Generalfeldmarschall, der nicht mehr als zwei bis drei Stunden Schlaf pro Nacht brauchte, der Agrarforschung. Des Weiteren übermittelte er dem Senat Entwürfe für die Verbesserung der russischen Provinzen, unterrichtete einige junge Leute in Geometrie und Ingenieurwissenschaft, fertigte kriegswissenschaftliche Skizzen an, übersetzte lateinische Texte und schrieb zu den meisten Lehrsätzen des Christentums seine Gedanken auf. Er formulierte sogar ein eigenes Glaubensbekenntnis:

> Ich glaube an die Schriften, die uns die Propheten hinterlassen haben, an die Menschen, welche von Gott auserwählt und vom Heiligen Geist bewegt sind, an die Lehren unseres teuersten Erlösers Jesus Christus sowie an diejenigen seiner Apostel. Ich wünsche, was diese heiligen Männer wollten und was Christus den Gläubigen versprochen hat. Ich habe die feste Überzeugung, dass Gott mir, dem großen Sünder, gnädig sein wird, um Christi und seiner schrecklichen Leiden willen, dass mir gemäß Seinem Willen meine Sünden vergeben werden und dass er mich in seinem Reich aufnehmen wird.[13]

Der agile Erfinder hielt an seinen innovativen Reformideen und leidenschaftlichen Anliegen fest. Eine seiner großen Visionen war es, die Türkenherrschaft in Europa zu beenden und so die christlichen Völker zu befreien, die unter dem osmanischen Joch litten.

Auch Julies Großvater Ernst von Münnich (1708-1788) war eine einflussreiche Persönlichkeit. Nachdem er mit seinem Vater das Schicksal der Verbannung geteilt hatte, wurde auch er unter

Peter III. rehabilitiert und kurze Zeit später unter Katharina II. zum Generaldirektor der Straßengebühren und Zölle des russischen Reiches ernannt. Von 1774 bis zu seinem Tod hatte er das Amt des Handelsministers inne. Im Auftrag der Zarin sammelte Ernst von Münnich zudem alle Arten von Kunstwerken und seine Kunstkenntnisse waren beeindruckend. Im Alter von sieben Jahren durfte Julie ihre Mutter zum Großvater nach Sankt Petersburg begleiten. Was sie am Zarenhof sah und hörte, prägte sich unauslöschlich in ihr Gedächtnis ein. »Er sprach jeden Tag mit Zarin Katharina, welche ihm günstig gesinnt war und ihm die höchsten staatlichen Orden verlieh«[14], schrieb sie Jahre später immer noch voller Bewunderung für ihren Großvater. Trotz der hohen Stellung am Zarenhof blieb offenkundig, dass die tiefe Frömmigkeit von Julies Urgroßvater deutliche Spuren bei seinem Sohn hinterlassen hatte.

Die Kindheit von Julies Mutter, Anna Ulrike Gräfin von Münnich (1741-1811), stand ganz im Zeichen der tragischen Familienverbannung. Als engste Familienangehörige waren Annas Eltern unmittelbar vom Los des Generalfeldmarschalls betroffen und wurden ihrerseits von Zarin Elisabeth I. nach Wologda verbannt. Um der kleinen Anna dieses Schicksal zu ersparen, nahm die Baronin Mengden, Annas Großmutter mütterlicherseits, ihre damals halbjährige Enkeltochter zu sich nach Livland auf ihr Gut Jerkull, wo sie das Mädchen großzog. Die Großmutter mütterlicherseits blieb zeitlebens Annas wichtigste Bezugsperson. Annas Mutter starb vor der Rückkehr aus der Verbannung. Als Annas Vater im Frühling 1762 gemeinsam mit seinen in der Verbannung geborenen Kindern zurückkehrte, war seine älteste Tochter Anna bereits 20 Jahre alt. Sie war seit fünf Jahren mit Otto Herrmann von Vietinghoff verheiratet und bereits Mutter von drei Kindern. Als wenige Wochen später auch der Großvater aus seinem 20-jährigen Exil in Sibirien zurückkehrte, kam es zu einer ergreifenden Familienzusammenführung und dem Kennenlernen nächster Angehöriger, von deren Existenz man vorher nichts gewusst hatte. Unter anderem kam es zu einem bewegenden Gespräch zwischen dem Generalfeldmarschall und Anna. Mit ihrem berühmten Großvater, wie auch mit ihrem Vater, verband Julies Mutter von jenem Zeitpunkt an eine innige Beziehung.

Als Zarin Katharina II. den Generalfeldmarschall von Münnich begnadigte und wieder in all seine Würden und Ämter einsetzte, wurde auch Anna Ulrike, als Enkelin des Begnadigten, mit der Ernennung zur Dame des hohen Katharinen-Ordens ausgezeichnet. In den Folgejahren übte der Glaube ihres Großvaters einen tiefen Eindruck auf sie aus. Er war die prägendste männliche Gestalt in ihrem Leben. Von ihm übernahm sie einen festen lutherischen Glauben. Dieses Erbe gab sie später an ihre Kinder weiter:

> Meine Mutter, welche diesen tiefen Respekt für die Religion und männliche Tugenden vom Marschall geerbt hatte, ließ uns Kinder noch an all diesen unauslöschlichen Erinnerungen teilhaben, welche fest am Leben haften wie Leuchttürme auf Klippen.[15]

Durch die Eheschließung des 34-jährigen Otto Hermann Baron von Vietinghoff und der 15-jährigen Anna Ulrike Gräfin von Münnich kam es also zu der Vereinigung zweier außergewöhnlicher Stammbäume.

Familienalltag in der russischen Aristokratie

Dem Ehepaar von Vietinghoff wurden binnen 16 Jahren sieben Kinder geboren. Dass sie in ihrer Kindheit wenig verwöhnt wurde, schrieb Julie als Viertgeborene dem Umstand zu, dass »die Mutter vor ihr schon einige Kinder geboren hatte.«[16] Der Kindersegen war jedoch mit schweren Schicksalsschlägen verbunden. Auf den Erstgeborenen Otto Ernst (1758-1780) folgte mit Burchard Friedrich (1759-1762) ein zweiter Sohn, der noch vor Julies Geburt als Kleinkind starb. Julies drei Jahre ältere Schwester Dorothea Friederike Helena (1761-1839) kam gehörlos zur Welt und stellte die Familie vor neue Herausforderungen. Mit Christoph Burchard (1767-1829) wurde der Familie der dritte Sohn geboren. Eine besonders enge Beziehung verband Julie mit ihrer kleinen Schwester Anna Margaretha (1769-1803). Der Nachzügler Georg Arnold (*1775) starb kurz nach der Geburt.

Otto Ernst, der Erstgeborene und Stolz der Familie, war dazu ausersehen, das ruhmreiche Familienerbe weiterzutragen und wurde auf eine Militärlaufbahn hin erzogen. Dieser Weg führte ihn schon früh aus dem elterlichen Zuhause. Deswegen und weil Dorothea wegen ihrer Gehörlosigkeit mehrheitlich in einem deutschen Institut lebte, wuchsen Julie und ihre beiden jüngeren Geschwister Christoph Burchard und Anna Margaretha im Dreiergespann auf.

> Die gleiche Milch hatte uns alle drei gestillt. Unsere Amme war Schwedin und ich liebte sie sehr. Besonders ihre Fröhlichkeit und ihre Liebe taten mir gut. Meine Schwester war vier Jahre jünger als ich, sie war die jüngste von uns Kindern. Wir liebten uns alle zärtlich. Mein Bruder – ebenfalls jünger als ich – hatte Begabungen, die ihn seither brillant machten: Ein unwiderstehlicher Charme in seinem Verhalten, die Anmut seines Verstandes und seines Gesichtes, das demjenigen der Mutter ähnlich war, machten ihn sehr liebenswert. Wir waren mit allen Gefühlen miteinander verbunden (...).[17]

Die kleine Julie liebte leidenschaftlich: »Meine Schwestern, mein Kindermädchen – Freundin meiner Kindheit –, die Nachbarin des väterlichen Hauses«, erinnerte sie sich später zurück, »wie ich sie liebte, wie ich Tränen der Zuneigung vergoss, der Unruhe, des Kummers, sie zu verlassen, und der Freude, sie wiederzusehen, nachdem ich von ihnen getrennt gewesen war.«[18]

Julie wuchs jedoch nicht als kleine, verwöhnte Prinzessin auf – trotz ihrer noblen Herkunft, der Prominenz ihrer Eltern, dem Adelspalast in Riga und den zahlreichen Vietinghoff'schen Anwesen, die über ganz Livland verteilt waren. Mitten im Luxus und Prunk wurden das kleine Edelfräulein und seine Geschwister streng, geradezu spartanisch erzogen. Während die Strenge des Vaters im Zeichen einer sozialen Gerechtigkeit stand, für die er eintrat, war die Strenge der Mutter religiös motiviert. »Gott sei Dank dafür«, schrieb Julie rückblickend, »dass er mir eine Mutter gab, die in meinen jungen Jahren die Verweichlichung und die elende Naivität, welche die Damen von Welt umfängt, fernhielt«, und weiter:

> Die Mutter fühlte, dass es nötig war, uns mitten im Luxus und der Schmeichelei, die sie nicht vollständig verbannen konnte, und inmitten dieser Raffinessen der Kultur, wenigstens die strenge Stimme der Lebenslektionen hören zu lassen und den Mut und die Energie zu wecken, die es möglich machen, Leiden zu umarmen, Rückschläge zu akzeptieren und diese Willensstärke zu erwerben, welche unverzichtbar ist für den Kampf.[19]

Umgeben von größtem Luxus, bewohnten Julie und ihre Schwester eine Wohnung ohne jeglichen Komfort. Sie mussten einfache Kleider tragen und waren dazu verpflichtet, in den wenigen unterrichtsfreien Stunden niedrige Arbeiten zu verrichten. Den kleinen Baronessen waren je ein Kammermädchen und eine französische Gouvernante zugeteilt. Durch den regelmäßigen Einsatz von Eiswasser wurden die Mädchen daran gewöhnt, Kälte auszuhalten. Die körperliche Abhärtung sollte der inneren Stärkung dienen. Klagen fanden kein Gehör.

Der Einblick in den Alltag der Familie von Vietinghoff macht deutlich, dass das Familienleben in der russischen Oberschicht jener Zeit keineswegs mit dem heutigen Familienideal verglichen werden kann. Die Familie war nicht in erster Linie ein Ort persönlicher, emotionaler und intimer Bindungen, sondern hatte vielmehr die Funktion, materielle, politische und gesellschaftliche Interessen zu sichern. Zu diesen Interessen gehörte unter anderem eine geschickte Verheiratung der Kinder. Nachkommen wurden primär als Erben des Besitzes, des Standes und der politischen Stellung betrachtet und waren somit vor allem im frühen Erwachsenenalter interessant. Also dann, wenn sie für die Pläne der Familie eingesetzt werden konnten. Töchter waren hierbei strategisch gesehen ebenso bedeutend wie Söhne.

Julies Beziehung zu ihren Eltern, speziell zu ihrem Vater, war von großem Respekt und einer fast ängstlichen Distanz gekennzeichnet.

> Die Mauer, welche zwischen meinen Eltern und mir stand, war zu hoch, als dass ich sie hätte überwinden können. Wie meine Schwestern war ich sehr wenig mit ihnen zusammen, und außerdem war ich zu schüchtern, als dass ich gewagt hätte, mit ihnen zu sprechen. Unsere Erziehung zog eine strenge Linie der Ehrfurcht und des Schweigens zwischen ihnen und uns, ganz anders als die Freiheit, welche heutzutage waltet und welche diese zügellosen Generationen vorbereitet hat.[20]

Die Beziehung zur Mutter hatte weniger den Charakter von Intimität und Vertrautheit als vielmehr von ehrfürchtiger Bewunderung. Die kleine Baronesse empfand ihrer Mutter gegenüber eine große Scheu, sehnte sich aber zugleich fieberhaft nach ihrer Anerkennung und Gegenliebe. Der Besuch beim Großvater in

Sankt Petersburg zeigt, wie anders die Mutterrolle damals interpretiert wurde. Julie war in dem großen Haus des Großvaters oft allein. Während die Mutter ihren gesellschaftlichen Pflichten und Vergnügungen nachging, überließ sie die siebenjährige Tochter sich selbst, obwohl das Kammermädchen und die Gouvernante nicht mitgekommen waren. Eine Mutter, die ihr ganzes Dasein auf die Kinder ausrichtete, bildete in der Aristokratie jener Zeit eine Ausnahme.

Julie kannte es nicht anders und verehrte ihre Mutter, diese intelligente, starke, fromme Frau aus tiefstem Herzen. Anna Ulrike hatte innerhalb der Familie eine einflussreiche Stellung inne und prägte Julies Idealvorstellung von Weiblichkeit. »Sie war bekannt für ihre unwiderstehliche Schönheit und unvergänglichen Tugenden, welche sich bei allen, die sie gekannt hatten, unauslöschlich ins Gedächtnis einbrannten.«[21] Anna Ulrikes Fleiß, Geschäftstüchtigkeit, Selbstständigkeit und Sparsamkeit waren beeindruckend. »Mitten im Prunk eines Hauses, das sehr viel größer war als diejenigen [Häuser, D.S.] der meisten kleinen Herrscher in Deutschland, verkörperte sie die einfachen und strengen Sitten eines anderen Zeitalters.«[22] Anna verwaltete das riesige Familienvermögen, meisterte die häuslichen Angelegenheiten und trat zugleich als Mäzenin und Wohltäterin auf. Gleichzeitig blieb sie die strahlend schöne Aristokratin, die mit ihrem Geist und Charme alle verzauberte. Ihr Salon war ein beliebter Treffpunkt der Prominenz von Riga. So vereinte Anna von Vietinghoff in den Augen ihrer Tochter christliche und weibliche Tugenden mit Weltoffenheit und Geschäftssinn.

Individuelle Förderung

Bildung wurde in der Familie von Vietinghoff großgeschrieben. Sie war unerlässlich für eine standesgemäße Zukunftssicherung. Nicht nur die Söhne wurden gefördert, sondern auch die Töchter. Überhaupt wurden die Frauen im Hause Vietinghoff – wie es in osteuropäischen Adelskreisen üblich war – mit größtem Respekt behandelt. Dass adlige und politisch aktive Frauen in Osteuropa so hohes Ansehen genossen, findet seine Erklärung in der russischen Geschichte. Nach jahrhundertelanger Unterdrückung, nicht zuletzt durch die kirchliche Orthodoxie und die Tatarenherrschaft, kam es unter Zarin Natalja Naryschkina (1651-1694) zu einem Umdenken. Ihr Sohn, Peter der Große, führte das Erbe seiner Mutter später fort, griff westliche Ideen und Lebensformen in Russland auf und verschaffte adligen Frauen mehr Rechte und individuelle Freiheiten. Seit dieser Zeit spielten russische Frauen eine herausragende Rolle in der politischen Geschichte des Landes. Fast 100 Jahre lang lag das Schicksal von Russland in der Hand von Frauen. Das 18. Jahrhundert wurde zum Zeitalter der regierenden Zarinnen par excellence: Katharina I., Anna Iwanowna, Elisabeth Petrowna und Katharina II. Sie alle spielten eine bedeutende Rolle und prägten das osteuropäische Frauenbild. Unter weiblicher Herrschaft erweiterte Russland sein Territorium, vermehrte das Land seinen Reichtum und wurden große Fortschritte der Zivilisation erzielt. All dies stärkte das Rückgrat der russischen Aristokratinnen und räumte Töchtern einen gleichberechtigten Platz in der Familie ein. Dementsprechend scheuten auch Julies Eltern keinen Aufwand, neben der traditionellen Ausbildung ihrer Söhne in gleicher Weise die Töchter ihren Veranlagungen entsprechend zu fördern.

Der gehörlosen Tochter Dorothea ermöglichten sie im Hamburger Institut von Samuel Heinicke, dem Erfinder der Deutschen Methode der Gehörlosenpädagogik, eine für jene Zeit revolutionäre Ausbildung. Dorothea gehörte zu den ersten gehörlosen Schülerinnen und Schülern, die bei Heinicke in der Küsterei wohnten und von seinem Unterricht profitierten. In Hamburg-Eppendorf lernte sie lesen, schreiben und etwas sprechen. Dabei fiel sie durch ihr schnelles Auffassungsvermögen und ihre Intelligenz auf. Die Fortschritte des Mädchens erregten öffentliches Aufsehen. Es wurden mehrere Artikel über sie publiziert, was der Heinicke'schen Schule zu größerer Aufmerksamkeit verhalf. Der *Reichspostreuter* Nr. 22 vom 8. Februar 1775 wusste zu berichten:

> (...) besonders aber unterscheidet sich die junge Baroness von V[ietinghoff] ein liebenswürdiges Mädchen von 13 Jahren. Sie ließt nicht nur gedruckte Bücher, auch sogar solche, deren Inhalt ihr noch unbekannt ist, mit ziemlicher Fertigkeit, und ziemlich vornehmen Tone, wie auch Geschriebenes, von bekannter und unbekannter Hand; sondern nennt auch die meisten Sachen, die im gemeinen Le-

ben vorkommen, hat einen Begriff von den Tagen und Wochen, von den Stunden, und von den Zahlen bis 100; und soweit ist dieselbe in einem etwa 5monatlichen Unterrichte von ihrem geschickten Lehrer gebracht worden.[23]

Über Anna Margarethas Kindheit ist wenig bekannt. Fest steht, dass sie sehr musikalisch war und ihre Begabung für das Klavierspiel bereits in frühen Jahren gefördert wurde.

Julie, die mittlere der Vietinghoff'schen Baronessen, war auf der einen Seite ein ganz normales kleines Mädchen, das erschauderte, wenn das Kindermädchen die Geschichte von Blaubarts Zorn erzählte und das sich in großen Räumen fürchtete. Auf der anderen Seite verblüffte die kleine Baronesse bereits im Alter von drei Jahren mit ihrem aufgeweckten Wesen und unstillbaren Wissensdurst. Die Besonderheit ihres Gedächtnisses zeigte sich unter anderem darin, dass ihre lebhaften Erinnerungen bis in das Alter von drei Jahren zurückreichten. In eben jenem Alter entdeckte Hauslehrer Dingelstädt Julies außergewöhnliche Lernbegabung, woraufhin er begann, sie intensiv zu fördern. Als Dreijährige beherrschte die kleine Baronesse Deutsch und Französisch und konnte beide Sprachen fließend lesen. Eine besondere Leidenschaft entwickelte sie in den Folgejahren für das Fach Geschichte. Als Siebenjährige lebte sie in einer Heldenwelt, tauchte ein in das Rom und Griechenland längst vergangener Jahrhunderte und setzte sich mit den unterschiedlichen philosophischen Denkschulen der griechischen Antike auseinander. Mit Hingabe widmete sie sich den Systemen von Plato, Pythagoras und Sokrates. Gerne verzichtete sie auf das Abendessen, um ihrem leidenschaftlichen Interesse für die römische Geschichte nachzugehen und alles zu verschlingen, was ihr in die Hände kam. »Mit neun Jahren«, erzählte Julie später,

> hatte ich das breite Feld der Geschichte durchquert, nicht über jeden Zweifel erhaben, dass ich die Lektionen der Jahrhunderte daraus gezogen hätte, aber indem ich die Helden von Rom kannte und ihnen ins Heerlager folgte sowie diejenigen von Griechenland; bewaffnet mit allen Daten der modernen Geschichte kannte ich die Mythologie und erhielt erste Vorstellungen der Philosophie und Logik (...).[24]

Christoph Burchard, Julies kleiner Bruder, war ihr Studiengefährte. Anders als bei Julie stand bei ihm jedoch – sehr zu seinem Leidwesen – auch das Fach Latein auf dem Stundenplan. Wie dankbar war er, dass seine große Schwester auf indirekte Weise genügend von seinem Unterricht aufschnappte, um ihm die richtigen Antworten auf die Fragen des Lehrers zuflüstern zu können. Dadurch kamen sich die Geschwister umso näher.

Gelebte Frömmigkeit

Neben der Bildung gehörte auch die Religion zu den tragenden Säulen im Hause Vietinghoff. Wie für eine deutschbaltische Adelsfamilie jener Zeit typisch, war die Frömmigkeit in Julies Familie primär evangelisch-lutherisch geprägt. Darüber hinaus waren aber auch russisch-orthodoxe Elemente sowie pietistische Einflüsse spürbar. Wie eine kleine Pfütze den Himmel, spiegelte Julies Familie mit ihrer gelebten Religiosität im Kleinen die großen Linien der baltischen Eroberungsgeschichte wider.

Parallel zu den politischen Machtwechseln hatten die baltischen Provinzen ein Wechselbad religiöser Art erlebt, entsprechend der offiziellen Konfession ihrer jeweiligen Eroberer. Der Sieg der Schweden im Jahr 1625 bedeutete für das Land den Beginn der lutherischen Staatskirche. Im Großen Nordischen Krieg (1700-1721) verlor Schweden seine Stellung als nordische Großmacht an Russland. Liv- und Estland gerieten unter russische Herrschaft und damit in den Einflussbereich eines Staates mit russisch-orthodoxer Glaubensrichtung. Die livländisch-lutherische Kirche blieb aber auch in den Wirren der Nachkriegszeit dominierend. Krieg, Hunger und Pest zogen einen akuten Predigermangel nach sich. In Estland blieben von 50 Predigern lediglich 15 übrig. Dies erschloss dem Pietismus und der Herrnhuter Brüdergemeine neue Handlungsräume. In den Folgejahren kamen viele junge deutsche Pfarrer, Hofmeister und Lehrer ins Land, um die vakanten Stellen zu besetzen. Die Herrnhuter Geistlichen in Livland waren meist ungebildete Handwerker, die sich vorrangig um die lettische und estnische Bauernschaft bemühten. Ihre Tätigkeit fand beim Volk so großen Widerhall, dass sie zwischenzeitlich verboten wurde. 1764, im Geburtsjahr der kleinen Baronesse, erfuhr das Verbot unter Zarin Katharina II. eine Lockerung. Neben der lutherischen und russisch-orthodoxen Kirche sowie den Pietisten und Herrnhutern gab es im Baltikum auch eine römisch-katholische Minderheit, wahrscheinlich ein Erbe der Christianisierung der baltischen Provinzen. Dazu gesellten sich verschiedene religiöse Minderheiten, zum Beispiel Anhänger des schwedischen Wissenschaftlers, Mystikers und Theosophen Emmanuel von Swedenborg oder Quäker aus England.

Es war geradezu kennzeichnend für eine deutschbaltische Familie der russischen Aristokratie, dass Bildung und Religion eine Verschmelzung in der Person des Hauslehrers fanden. Auch Christian Adolf Ludwig Dingelstädt, der Hauslehrer der von Vietinghoffs, verfolgte zeitgleich eine Laufbahn als Geistlicher. So bildete die Bibel neben der schöngeistigen Literatur die Hauptlektüre der jungen Baronesse. Mit den Evangelien war sie im Alter von drei Jahren schon bestens vertraut. Andere biblische Passagen wühlten sie als Siebenjährige zutiefst auf:

> Befand ich mich in der Gegenwart des Buches der Bücher, der heiligen Geschichte und den Annalen des auserwählten Volkes, zitierte es mich vor das majestätische Gericht des Ewigen, ich war erschüttert von der Erhabenheit dieser für die menschliche Vernunft unerklärlichen Offenbarungen (...).[25]

Der Respekt für die Religion zeigte sich im Hause Vietinghoff zum Beispiel darin, dass die Eltern, denen Julie eine »echte Frömmigkeit«[26] bescheinigte, Gott immer wieder für seine Wohltaten dankten. »Wie üppig die Mahlzeiten auch waren«, erinnerte sich Julie, »man versäumte nie zu beten, bevor man sich zu Tisch setzte«[27]. Auch von den Eltern wurde die kleine Julie dazu angehalten, sich viel mit der Heiligen Schrift zu beschäftigen, wobei sich speziell die Psalmen tief in ihr Gedächtnis prägten.

Julies Vater war ein Mann der Tat und weniger der Worte. Seine Ehrfurcht vor dem christlichen Glauben manifestierte sich im Bau einer lutherischen Kirche mit einem 55,5 m hohen Turm auf dem Gelände des geschichtsträchtigen Familiensitzes Schloss Marienburg (heute *Alūksne*) auf der Insel Pilssala im Nordosten Lettlands. Der 1781 begonnene Kirchenbau dauerte sieben Jahre und war das Ergebnis der Zusammenarbeit mit Christoph Haberland, einem der berühmtesten Rigaer Architekten jener Zeit. Die Kirche, die aus einheimischen Natursteinen im klassizistischen Stil erbaut wurde, gehört bis heute zu den beeindruckendsten Kirchenbauten Lettlands. In den Turm führt eine Treppe aus Eichenholz. Von hier aus konnte Julies Vater seinen Gästen die malerische Landschaft zeigen. Julie berichtet von unglaublichen »zehntausend Seelen«[28], die zur Einweihung der Kirche zusammenströmten. Die Kirche war zugleich eine Erinnerung an die religiöse Vergangenheit der im Jahr 1341 erbauten Ordensburg. Um 1702, während des Großen Nordischen Krieges, waren alle Bewohner des Ortes und der Burg in russische Gefangenschaft geraten, unter ihnen auch Johann Ernst Glück (1654-1705), der lutherische Pfarrer, dem die erste lettische Bibelübersetzung zu verdanken ist. Glücks Magd ging später als russische Zarin Katharina I. in die Geschichte ein. Von einem Schlossfenster aus bot sich Julie folgender Blick auf den historischen Schauplatz:

> (...) dort erhoben sich diese Ruinen, berühmt durch die Niederlage Schwedens, welche sich unter Peter I. den Russen ergeben hatten, und nahe bei diesen Erinnerungen an Tumulte und Kriege war noch schwach das Pfarrhaus zu erkennen, wo Katharina I. großgezogen worden war, und der Hügel, wo sie in ihrer Jugend unter einem großen und schattigen Lindenbaum die Wellen des Sees beobachtet hatte.[29]

Religiöse Worte und Praktiken gehörten zum Aufgabenbereich der Mutter. »Bis zum Alter von neun Jahren und später«, so Julie, »versammelte sie uns, meine Schwestern, meinen Bruder und mich zum Gebet, machte anschließend das Kreuzzeichen auf unseren Köpfen und übergab uns so für die Nacht unserem Schutzengel.«[30] Tief beeindruckt vom lutherischen Glauben ihres berühmten Großvaters, wollte Anna Ulrike dieses Erbe an ihre Kinder weiterreichen. Davon zeugt ein Brief der Mutter an die neunjährige Julie, den sie am 13. Januar 1774 in deutscher Sprache niederschrieb. In Anlehnung an Matthäus 10,16b eröffnete die Mutter den Brief mit den Worten: »Ich habe meinen Aposteln gesagt, seyd klug wie die Schlangen und ohne falsch wie die Tauben, ich sage es dir selbst meine Tochter.« In ihrem Brief beschäftigt sich Anna Ulrike ausführlich mit dem Wesen der Taube und dem der Schlange und was ihre neunjährige Tochter im Hinblick auf einen christlichen Lebenswandel von diesen beiden Tieren lernen sollte. Anna Ulrikes Ausführungen offenbaren eine auffallend persönliche Gottesbeziehung; einen Glauben, der weit über die orthodoxe Rechtgläubigkeit des herkömmlichen Luthertums hinausging und eine große Nähe zu herrnhutischem Gedankengut aufwies. Der christliche Glaube hatte ihrer Meinung nach ein lebendiger Glaube zu sein. Er sollte sich am Vorbild von Jesus Christus orientieren und Leben und Verhaltensweisen nachhaltig verändern. Der mütterliche Glaube spiegelte sich auch in den Werten wider, die Anna Ulrike ihren Kindern vermittelte. Selbstlosigkeit, Nächstenliebe, Großzügigkeit und Leidensbereitschaft waren Pfeiler der Familienkultur.

Zwischen Künstlern und Leibeigenen

Otto Hermann von Vietinghoff ist es zu verdanken, dass Kunst aus Julies Kindheit und Jugend nicht wegzudenken war. Seine Genialität lag im Bereich der bildenden Kunst. Das Bestreben, die Schönheit der Kunst in ihrer Vielfalt sichtbar zu machen, nährte seine schier unerschöpfliche Schaffenskraft. Er war der Urheber vieler imposanter und prunkvoller Bauten, von denen ihn die meisten überlebten. Darüber hinaus investierte er viel Herzblut in die Gestaltung öffentlicher Gärten und Parkanlagen. Sein landschaftliches Meisterwerk gehörte zu einer Liegenschaft in Dünamünde, nordwestlich von Riga, wo sich die Familie regelmäßig aufhielt. Es handelte sich dabei um einen kleinen Landsitz mit dem symbolträchtigen Namen Solitude (Einsamkeit), den ein herrlicher Park umgab. Das Anwesen war im Louis-quatorze-Stil gestaltet und lag am linken Ufer der Düna, die dort in die Ostsee mündet. Die gepflegte Allee, die zum Landsitz führte, war mit Bäumen gesäumt und wurde auf beiden Seiten von Orangerien mit eleganten Stützsäulen flankiert. Diese Gewächshäuser, die im 17. und 18. Jahrhundert einen wichtigen Bestandteil von Parkanlagen bildeten, waren sehr beliebt zur Überwinterung von exotischen Gewächsen, besonders von Orangenbäumen. Die besondere Anziehungskraft der Residenz in Dünamünde ging laut Julie nicht von dem Wohnhaus aus, denn jenes war viel weniger luxuriös als andere Herrschaftshäuser der Familie. Den besonderen

Reiz übten einerseits die wunderschönen italienischen Gemälde aus, die die Wände schmückten, und andererseits die prachtvolle Parkanlage. Julie glaubte hier den Ursprung ihrer Kunstliebe zu erkennen, speziell für die italienische Kunst. Von ihrem Zimmerfenster aus sah sie direkt in den Garten, der sie immer wieder neu verzauberte. Fantasievolle Tagträume trugen sie selbst im tiefsten Winter weit weg zu den warmen Ländern, aus denen die Kunstwerke und Pflanzen stammten.

> Meine Augen lernten die Schönheit unter einem Himmel kennen, der sie anscheinend verbannen wollte, umgeben von den Eisnebeln des Nordens. Die Meisterwerke der Kunst ließen von der Heimat träumen, die sie verlassen hatten. Selbst inmitten unserer langen Winter sahen die *Venus Medici*[31] und ihre Gefährten *die Grazien*[32], wie sich die Myrte aus Asien mit dem Lorbeerbaum aus Griechenland zum Duft des Orangenbaums vereinte. Unterschiedlichste Blumen blühten in diesem Gelände unter den Strahlen eines künstlichen Frühlings! Es war in einer ländlichen Gegend nahe der Stadt, wo man in einem luxuriös verwandelten Winterpalast bei erwärmter Temperatur die Vegetation des Südens vorfinden konnte, während es draußen Bollwerke von Schnee hatte.[33]

Tatsächlich fanden sich auf *Solitude* antike Nachbildungen dieser Kunstwerke vereint. Hier entwickelte die kleine Baronesse schon früh eine tiefe Empfänglichkeit für die Schönheit der Natur.

> Die Natur, abwechselnd wild und lieblich, oft überwältigend, hatte in diese herrliche Landschaft, die ich so gerne betrachtete, *da* hohe Wälder, *hier* ruhige Seen geworfen, während in der Ferne die Brandung des nordischen Meeres und des baltischen Meeres zu Füßen der Berge von Schweden wogte und während die träumerische Melancholie dazu einlud, sich auf die Grabmäler der alten Skandinavier zu setzen, die sich, gemäß der alten Sitte dieses Volkes, auf den Hügeln und den in der Ebene verbreiteten Grabhügeln befanden.[34]

Vor allem die sommerlichen Polartage hatten es Julie angetan. Jene Tage, in denen es dank der Mitternachtssonne auch in der Nacht hell blieb. »Während unserer großartigen Nordnächte, wo die Sonne den Horizont nur verlässt, um ein paar Augenblicke auf einem Bett aus Rosen zu schlummern«, sinnierte Julie, »betrachtete ich diese breiten, treibenden Silberbahnen, welche die Wolken formten. Dort schöpfte ich diese Liebe zur Natur, welche mir so starke Gefühle gegeben hat.«[35] Auch das geheimnisvolle

Lichterspiel des Polarlichts, diese leuchtenden, lebendigen Vorhänge in allen möglichen Farben, welche gelegentlich den nördlichen Nachthimmel erhellten, rührte ihr Inneres.

> Die Einsamkeit der Meere, ihre ungeheure Stille oder ihr stürmisches Treiben, der unsichere Flug des Eisvogels, der melancholische Schrei des Vogels, der unsere erstarrten Gegenden liebt, die traurige und milde Klarheit unserer Nordlichter, all dies nährte die verschwommenen und bezaubernden Unruhen meiner Jugend.[36]

Doch nicht nur die bildenden und literarischen Künste genossen ein hohes Ansehen in Julies Familie. Baron von Vietinghoff schrieb als großzügiger Kunstmäzen auch Theater- und Musikgeschichte. Mit Joachim Mende, dem Oberhaupt einer traditionsreichen Schauspielerfamilie, gründete Otto Hermann von Vietinghoff 1768 die erste ständige Bühne des Baltikums. Das neu erbaute Schauspielhaus wurde am 1. September 1768 mit einer Komödie von Philippe Destouches (1680-1754) eröffnet. Als das Rigaer Publikum in den darauffolgenden Jahren eine Vorliebe für das neue deutsche Drama entwickelte, gab die bisherige Schauspieltruppe ihr Unternehmen auf. Daraufhin übernahm Julies Vater zusätzlich zu seinen übrigen Aufgaben und Amtsgeschäften die Theaterdirektion.

> Auf eigene Kosten erwarb Vietinghoff Textbücher und Musikalien, engagierte Darsteller, Sänger und Tänzer aus Deutschland. Damit legte er auch den Grundstein für das Rigaer Musiktheater, das im 19. Jh. große Bedeutung erlangte. Das Schauspielrepertoire unter Vietinghoff umfasste u. a. Lessings Minna von Barnhelm und Clavigo von Johann Wolfgang von Goethe (1749-1805), weitere Stücke von Lessing und Goethe sowie von Friedrich Schiller (1759-1805) und William Shakespeare (1564-1616), außerdem Opern von André Grétry (1741-1813) und Singspiele von Johann Adam Hiller (1728-1804).[37]

Der Stadtpalast der Familie Vietinghoff war Dreh- und Angelpunkt des kulturellen Lebens in Riga. Hier wohnte und wirkte eine erlauchte Schar von Künstlern und Geschäftsleuten, allesamt finanziert von Julies Vater. Neben seinen Aktivitäten für die Theaterbühne förderte Baron von Vietinghoff das öffentliche kulturelle Leben durch die Organisation von Abendmusiken und Gesellschaften. Sein prominentes Hausorchester glänzte mit Meisterwerken namhafter Komponisten und genoss einen ausgezeichneten Ruf, weit über die Stadtgrenzen von Riga hinaus. »Unmittelbar um mich herum brachten uns Meister, welche auf Kosten des Hauses unterhalten wurden, verführerische Fertigkeiten bei«[38], erinnerte sich Julie. Künste aller Art – Schauspielerei, Musik, Malerei, Lyrik – weckten große Emotionen und Leidenschaften bei der kleinen Baronesse. Sie liebte es, die Schauspieler bei ihren Proben zu beobachten, deren Mimik, Gestik und Rhetorik heimlich nachzuahmen. Schon früh legte Julie eine außergewöhnliche Begabung für die darbietende Kunst an den Tag.

Welt der Kontraste

Julies Kindheit und Jugend war von spannungsvollen Gegensätzen geprägt. Neben dem pulsierenden Treiben ihrer Geburtsstadt Riga kannte Julie auch das einsame, nostalgische Leben auf den ländlichen Rittergütern ihres Vaters, wo die Zeit stillzustehen schien. Wo man dem Bann der nordischen Wälder, Seen und Moorlandschaften verfiel und der nächtliche Schlaf von Wolfsgeheul unterbrochen wurde. In diesen Prachtbauten verbrachte man die kurzen Sommermonate, um vor den unerbittlichen, düsteren Wintermonaten wieder in das geschäftige Stadtleben einzutauchen. Der Kontrast zwischen diesen zwei so gegensätzlichen Welten wirkte tief auf das Gemüt der jungen Baltin. Daneben realisierte Julie schon früh die Kluft zwischen reich und arm, Herren und Untergebenen.

»Lievland, du Provinz der Barbarei und des Luxus, der Unwissenheit und eines angemaßten Geschmacks, der Freiheit und der Sclaverei, wie viel wäre in dir zu thun?«[39], fragte der berühmte deutsche Schriftsteller Johann Gottfried Herder (1744-1803), als Julie fünf Jahre alt war. Das Miterleben sozialer Ungerechtigkeit wühlte Julie auf.

> Lange Zeit, ich erinnere mich daran, litt ich in meiner Kindheit an der Unterdrückung, welche die Mächtigen ausübten (…): Man schlug, man bestrafte für Fehler, während man selbst Missetaten beging: ich stöhnte im Geheimen, meine Stimme erhob sich auch, wenn meine Erzieherinnen junge Mädchen schlagen wollten.[40]

Mit großer Entschlossenheit ergriff Julie Partei für Schwächere, selbst wenn jene im Unrecht waren. Als Dreijährige weigerte sie sich standhaft, ihrem Vater den Namen eines Dieners zu nennen, der sich unanständig aufgeführt hatte. Den Namen des Dieners – *Adam* – vergaß sie nach diesem Zwischenfall nie mehr. Julie realisierte später: »Äußerste Festigkeit war in meinem Herzen mit der größten Sanftheit verbunden.«[41]

Die kleine Baronesse erkannte schon früh die Kluft zwischen Reich und Arm, Herren und Untergebenen. Am Beispiel ihrer Eltern lernte Julie aber auch, dass Reichtum nicht zwingend Geiz und Unterdrückung zur Folge haben musste, sondern dass er dazu dienen konnte, Gutes zu tun. Während einer Hungersnot, in der es für Arme unmöglich wurde Brot zu kaufen, weil es zu teuer war, öffneten Julies Eltern ihren Kornspeicher und verschenkten ihre Vorräte. Viel schlimmer als den Ärmsten der Armen erging es jedoch den Leibeigenen. Als Tochter eines Leibherrn, der 50.000 Leibeigene besaß, war Julie schockiert über deren Schicksal und empfand großes Mitleid mit den unterdrückten livländischen Bauern. Leibeigene und alles, was sie hatten, gehörten ihren Lehnsherrn. Sie hatten keinerlei Rechte. Auch Körperstrafe war erlaubt. Sie wurden von den meisten Lehnsherrn wie Tiere behandelt. »(...) mit dem Leibeigenen sprach man nicht, man winkte ihm nur Befehle zu, man sprach mit ihm durch die Reitgerte, durch den Spazierstock.«[42] Nur selten wurden Proteste gegen die ungerechte Behandlung der Leibeigenen laut. Eine der kritischen Stimmen gehörte einem deutschen Professor für Volkswirtschaft in Mitau, heute *Jelgava* in Lettland, namens Eisen. Der ehemalige Pastor nahm selbst auf Regierungsebene kein Blatt vor den Mund, wenn es darum ging, die trostlose Situation der Leibeigenen zu schildern.

> Der Leibeigene ist ganz und vollständig ein Objekt der Erbschaft und des Eigentums für seinen Herrn: Er besitzt gewöhnlich nichts für sich selbst (...) So ist es keineswegs übertrieben zu sagen, dass der Lehnsherr seinen Leibeigenen besitzt wie er ein Pferd besitzt (...) Diese Situation ist wirklich ein Fluch dieser Zeit.[43]

Obwohl Otto Hermann von Vietinghoff zu denjenigen gehörte, die für soziale Gerechtigkeit eintraten, blieb er als Lehnsherr Teil des Systems. Das Thema gehörte zu den heißen Eisen der russischen Aristokratie. Besser man verbrannte sich nicht die Finger daran. Julie weigerte sich, dieses System anzuerkennen und sich an die Sklaverei und den Zwang zu gewöhnen, dem die Leibeigenen ausgeliefert waren. Nie habe sie in ihrer Kindheit »die Sache der Rechtlosen verteidigen gehört«, bedauerte Julie, nie habe sie »jemanden für den Unterdrückten eintreten sehen in dieser Arena, die sich die große Welt nennt«[44]. Das Los der Leibeigenen war in Julies Augen eine himmelschreiende soziale Ungerechtigkeit, die nicht totgeschwiegen werden durfte. Sie sah in den armen Bauern gleichwertige Mitmenschen, denen man mit Respekt zu begegnen hatte.

Ein Wunderkind im Rampenlicht, 1776-1778

Eine rund dreijährige Reise nach Westeuropa wurde zum unvergesslichen Erlebnis und zum Beginn eines neuen Lebensabschnittes für Julie.

> Ich erreiche mein 11. Lebensjahr, aber ich war weit von der Kindheit entfernt: Vergleichbar mit diesen Pflanzen, welche in die warmen Treibhäuser versetzt wurden, war meine Seele vor der üblichen Zeit herangereift. Da begann eine neue Epoche für mich; auf die beschauliche Lebensweise meiner frühen Erziehung folgte eine ganz andere Szene: meine Eltern machten eine Reise nach Frankreich und England.[45]

Im Frühjahr 1776 brach die Reisegesellschaft auf. Julie durfte die Eltern als einziges Kind der Familie begleiten. Ein beachtlicher Zug an Dienstpersonal folgte ihnen. Die Mutter achtete sorgsam darauf, dass Julie die einfachen Gewohnheiten beibehielt. Ihr Essen bestand aus Milch, gebratenem Obst und ein wenig Speck. »In den Einöden Polens, die wir in einer harten Jahreszeit durchquerten, diente mir eine Bärenhaut als Bett. Als wir«, so Julie weiter, »glaub die Memel überquerten, gefror eine meiner Hände. Ohne mich zu beklagen, ertrug ich, wie ich es gewohnt war, das Einreiben von Schnee und nach und nach erreichten wir weniger raue Landstriche.«[46]

In Warschau verbrachten die von Vietinghoffs einige Zeit im Haus des russischen Botschafters Otto Magnus Reichsgraf von Stackelberg (1736-1800), einem Verwandten von Julies Mutter. »Der russische Botschafter war ein Vizekönig in Polen. Macht und Schmeichelei umgaben dieses Haus. Er war bekannt für seine Scharfsinnigkeit und hatte alles, was die Welt bejubelte.«[47] Der Vizekönig war entzückt von Julies Aufgewecktheit, Originalität, ihrem lebhaften Gesichtsausdruck und ihrer Stimme. Er verwöhnte sie, wo sich die Gelegenheit dafür bot, und prophezeite ihr eine große Zukunft. Die Größe und Pracht, die Julie umgaben, der Glanz der Feste und die Aufmerksamkeit, die ihr geschenkt wurde, wirkten tief auf das kindliche Gemüt. Schließlich organisierte der polnische König Stanislaus II. (1732-1798), der Julies Eltern sehr nahestand, höchstpersönlich einen Kinderball für die junge Baronesse und ehrte sie mit seiner Aufmerksamkeit; ebenso sein Bruder Michał Jerzy Poniatowski (1736-1794), der Erzbischof von Gnesen, mit dem sich Julie lange unterhielt. Sie erkannte, dass sie Menschen mit ihrem Verstand in den Bann ziehen konnte und war stolz darauf. Auf dem Anwesen des Botschafters sah sie die meistzitierten und schönsten Frauen und beobachtete fasziniert, wie jene verehrt wurden. »Im Übrigen«, schrieb Julie, »blieb ich auf vielerlei Weise Kind, indem ich mit meinen kleinen Cousinen herumrannte und mit den Pagen des Botschafters spielte.«[48]

Wieder unterwegs in Richtung Frankreich, fernab vom Glanz und Prunk der Warschauer Prominenz, bemühte sich Anna von Vietinghoff darum, den Gefühlsüberschwang ihrer Tochter zu bremsen. Die Monotonie der Reise durchbrach die Ablenkung, der sie in Warschau ausgesetzt gewesen waren, und rief wieder die strengen Gewohnheiten auf den Plan. Es wurden auch Pläne für die kommenden Reisemonate geschmiedet.

> Es war die Rede davon, mich in Paris – wo meine Eltern beabsichtigten, einen Aufenthalt zu machen – in ein Kloster zu stecken. Dies war, wie man weiß, so üblich in Frankreich, dass man alle jungen Leute bis zu ihrer Hochzeit im Kloster unterbrachte.

Doch noch waren sie weit von Frankreich entfernt. Da Julie im selben Wagen saß wie ihre Eltern, gelang es ihr, die Schüchternheit ihnen gegenüber etwas abzulegen. Als sie deutsches Gebiet erreichten, entfuhr Julie in einem plötzlichen Impuls ein Freudenschrei. Sie streckte ihre Hände zum Himmel aus und zitterte am ganzen Körper.

> ›Was haben Sie, mein Kind?‹, fragte mich mein Vater, der mir gegenübersaß. ›Mein Vater‹, sagte ich zu ihm, indem ich nochmals meine Hände zum Himmel hob, ›Gott sei gedankt! Hier sind die Menschen frei!‹ Ich verstummte. Er schaute mich lange schweigend an, er hatte vielleicht 50.000 Untertanen. Von dieser Zeit an empfand er eine große Zuneigung zu mir und verbarg es nicht vor mir.[49]

Berlin, die Residenzstadt des Königreichs Preußen, einige kleine Höfe deutscher Herrscher und Weimar waren die nächsten Zwischenstationen. Julie verbrachte in Berlin viel Zeit mit einer Tochter des preußischen Thronfolgers, welche einige Jahre später mit dem zukünftigen Herzog von York verheiratet wurde.[50] Sie fand die junge Prinzessin, welche etwa gleich alt war wie sie, extrem liebenswürdig. An den kleinen Höfen Deutschlands amüsierte sich die Baronesse aus dem Norden bestens,

> denn ebenso wie meine Eltern mit Freundlichkeiten überhäuft wurden, war auch ich nicht vergessen: Man bot mich auf wie eine Sehenswürdigkeit aus dem Norden. Ich verblüffte durch meine Aufgewecktheit, meine Schlagfertigkeit und meine Talente. Ich spielte mit vielen kleinen Prinzessinnen und kleinen Prinzen (...) Blindekuh.[51]

In Weimar sah Julie aus der Ferne den berühmten deutschen Dichter Johann Wolfgang von Goethe (1749-1832). Sie beobachtete, wie er gemeinsam mit dem 18-jährigen Herzog von Weimar (1757-1828) auf einer Galerie promenierte, die den Speisesaal umrundete. Goethe stand erst seit wenigen Monaten im Dienst von Herzog Karl August und wurde in jenen Tagen Mitglied von dessen dreiköpfigem Beratergremium.

Mit der schönen Jahreszeit erreichte die Reisegesellschaft den belgischen Kurort Spa, wo sich alles traf, was Rang und Namen hatte. Hier ließen sich Julies Eltern fast ein halbes Jahr lang nieder. Im Laufe des 18. Jahrhunderts hatte sich das Heilbad Spa mit seinen berühmten Quellen zunehmend zu einem Treffpunkt der europäischen Aristokratie entwickelt, sodass man dem Ort später den Beinamen *Café de l'Europe* (Café von Europa) gab. Dies klingt auch in Julies Erinnerungen an:

> Dort sah ich einen Teil Europas wie in einem großen Café. Ein allgemeiner Taumel ließ alles, was Beine und Geld hatte, tanzen, spielen, reiten. Ich sah diese großen Veranstaltungen wie in einer Zauberlaterne. Mir und auch den anderen wurde es ganz schwindlig im Kopf, aber nichts entzückte mich mehr als die wunderbar zur Schau gestellten Früchte bei den Mittagessen, zu denen man sich gegenseitig einlud, und die reizenden Spaziergänge, welche Spa umgaben.[52]

Gegen Ende 1776 ging die Reise von Spa aus weiter nach Paris. Julies Eltern planten dort einen ersten, kürzeren Aufenthalt, um sich auf die Weiterreise nach England vorzubereiten. Nach der Zeit in England wollten sie für einen zweiten, längeren Aufenthalt nach Paris zurückkehren. Zu Julies Reisevorbereitungen gehörte der Privatunterricht bei einem Englischlehrer. Ansonsten achtete die Mutter darauf, dass die Lebensweise dem Alter der Tochter angepasst war. »Ich blieb oft zu Hause«, erinnerte sich Julie, »während meine Mutter in den führenden Häusern gefeiert und vorgestellt wurde. Von Zeit zu Zeit ging man aufs Land, die Jahreszeit war schön.«[53] Das Vorhaben, Julie in ein Kloster zu stecken, war nicht in die Tat umgesetzt worden. Sie wurde jedoch in die Obhut einer Bediensteten ihrer Mutter gegeben, die sie mit Strenge überwachte. »Meine Lebensweise wurde wieder der gewohnten Einfachheit unterworfen. Ein wenig Milch, einige Bratäpfel bildeten meine Hauptnahrung.«[54] Als Beschäftigung für die langen Abende gab ihr die Mutter Werke von Jean Racine (1639-1699) zu lesen. Voller Leidenschaft identifizierte sich die sensible Baronesse mit den Helden der römischen und griechischen Geschichte in Racines berühmten Tragödien:

> Die großen und noblen Leidenschaften rührten an dieses Herz und allein in meinem Zimmer, mitten in dem rauschenden Paris, rezitierte ich noch spät in der Nacht diese melodischen Verse. Ich weinte mit Andromache, mit Iphigenie und genoss mit Berenike den Triumph über Titus.[55]

Manchmal begleitete Julie ihre Mutter in die ländliche Idylle Passys in der Nähe von Paris, die sich zum bevorzugten Wohngebiet für Vermögende und Prominente entwickelte. Dort begegneten sie vielen Berühmtheiten und Julie war erneut erstaunt über die Wirkung, die sie mit ihren 12 Jahren auf diese Persönlichkeiten hatte. Der spanische Botschafter Graf von Aranda sowie der schwedische Botschafter Erik Magnus von Staël-Holstein – beide Botschafter am französischen Hof – fanden größten Gefallen an der Unterhaltung mit ihr. Dasselbe galt für den österreichischen Staatskanzler und Botschafter Wenzel Anton Prinz von Kaunitz. Julie war es ein Rätsel, wieso sie ausgerechnet auf die namhaftesten und nicht selten betagten Staatsmänner und Diplomaten eine ganz besondere Anziehungskraft auszuüben schien.

Als sie nach England weiterreisten, war Julie begeistert von London, den schönen Bürgersteigen und der stolzen Themse. Sie genoss es, in den leichten Kutschen zu fahren und dabei von vier berittenen Wachen eskortiert zu werden, die wegen der Straßenräuber Pistolen trugen. Julies kultureller Einstand gestaltete sich allerdings wenig erfolgreich. Der erste Opernbesuch in London war vorbei, ehe er begonnen hatte. Die junge Baronesse trug selbstbewusst einen Hut, den sie in Paris von Louis Léon Herzog von Brancas geschenkt bekommen hatte. Als sie sich für die erste Loge anmeldete, erklärte man ihr, dass man dafür auf angemessene Weise frisiert sein müsse und man ihr mit einem solchen Hut keinen Eintritt gewähren könne. Die verdutzte Julie wurde vor die Tür gesetzt, höchst verwundert über die Manieren der Engländer. Am folgenden Tag schaffte es Julies Hutgeschichte auf die Titelseiten der englischen Zeitungen, was sie noch mehr brüskierte. Wenigstens wurde sie von da an den Sitten gemäß frisiert.

Generell erregte Julie in England jedoch weniger Aufsehen als in Paris und anderswo. Dies hing in erster Linie mit der Sprachbarriere zusammen. Mit ihrem Englisch, das laut Julie selbst »mehr schlecht als recht« war, konnte sie in Diskussionen nicht brillieren. Umso mehr stand hier eine andere Frau im Rampenlicht. Die Frau, die Julie so sehr verehrte: ihre Mutter.

> Ich sah die schöne und elegante Herzogin von Devonshire und andere englische Schönheiten und ich kann mich noch an das Kleid erinnern, das sie trug und ihre Diamanten noch vor mir sehen. Sie war schön und viele andere auch, aber nichts war so schön wie meine Mutter; alle eleganten Damen wollten die Kleider haben, die sie trug. Ich erinnere mich daran, dass in Paris auch die Königin, welche meine Mutter bei der Herzogin von Orléans gesehen hatte, sie um eines dieser Kleider bitten ließ, welches ihr außerordentlich gut stand und etwas Besonderes hatte.[56]

Anna von Vietinghoff erhielt in London sogar die einmalige Gelegenheit, einen exklusiven Blick hinter die Kulissen des britischen Parlaments zu werfen. Dank ihrer Verbindungen zu Mitgliedern des britischen Königshauses durfte sie während eines laufenden Prozesses auf der Richterbank Platz nehmen. Ebenso Julie, die ihre Mutter begleitete. Julie saß vis-à-vis dem König und in Hörweite von William Pitt dem Jüngeren (1759-1806), der an jenem Tag mehrfach das Wort ergriff. »Er war ziemlich erstaunt, ein fremdes Kind am Richterpult zu sehen, mitten im Parlament«[57], während die übrige Zuhörerschaft auf die Emporen verwiesen wurde. In eben diesen Räumlichkeiten unterstützte William Pitt der Jüngere, der der jüngste Premierminister der britischen Geschichte wurde, knapp zwölf Jahre später seinen Jugendfreund William Wilberforce (1759-1833) bei dessen erstem Antrag zur Abschaffung des britischen Sklavenhandels.

Von den verschiedenen religiösen Veranstaltungen, die sie in London besuchten, blieb Julie vor allem eine Versammlung der Quäker in lebhafter Erinnerung, weil dort eine junge Frau öffentlich sprechen durfte. Ihr Kopf war dabei – gemäß quäkerischer Tradition – mit einem weißen Schleier bedeckt.

Ende 1777 erfolgte die Rückreise nach Paris, wo Julies Eltern in einem großen Hotel in der Vorstadt Saint-Germain abstiegen, einem bevorzugten Wohngebiet des Adels. In den großen geistreichen französischen Salons um Helvétius, Diderot, d'Alembert und Grimm waren der Baron und die Baronin aus dem russischen Norden gern gesehene Gäste. Otto Hermann von Vietinghoff besuchte darüber hinaus etliche andere der bekannten Enzyklopädisten, die er glühend verehrte, sowie Jean-Jacques Rousseau (1712-1778). Auch das Atelier von Jean-Antoine Houdon (1741-1828), der zu den größten französischen Bildhauern des 18. Jahrhunderts gehörte, suchte er regelmäßig auf. Houdon fertigte drei Marmorbüsten von Julies Vater an. Eine dieser Porträtbüsten ist heute im Bode-Museum in Berlin zu bewundern. Bei geselligen Treffen stand jedoch auch in Paris – wie in London – unbestritten Julies Mutter im Mittelpunkt der Aufmerksamkeit.

Julie bewunderte ihre Mutter nicht nur sehr, sondern sehnte sich vor allem auch nach deren Lob und Zärtlichkeit. Sprach die

Mutter ein Lob aus, errötete Julie vor Schüchternheit und Glück. Als die junge Baronesse in Paris mehrere Wochen lang nicht von ihrer Mutter umarmt wurde, betete sie eindringlich dafür. Kurze Zeit später umarmte Anna Ulrike von Vietinghoff sie tatsächlich. Julies Freude und Dankbarkeit waren so groß, dass sie Gott mit lauter Stimme und unter Tränen dafür dankte, sobald sie wieder allein in ihrem Zimmer war.

Mit Gaetano Vestris (1729-1808) erhielt Julie in Paris einen exzellenten Tanzlehrer. Der gebürtige Italiener war ein berühmter Tänzer und Choreograf an der Pariser Oper. Er gehörte zu den ersten Tänzern, die es wagten, auch ohne Maske zu tanzen, was der Mimik im Tanz einen viel höheren Stellenwert einräumte. Allein die Tatsache, dass sie eine Schülerin von Vestris war, machte Julie zu einer kleinen Sensation.

Auf der Rückreise wurden überall Bälle für die Schülerin von Vestris organisiert. Julie wurde jeweils fast ohnmächtig vor Erregung, wenn sie allein vor Publikum tanzen durfte und die Zuschauer applaudierten. Und dies, obwohl sie eigentlich gar nicht gerne tanzte, wie sie in ihren Erinnerungen einräumte. Das Tanzen gefiel Julie bloß deshalb, weil es ihr die Möglichkeit gab, im Mittelpunkt zu stehen und zu glänzen. Trotzdem fühlte sie sich von ihrem Naturell her eher zu den einfachen Dingen des Lebens hingezogen. Ausgedehnte Spaziergänge mit ihrer strengen Lehrerin machten sie zufriedener als diese Bälle, die lediglich einen flüchtigen Glückstaumel auslösten. »Mein ganzes Wesen neigte zu sehr zur Träumerei, zu den hohen Gedanken, und wenn ich mich amüsieren wollte, rannte und hüpfte ich wie ein Kind. Eine Blume, ein Vogel, eine schöne Landschaft bereiteten mir viel mehr Freude.«[58] Einmal schlief Julie nach einem Ball in Strassburg ein, ohne zuvor ihr Abendgebet zu sprechen: »Ich war darüber äußerst bekümmert, beweinte meinen Fehler, und das Herz war zerrissen wegen meiner Undankbarkeit Gott gegenüber.«[59]

Zurück in Warschau rückte die 13-jährige Julie noch stärker ins Rampenlicht als zweieinhalb Jahre zuvor. Das junge Edelfräulein aus dem Norden wurde mit Anerkennung überschüttet und war der Ehrengast verschiedener Tanzveranstaltungen. Alle wollten die Schülerin des berühmten Vestris tanzen sehen. Julie sonnte sich in der Aufmerksamkeit, die ihr zuteil wurde. Ende 1778 kehrte die Reisegesellschaft wieder in die baltische Heimat zurück.

Szenenwechsel, Heiratspläne und ein Schicksalsschlag

Während Anna Ulrike nach Sankt Petersburg weiterreiste, um ihren Vater zu besuchen, wurde Julie für die Wintermonate zu ihren jüngeren Geschwistern Christoph Burchard und Anna Margaretha auf den geschichtsträchtigen Familiensitz Marienburg geschickt. Jene sollten ihr den Kopf nach all den Lobhudeleien auf der Reise zurechtrücken und sie wieder auf den Boden der Tatsachen zurückholen. Es war ein abrupter Szenenwechsel.

> Mit 13 Jahren kam ich zurück in mein Land und ging von zauberhaften Szenen der großen Welt über in die tiefe Einsamkeit unserer Ländereien. Es war Winter. Die leblose Natur verbunden mit dem totalen Mangel an Abwechslung traf mich sehr und mein stolzer Kopf senkte sich wie eine Pflanze ihre stolze Krone neigt. Von der Winterkälte geschwächt fiel ich in eine Art Mattigkeit; ich spürte da zum ersten Mal den Einfluss der Nervenleiden. Den Streicheleinheiten der Eitelkeit entrissen, fühlte ich eine schreckliche Leere.[60]

Julie verfiel in eine tiefe Traurigkeit. Selbst der geliebten Umgebung von Schloss Marienburg konnte die Baronesse in den Wintermonaten nach ihrer Rückkehr kaum etwas Positives abgewinnen: »Ich war nur von unbedeutenden Wesen umgeben, und dieser schöne Besitz meines Vaters (…) erstreckte sich trostlos vor mir. Ein riesiger und vereister See lag unter unseren Fenstern (…).«[61]

Zurück im Stadttreiben von Riga fand Julie nach dieser Phase der Schwermut die gewünschte Ablenkung. Sie stellte überrascht fest, dass die Männerwelt ernsthaftes Interesse an ihr bekundete. Doch jegliche Versuche, die mittlerweile 15-jährige Baronesse zu umgarnen, blieben erfolglos. »So viele, die meine Nähe suchten, und die die Wünsche so vieler Frauen befriedigt hätten, wehrte ich – noch ein Kind mit meinen 15 Jahren – aus einem einzigen Grund ab: Wegen ihrer Mittelmäßigkeit.«[62] Keinem gelang es, Julies Herz mit seiner leidenschaftlichen Liebe zu erobern und sie mit einer verheißungsvollen Zukunftsperspektive zu begeistern.

Allerdings waren auch Julies Eltern der Ansicht, dass sie sich nun dem heiratsfähigen Alter näherte, weshalb sie Heiratspläne schmiedeten. Mit 16 Jahren sollte Julie mit einem gutsituierten Baron verheiratet werden. In ihrer Not flehte sie zu Gott und bat ihn, die Heirat zu verhindern. Wenig später erkrankte sie so schwer an Masern, dass man befürchtete, sie zu verlieren. Der Anwärter zog daraufhin sein Wort zurück. Julie kam wieder zu Kräften und die Heiratspläne wurden vorerst zurückgestellt.

All dies wurde schlagartig nebensächlich, als der Familie Vietinghoff Ende 1780 eine schreckliche Nachricht überbracht wurde: Julies 22-jähriger Bruder Otto Ernst, ein stattlicher Leutnant der russischen Garde, war bei einem Duell erstochen worden. Nicht nur die Familie war schockiert, auch viele Menschen in ihrem Umfeld nahmen Anteil und trauerten um den vielversprechenden jungen Mann, dem ein Ruf als liebenswürdiger Kavalier vorausgeeilt war. Zu den Freunden des Verstorbenen gehörte auch der Schriftsteller Jakob Lenz (1751-1792), der neben Goethe und Schiller zu den bedeutendsten deutschen Dichtern des Sturm und Drang zählte. Lenz widmete seinem Freund einen Nachruf in Form der Erzählung *Etwas über Philotas Charakter (Ein Veilchen auf sein Grab)*, die im Januar 1781 publiziert wurde. Nun lebte von den vier Söhnen, die Anna Ulrike geboren hatte, nur noch Julies jüngerer Bruder Christoph Burchard. Ihm fiel folglich die neue Rolle als Stammhalter der Familie zu, was ihn später zum Eigentümer einer Vielzahl von Gütern machte.

Nach diesem schweren Schicksalsschlag stürzte sich Julies Vater umso emsiger in die Arbeit und seine vielfältigen Projekte. Noch im Jahr 1780 wurde das alte Theatergebäude in Riga abgerissen und der Bau eines neuen Theaters unmittelbar neben dem Stadtpalast der Familie Vietinghoff in der Königsstraße geplant. Auf Wunsch des Barons sollte das Theatergebäude auch Raum für adlig-bürgerliche Geselligkeit bieten. Das imposante Gebäude, das Julies Vater auf eigene Kosten erbaute, wurde zum bekannten Rigaer Stadttheater, das zu den besten deutschsprachigen Bühnen gehörte und in dem einige Jahre später auch Richard Wagner (1813-1883) wirkte. Unter der Direktion von Otto Hermann von Vietinghoff wurde das Stadttheater mit seinen 500 Plätzen am 15. September 1782 mit Lessings *Emilia Galotti* und dem Ballett *Das Tanzfest* eröffnet. Das 24-köpfige Theaterorchester, das Julies Vater für das Stadttheater angeworben hatte, blieb lange Zeit das einzige in Riga. Am 19. September 1782 fand die erste Opernaufführung des Theaters statt.

> Im ersten Halbjahr seiner Direktion gestaltete Vietinghoff den Spielplan äußerst abwechslungsreich, um den Interessen des Publikums entgegen zu kommen. Das Ensemble, dem mehrere hervorragende Schauspielerfamilien angehörten, umfasste, einschließlich des Balletts, rund vierzig Personen. Die Vorstellungen fanden vier- bis fünfmal in der Woche statt, und pro Monat brachte man vier bis sechs Neueinstudierungen heraus, dazu eine Oper und ein Singspiel. Erfolgreiche Aufführungen wurden bis zu sechsmal wiederholt.[63]

Julie war dankbar für die Ablenkung, die sie auf den Bühnen ihres Vaters und bei den Künstlern fand. Im Theater ihres Vaters folgte die junge Edeldame bei der Uraufführung im Jahr 1782 mit angehaltenem Atem Adriane auf den Felsen von Naxos und später Marius auf die Ruinen von Karthago. Sie liebte es, in Geschichten vergangener Zeiten und ferner Länder einzutauchen. Zurück in der Gegenwart kreisten ihre Gedanken aber immer öfter um die Fortsetzung ihrer eigenen Lebensgeschichte. Welcher standesgemäße Junggeselle würde wohl den Segen ihrer Eltern erhalten, sie zu heiraten? Ob es ihr gelingen würde, ihn zu lieben?

Kapitel 2

Junge Ehefrau & Botschaftergattin

1782-1792

»Möge man mir zum Ehemann denjenigen geben, den ich lieben könnte, so würde ich auf alles verzichten und in der Wüste leben. Wenn man aber mein Herz nicht befragt, möge er wenigstens alles haben, was meinen Kopf beschäftigen und meine Eitelkeit befriedigen kann, um mein Herz abzulenken.«[64]

Julie im Alter von 16 Jahren

Ein rauschendes Hochzeitsfest
Am 29. September 1782 fand vor der malerischen Kulisse von Schloss Ramkau ein prächtiges Fest statt. Die altehrwürdigen Eichen des imposanten Schlossparks waren stumme Zeugen des Geschehens, als die 17-jährige Julie einem gutsituierten Baron das Jawort gab. Traupfarrer war Julies ehemaliger Hauslehrer Dingelstädt, der mittlerweile in Riga ein bedeutender Geistlicher geworden war.

Julies Angetrauter war der fast 20 Jahre ältere russische Botschafter Burchard Alexius Konstantin Baron von Krüdener (1746-1802), mit Rufnamen *Alexis*. Alexis hatte in Leipzig unter Christian Fürchtegott Gellert (1715-1769) studiert. Seine außergewöhnliche Wissbegierde und Gelehrsamkeit brachten ihm den Spitznamen *der Gelehrte* ein. Er bestach durch seine außergewöhnlichen Fähigkeiten und seine hohe Intelligenz. Alexis beherrschte zwei tote Sprachen und sprach sieben lebende Sprachen fließend. Er war bewandert in Geschichte und Mathematik, entwickelte sich unter der kundigen Anleitung des deutschen

Malers Adam Friedrich Oeser (1717-1799) zu einem großen Kunstkenner und war mit Jean-Jacques Rousseau befreundet. Baron von Krüdeners diplomatische Karriere hatte als Botschaftsattaché in Madrid und als Legationsrat in Warschau begonnen. Im Jahr 1779 war er von Zarin Katharina II. zu ihrem Botschafter in Mitau, der erblühenden Hauptstadt des damaligen Herzogtums Kurland, ernannt worden. Zudem hatte er den Ehrentitel *Kaiserlich russischer Geheimrat* verliehen bekommen. Alexis galt als würdiger Vertreter einer alteingesessenen und in Riga hoch angesehenen baltischen Familie. Der junge Berufsdiplomat war brillant genug, um der Tochter des *Königs von Riga* einen Antrag zu machen. Und er war interessant genug, dass selbst Julie in die Heirat einwilligte! Dies bestätigt ihr Brief aus dem Jahr 1790 an den bekannten französischen Schriftsteller Bernardin de Saint-Pierre (1737-1814):

> Mit 17 Jahren wurde ich mit einem Mann meiner Wahl verheiratet. Die Zuversicht, dass mich der Charakter desjenigen, mit dem ich vereint werden sollte, inspirieren würde, weiter eine glänzende Stellung und die Möglichkeit, oft mit meinen Eltern zusammen zu sein, überzeugten mich.[65]

Dass es zur Vermählung von Alexis und Julie kam, war nicht zuletzt das Verdienst von Alexis' ältester Schwester Barbara Cornelia (ca. 1732-1815). Die Ehefrau von Generalleutnant Reinhold Johann Freiherr von Meyendorff war nicht nur Alexis' Schwester, sondern auch eine von Julies Taufpatinnen. Eine gute Ausgangslage also, um mit Julies Eltern über die Heirat ihres Bruders mit ihrem Patenkind zu verhandeln.

Nach der Hochzeit verbrachten die Frischvermählten gemeinsam mit Barbara Cornelia einige Zeit auf Schloss Ramkau. Julie verstand sich gut mit ihrer über 30 Jahre älteren Schwägerin. Das Schloss lag zwischen Riga und Marienburg im Nordosten des heutigen Lettland und gehörte zum Familienbesitz von Julies Schwiegermutter. Alexis' Mutter, Dorothea Gertrud geborene von Trautvetter (1715-1786), war die rechtmäßige Erbin von Schloss Ramkau. Nach dem frühen Tod ihres Ehemannes Valentin Johann von Krüdener, einem livländischen Staatsrat, hatte sie nochmals geheiratet. Ihr zweiter Ehemann, Leonhard Johann

Freiherr von Budberg (1727-1796), war livländischer Reichsmarschall und Zivilgerichtspräsident von Riga.

Die Eheschließung brachte für Julie neue Aufgaben und Rollen mit sich. Allen voran die Rolle als Ehefrau. Aus der *Baronesse von Vietinghoff*, Tochter des berühmten Barons von Vietinghoff, wurde die *Baronin von Krüdener*, Ehefrau des geachteten Barons von Krüdener. Nach dem Start ins Eheleben auf Schloss Ramkau siedelte das frischvermählte Ehepaar kurze Zeit später in die Botschaft von Mitau über, wo Alexis' Arbeitsplatz war. Durch die Heirat mit einem russischen Botschafter fiel Julie automatisch die Position der Botschaftergattin zu. Eine herausfordernde Aufgabe, da die Ehefrau eines Botschafters eine nicht minder repräsentative Rolle als ihr Gatte spielte. Eine weitere Rolle ergab sich aus dem Hochzeitsgeschenk ihres Vaters. Baron von Vietinghoff hatte seiner Tochter den Gutshof Kosse (heute *Viitina*) im Süden des heutigen Estland geschenkt. Neben dem Landsitz in Dünamünde und Schloss Marienburg war dieser Gutshof in Julies Kindheit ihr liebster Aufenthaltsort gewesen.

Zum Gutshof Kosse gehörten aber auch die leibeigenen Bauern, die das weitläufige Grundstück bewirtschafteten. Das Hochzeitsgeschenk ihres Vaters hatte Julie somit zur Leibherrin von über 1000 Leibeigenen gemacht. Dies sicherte zwar ihren Lebensunterhalt, da die Leibeigenen dazu verpflichtet waren, ihrer Herrin regelmäßig Steuern zu bezahlen, doch das Geschenk ihres Vaters brachte Julie in eine komplizierte Situation. Einerseits freute sie sich darüber, andererseits wurde sie als Leibherrin nun selbst Teil jenes Systems, das sie zutiefst verabscheute.

Außerdem wurde die 17-jährige Julie durch die Heirat mit einem Schlag Mutter einer neunjährigen Stieftochter. Alexis war vorher nämlich bereits zweimal verheiratet gewesen. Aus erster Ehe – mit der schottischen Adligen Rebecca Sweadland – ging die Tochter Sophie Isabell Dorothea (1773-1847) hervor, die beim Vater blieb, als sich ihre Mutter mit einem englischen Lord aus dem Staub machte. Die zweite, noch kürzere Ehe, schloss Alexis 1777 mit Eva Maria Schick, der geschiedenen Tochter des Bürgermeisters von Riga. Obwohl Julie nur wenige Jahre älter war als Sophie, fanden die beiden einen guten Draht zueinander. In ihren frühen Tagebüchern nannte Sophie ihre neue Stiefmutter ganz selbstverständlich »Mama«.

Alles in allem war Julie zufrieden damit, wie sich ihr Leben in den ersten beiden Ehejahren entwickelte. Sie bewunderte ihren Ehemann, genoß die Vorzüge ihrer Stellung als Botschaftergattin und die Nähe zu ihren Eltern. Wenige Monate nach der Hochzeit war sie schwanger. Das Eheglück schien perfekt.

Geburt von Paul & Abschied vom Norden, 1784

Rund ein Jahr nach der Hochzeit, gegen Ende des Jahres 1783, erhielten die Krüdeners im kurländischen Mitau illustren Besuch von Zarewitsch Paul (1754-1801) und seiner Gemahlin, der Großherzogin Maria Fjodorowna (1759-1828), einer deutschen Prinzessin. Der zukünftige Zar Paul I. war so angetan von der hochschwangeren Botschaftergattin, dass er ihr anbot, Taufpate ihres Kindes zu werden. So kam es, dass der kleine Sprössling, der Julie und ihrem Mann am 31. Januar 1784 geschenkt wurde, zu Ehren seines erlauchten Taufpaten auf den Namen *Paul* Alexander von Krüdener (1784-1858) getauft wurde.

Alexis von Krüdener war von Katharina II. mit den Vorbereitungen zur Wiedervereinigung des Herzogtums Kurland mit Russland beauftragt worden. Die Art und Weise seines Vorgehens brachte ihm große Wertschätzung aller beteiligten Parteien ein. Die Zarin war so zufrieden, dass ihr die berufliche Karriere ihres fähigen Botschafters zu einem persönlichen Anliegen wurde. Daher zog sie ihn im Herbst 1784 aus der kleinen Stadt Mitau ab und bestellte ihn für neue Befehle nach Sankt Petersburg. In Gegenwart seiner 19-jährigen Gattin und seines Sohnes Paul wurde Alexis von Katharina II. als Botschafter in die strategisch wichtigen Republik Venedig entsandt. Die *Löwenrepublik*, wie sie von den Italienern in Anlehnung an das Wahrzeichen der Lagunenstadt genannt wurde, war in ihrer Funktion als Handels- und Seemacht von großer Bedeutung.

Abseits der Audienzen bei der Zarin kam es in Sankt Petersburg zur ersten Begegnung von Zarewitsch Paul mit seinem Patenkind Paul von Krüdener. Die Krüdeners freuten sich zudem sehr darüber, dass ihnen Zarewitsch Paul und Großherzogin Maria ihren bald siebenjährigen Sohn Alexander (1777-1825) vorstellten, den späteren Zar Alexander I. Weder Julie noch Alexander konnten zu jenem Zeitpunkt ahnen, auf welche Weise sich ihre Wege später wieder kreuzen würden. Auf Geheiß seiner Großmutter Katharina II. wurde Alexander von dem freisinnigen Schweizer Privatlehrer Frédéric-César de La Harpe (1754-1838) erzogen und in Politik und Geschichte unterrichtet.

Alexis' Berufung zum Botschafter in Venedig brachte für Julie einschneidende Veränderungen mit sich. Es hieß Abschied nehmen von ihrem vertrauten kurländisch-nordischen Lebensumfeld, ihrer Familie und Freunden. Die Reise nach Venedig führte die Krüdeners über Polen, Böhmen, Wien, München und das Tirol. Besonders beeindruckend war die Zwischenstation in Wien, genauer gesagt im imposanten Schloss Schönbrunn. Wie es sich für einen Repräsentanten der russischen Zarin gehörte, nutzte Alexis von Krüdener die Gelegenheit für eine Audienz bei Kaiser Joseph II. (1741-1790), dessen revolutionäre Reformen in ganz Europa Gesprächsstoff waren. Sophies Reisejournal ist zu entnehmen, dass der Kaiser dem russischen Botschafter eine lange Audienz gewährte und dass er überdies »äußerst liebenswürdig zu Mama« war.

Via schneebedecktem Brennerpass erreichte die Familie Krüdener Ende November 1784, zeitgleich mit dem Wintereinbruch, die Lagunenstadt Venedig.

Venedig, 1784-1786

Der Kulturschock war heftig. Das vielgepriesene Herzstück der Republik Venedig präsentierte sich passend zur Jahreszeit kalt und düster. »Der erste Eindruck der Stadt war ebenso trostlos wie erstaunlich«[66], schrieb Sophie in ihr Tagebuch. Vom Wetter geschwärzte Quadersteine im Gemäuer der venezianischen Palazzi, schwarze Gondeln und in schwarze Seide gehüllte Venezianerinnen prägten das düster-grandiose Erscheinungsbild der Stadt. Verblüffend war für Sophie vor allem das vollständige Fehlen von Straßenlärm, wie sie ihn aus allen anderen größeren Städten kannte. In Venedig hörte man höchstens die plätschernden Ruder der Gondolieri auf dem Wasser.

> All dies hat etwas Schauriges, an das man sich bald gewöhnt. Die Kälte war viel schwieriger zu ertragen. (...) Wenn meine Unterrichtslektionen abgeschlossen waren, gingen wir uns an der Sonne aufwärmen; wir spazierten mehr als eine Stunde am Morgen und ebenso am Nachmittag. In anderen Ländern hat man seine Kutsche und seinen Kutscher; in Venedig hatte man seine Gondeln und seine uniformierten Gondolieri.[67]

Der Palazzo der russischen Botschaft, den die von Krüdeners bewohnten, lag direkt am Canal Grande, der Hauptwasserstraße von Venedig.

In der neuen Heimat der Krüdeners gab es bestimmte Eigentümlichkeiten und Gesetze, die den gesellschaftlichen Umgang regelten. Angefangen bei einer klar vorgeschriebenen Kleiderordnung – wobei Accessoires wie Hüte und Masken eine große Rolle spielten – bis hin zu dem sonderbaren Gesetz, dass es dem diplomatischen Korps unter Androhung der Todesstrafe verboten war, mit Mitgliedern der Regierung und des venezianischen Adels zu sprechen. Nur der schriftliche Umgang war gestattet. Drei staatliche Inquisitoren überwachten die Einhaltung dieses Gesetzes. »Mehr als einmal«, vertraute Sophie ihrem Reisetagebuch an, »traf sich mein Vater jedoch im Geheimen mit einigen adligen Venezianern, unter anderem Querini, ein Mann des Geistes und der Wissenschaft. Er war, glaube ich, selbst einer der Inquisitoren.«[68] Senator Angelo Querini (1721-1796) war ein einflussreicher italienischer Politiker und Kunstsammler. Er wurde zu einer wichtigen Anlaufstelle für nordeuropäische Literaten und Künstler, war gern gesehener Gast in den großen Salons von Venedig sowie führendes Mitglied der 1785 verbotenen Freimaurerloge Venedigs. An einem Tag im Jahr war das strikte Kontaktverbot aufgehoben: Am staatlichen Feiertag *Festa della Sensa*, an dem die *Vermählung des Dogen*[69] *mit dem Meer* zelebriert wurde und ganz Venedig im Festfieber war. An jenem Tag trauten sich adlige Venezianer laut Sophie, Mitglieder des diplomatischen Korps oder ihre Familien anzusprechen.

Zur Zeit der italienischen Renaissance gehörte Venedig neben Florenz zur Geburtsstätte der ersten großen Salons. Diese gesellschaftlichen Zusammenkünfte standen für gewöhnlich unter der Leitung von sogenannten *Salonnières* oder *Salondamen*. Die Salonidee breitete sich in den darauffolgenden Jahrhunderten als faszinierendes Netzwerk über ganz Europa aus und wurde zu einem der wichtigsten Kommunikationskanäle überhaupt. Diplomatische Salongeselligkeiten gehörten zum Alltag der Krüdeners.

Botschafter aller Herren Länder entlang dem Canal Grande fanden sich mit ihren Gattinnen zu allerlei Geselligkeiten zusammen. Man widmete sich literarischen Meisterwerken und diskutierte politische Angelegenheiten. Mit Vorliebe wurde musiziert und Theater gespielt, auch im Palazzo der Krüdeners. Die wunderschöne und musikalische Gräfin Brenner, Ehefrau des österreichischen Botschafters, leitete sogar ein Orchester, das die Theaterdarbietungen musikalisch untermalte. Die einstudierten Komödien wurden später im Gesellschaftstheater zum Besten gegeben. Julie, Alexis und die Gräfin von Hartig – Schwester der Gräfin Brenner – spielten Hauptrollen. Auf diese Weise vertrieben sie sich die Zeit, bis politische Umwälzungen auf einen Schlag ihre volle Aufmerksamkeit erforderten.

Für den venezianischen Adel hatte das diplomatische Korps im Gesellschaftstheater separate Eingänge eingerichtet, damit die Noblesse von Venedig trotz Kontakt- und Sprechverbot hinter Masken an den Aufführungen teilnehmen konnte. Julie war ganz in ihrem Element und brillierte. Speziellen Anklang fanden die Aufführungen am *Lido di Venezia*, dem Küstenabschnitt, der die Lagunenstadt von der offenen Adria trennt. Sogar Durchreisende erwähnten begeistert die »sehr bewegenden Szenen«[70], die Madame von Krüdener und einige Jahre nach ihr der französische Schriftsteller Charles Nodier am Lido dargeboten hatten und wo Lord Byrons herrliche Stimme erklungen war.

Das Leben in Venedig war für die 20-jährige russische Botschaftergattin Entwurzelung und Offenbarung zugleich. Während die vielen neuen Eindrücke sowie das schillernde, oft oberflächliche Leben der weltbürgerlichen Stadt für die feinfühlige Baltin eine große Herausforderung darstellten, war sie zugleich begeistert von der Schönheit der Wasserstadt und der Natur des Südens. In ihrem Roman *Valérie*, der sie später berühmt machte, beschrieb Julie Venedig mit folgenden Worten:

> Ich habe dir noch nichts von dieser stolzen Stadt gesagt, welche sich aus dem Schoße des Meers erhebt und den Wellen gebietet, sich an ihren Dämmen zu brechen, ihren Gesetzen zu gehorchen, ihr die Reichtümer von Europa und Asien zuzuführen, ihr zu dienen (...). Venedig wurde die Kette, welche die Sitten eines anderen Weltteils mit Italiens Sitten vereinigte. Daher jene so mannigfaltigen Farben, jenes Gemisch von Kleidungen, Gebräuchen, Sprachen, welche dieser Stadt ein so besonderes Ansehen geben, und die eigentümlichen Farben des Orts mit dem sonderbaren Gemisch von zwanzig verschiedenen Völkern verschmelzen. (...) Glücklich bei Trägheit und Sorglosigkeit lebt der Venezianer von seiner Sonne und von seinen Muscheln, badet sich in seinen Kanälen, folgt seinen Prozessionen, besingt seine Liebschaften unter einem stillen und günstigen Himmel und hält seinen Karneval für ein Wunder der Welt. (...) Venedig ist der Aufenthalt der Weichlichkeit und des Müßiggangs. Man ruht auf Gondeln, welche über die gefesselten Wellen hingleiten; man ruht in jenen Logen, wohin die bezauberndsten Töne der schönsten Stimmen Italiens gelangen. Man verschläft einen Teil des Tages; man bringt die Nacht entweder in der Oper oder in dem hier sogenannten Casino zu. (...)[71]

Nach außen bestach Julie durch ihren Charme, ihre Intelligenz und Weltoffenheit. Wer ihr einmal begegnet war, stand unter dem Einfluss ihres gewinnenden Wesens. Unverändert schlug ihr Herz für Gerechtigkeit und Menschen in Notlagen. In ihrem zweiten Jahr in Venedig beobachtete Julie eines Tages von ihrer Gondel aus den Tumult um eine Bettlerin, die zum Gefängnis geführt wurde. Der Tumult entstand dadurch, dass einige aus dem Volk den Versuch starteten, die Gefesselte zu befreien. Die Gondel, in der Julie saß, hielt genau am Platz des Geschehens. Mit einer eindringlichen Rede gelang es der jungen Baltin, die Situation zu entschärfen und darüber hinaus die Befreiung der Bettlerin zu erwirken. Dies machte sie im venezianischen Volk zur Heldin. Die Gondolieri stritten sich vor ihrem Palast um die Ehre, sie fahren zu dürfen. Ein Mann ehrte sie in der Öffentlichkeit mit den Worten: »Seht, das ist die schöne junge Dame, die sich des Volkes annimmt, die nicht leiden will, dass ihm Unrecht geschehe.«[72] Wiederholt schlich sich die junge Botschaftergattin aus ihrem luxuriösen Palazzo, um heimlich für Arme zu sorgen.

Nach wie vor war Julie sehr angetan von ihrem Gatten, den sie mit folgenden Worten beschrieb:

> Er ist schon über die Vierzig hinaus; aber er hat nicht das Ansehen, als ob er dieses Jahr [Alter, D.S.] hätte. Man weiß zuerst nicht, was man am meisten an ihm lieben soll, sein edles und erhabenes Äußeres oder seinen Geist, welcher immer angenehm ist, welcher noch durch eine starke Phantasie und durch eine außerordentliche Ausbildung unterstützt wird; aber wenn man ihn genauer kennt, bleibt man nicht unentschieden; was er aus seinem Herzen nimmt, das ist es, welchem man den Vorzug gibt; dann, wenn er sich ganz entdeckt und hingibt, dann findet man ihn so erhaben. Er sagt uns bisweilen, er könne unter den Leuten nicht so jung sein, wie er es bei uns ist, und Geistesschwung mache schlechtes Glück bei einer Gesandtschaft. (...) Er weiß alles, kennt alles; und das Wissen hat bei ihm die Empfindsamkeit nicht abgestumpft. Von Herzen genießen, lieben, und fremdes Glück zu seinem eigenen machen, darin besteht sein Leben; auch fällt er keinem beschwerlich.[73]

Die romantische, sensible junge Frau sehnte sich nach der Liebe und Aufmerksamkeit ihres Ehemannes. Alexis hingegen war so stark von den Verantwortlichkeiten seines Berufs und den diplomatischen Pflichten in Beschlag genommen, dass nur wenig Zeit blieb für seine junge Familie. Julie fühlte sich zunehmend vernachlässigt. Ihre Vorstellung von einer glücklichen Ehe auf der Basis gegenseitiger leidenschaftlicher Liebe wurde heftig erschüttert. Immer deutlicher erkannte Julie die Unterschiede, die sie trennten. Als sie Alexis eines Nachts völlig aufgelöst vor Angst über seine verspätete Heimkehr suchte, warf er ihr vor, dass sie stattdessen besser in ihrem Bett geschlafen hätte. Sie war zu Tode betrübt, weil dies für sie bedeutete, dass er selbst so gehandelt hätte, wenn es um sie gegangen wäre. Nur ihrem *Tagebuch von Venedig* vertraute Julie die innere Zerrissenheit und ihre ersten Zweifel am jungen Eheglück an:

> Nein, nein, mein Freund, mein Glück besteht darin, zu glauben, dass wir füreinander geschaffen sind, dass Sie niemals jemanden gefunden hätten, der Sie lieben könnte wie ich. Wenn diese Idee, welche meine Seele erhebt und ausfüllt, zerstört ist, wenn wir nur gewöhnliche Eheleute sind, einzig durch das Interesse unserer Vermögen und den Ehevertrag verbunden, dann ist meine Glückseligkeit zunichte.[74]

Julie vermisste ihre Familie und Freunde und litt unter der Isolation mitten in einer fremden Stadt. Daran änderte auch der Umzug in das kleine Städtchen Mira auf dem nahen Festland nichts. In Alexander von Stakiev, dem Sohn eines Jugendfreundes ihres Ehemannes, der noch ganz am Anfang seiner diplomatischen Karriere stand, fand sie einen gleichaltrigen Vertrauten. Alexander empfand schnell viel mehr als nur brüderliche Gefühle für die Frau des Botschafters. Julie ahnte nichts davon und freute sich an der respektvollen Freundschaft mit ihm. Sie bemühte sich weiterhin angestrengt, die Aufmerksamkeit ihres Ehemannes zu gewinnen und ihm zu gefallen. Dabei war sie oft hin- und hergerissen zwischen ihrer übermächtigen Empfindsamkeit und ihrem Pflichtgefühl. Ihre Sensibilität empfand sie als Fluch und Segen zugleich: »Ich möchte dich jedoch nicht verlieren, o süße Sensibilität!«, gestand sie ihrem Tagebuch und ergänzte: »Obwohl du mich gegenwärtig die Leiden, die mich auf die Probe stellen und welche du hervorgerufen hast, doppelt fühlen lässt. Ich verdanke dir die süßesten Momente meines Lebens.«[75] Unabhängig von ihren Gefühlen erachtete sie es als ihre höchste Pflicht, ihren Gatten glücklich zu machen:

> Ich lebe nur dafür, ihn glücklich zu machen. Ich habe diesen Wunsch gefasst, als ich ihn heiratete und schwor in der Tiefe meines Herzens, diese Absicht auszuführen, inwieweit das in meiner Macht stehen wird. Dieser so rechtmäßige Wunsch herrscht ungeteilt in meiner Seele, weil darin teilweise meine Pflicht besteht. Und ich hatte immer einen leidenschaftlichen Wunsch, meine Pflicht zu erfüllen.[76]

Trost fand die junge Botschaftergattin in der prachtvollen Kunst der Dogenstadt. Diese öffnete ihr Herz für das Göttliche. »Ich befand mich in der Nähe eines der schönsten Gemälde von Venedig«, schrieb Julie eines Tages in ihr Tagebuch und meinte damit ein Gemälde von Francesco Solimena (1657-1747); »(...) ich betrachtete die Madonna; es schien mir, als ob ein himmlischer Blick, rein wie der Himmel, überwältigend und zärtlich zugleich, in mein Herz glitt.«[77] Julie konnte sich nicht sattsehen an den Gemälden, die die prächtigen Bauwerke in Venedig verschönerten.

> Die Künste haben die Pracht der Denkmale verschönert; der Genius eines Tizian, Paolo Veronese und eines Tintoretto haben Venedig

verherrlicht; ein Palladio erschaffte einen unsterblichen Glanz den Palästen der Cornaro, der Pisani; und der Geschmack und die Phantasie haben mit Schönheiten bekleidet, was ohne sie tot geblieben wäre.[78]

Italienreise, 1786

„Italien, welch ein Land! Man thut keinen Schritt ohne an eine große Begebenheit erinnert zu werden, ohne ein Monument der Kunst zu bewundern, ohne Fußstapfen der großen Männer zu finden die die Grentzen menschlicher Kenntniße erweitert haben."[79]

Alexis von Krüdener

Nach eineinhalb Dienstjahren in der Republik Venedig erhielt Alexis im Juli 1786 einen Versetzungsbefehl von Zarin Katharina II. Sie rief ihren Botschafter aus Venedig fort, um ihm in Kopenhagen eine wichtigere Mission anzuvertrauen. Alexis hatte in der Zwischenzeit seinem Ruf als fähiger Berufsdiplomat und geradliniger Kavalier alle Ehre gemacht. Der russische Botschafter entschied, die Wochen bis zu seinem Amtsantritt in der dänischen Hauptstadt sinnvoll zu nutzen. Er wollte Italien nicht verlassen, ohne das Land und seine Kunstschätze näher in Augenschein genommen und den Seinen gezeigt zu haben. Der 40-jährige Botschafter hielt seine Erlebnisse in einem umfangreichen Reisebericht fest. Neben detaillierten Kunstbeschreibungen zeichnete Alexis ein anschauliches Bild der politischen Verhältnisse, Regierungsformen, Straßenzustände, Mode, Gesellschaft, der Gepflogenheiten und Landschaften. Das vollständig in Deutsch abgefasste Manuskript sollte seiner geliebten Mutter als Zeitvertrieb dienen. Die Nachricht von ihrem Tod stürzte Alexis in Mittelitalien in große Trauer:

> Ich kehre mit thränenvollen Augen zu meinem Journal zurück, das den größten Reitz für mich verlohren hat, die Hoffnung meine liebe seelige Mutter, die die Reisebeschreibungen, die Italien, die vor allem ihren Sohn so sehr liebte, (…), mit diesem Journal zu amusiren, und (…), einige Augenblicke über, von den Beschwerlichkeiten des Alters zu zerstreuen. Ich hoffte so sehr sie noch wieder zu sehn![80]

In der Hoffnung, dass sich auch seine Schwester, die »liebe Meyendorff«[81] für seine Erlebnisse interessierte, führte er die Aufzeichnungen dennoch weiter.

Die Reise begann Anfang August 1786 im Nordosten Italiens in der Absicht, bis nach Süditalien vorzudringen. Zwei Kutschen beförderten die kleine Reisegesellschaft sowie deren gesamten Haushalt. Neben der Botschafter-Familie, bestehend aus Alexis und Julie, der 13-jährigen Sophie und dem zweieinhalbjährigen Paul, waren Alexis' Neffe Luigi alias Ludwig von Krüdener und Botschaftssekretär Alexander von Stakiev mit von der Partie, außerdem Alexander Graf von Tilly (1761-1816) – ein Freund der Familie –, Sophies Gouvernante Mademoiselle Matthieu und schließlich zwei bis drei Dienstmädchen.

Via Padua, Verona und Modena führte die Reise nach Bologna. Die Gemälde zahlreicher Kirchen, Sakristeien, Klöster und Palazzi wurden näher in Augenschein genommen und bewundert. Bereits in Venedig hatte die Stille der Klöster die junge Botschaftergattin magisch angezogen. Sie beneidete die Kartäusermönche darum, ihr Leben in Abgeschiedenheit und Ruhe einzig auf diesen Gott ausrichten zu können, der in der Welt vergessen wurde. Auch die Malerei berührte Julie zutiefst. Nicht selten brach sie beim Anblick eines Gemäldes in Tränen aus, so beispielsweise bei einem Gemälde von Raffael, weil sie dessen Verbindung zum Ewigen spürte. »Bologna ist mit schönen Gemählden ganz angefüllt, sie ist eine Schule der Mahlerey auf der höchsten Staffel der Vollkommenheit«, schrieb der Baron begeistert.[82] Auch Theater- und Opernbesuche standen auf dem Programm. Eine Messe in der Domkirche bewegte die Gemüter ganz speziell:

> Der Erzbischoff von Bologna, ein Kardinal Giovanni, laß eben die hohe Meße. Es war das Fest der Himmelfahrt Maria. Es wurde die Orgel auf eine sehr rührende Art gespielt. Der Wiederhall der Musik in dem reinen hohen Gewölbe, das Beyspiel aller um uns Knienden, verstärckte die Empfindung und ich bin überzeugt daß in dem Augenblicke bey jedem von uns die Seele zu dem Gott aller Völker, aller Zeiten, erhoben wurde.[83]

Von Bologna aus ging es weiter nach Florenz und Anfang September in Richtung Rom. Um die schädliche Luft um Rom möglichst unbeschadet hinter sich zu lassen, wurde diese Strecke in geschlossenen Postkutschen zurückgelegt. »Man hat noch nicht vollkommen die Ursachen von dieser Schädlichkeit der Luft ergründet, aber die Wirkungen sind fürchterlich«, erklärte Alexis. »Kein Reisender darf sich auf 30 bis 40 ital. Meilen um Rom die Nacht aufhalten, oder nur im Wagen schlummern, ohne sich dem Fieber auszusetzen.«[84]

Der erste Rom-Aufenthalt war nicht viel mehr als ein kurzer Zwischenstopp auf der Weiterreise nach Süden. Und doch lang genug, um einen Eindruck von den wichtigsten Sehenswürdigkeiten zu gewinnen. Unter der kundigen Führung des deutschen Kunstagenten und Fremdenführers Johann Friedrich Reiffenstein fingen sie ihre Besichtigungstour mit dem an, »was natürlich die Aufmerksamkeit und Bewunderung der Fremden am ersten auf sich zieht: die PetersKirche.«[85] Nach einer Begegnung mit dem Papst, welcher von einer Seligsprechung aus der Kirche kam, ging es weiter zur Sixtinischen Kapelle mit den weltberühmten Fresken von Michelangelo. Während der Botschafter nüchtern dokumentierte: »Hier hängt das berühmte jüngste Gericht von Michel Angelo (...). Das Gemälde ist gelehrt aber nicht gefällig«[86], war Julie zutiefst ergriffen von Michelangelos »Wunder des letzten Gerichts«. Immer wieder tauchen in den Schilderungen von Alexis und Julie fast ehrfürchtig und voller Bewunderung dieselben großen Namen auf: Tizian, Raffael, Michelangelo, da Vinci, Rubens und andere.

Nach der Begegnung mit zahlreichen einflussreichen Persönlichkeiten in Rom machte sich die Reisegruppe auf, um weiter in den Süden zu gelangen. Nach einer schönen Fahrt durch malerische Gegenden erreichte sie am 7. September Neapel. Gespannt besuchten die Krüdeners am Golf von Neapel unter anderem die antiken römischen Stätten Pompeji und Herculaneum, welche im Jahr 79 n. Chr. beim Ausbruch des Vesuvs untergegangen waren. Vom Meer aus genoss das Botschafter-Ehepaar den Blick auf den Golf von Neapel,

> über welche ganze Strecke sich der fürchterliche und mahlerische Vesuv erhebt. Die hin und herfahrenden kleinen Fahrzeuge, die Schönheit des Abends in diesem Clima, das fortwährende Geräusch

der rollenden Wagen, und so viele tausend sich in der Luft verlihrenden Stimmen, geben dem Gemälde sein Leben, das nur gefühlt aber nicht beschrieben werden kann.[87]

Mit Pompeji hatten sie den südlichsten Punkt ihrer Reise erreicht. Nun ging es wieder in Richtung Norden. Überrascht nahm Alexis zur Kenntnis, wie zärtlich die Kinder in Neapel behandelt wurden. Während eines zweiten, längeren Aufenthalts in Rom wurden Julie und ihr Sohn – auf Wunsch von Alexis – von der berühmten Künstlerin und gebürtigen Schweizerin Angelika Kauffmann (1741-1807) porträtiert. Das seit 1860 im Pariser Louvre[88] ausgestellte Porträt, von dem ein Ausschnitt auf dem Umschlag dieses Buches zu sehen ist, entspricht in etwa der Schilderung des Reisebegleiters Graf von Tilly:

> Ihre Gesichtszüge waren bezaubernd; ihr Geist leicht und anmutig. Ihre beweglichen Gesichtszüge offenbarten immer das Gefühl und den Gedanken; sie war von mittlerer[89], aber perfekter Gestalt; ihre blauen Augen waren immer heiter, immer lebhaft (…) aschblonde Haare fielen in Locken auf die Schultern; etwas Einzigartiges und Neues, Unvorhergesehenes in ihren Gesten und Bewegungen, und man wird eine Idee von Frau v. Krüdener in ihrer frühen Jugend haben.[90]

Auch andere Zeitzeugen bescheinigten der jungen Botschaftergattin neben Anmut und Intelligenz »ein höchst bezauberndes und ausdrucksvolles, wenn auch nicht regelmäßiges wunderschönes Gesicht«, dazu »hellbraunes Haar, das in Locken auf ihre Schultern fiel und ruhige blaue Augen, welche (…) gleichermaßen die Vergangenheit und die Zukunft zu durchdringen schienen.«[91]

In Rom wurde jede Stunde ausgekostet. Das Kolosseum, die Vatikanbibliothek, Bekanntschaften, Gäste, Ausflüge in die Umgebung und vieles mehr standen auf dem Programm. Voller Nostalgie wurden Stationen des 1. Romaufenthaltes erneut aufgesucht, darunter auch der Petersdom: »Wir durchwanderten mit neuem Vergnügen dies kühne Werck der neuern Baukunst, wir kehrten offt zu dem was wir schon gesehn hatten wieder zurück, und weil es das letzte mahl war, so verließen wir es nicht ohne effort [Mühe, D.S.] und einem gewißen Gefühl von Beklemmung.«[92]

Von Rom aus führte die Reise durch malerische Gegenden zurück nach Florenz. Über die Gegend vor Florenz schrieb der Botschafter euphorisch:

> Man kann sich nichts kultivierteres, lachenderes, reizenderes denken, als dieses Tal. Der Ackerbau scheint ein Bild aus einem goldenen Zeit-Alter, eine bloße Verschönerung der Natur, eine Beschäftigung zum Vergnügen zu seyn: Die ganze Strecke ist ein bloßer Garten, von Quartieren die in dieser Jahreszeit mit Gemüse bedeckt oder mit Obstbäumen angefüllt und von Reben eingeschloßen sind (...) Die blauen Berge krönen die Landschaft. Eine Menge Bäche durchströmen sie (...) Verschiedene Kanäle (...) tragen die Fruchtbarkeit in die entferntesten Gegenden.[93]

Der Besuch des Palazzo Pitti, eines imposanten Renaissance-Palastes mit einer eindrücklichen Gemäldesammlung, wurde für Julie zum Höhepunkt des Florenz-Besuches:

> Ich war in der berühmten Galerie des Großherzogs; dort habe ich die Madonna della Seggiola von Raffael gesehen; meine Blicke wurden von ihrer großen Schönheit durchdrungen: Welch himmlische Liebe erfüllte ihre so reinen Gesichtszüge! Ein heiliger Respekt, ein süßes Entzücken sind in mein Herz hereingekommen.[94]

Nicht weniger entzückt war die Reisegesellschaft von der Weiterfahrt in Richtung Norden: »Fast jeder Blick aus dem Wagen wurde bey uns zu einem Ausruf. Der Tag war unvergleichlich, ein reizendes Mittelding zwischen Sommer und Herbst.«[95] In Parma entzückte der zweieinhalbjährige Paul auf einem Spaziergang die frommen Einheimischen, weil er in jeder Kirche voller Ernst und in tiefer Andacht niederkniete. Via Turin und Susa erreichten sie in der zweiten Oktoberhälfte das Bergmassiv Mont Cenis. Nur mit einem Großaufmarsch an Begleitpersonen wurde es möglich, das Bergmassiv zu überqueren. Die Einspänner mussten vollständig auseinandergenommen und auf Maulesel verladen werden. Die Kutsche, die den kompletten Haushalt der Krüdeners transportierte, wurde von sechs Ochsen und zwei Mauleseln gezogen. Während die »Mannsleute und Angestellten«[96] auf Maulesel ritten, wurden die Frauen in Tragsesseln, welche Alexis wie folgt beschrieb, über den Berg getragen:

> Der Tragsessel ist ein ganz kleiner Strohstuhl, mit zwey holzernen Armen, und vorne ein dünnes Brettchen mit einer Schnur an den Stuhl befestigt, um die Füße zu setzen. Zwei fichtene Stangen sind

an den Stuhl gebunden um ihn zu tragen. Man schwebt auf diese Art unbedeckt in freyer Luft auf den Armen der Träger.

Sophie hatte zwei Träger, Julie vier und Mademoiselle Matthieu mit dem kleinen Paul auf dem Schoß sechs. Bei der Ankunft in Landslebourg waren die Reisenden von der Bergüberquerung völlig durchgefroren. Alle bewunderten den kleinen Paul, »den diese seltsame Reise« nicht im Geringsten aus dem Konzept gebracht hatte.[97] Die Durchfahrt durch das Herzogtum Savoyen bereitete auf den endgültigen Abschied von Italien und den Übertritt nach Frankreich vor. Der Abschied fiel dem sonst so nüchternen Botschafter spürbar schwer.

> Schwerlich werde ich des schönen Himmel Italiens, und seine Garten ähnlichen Gefilde, und seine von Monumenten so vollen Städte, und seine Lagen die die Natur so mahlerisch veränderte jemals wiedersehen. Ich verlaße es nicht ohne Empfindung und Sehnsucht. In wie vielen Betrachtungen ist dies Land nicht merckwürdig und interessant? Ist die Natur gegen irgend ein anderes freygebiger, verschwenderischer gewesen? Bringt irgend ein anderes nützlichere, reichere, angenehmere, mannichfaltigere Produkte hervor? Sieht man in irgend einem so von Fruchtbarkeit strotzende Felder als die um Bologna, so lachende, so bebaute Hügel als die von Florenz, so eine seltsame unbegreifliche Stadt wie Neapel, oder eine schönere als Turin, oder ein die so sehr mit großen Empfindungen erschüttert wie Rom? Findet man in irgend einem andern Lande einen mit ansehnlichen Städten so besäten Strich (...) als die Strecke Italiens von Verona bis nach Loretto (...) Welches Land hat auf Geschichte, Verfaßungen, Sprachen anderer Länder so vielen Einfluß gehabt, welche Nation besitzt mehr Monumente des Genies eine für jedes Fach menschlicher Erkendtniß interessantern Litteratur?[98]

Via Frankreich nach Dänemark, 1786/1787

In der französischen Stadt Lyon mit ihrer einzigartigen Lage zwischen der Rhône und Saône gönnte sich das Botschafter-Paar eine Erholungspause zu zweit, während der Rest der Reisegruppe in Richtung Schweiz weiterreiste. Am 26. Oktober 1786 waren die Krüdeners auf dem Anwesen des Intendanten[99] Terray zu einem fürstlichen Essen eingeladen. Dort begegnete Julie dem zwölfjährigen Sohn des Hauses, Claude-Hippolyte Terray, welcher acht Jahre später eine Hauptrolle in ihrem Leben spielen sollte.

Die Reise in den Norden führte durch die Schweiz. Trotz Wintereinbruch und Kälte wurde der Aufenthalt in Genf, wo die Reisenden im Gasthof *Aux Balances* wieder zusammentrafen, zu einem weiteren Höhepunkt. »Man kann sich nichts Charmanteres vorstellen, als einen Sommeraufenthalt in der Region von Genf!«[100], mutmaßte die Reisegruppe. Der Botschafter hatte viele Empfehlungsschreiben im Gepäck, was der Familie leicht Zugang zur Genfer Aristokratie verschaffte. Die Krüdeners waren zu Gast bei einflussreichen Regierungsmitgliedern, Bankiers, Künstlern und anderen Adligen. Alexis freute sich speziell über die Bekanntschaft mit dem Historiker Paul Henri Mallet, dem Autor der *Geschichte von Dänemark*. Der Austausch mit Mallet bot eine inspirierende Vorbereitung auf den Stellenantritt in Dänemark.

In Genf herrschten strikte Regeln. So wurden gleich nach Sonnenuntergang die Stadttore geschlossen und nicht wieder geöffnet. Alexis beschrieb die Stadt als ungemein teuren Ort, voller Reichtum und Sparsamkeit zugleich; berühmt durch die Goldarbeit und Uhrenfabriken. »In den guten Genfer Häusern« begegnete dem Ehepaar Krüdener »ein besonderes Gemisch von Reichthum und Simplizität, Pracht und Wirtschaft.«[101]

> Genf steht im Ruf der guten Sitten. (...) Die jungen Leute (...) wählen aus Neigung und heyrathen frühzeitig (...) daher sieht man viel glückliche Ehen und wenig Verderbniß. (...) Ein Vorzug des Genfer Frauenzimmers besteht in ihrer Häußlichkeit, das ist in der Sorge fürs Hauswesen, die ganz ihrer Aufsicht überlaßen ist und sie beschäftigt, und dann in der Erziehung ihrer Kinder. (...) Die zarte Jugend genießt seit dem Emil[102] des Rousseau einer großen Freiheit und einer sehr sanften Behandlung, auch kann man nicht stärckere, blühendere Kinder sehen als hier.[103]

Aus Genf brachten die Reisenden nicht nur schöne Erinnerungen, sondern auch eine neue Reisegefährtin mit: Die Genferin Antonie Piozet, eine Gouvernante für den kleinen Paul, die ihm die französische Sprache mit viel Liebe beibringen sollte. Antonie und Julie verstanden sich auf Anhieb. Über Lausanne, Vevey und Murten erreichten sie am 14. November 1786 Bern:

> Wir kamen frühzeitig in Bern an. Es ist eine starcke Festung und ihre Lage ungemein angenhm. Sie ist von 3 Seiten wie eine Halbinsel von der Aare umgeben. Man kann sich nichts lachenderes dencken als das Amphiteater das die Gegend umher bildet, die sanften Beugungen der mit dem schönsten Rasen überzogenen Hügel, die

Gruppen von Bäumen, u. s. w. Auch die Stadt selbst hat ein munteres Ansehn. Die Häuser sind reinlich gut gebaut, die Straßen breit mit Arkaden versehn, die man hier Lauben nennt.[104]

Noch am selben Tag führte die Reise weiter nach Solothurn, einem »höchst kleinen Ort, einer Art von Festung.« Auf Julies ausdrücklichen Wunsch hin kam es in der Einsiedelei Sankt Verena zu einer kurzen Reisepause. Die Eremitage in der Verenaschlucht bei Solothurn, in der ein bekannter Eremit lebte, war zu einem romantischen Landschaftsgarten ausgestaltet worden und entwickelte sich zu einem beliebten Naherholungsziel.

Am 17. November erreichten die Krüdeners Basel und das am Rhein gelegene Stadthotel *Les Trois Rois*. Leider mussten sie sich hier von ihrem Vorhaben verabschieden, in Basel einzuschiffen und rheinaufwärts die Nordsee anzusteuern. »Die Barken die wir gesehen haben«, so Alexis, »sind so elend, ohne Decke, ohne die geringste Vorsorge wider die Witterung daß wir unser Vorhaben aufgeben mußten.«[105] Also steuerten die Reisenden nunmehr auf dem Landweg – via Freiburg im Breisgau, Offenburg und Straßburg – zielstrebig auf Dänemark zu. Am 21. November 1786 schrieb Alexis in Straßburg den letzten Eintrag in sein Reisejournal. Am darauffolgenden Tag feierte Julie ihren 22. Geburtstag.

Zu Julies Freude kam es im Städtchen Neuwied, das sie auf ihrer Reise nordwärts passierten, zu einem letzten längeren Zwischenaufenthalt. Anlaufstelle in Neuwied war das Viertel der Herrnhuter Brüdergemeine, welche sich knapp 40 Jahre zuvor dort angesiedelt hatte. Die Einweihung des Kirchsaals lag erst ein Jahr zurück. Mitten in den Umbrüchen ihres Lebens, zwischen Italien und Kopenhagen, richtete die junge Botschaftergattin ihren Blick auf den Gott ihrer Jugend. Ganz unter dem Einfluss des geistlichen Klimas und in typisch romantisch gefärbter Sprache der Herrnhuter, schrieb Julie zu Beginn des Jahres 1787 in Neuwied ihr erstes geistliches Lied. Das französische Lied brachte Julies tiefe Sehnsucht zum Ausdruck, Gottes Nähe und Handeln zu erleben. Der Text der zweiten Liedhälfte richtete sich an Jesus Christus, ihren »Meister« und »Erlöser«:

Mein geliebter Erlöser, Ziel meiner Zärtlichkeit,
Habe die Güte, meine Wünsche und Seufzer anzuhören;
Nur in dir finde ich unaufhörlich
Das wahre Glück mit allen Freuden.
Um dir zu dienen bin ich bereit, alles zu tun,
Alles ... was dir meine Liebe ausdrücken kann!
Ah! empfange sie – weniger glühend als aufrichtig
Lass sie wachsen – immer mehr jeden Tag.
Der Glaube! Der Glaube! Diese lebendige Hoffnung
Dass mir meine Sünden vergeben sind!
Wahrhaftes Geschenk von Gott! Ich will es beständig
Verlangen bis zu meinem Tod.
Vollbringe, oh mein Gott! dass ich mich jederzeit darin übe
Dass mein Erlöser für mich Sünder gestorben ist
Und dass dieser Gedanke jederzeit erhalten möge
Das brennende Verlangen, ihm mein Herz zu schenken.[106]

Als letzte große Herausforderung auf dem Weg nach Kopenhagen warteten die Meerengen um Dänemark, der Kleine und der Große Belt, die bezwungen werden mussten.

Die Reise von Italien nach Dänemark hatte Alexis und Julie trotz aller Strapazen gutgetan. Glückliche Stunden und Ausflüge in trauter Zweisamkeit hatten sie einander wieder nähergebracht. Die romantische Zeit in Italien bescherte ihnen überdies ein Reisesouvenir der besonderen Art: Julies Schwangerschaft mit dem zweiten gemeinsamen Kind! Voller Zuversicht fuhren sie in ihrer Kutsche durch tief verschneite Winterlandschaften einem neuen Lebensabschnitt in Kopenhagen entgegen.

Ankunft in Kopenhagen & Geburt von Juliette, 1787

Am 17. Januar 1787 erreichte der russische Botschafter mit seiner Familie Kopenhagen, wo er in der russischen Botschaft die Nachfolge des prachtliebenden Grafen Andrej Rasumowsky (1752-1836) antrat. Letzterer hatte größtes Geschick darin bewiesen, die Gunst einflussreicher Frauen zu gewinnen. Auf seinen früheren Posten in Schweden und Neapel war es ihm gelungen, die Gunst der Königinnen beider Königreiche strategisch für seine Ziele zu nutzen. In Kopenhagen hatte er die schöne Friederike Sophie Gräfin von Reventlow, geborene von Beulwitz (1747-1822) erobert. Bei der Gräfin handelte es sich um die Ehefrau des dänischen Premierministers Christian Ditlev Graf von Reventlow (1748-1827), die zugleich eine enge Freundin des regierenden Kronprinzen war.

Wie es die guten Manieren erforderten, stellten sich Alexis und Julie nach ihrer Ankunft allen Mitgliedern des diplomatischen Korps vor. Ein Berufsdiplomat notierte amüsiert: »Der neue Botschafter von Russland hat eine lächerliche Frau; ihre Frisur ist komisch weil sie die Haare sehr tief über die Augen zieht und sie öffnet den Mund nur, um Formeln der Höflichkeit auszusprechen.«[107] Später relativierte er seinen ersten Eindruck mit der Bemerkung, dass sie sich steigere, wenn man sie besser kennenlerne und dass sie in Wirklichkeit sehr nett und liebenswürdig sei.

Für Julie war es nicht einfach, sich erneut in einem völlig fremden Szenario zurechtzufinden. Erschwerend kamen körperliche und psychische Beschwerden während der zweiten Schwangerschaft hinzu. Es war eine schwierige und gefährliche Geburt, bei der die kleine Juliette von Krüdener (1787-1865) am 18. Juli 1787, einem dänischen Hochsommertag, in Kopenhagen das Licht der Welt erblickte. Mutter und Tochter erholten sich nur mühsam von der anstrengenden Geburt. Bei Julie machten sich Anzeichen eines Nervenleidens bemerkbar.

Die Erwartungen an das neue Botschafterehepaar waren hoch. Vorgänger Rasumowsky hatte in der russischen Botschaft einen außergewöhnlichen Luxus und Prunk etabliert. Um diesem Standard zu entsprechen, musste Alexis sein Botschaftspersonal verdoppeln. Der Posten war mit viel Extravaganz und einer Vielzahl von gesellschaftlichen Verpflichtungen in höchsten Adels- und Regierungskreisen verbunden. Im Gegensatz zu Venedig war das Botschafteramt in Kopenhagen direkt mit der höchsten Regierungsebene verbunden. Das Botschafter-Paar wurde regelmäßig von Kronprinzregent Friedrich (1768-1839) oder dem mächtigen Außenminister des dänischen Gesamtstaates Andreas Peter Graf von Bernstorff (1735-1797) und seiner Gattin eingeladen. Alexis und Julie pflegten des Weiteren regen Kontakt mit dem dänischen Finanz- und Handelsminister Ernst Heinrich Graf von Schimmelmann (1747-1831) und dessen Ehefrau sowie mit dem angesehenen Oberhofmarschall Adam Gottlob Graf von Moltke (1710-1792).

Die Regierungssituation in Dänemark war speziell. Drei Jahre vor Julies und Alexis' Ankunft in Dänemark hatte der damals 16-jährige, für volljährig erklärte Friedrich die Macht ergriffen und die Nachfolge seines geisteskranken Vaters, Christian VII. (1749-1808), angetreten. Von diesem Zeitpunkt an regierte er als Kronprinzregent im Namen seines Vaters, bis er nach dessen Tod 1808 als König Friedrich VI. den Thron besteigen durfte. Der wichtigste Mitarbeiter von Kronprinzregent Friedrich war zweifellos Außenminister Bernstorff. Jener blieb bis zu seinem Tod Dreh- und Angelpunkt der äußeren und inneren Verwaltung und führte Dänemark unter schwierigsten Verhältnissen zu großer Blüte und wirtschaftlichem Aufschwung. Unter Bernstorff erhielt Staatsminister Graf von Reventlow freie Hand für die Durchführung der Landreform in Dänemark. Im Jahr 1788 wurde die Leibeigenschaft abgeschafft.

Die Beziehungspflege mit den politischen Drahtziehern in Dänemark erwies sich als überaus notwendig, da sich Alexis seit seinem Amtsantritt mit einer politisch höchst brisanten Situation konfrontiert sah, die seine volle Aufmerksamkeit erforderte. In jener Zeit die russische Zarin Katharina II., und damit eines der mächtigsten Staatsoberhäupter der Welt zu vertreten, war keine leichte Aufgabe. Die Zarin plante den zweiten Krieg gegen die Türken und hoffte auf dänische Unterstützung für den Fall, dass Schweden Russland dabei in den Rücken fallen würde. Die Kernaufgabe von Alexis bestand darin, die Führenden in Dänemark so zu beeinflussen, dass sie sich im Ernstfall hinter Russland und nicht hinter Schweden stellten. Der russisch-türkische Krieg brach im August 1787 aus. Die Situation war angespannt. Gewissenhaft machte sich Alexis ans Werk, um einen politischen Super-GAU für Russland zu verhindern und nicht hinter seinem schillernden Vorgänger zurückzustehen. Besondere Energie setzte er in das Vorhaben, die Gräfin von Reventlow wie sein Vorgänger mit seinem Charme zu umgarnen, da ihr Einfluss auf den Kronprinzregenten von höchster Bedeutung war. Die Frau des dänischen Premierministers war eine attraktive und weltoffene Salonnière, nur ein paar Monate jünger als Alexis. Julie beobachtete die Entwicklungen mit wachsender Unruhe. Dass ihr Mann keinen ruhigen Botschafterposten übernommen hatte, war ihr schnell klar geworden. Aber dass es zu Alexis' diplomatischen Aufgaben gehören sollte, eine verheiratete Frau mit solcher Intensität zu umwerben, brachte sie innerlich völlig aus dem Gleichgewicht. Julies Tagebuch aus der Kopenhagener Zeit,[108] in Briefform an eine Helene gerichtet, war geprägt von der Angst, ihr Ehemann könnte eine andere Frau lieben. Es war durchdrungen von ihrer Enttäuschung über Alexis und ihrer Eifersucht auf die Gräfin von Reventlow. Gemeinsame Treffen kamen für Julie einer Tortur gleich, wie ihre Beschreibung eines gemeinsamen Essens nahelegt:

> Am kommenden Tag ließ man die Pferde kommen (...) Wir machten uns auf den Weg, Madame Reventlow in unserem Wagen abzuholen. Sie war sehr liebenswürdig, mein Ehemann galant und aufmerksam, ich, obwohl ich fröhlich scheinen wollte, in mich gekehrt und sogar traurig. Wie schwierig ist es für einen aufrichtigen Charakter, der keine Verstellung kennt, seine Gefühle zu verbergen! Ich hätte alles dafür gegeben, um nicht zu zeigen, was in mir vorging. Aber mein Gesicht zeigte alles. Ich mischte mich nur selten in das Gespräch ein, denn ich fürchtete mich sogar vor dem Ton meiner Stimme (...); ich schaute immer auf der entgegengesetzten Richtung von Madame Reventlow zum Fenster hinaus, als ob ich die Aussicht betrachten würde. Manchmal hatte ich Mühe, meine Tränen zurückzuhalten (...).[109]

Julie, die dem Botschafter unlängst das zweite gemeinsame Kind geboren hatte, fühlte sich zutiefst gekränkt von der Tatsache, dass ihr Ehemann die Gesellschaft der Gräfin der ihren vorzuziehen schien. Sie fühlte sich betrogen und verlassen. Alexis' Erklärungen und Rechtfertigungen stießen bei Julie auf taube Ohren. Immer wieder kam es zum Streit und die Entfremdung zwischen den Eheleuten wurde größer. Die Situation wurde noch komplizierter, als der mittlerweile zum Botschaftssekretär aufgestiegene Alexander von Stakiev der Botschaftergattin gegen Ende des Jahres 1787 ganz unvermittelt eröffnete, dass er seit Venedig unsterblich in sie verliebt sei und ohne sie nicht mehr leben könne. Dieses Geständnis brach Julie das Herz. Mit der Begründung, dass sie nur ihren Mann liebe, wies Julie ihren gleichaltrigen Freund von sich und bat ihn, seine Gefühle vor dem Botschafter offenzulegen. Stakiev folgte ihrem Rat und gestand Alexis in einem langen Brief seine tiefe Liebe für die Botschaftergattin. Er schrieb: »Das was unerklärlich ist, was aber trotzdem wahr ist, das ist, dass ich sie [Julie,

D.S.] bewundere, weil sie Sie liebt. Vom Moment an, wo Sie ihr weniger kostbar wären, wäre sie für mich bloß eine gewöhnliche Frau und ich würde aufhören, sie zu lieben (...).«[110] Gleichzeitig bat Stakiev seinen Wohltäter um die Rückkehr nach Sankt Petersburg, da er es nicht aushalten könne, länger in Julies Nähe zu sein, ohne sie lieben zu dürfen. Alexis nahm es gelassen. Er sprach mit dem jungen Alexander wie mit einem Sohn und entließ ihn nach Sankt Petersburg. Anschließend händigte er Julie den Brief aus. Die junge Botschaftergattin war überwältigt von der leidenschaftlichen Liebe, welche jede Briefzeile durchdrang. Der Brief erinnerte sie an die leidenschaftliche Liebe, von der sie geträumt hatte und die zugleich so weit entfernt war, und stürzte sie in eine tiefe Traurigkeit. Sie trauerte um einen guten Freund, der nun nicht mehr da war, und konnte nicht verstehen, dass sich ein junger Mann ihretwegen zugrunde richtete, indem er seine diplomatische Karriere aufgab. Ihr Nervenleiden verschlimmerte sich.

Dabei war Stakiev nicht der Einzige, der der 22-jährigen Botschaftergattin den Hof machte. Seit ihrer Ankunft in Kopenhagen gehörte ein 28-jähriger neapolitanischer Prinz zu ihren glühendsten Verehrern. Der temperamentvolle Süditaliener Ludovico Loffredo Prinz von Cardito (1758-1827) war von 1785 bis 1790 Botschafter des neapolitanischen Königs in Kopenhagen.

> Der Prinz Cardito hatte seit meiner Ankunft damit begonnen, mir galante und mehr und mehr zärtliche Dinge zu sagen. Er hatte mir sehr deutlich gezeigt, dass er daran festhielt, dass ich mit ihm einig werde! Aber ich würde lieber sterben als etwas Unrechtes zu tun![111]

Gesellige Anlässe unter Freunden sowie die Freude an der neugeborenen Juliette lenkten die junge Botschaftergattin ab und halfen ihr, nicht an der Ehekrise zu zerbrechen. Exquisite Diners und Einladungen gehörten zum Botschafteralltag. Zwischendurch wurde zum großen Ball geladen. Dienstagabends traf sich das diplomatische Korps zum geselligen Salonabend im Hause Krüdener. Auch andere Mitglieder des diplomatischen Korps öffneten ihre Häuser und die Ehefrauen ihre Salons. Zu Julies wichtigsten Bezugspersonen im diplomatischen Zirkel gehörte Françoise van der Goes, die Frau des holländischen Botschafters. Die Freundschaft mit Françoise war Balsam für Julies verletztes Herz.

Wie in Venedig war das Gesellschaftstheater auch in Kopenhagen der bevorzugte Zeitvertreib der Berufsdiplomaten. Man spielte *Emilia Galotti* von Lessing, aber auch einige französische Stücke. Wenn es keine Aufführungen vorzubereiten galt, las man abends im Salon neue Erzählungen von Jean-François Marmontel (1723-1799), weiter *Les Études de la nature* (Naturstudien) von Bernardin de Saint-Pierre und vieles mehr.

Auch im engsten Freundeskreis widmete man sich mit Vorliebe Komödien. Besonders gerne spielte Julie mit dem holländischen Ehepaar Marie und Friedrich de Coninck. Friedrich leitete eine aufstrebende Schifffahrtsgesellschaft und war im Regierungsrat. Eine enge Beziehung verband Julie mit der charmanten Charlotte Gräfin Schimmelmann, geborene Schubart, der Frau des dänischen Finanzministers. Die Norwegerin Charlotte war mit Leib und Seele Salondame. Sie bezeichnete es als ihren Beruf, Salonnière zu sein. In ihrem Salon scharte sie einflussreiche Philosophen, Politiker und Künstler um sich. Bei einer Tasse Tee wurden die neusten Entwicklungen in Wissenschaft, Politik und Kultur diskutiert. Der Salon von Charlotte Schimmelmann erlangte auch im Ausland große Berühmtheit.

Eine herzliche Freundschaft verband Julie außerdem mit Balthasar Münter (1735-1793), dem allseits beliebten Hofprediger und evangelischen Pfarrer der deutschen St. Petri Kirche in Kopenhagen. Die Zuneigung war gegenseitig. Als Münters Tochter, die Schriftstellerin Friederike Brun, einige Jahre später unerwartet auf Julie traf, schrieb sie ihrem Bruder: »Ich habe hier die Baronin von Krüdener getroffen, die unser Vater so sehr geliebt hat.«[112] Religion bedeutete der jungen Botschaftergattin sehr viel und in den Salons nahm sie kein Blatt vor den Mund. Sie scheute sich nicht, ihre Überzeugungen mitzuteilen.

Politische & private Turbulenzen, 1788

In der Zwischenzeit hatte sich die politische Lage zugespitzt. Schweden hatte sich wie befürchtet in das Kriegsgeschehen eingemischt und Russland im Juni 1788 den Krieg erklärt. Katharina II. hatte Alexis damit beauftragt, Außenminister Bernstorff dazu zu bringen, dänische Truppen zur russischen Unterstützung zu schicken. Um diese diplomatische Aktion abzusichern, schickte sie ein russisches Geschwader, welches am 4. Juli 1788 vor Kopenhagen ankerte. Julie fiel die Aufgabe zu, die Offiziere der russischen Flotte, die in Kopenhagen an Land gingen, im russischen Botschaftspalais angemessen zu empfangen und abends im Salon zu unterhalten. Von diesen Offizieren übten zwei eine ganz besondere Faszination auf die junge Botschaftergattin aus: John Paul Jones und Francisco de Miranda.

John Paul Jones (1747-1792), ein gebürtiger Schotte und Freiheitskämpfer im Amerikanischen Unabhängigkeitskrieg, war auf Einladung der Zarin unterwegs von Frankreich nach Russland. Sein Ruf als Seeheld eilte ihm voraus. Jones trug später wesentlich zum Sieg Russlands über die türkische Flotte bei und ging als Vater der US Navy und US-amerikanischer Nationalheld in die Geschichte ein.

Francisco de Miranda (1750-1816) logierte einige Zeit im Palais der russischen Botschafter-Familie. Miranda war ein gut aussehender, charmanter, höchst respektierter Offizier und Revolutionär, der sich für die Befreiung der spanischen und portugiesischen Kolonien in Amerika von der Kolonialherrschaft einsetzte. Gebannt lauschte Julie seinen Ausführungen und machte sich eifrig Notizen in ihrem Tagebuch[113]. Vermerkt sind dort astronomische Angaben, Informationen über koloniale Besitzungen, angefangen mit denjenigen des Königs von Dänemark, aber auch Hinweise zu den Kolonien selbst: Dänische, englische, holländische sowie portugiesische Kolonien und Festungen in Afrika, Ceylon, China und anderen Ländern. Julie hing an Mirandas Lippen.

Doch selbst die eindrücklichen Begegnungen mit Jones und Miranda wurden zur Randnotiz in Julies Kopenhagener Tagebuch angesichts des alles dominierenden Themas: Die Gräfin von Reventlow. Im Bewusstsein, dass die Gräfin der Schlüssel zu den wichtigsten Entscheidungsträgern des Landes war, intensivierte Alexis seine Bemühungen um sie. Er hielt private Lesungen für sie ab und schenkte ihr seine volle Aufmerksamkeit. Die internationale Situation schien dies zu erfordern. Am 5. August schlug sich Dänemark schließlich auf die Seite von Russland und startete einen Flottenaufmarsch gegen Schweden. Alexis' Rechnung war aufgegangen. Er hatte ganze Arbeit geleistet und sicherte sich damit die Gunst seiner Monarchin. Der Preis für seinen Erfolg war jedoch nicht zu übersehen. Indem er den Dienst für das Vaterland allem anderen überordnete, fiel seine Ehe dem politischen Ränkespiel zum Opfer. Als ein Freund die verzweifelte Julie mit den Worten zu trösten versuchte, dass der Baron sie aufrichtig liebe, war ihre Reaktion unmissverständlich:

> Nein, es ist vorbei, lieber Rassenet, er liebt mich nicht mehr, sein Herz gehört mir nicht mehr! (...) Ich bin weit davon entfernt, mich über das Verhalten meines Ehemannes zu beschweren, was sage ich, er ist gegenüber aller Welt der beste aller Männer; aber er kennt mich gar nicht. Wenn er mich kennen würde, ich wage es zu sagen, müsste er stolz darauf sein, ein Wesen zu haben, das ihm so völlig gehört. (...) welche Frau gleicht mir in meiner Liebe? Er sieht mich mit meinen 22 Jahren in meinem täglichen Lebenswandel, sieht nicht nur, wie ich die Schmeicheleien anderer Männer zurückweise, sondern dass ich mich davon unberührt lasse. Unempfänglich für die Welt, für die Vergnügen, lebe ich nur für ihn, ich ziehe ihn allem anderen vor.[114]

Julies Zustand verschlechterte sich. Gesundheitlich geschwächt, von den privaten und offiziellen Verpflichtungen ausgelaugt, zutiefst verletzt von ihrem Mann, war Julie am Ende ihrer Kräfte. Dazu kam die Sehnsucht nach ihrer Familie und ihrer Heimat. Die Hochzeit ihrer jüngsten Schwester Anna Margaretha, welche als viel beachtete Salonnière und Pianistin in Wien lebte, konnte Julie nur aus der Ferne mitverfolgen. Anna Margaretha heiratete den angesehenen Oberst Georg Graf von Browne (1767-1827), den Sohn von Julies Taufpaten, dem livländischen Generalgouverneur.

Die Nachricht vom Tod ihres Großvaters Ernst von Münnich in Sankt Petersburg stürzte Julie in tiefe Trauer. Der schmerzliche Verlust brachte einschneidende Veränderungen für die ganze Familie von Vietinghoff mit sich. Unmittelbar nach Ernst von Münnichs Ableben berief Zarin Katharina II. Julies Vater, den Schwiegersohn des Verstorbenen, nach Sankt Petersburg. In Anbetracht seiner außerordentlichen organisatorischen Fähigkeiten und Schaffenskraft wurde Otto Hermann von Vietinghoff zum *Generaldirektor des allrussischen Medizinalkollegiums* ernannt, was der

Stellung eines Gesundheitsministers für das gesamte Russische Reich entsprach. Während Julies gehörlose Schwester Dorothea den Vater begleitete, um den Haushalt in Sankt Petersburg zu führen, blieb die Mutter allein in Riga zurück, um die Familiengeschäfte weiterzuführen. Es zerriss Julie fast das Herz, ihrer Familie in all den Umbrüchen nicht zur Seite stehen zu können.

»Ich hatte dieses furchtbare Nervenleiden, das Sie kennen«, schrieb sie später an Bernardin de Saint-Pierre. Aber trotzdem konnte sie sich nicht den Pflichten entziehen, »an den großen Diners teilzunehmen, an den Hof zu gehen, lange aufzubleiben, mich herauszuputzen.« Julie erinnerte sich: »Ich war zutiefst unglücklich, zerfressen von einer schwarzen Traurigkeit (...). Man sah, dass ich Blut spuckte. Meine Brust schlug Alarm.«[115] Auch um die Gesundheit der kleinen Juliette stand es nicht gut. Auf Empfehlung ihres Arztes entschied Julie, nach Frankreich zu reisen, um dort Ruhe und Erholung zu finden. Ihre Abreise wurde von vielen bedauert. Gräfin Schimmelmann schrieb am Tag des Abschieds an eine Freundin:

> Die Krüdener kam, um sich von mir zu verabschieden. (...) Unsere Herzen waren schwer und dieser traurige Abschied ging mir empfindlich nahe. Ich glaube, dass ich ihr eines Tages wieder in der Seelust[116] begegnen werde, wo mich alles an das Bild dieser interessanten Seele erinnert, die so oft meine Einsamkeit verschönerte. Niemals werden diese Erinnerungen verlöschen. Möge sie Gesundheit und Erholung finden. Ihre Nerven haben stark gelitten und ihre Seele wird gewinnen beim Klimawechsel. Ich sage mir dies zu meinem Trost![117]

In den Pariser Revolutionswirren, 1789

Gemeinsam mit dem fünfjährigen Paul, der zweieinhalbjährigen Juliette, der 16-jährigen Sophie und Pauls Gouvernante Mademoiselle Antonie Piozet, verließ Julie im Frühling 1789 Kopenhagen in Richtung Paris. Ein Privatsekretär von Alexis begleitete sie. Zunächst suchten sie in Paris ärztlichen Rat bezüglich der Gesundheit der kleinen Juliette. Julie traf in Paris Verwandte und Freunde und blühte förmlich auf. Zu Letzteren gehörte auch Bernardin de Saint-Pierre, mit dem Julie schon längere Zeit in Briefkontakt stand. Mit Begeisterung hatte Julie Saint-Pierres *Études de la nature* und seinen Roman *Paul et Virginie* verschlungen. Mit väterlicher Herzlichkeit hieß Saint-Pierre die junge Baronin, ihre Familie und Begleiter in seinem Haus an der Rue de la Reine Blanche im Pariser Stadtteil Faubourg Saint-Marceau willkommen. Bernardin de Saint-Pierre war ein alter Freund von Julies Familie mütterlicherseits. Seitdem Julies verstorbener Urgroßvater, der berühmte Generalfeldmarschall, Saint-Pierre während eines Russlandaufenthaltes im Jahr 1763 einen großen Gefallen erwiesen hatte, stand jener in seiner Schuld. Dem verstorbenen Helden konnte sich Saint-Pierre nicht mehr erkenntlich zeigen, dessen Familie jedoch schon. So stand die Beziehung zwischen Saint-Pierre und Julie unter ganz besonderen Vorzeichen. Saint-Pierre war es auch, der Julie ernsthaft dazu ermutigte, eine Laufbahn als Schriftstellerin einzuschlagen. Gemeinsam schwelgten sie in Erinnerungen. Saint-Pierre entdeckte in Julie viele Züge ihres Urgroßvaters, wie er sie im März 1790 wissen ließ:

> Ich möchte etwas zu Ihrer Freude hinzufügen und die Spuren der Freundschaft anerkennen, welche ich in Russland von Ihrem Großvater [Urgroßvater, D.S.], dem Feldmarschall Münnich empfangen habe. (...) Sie haben seinen noblen Geist, seine Festigkeit, seinen Mut, und all dies verpflanzt auf das Herz einer hübschen Frau![118]

Zur Zeit von Julies Ankunft im Jahr 1789 gehörte Saint-Pierre zu den dominierenden Gestalten im literarischen Leben von Paris. Durch ihn fand Julie Zugang zu den großen literarischen Salons der Metropole. Dazu gehörten auch der Salon von Félicité de Genlis (1746-1830) und der Salon der Gräfin von Albany (1752-1824). Während Julie von vielen herzlich aufgenommen wurde, tuschelten andere hinter vorgehaltener Hand über die »eingebildete Livländerin mit den nordischen Augen«[119]. Ihren Kritikern fiel Julie vor allem »durch ihren Enthusiasmus für Saint-Pierre und die Einfachheit ihrer Natur auf, welche in großem Kontrast zu ihren horrenden vierteljährlichen Kleiderrechnungen stand«. Zu den Stammgästen – den sogenannten *Habitués* – der Salons Genlis und Albany gehörten der europaweit bekannte französische Schriftsteller Antoine de Rivarol (1753-1801), der französische Dramatiker Jean-François Ducis (1733-1816) sowie andere einflussreiche Salonnièren wie Germaine de Staël oder Pauline de Beaumont. Diese

Bekanntschaften erschlossen Türen zu weiteren Salons, in denen Schriftsteller, Wissenschaftler und Künstler aller Art verkehrten. Julie war überrascht von der Intensität, mit der in einigen Pariser Salons politische Diskussionen geführt wurden und staunte über den Einfluss und die Macht, die diese politischen Salons ausübten. Auf der einen Seite der Diskussion standen eifrige Anhänger der Revolution, auf der anderen Seite Verteidiger des monarchischen Prinzips. Kein politischer Salon war so mächtig wie derjenige von Germaine de Staël, von den meisten *Madame de Staël* genannt. Sie gehörte im Jahr 1789, wie viele andere liberale Adlige und auch Bernardin de Saint-Pierre, zu denjenigen, die mit der Revolution sympathisierten. Die hitzigen politischen Diskussionen in den Salons waren nicht verwunderlich angesichts der Entwicklungen in Paris. Aufgrund einer finanziellen Krise waren die Generalstände auf Druck des Adels bereits versammelt, als Julie 1789 in Paris ankam. Die Versammlung von Abgesandten des Klerus, des Adels und des Dritten Standes, welcher sich aus freien Bauern und Bürgern zusammensetzte, erlebte einen Umbruch, da der Dritte Stand Gerechtigkeit einforderte. Im Juni erklärte sich der Dritte Stand zusammen mit Überläufern aus den anderen beiden Ständen zur *Nationalversammlung*, was ihm mehr Macht einräumte. Das revolutionäre Gewitter braute sich immer stärker zusammen. Die Spannung war mit Händen zu greifen.

Am 14. Juli 1789 war die Geduld des französischen Volkes erschöpft. Die Verzweiflung und der Hunger hatten überhandgenommen. Die Parolen *Freiheit! Gleichheit! Brüderlichkeit!* hingen wie ein Damoklesschwert in der Luft. Das einfache Volk war nicht länger bereit, für den luxuriösen Lebensstil seines Königs zu büßen. Es ging auf die Barrikaden und protestierte mit der Erstürmung des Staatsgefängnisses, der *Bastille*, gegen die absolute Herrschaft von König Ludwig XVI. Der Startschuss für die Französische Revolution war gefallen und Julie war Teil des Geschehens. »Die Malstifte der Geschichte, wenn ich sie in Händen halten würde, ließen mich mit erschreckenden Farben die Szenen der Revolution skizzieren, welche sich vor meinen Augen abspielten, als ich noch sehr jung war«[120], hielt Julie in ihren Erinnerungen fest. Der Ruf nach Demokratie ertönte wie nie zuvor. Gemeinsam mit ihren Schriftstellerfreunden verfolgte sie die Französische Revolution mit großer Anspannung.

Südfrankreich – Adrien & Charles, 1789-1791

Im Herbst 1789 begaben sich Julie und ihre Reisebegleiter in politisch ruhigere und klimatisch mildere Regionen. Mitte Oktober 1789 ließen sie sich in Montpellier an der französischen Mittelmeerküste nieder, wo sie mit Oberst von Browne, dem frischvermählten Ehemann von Julies Schwester zusammentrafen. Montpellier wurde der Dreh- und Angelpunkt, zu dem Julie in den Folgemonaten immer wieder zurückkehrte. Von hier aus erkundete sie in Gesellschaft aristokratischer Freunde beliebte Ausflugsziele und Sehenswürdigkeiten in Südfrankreich: Nîmes, Avignon, Gavarnie in den Pyrenäen, den Berggipfel Pic du Midi, das baskische Saint-Jean-de-Luz, Salon-de-Provence und viele weitere Attraktionen. Mit von der Partie war neu der betagte Physikprofessor Abbé Famin, der neben Mademoiselle Piozet für die Bildung des kleinen Paul verantwortlich war. Der Titel Abbé weist darauf hin, dass Famin ursprünglich für den Beruf eines Geistlichen ausgebildet worden war. Bei einem Abbé handelte es sich um einen (in der Regel katholischen) Geistlichen, der in der Hierachie der Kirche keinen höheren Rang einnehmen und kein bestimmtes Amt bekleiden dufte. Abbés spielten in Julies Leben eine große Rolle, vor allem als Reisebegleiter. Das Wissen von Abbé Famin erwies sich in Südfrankreich als äußerst nützlich. Beim Auskundschaften der Gegend hielt der Abbé, der zugleich auch Poet und Musiker war, kluge Vorträge über die Wunder der Natur. Julie genoss die Landschaft und spürte, wie ihre gesundheitlichen Kräfte zurückkehrten. Zu ihren neuen Freunden in Montpellier gehörte bald auch der junge Graf Adrien de Lezay-Marnésia (1769-1814). Adrien war Botanikstudent in Montpellier und der Onkel von Stéphanie de Beauharnais, der späteren Adoptivtochter von Napoleon. Julie und Adrien verbrachten viel Zeit miteinander und genossen die gemeinsamen Gespräche über Botanik und den Einfluss der Leidenschaften. Es entwickelte sich eine romantische Beziehung zwischen ihnen. Julie blühte auf. Bernardin de Saint-Pierre warnte sie in einem Brief, nicht zu weit zu gehen, weil sie es sonst später bereuen könnte. Daraufhin vermied Julie es tunlichst, Adrien in ihren Briefen an Saint-Pierre zu erwähnen. Die Wintermonate verbrachte Julie damit, sich als Schriftstellerin zu versuchen. In zwei Heften mit dem Titel *Extraits de romans à employer dans Géraldine* (Romanauszüge zur Verwendung in Géraldine) hielt sie einen Teil der Korrespondenz und der Unterhaltungen mit Adrien fest, in der Absicht, später einen Liebesroman darüber zu schreiben. *Géraldine* sollte eine unvollendete Textsammlung bleiben.

Den Sommer 1790 verbrachten Julie und Adrien gemeinsam im südfranzösischen Kurort Barèges in der Nähe der Pyrenäen. Die Heilbäder von Barèges gehörten zu den bevorzugten Destinationen der adligen Gesellschaft. Julie befand sich in erlauchter Gesellschaft. Die 26-jährige Botschaftergattin war die Königin der Quellen von Barèges und wurde zur Stilikone. Julies engste Gesellschaft in Barèges, die in salonähnlicher Manier den Alltag bestritt, bestand aus 10 bis 12 Personen, darunter Graf Adrien de Lezay-Marnésia, die Prinzessin von Lobkowicz und der russische Poet Vassili Lvovitch Graf Puschkin (1767-1830). Exkursionen und Gesellschaftsanlässe bereicherten den Kuraufenthalt. In einem Brief aus jener Zeit beschrieb Julie lebhaft die anregenden Abend-Geselligkeiten in Barèges sowie die nahe gelegenen Spiele und Pferderennen, die zur Unterhaltung der Gesellschaft beitrugen. Der Abschluss der Saison in Barèges setzte der romantischen Beziehung zwischen Adrien und Julie ein Ende. Julie und Adrien sollten sich erst im Jahr 1812, unter ganz anderen Umständen, wieder begegnen.

Im November 1790 reiste Julie nach Montpellier zurück und nahm ihre Exkursionen in die Umgebung wieder auf. Eines Tages entdeckte sie ein entzückendes Haus mit einem wunderbaren Garten, hinter dem sich ein tragisches Schicksal verbarg. Julie fand heraus, dass die Eigentümerin – die 80-jährige Madame Ohanly – im Begriff war, sich und ihre zwei Töchter verhungern zu lassen, weil sie keinerlei finanzielle Reserven mehr hatten. Die tief betroffene Julie wurde aktiv und versorgte die Frauen nicht nur mit dem Notwendigsten, sondern organisierte darüber hinaus, dass jemand ein Zimmer bei der Familie mietete, damit ihre

Existenz für die nächste Zeit gesichert war. Parallel dazu traf sie erste Vorbereitungen für ihre Rückkehr nach Dänemark.

Die Bekanntschaft mit einem attraktiven jungen Dragonerhauptmann bewog sie dazu, die Rückreise nach Dänemark aufzuschieben. Ende 1790 lernten sich Julie und Charles de Frégeville (1762-1841) in Montpellier kennen. Der Südfranzose war nach Aufenthalten in Preußen, wo er die deutsche Sprache gelernt und Militärstrategien studiert hatte, im Frühling 1790 wieder nach Südfrankreich zurückgekehrt. In Montpellier hatte er sich an die Spitze der berittenen Nationalgarde gesetzt, um Unruhen in der Gegend um Nîmes niederzuschlagen. Dies gelang ihm so bravourös, dass er in Südfrankreich Heldenstatus erlangte.

Zwischen Julie und dem wenig älteren Soldaten entwickelte sich eine leidenschaftliche Liebe. Selbst die warnenden Worte von Antonie Piozet konnten nicht verhindern, dass sich die beiden immer näherkamen. Mademoiselle Piozet, Julies Freundin und Pauls Gouvernante, hatte in der Zwischenzeit Monsieur Armand geheiratet, welcher an die Stelle von Abbé Famin getreten war. Das frischvermählte Ehepaar entschied, eigene Wege zu gehen und nach Genf zurückzukehren. Es brach Julie das Herz, sich von ihrer treuen Freundin trennen zu müssen. Zumindest blieb ihr Antonie als Brieffreundin erhalten. Den ganzen Winter über wurde die Rückreise nach Dänemark hinausgezögert. Erst im späten Frühling 1791 erfolgte der Abschied von Südfrankreich. Die Reise durch das revolutionäre Frankreich nach Paris wurde zu einem gefährlichen Abenteuer. Julie war dankbar, den starken Dragonerhauptmann an ihrer Seite zu wissen. Drohende Anarchie, Unruhen, ein bevorstehender Bürgerkrieg lagen beunruhigend in der Luft.

Julie war hin- und hergerissen zwischen der Leidenschaft für Charles und ihrem Pflichtgefühl Alexis gegenüber. In einem Brief beschrieb sie, wie die »Wehmut der Seele« jene »so melancholisch machte, dass sie sich in eine starke Leidenschaft stürzte, so wie man sich mitten in der Hitze eines Sommertages in den Fluss stürzt«.[121] Einerseits war sie glücklich in Frégevilles Nähe, andererseits zutiefst traurig, wenn sie an Alexis und ihre Pflichten dachte. Zermürbt von Schuldgefühlen klammerte sie sich hoffnungsvoll an ihre Idealvorstellung von Ehe und Familie. Im Juni 1791 schrieb sie von Paris aus an ihre Freundin Antonie Armand:

> Ich bestätige mich immer mehr in meiner Idee, nicht mehr für die Gesellschaft zu existieren, sondern mich in den Schoß des Hauses zurückzuziehen: überall wo ich sein werde, meine Kinder aufzuziehen; *wenn ich kann*, dieses Herz zu bewahren, in welchem es keine Ruhe mehr für mich gibt, den Unglücklichen zu helfen, einige Tugenden in die Herzen meiner Kinder einzuprägen, mich um das Vermögen von Monsieur von Krüdener zu kümmern und ihn mit meiner Zuwendung zu umgeben. Dies werde ich tun, um das Unrecht einer Leidenschaft auszugleichen, welche das Schicksal meines Lebens ist.[122]

In der Zwischenzeit spitzte sich die politische Lage in Paris zu. Besonders heikel wurde die Situation im Juni 1791. In der Nacht vom 20. auf den 21. Juni 1791 kam es zum vereitelten Fluchtversuch des französischen Königs Ludwigs XVI. und seiner Gattin Marie Antoinette. Bei einem Pferdewechsel in der Poststation Sainte-Menehould entlarvte der Postmeister die Maskerade der Entflohenen. In Varennes wurden sie verhaftet. Baronin von Korff hatte der fliehenden Königin ihre Identität und ihren Pass geliehen. Darüber hinaus hatte sie den König für seine Flucht mit einer Kutsche, einem Pass und 12.000 Pfund ausgestattet. Madame von Korff war eine Freundin von Julie, die daraufhin Überwachungsmaßnahmen befürchtete. Wenige Tage später sah Julie König Ludwig XVI. und seine Familie unter öffentlichen Demütigungen als Gefangene in die französische Hauptstadt zurückkehren. Da ihr die Situation in Paris zu riskant wurde, rüstete Julie zum Aufbruch. Zu ihrer Besorgnis angesichts der angespannten Lage kam die Befürchtung hinzu, dass man Charles de Frégeville aufgrund der Unruhen zum Regiment zurückbeordern könnte. Ihre Abreise glich mehr einer Flucht. Da Aristokraten ein beliebtes Ziel der Revolutionäre waren, verkleidete sich Frégeville als Fußsoldat. Nachdem sie endlich Brüssel erreicht hatten, wurde dort Julies Silber beschlagnahmt. Einen ganzen Monat lang wurde sie dadurch daran gehindert, ihre Reise fortzusetzen. Über Kassel, Hannover und Hamburg näherten sie sich schließlich Dänemark. Außenstehende sahen in Frégeville lediglich einen ritterlichen Begleiter der Reisetruppe, was für reisende Frauen jener Zeit durchaus üblich war.

Geständnis am Kleinen Belt, 1791

Am Kleinen Belt, der Meerenge zwischen der Halbinsel Jütland und der Insel Fünen in Dänemark, kam es nach über zwei Jahren zum spannungsvoll erwarteten Wiedersehen zwischen Alexis und Julie. Sie, die immer voller Stolz ihre Treue, Reinheit und ihren makellosen Lebenswandel beschworen hatte, musste ihrem Gatten nun die Liebe zu einem anderen Mann gestehen. Alexis trug das Geständnis seiner Ehefrau mit Fassung. Zum dritten Mal sah er sich mit den Trümmern einer Ehe konfrontiert. Der Botschafter forderte eine klare Entscheidung von seiner Frau. Innerlich zerrissen, entschied sich Julie dafür, lieber mit Charles zu leben, als bei ihrem Mann zu bleiben. Der Botschafter und seine Frau schlossen den vorläufigen Kompromiss, dass Julie mit ihrem Liebhaber auf ihre livländischen Ländereien ziehen sollte, um dort entweder zur Vernunft zu kommen oder aber die Scheidung einzufordern. Im Gegensatz zu Julie genoss Frévegille die Herbstmonate in Kopenhagen in vollen Zügen, wie seine *Memoiren* bestätigen:

> Nachdem ich den Vorteil hatte, Madame Baronin von Krüdener in Montpellier kennenzulernen, die Ehefrau des russischen Botschafters am dänischen Hof, wurde dieses Haus für mich zu einer großen Inspirationsquelle. Diese Frau, berühmt wegen ihres Verstandes und ihren großen Fähigkeiten, war eng mit der Prinzessin[123], der Schwester des königlichen Prinzen verbunden, und sie hatte großen Einfluss auf diesen Hof. Ich erlebte viel in dieser ganzen diplomatischen Gesellschaft. Unser Botschafter, Monsieur de La Houze[124] lebte sehr zurückgezogen. Er hatte mir jedoch dazu verholfen, dem königlichen Prinzen vorgestellt zu werden (...).[125]

Im Dezember 1791 ließen Frégeville, Julie, Sophie und Juliette die dänische Hauptstadt hinter sich und steuerten Riga an. Der bald achtjährige Paul blieb beim Vater. Julie war froh, Dänemark den Rücken kehren zu können. »Ich habe zwei Monate in Dänemark verbracht wie in der Hölle«, schilderte Julie ihrer Freundin. »Gott sei gelobt, dass ich jetzt aus diesem unheilvollen Land weg bin.«[126] Doch noch bevor sie das Baltikum erreichten, fand Julies und Charles' Liebesgeschichte ein jähes Ende. In Königsberg wurde der Dragonerhauptmann in die Dienste Frankreichs zurückgerufen.

An der weiteren Entwicklung von Charles' militärischer Karriere hatte Julie entscheidenden Anteil: Nach seiner Abreise ließ sie ihre Beziehungen in Sankt Petersburg spielen. Dank ihrer Intervention konnten nicht nur ein Teil der Offiziere, sondern ganze französische Regimente Russland ungehindert in Richtung Konstantinopel passieren. Dies brachte Charles eine wichtige Beförderung ein, die zum Meilenstein seiner glanzvollen Militärkarriere wurde. Zugleich bedeutete Charles' Einberufung faktisch das Ende ihrer Liebesbeziehung. Zurück blieb eine freundschaftliche Korrespondenz.

Emotional und körperlich erschöpft, setzte Julie die Reise nach Riga fort. Sie konnte es kaum erwarten, in ihre Heimat zurückzukehren und ihre Mutter, die sie sieben Jahre nicht gesehen hatte, in die Arme zu schließen. Es wurde auch höchste Zeit, Anna Ulrike ihre reizende vierjährige Enkelin Juliette vorzustellen. Einmal mehr bewunderte Julie die Stärke ihrer Mutter. Nach der beruflichen Versetzung ihres Mannes nach Sankt Petersburg hatte sie mühelos dessen Platz eingenommen und hielt in Riga würdevoll die Stellung. Sie verwaltete das kolossale Vermögen mit akribischer Genauigkeit. Großzügig und liebevoll beschenkte sie Bedürftige. Sie unterstützte ruinierte Familien, stattete junge Mädchen mit einer Aussteuer aus oder finanzierte ihre Ausbildung. Witwen, die ohne Mittel zurückgeblieben waren, zahlte sie regelmäßig eine Pension zum Lebensunterhalt. Auch Julie, deren Nervenleiden sich wieder bemerkbar machte, kam in den Genuss der mütterlichen Zuwendung.

> Meine Mutter überschüttet mich mit der Zärtlichkeit ihrer Pflege; ah! Ich habe ihre ganze Zärtlichkeit nie genug gekannt; ich bin zu jung abgereist, ich war zu schüchtern. Was für eine vortreffliche Mutter! Und auch mein Vater, wie gut und zärtlich er ist. Ich habe ihn noch nicht gesehen, er ist in Petersburg; ich wünsche sehr, ihn wiederzusehen und ich hoffe, dass das bald ist.[127]

In dieser liebevollen Atmosphäre fand Julie langsam ihr inneres Gleichgewicht wieder. Sie bemühte sich, die richtigen Lehren aus dem Chaos der vergangenen Monate zu ziehen und ließ ihre Freundin Antonie wissen:

> (...) ihr würdet mich zu meinem Vorteil verändert vorfinden. Leiden lassen einen besser werden und ich danke Gott, dass er mich

aus diesem Winter eine heilsame Lektion ziehen ließ. Meine Liebe, wie bin ich doch gereinigt von den Fehlern meiner Eitelkeit. Wie sehr sehne ich mich nach einem nützlichen und ruhigen Leben, weit weg von den Qualen der Gesellschaft. (…) Ich habe fast die ganze Zeit meines Aufenthaltes hier in einer tiefen Melancholie verbracht. Mein Kopf ist durch sehr kranke Nerven in Mitleidenschaft gezogen. In der ersten Zeit konnte ich nicht an Frankreich denken, ohne zu weinen und ich kann gegenwärtig die Gesellschaft nicht sehen. Verschlungen von einer Leidenschaft, die das Unglück geprüft hat, sehr krank von Krämpfen, mein Verstand stark betroffen, so sieht mein Aufenthalt hier aus; aber ein Gott der Güte hat mich große Lektionen aus der Vergangenheit ziehen lassen.[128]

Einmal mehr besann sich Julie auf ihre Pflichten. Sie nahm sich vor: »Wenn meine Gesundheit einmal wiederhergestellt ist, werde ich für meine Kinder leben, auch für Monsieur von Krüdener, um ihm einige Sorgen abzunehmen und sein Leben zu erleichtern – das ist meine Pflicht.«[129] Doch zuvor wollte Julie ihren Vater in Sankt Petersburg besuchen. Im Juni 1792 kam es zu einem bewegenden Wiedersehen mit dem Vater und ihrer Schwester Dorothea, welche seinen Haushalt führte. Nur wenige Tage nach Julies Ankunft erkrankte Otto Hermann von Vietinghoff schwer. Seine Töchter pflegten ihn voller Hingabe. Doch selbst die beste Pflege konnte nichts ausrichten. Der Vater starb wenige Tage nach dem Wiedersehen mit Julie in seinem prächtigen Sankt Petersburger Palais in ihren Armen. Ende Juni fand in der St. Petri Kirche in Sankt Petersburg eine feierliche Beerdigung zu Otto Hermanns Gedenken statt. Der plötzliche Tod ihres Vaters erschütterte Julies Leben in seinen Grundfesten. Bei Gott fand sie neue Kraft: »Gott hat mich gestärkt, die Religion hat meinen bitteren Kummer gelindert, mein Herz sucht mehr denn je die Abgeschiedenheit und Distanz zur Welt.«[130]

In Sankt Petersburg begegnete Julie auch Alexander von Stakiev wieder, der fünf Jahre zuvor ihretwegen seine Botschafterkarriere aufgegeben hatte. »Ich habe den armen Stakiev in Sankt Petersburg gesehen«, schrieb Julie an Armand. »Er ist kränklich und sehr traurig. Von zarter Gesundheit, aber auch in großer Trauer um seine geliebte Mutter, die gestorben war.«[131]

Seit ihrer Abreise aus Kopenhagen war Julie vom Wunsch beseelt, wieder mit ihrer Freundin Antonie Armand zusammen zu sein, die sich in der Zwischenzeit gemeinsam mit ihrem Ehemann in ihrer Heimatstadt Genf niedergelassen hatte. Sie bat sie inständig um ein Treffen. Dabei ging es ihr in erster Linie um die Erziehung von Juliette, um die sie sich wegen ihres Nervenleidens mehr schlecht als recht kümmern konnte. Aber es ging ihr auch darum, die Freundin in der Nähe zu haben. Dafür war sie bereit, überall zu leben. Am 16. Juli 1792, zwei Tage vor Juliettes fünftem Geburtstag, schrieb Julie von Sankt Petersburg aus folgende Worte an ihre »Armand«, wie sie sie liebevoll nannte:

> Ich schreibe Ihnen aus einem kleinen Garten meines Vaters, wohin ich nie komme, ohne Gott zu bitten, mir einen kleinen Zufluchtsort in der Schweiz oder anderswo zu gewähren, mit Ihnen. Einige Hühner, Blumen, Früchte, eine Kuh, ein kleiner Tisch, an dem ich Sie Ihren Kaffee trinken sehe, unsere Kinder, dann Handarbeiten, Bücher, der Genfersee, eine Droschke, der Wagen, den Sie lieben. So würden wir leben: Arbeiten wie Bäuerinnen, Gutes tun, in Ergebenheit die Leiden des Lebens tragen und immer dem wohltuenden Schöpfer der Natur dankbar sein, für alles, was er uns schickt (...). Wenn Sie nur wüssten, wie gut mir diese Qualen getan haben! Das Verlangen nach Eroberungen, das Delirium der Eitelkeit, alles fließt zusammen in einen ruhigen Seelenfrieden (...).[132]

Anfang September 1792 reiste auch Alexis beruflich nach Sankt Petersburg. Auf der Durchreise hatte er Paul bei der Großmutter in Riga zurückgelassen, die ihn voller Herzlichkeit aufnahm. Hier kam es Ende September zu einem lang ersehnten Wiedersehen: Nach fast einem Jahr konnte Julie ihren Sohn endlich wieder in die Arme schließen.

Die Begegnung zwischen Julie und Alexis verlief äußerst respektvoll. Gemeinsam planten sie den nächsten Lebensabschnitt. Alexis akzeptierte Julies Wunsch, nicht mit ihm nach Kopenhagen zurückzukehren. Schließlich schlossen sie den Kompromiss, dass sich Julie mit den Kindern in Leipzig niederlassen würde, damit Paul dort seine Studien aufnehmen konnte. Fast wie in alten Zeiten machten sich Alexis, Julie, Paul und Juliette Ende des Jahres gemeinsam auf den Weg nach Deutschland. Die 19-jährige Sophie blieb bei Alexis' Schwester Barbara Cornelia von Meyendorff in Riga. Es fiel Julie schwer, ihre Mutter zu verlassen. Aber die Nachricht, dass Antonie Armand ihr nach Berlin entgegenreiste, erfüllte das Herz der jungen Baronin mit Vorfreude. Die nordische Kälte ließ sie gerne hinter sich.

Kapitel 3

Liebeswirren & Sinnkrisen

1793-1802

»*O, dieses Herz, dieses so reiche Herz mit einem so tiefen Sinn fürs Schöne begabt, mit so sanften, beglückenden Gefühlen für die Menschen ausgestattet, was tut es denn meistens als träumen? Wo ist seine Energie, wo sind die Taten, die mich erheben sollten vor mir selbst?*«[133]

Julie im Alter von 32 Jahren

Neues Heim, neue Liebe – Leipzig, 1793-1795

Julie war überglücklich, das Ehepaar Armand am 8. Februar 1793 wohlbehalten in Berlin anzutreffen. Der Wunsch, Berlin möglichst unbemerkt wieder zu verlassen, um ihre Gesundheit zu schonen, entpuppte sich als Illusion. Das Botschafter-Ehepaar wurde herzlich in der Metropole aufgenommen, insbesondere vom diplomatischen Korps. Eine Einladung jagte die nächste. Während es Julie zwar gelang, die großen Hofgesellschaften zu meiden, war es ihr nicht möglich, die Privatempfänge und Salongeselligkeiten auszuschlagen, die extra für Alexis und sie organisiert wurden. Nach zwei Wochen war Julie so erschöpft, dass sie Alexis inständig anflehte, sie nach Leipzig zu bringen. »Die Einladungen nehmen kein Ende«, bestätigte auch der Botschafter, »es gibt zwei oder drei am selben Tag.«[134] Rücksichtsvoll begleitete er Julie nach Leipzig. Wie einst Alexis sollte nun auch Paul von den vorzüglichen Ausbildungsmöglichkeiten der Universitätsstadt profitieren. Seiner Schwester Barbara und seiner Tochter Sophie in Riga gestand der Botschafter kurz vor seiner Weiterreise nach

Kopenhagen offenherzig, wie sehr ihm dieser Abschied zusetzte: »In welche Einsamkeit werde ich eintreten! (...) Aber dieses Opfer musste sein für das Wohlergehen von Paul, dem es hier besser geht als in Kopenhagen (...).«[135]

Nach außen wahrten Alexis und Julie immer noch den Anschein einer intakten Ehe. In einer Zeit, in der Bildungsreisen und Kurbad-Aufenthalte zur Tagesordnung gehörten, war es nicht außergewöhnlich, wenn ein Ehepaar längere Zeit voneinander getrennt lebte. Erst recht nicht, wenn gesundheitliche, familiäre oder finanzielle Faktoren ins Spiel kamen. Alexis konnte die erneute Abwesenheit seiner Frau in Kopenhagen einerseits damit rechtfertigen, dass Julie in Leipzig in der Nähe ihres Sohnes sein konnte, und andererseits mit der geografischen Nähe zum Kurbad Teplitz, da Julie in regelmäßigen Abständen an Schüben ihres Nervenleidens litt. In seiner Korrespondenz sprach der Botschafter stets voller Respekt von seiner Frau. Julie ihrerseits nannte in einem Brief an Bernardin de Saint-Pierre als Hauptgrund für die Trennung von ihrem Ehemann, dass ihr Vermögen, welches sehr unter den hohen Kriegsauslagen gelitten habe, es nicht erlaube, dass sie gemeinsam in einem so teuren Land wie Dänemark lebten. In Wahrheit verschlang die Führung von zwei Haushalten Unsummen.

Alexis' Briefe zeigen unmissverständlich, wie schmerzlich er unter der Trennung von seinen Liebsten litt. Der neunjährige Paul verbrachte seine Studienzeit bei der Mutter in Leipzig und die Sommermonate bei seinem Vater in Kopenhagen. Die Erziehung und Bildung von Paul wurde Abbé Raymond anvertraut.

In Leipzig bewohnten Julie und die kleine Juliette gemeinsam mit dem Ehepaar Armand ein hübsches Haus, zu dem ein großer Garten gehörte. Die Baronin freute sich darüber, in der Nähe ihres Sohnes zu sein und seine Studienfortschritte zu beobachten. Daneben führte sie ein ruhiges, zurückgezogenes Leben und liebte die Ausflüge mit Pferd und Wagen. Im Herbst 1793 lernte sie die emigrierten Franzosen Abbé Petit und Monsieur Terray kennen, in deren Gesellschaft sie sich gerne aufhielt.

Die Freude war groß, als sie realisierte, dass es sich bei Claude-Hippolyte Terray de Rozières (1774-1849) um einen alten Bekannten handelte. Auf der Durchreise von Italien nach Dänemark war das Botschafterpaar im Haus seines Vaters in Lyon zu Gast gewesen. Aus dem damals zwölfjährigen Hippolyte war in der Zwischenzeit ein 19-jähriger Student geworden. Julie ihrerseits stand kurz vor der Schwelle ihres 29. Lebensjahres. Hippolytes Großonkel war der berühmte Abbé Joseph-Marie Terray (1715-1778), Priester und französischer Finanzminister unter Ludwig XV. Hippolytes Vater, Antoine-Jean Terray (1750-1794), hatte ein großes Vermögen aus der Linie seines Vaters sowie von seinem Onkel Joseph-Marie Terray geerbt. Zum Erbe gehörte auch das prächtige Schloss La Motte-Tilly, südöstlich von Paris. Einen Teil seiner Zeit verbrachte Hippolytes Vater in seinem Schloss, den anderen Teil füllten seine Verpflichtungen als Intendant aus. Der schüchterne Hippolyte war schon früh durch seine außergewöhnliche Intelligenz aufgefallen. Sein Vater ahnte, dass schwierige Zeiten für Frankreich kommen würden, und drängte seinen einzigen Sohn dazu, Frankreich zu verlassen. In Begleitung seines Hauslehrers Abbé Petit reiste der 16-jährige Hippolyte daraufhin zu Studienaufenthalten nach Edinburgh, London, Hamburg, Danzig und schließlich nach Leipzig. In ihrem fürstlichen Quartier, dem *Hôtel de Saxe* in der Leipziger Innenstadt, traf sich, was Rang und Namen hatte. Trotz des Altersunterschieds kamen sich Julie und Hippolyte im Laufe der Monate näher und wurden ein Liebespaar.

Anfang Mai 1794 wurde Hippolyte mit einem schrecklichen Schicksalsschlag konfrontiert: Er erfuhr, dass seine Eltern wenige Tage zuvor in Frankreich hingerichtet worden waren. Hauptanklagepunkt war, dass sie ihrem Sohn, der gemäß revolutionärer Gesetzgebung als Emigrierter galt, Geld gegeben hatten. Der junge Mann fühlte sich schuldig am Tod seiner Eltern und brach fast zusammen unter dieser Last. Julie war ihm in dieser schweren Zeit eine unverzichtbare Stütze. Nachdem er sich vom ersten Schock erholt hatte, machte er sich daran, seinen Vermögensanteil, der in England hinterlegt war, zu retten. Hierfür verbrachte er fast ein Jahr in London.

Während ihr Geliebter in London war, zerbrach sich die 29-jährige Julie den Kopf über ihre Beziehung zu Hippolyte und über ihre Zukunft. Sie beschloss, einen Vertrauten um Rat zu fragen: Ehemann Alexis in Kopenhagen! In einem langen Brief schilderte Julie ihrem Gatten im Februar 1795 ihre Situation und bat ihn um seine ehrliche Meinung im Hinblick auf ihre Zukunft. Ob er ihr zur Scheidung raten würde? Zu einer neuen Heirat? Mit wem? Ihre Zuneigung zu Hippolyte verschwieg sie. Angesichts der Eigenartigkeit dieser Situation doppelte sie nach: »Würden Sie mir bitte Ihre Meinung sagen. Es ist sonderbar, dass eine Frau ihren Ehemann in dieser Sache um Rat fragt, aber ich kenne und schätze Sie.«[136] Unterschrieben war der Brief mit den Worten: »Ihre Freundin fürs Leben. B. K.«[137] Die Antwort von Alexis ließ nicht lange auf sich warten. Sein Brief vom 7. März 1795 war voller Taktgefühl und Freundlichkeit. Er war bereit, in eine Scheidung einzuwilligen, wenn dies seiner Frau ein neues Glück ermöglichte.

> Unsere Zusammenkunft würde kaum dieses häusliche Glück wiederherstellen, das Sie im Recht sind, zu wünschen. Sogar die Zeit würde die Narbe der geheilten Verletzung immer bestehen lassen. (...) Sie sind für eine Zuneigung geschaffen, die ebenso lebendig wie dauerhaft ist (...) Sie könnten in neuen Verbindungen noch einmal glücklich werden, und Ihre Kinder, da bin ich mir sicher, würden nicht darunter leiden, denn Sie würden mit Sicherheit eine liebevolle Mutter für all ihre Kinder bleiben. (...) Was mich betrifft, ich reiche Ihnen zu allen Zeiten die Hand zu dem, was zu Ihrem Glück beitragen kann.[138]

Im selben Brief informierte Alexis Julie auch darüber, dass ihm der Botschafterposten in Madrid angeboten worden sei und er diesbezüglich bald eine Entscheidung treffen müsse. Er machte seiner Frau das Angebot, darüber nachzudenken, ob sie ihn nach Spanien begleiten wolle. Allerdings müsste sie sich ganz sicher sein, da es nicht einfach sein würde. Die Reise dorthin sei äußerst beschwerlich und nicht ungefährlich; das Klima in Madrid rau und ihrer Gesundheit möglicherweise nicht zuträglich.

Im Frühjahr 1795 kehrte Hippolyte unverrichteter Dinge aus London zu Julie zurück, die ihn in Hannover erwartete. Die Beziehung zu Julie gab ihm Kraft, trotz dieses Rückschlags weiterzukämpfen. Gemeinsam schmiedeten sie Zukunftspläne. Sie träumten von einer geheimen Heirat und einem Neuanfang in der Schweiz. Sobald er im Besitz seines Vermögens war, wollte Hippolyte Julie dort ein schönes Anwesen kaufen. Um dem gemeinsamen Traum ein Stück näherzukommen, reiste Hippolyte im Herbst 1795 nach Lausanne, um seine Erbangelegenheiten in Ordnung zu bringen und Vorbereitungen für einen gemeinsamen Hausstand zu treffen.

Kopfzerbrechen in Riga, 1795/1796

Während Hippolyte in die Schweiz reiste, machten sich Julie und Juliette auf den Weg nach Riga. Gegen Ende 1795 erreichten sie die stolze Hansestadt. Die Freude über das Wiedersehen mit der Mutter, mit Sophie und Schwägerin Mayendorff war groß. Sophie war in der Zwischenzeit zu einer 22-jährigen jungen Frau herangereift.

Julies umfangreiche Korrespondenz der Folgemonate vermittelt ein anschauliches Bild der inneren Kämpfe, Rastlosigkeit und Widersprüchlichkeit, die sie in jener Zeit durchlebte. Kein Wunder, dass sich ihr altbekanntes Nervenleiden in Form von starken Krämpfen wieder bemerkbar machte. Ihres Sohnes beraubt, der beim Vater in Dänemark war, sowie von ihrem Freund Terray getrennt, der in der Schweiz weilte, besann sich Julie einmal mehr auf ihre Pflichten. Ende 1795 versuchte sie den Botschafter in einem Brief reumütig von ihrer Bereitschaft zu überzeugen, ihm willig überallhin zu folgen. Das letzte Wort in der Sache überließ sie ihm. Alexis beurteilte Julies Idealismus nüchtern und kam zum Schluss, dass es besser sei, getrennte Wege zu gehen. Schlussendlich pflichtete Julie ihm bei. »Vor langer Zeit haben Sie mir die Scheidung als einzigen Weg dargelegt, um wieder Ruhe zu erlangen«, so Julie am 1. April 1796 aus Riga, »und ich bin überzeugt, dass sie wesentlich ist für die meine.«[139] Sie bat Alexis einzig darum, die Scheidungsformalitäten nicht in Russland, sondern in Dänemark oder in einer deutschen Stadt abzuwickeln, weil die Gesetze dort freier seien. Zudem war es ihr ein großes Anliegen, dass keiner die Trennung als verletzend oder ungerecht empfand und dass das Wohl der Kinder immer an oberster Stelle stand. Die Scheidung wurde jedoch nie vollzogen.

Kaum war dies geklärt, erschien ganz unerwartet ein alter Bekannter auf der Rigaer Bildfläche: Der neapolitanische Prinz von Cardito, welcher Julie in Kopenhagen unermüdlich den Hof gemacht hatte. Der charmante Ludovico Loffredo Prinz von Cardito, welcher einen ausgezeichneten Ruf als Botschafter genoss, machte eine Abenteuerreise durch die nordischen Länder Dänemark, Preußen und das Baltikum. Es gab ein freudiges Wiedersehen und anregende Gespräche im mütterlichen Salon. Cardito ermutigte Julie, ihre schriftstellerischen Versuche fortzusetzen. Er liebte Julies *Réflexions morales* (Moralische Betrachtungen) und war entzückt vom *Lettre des provinces méridionales (Brief aus den südfranzösischen Provinzen)*, den Julie für den Eigengebrauch abgefasst hatte. Julies *Promenade de Leuss (Promenade von Leuss)* las der neapolitanische Prinz später der Salongesellschaft seiner Schwester in Sankt Petersburg vor.

Zwischen Julie und Cardito entwickelte sich eine romantische Korrespondenz. Mit jedem Brief wurde der Umgangston vertraulicher. Eines Tages gestand Julie ihm ihre Liebe zu Hippolyte:

> Abschließend bleibt mir nur, ein Geständnis abzulegen. (...) Ich liebe und ich werde seit Langem von einem Mann geliebt, der meine ganze Zärtlichkeit, meine ganze Wertschätzung verdient. Ich bin durch unvergessliche Erinnerungen des Glücks an ihn gekettet, und durch eine noch stärkere Kette für eine Seele wie die meine: Durch das Unglück und das Schicksal, das uns beide verbindet.[140]

Dieses Geständnis war wichtig für Cardito, der seit Kopenhagen in die hübsche Botschaftergattin verliebt war. Nichtsdestotrotz blieb die Korrespondenz auch weiterhin romantisch. Beide sehnten sich nach leidenschaftlicher, aufrichtiger Liebe und danach, sich an jemanden klammern zu können.

Zu Besuch bei Sprachkünstler Jean Paul, 1796

Anfang Juni 1796 ließ Julie ihre nordische Heimat hinter sich und machte sich auf den Weg in Richtung Schweiz. Ohne Eile reiste sie durch Deutschland, das seit Goethes Briefroman *Die Leiden des jungen Werther* an Anziehungskraft gewonnen hatte. Via Berlin und Leipzig erreichte sie die oberfränkische Stadt Bayreuth. Von dort aus schrieb sie am 29. Juni 1796 an Prinz Cardito: »Ich spaziere viel. Das Land ist schön, es ist romantisch, es führt zur Schweiz, wo ich in einigen Wochen zu sein hoffe.«[141] Auf diesem romantischen Streifzug durch deutsche Gefilde durfte auch ein Ausflug zum berühmten Schlosspark Schönhof in jener Region nicht fehlen. Der im heutigen Tschechien (in der Gemeinde *Krásný Dvůr*) gelegene Naturlandschaftspark war zwischen 1783 und 1793 angelegt worden und bereits kurze Zeit später in ganz Europa bekannt.

Die Reiseroute war mit Absicht so gewählt, weil Julie in der Nähe von Bayreuth, in der kleinen Stadt Hof, unbedingt einen der angesagtesten Schriftsteller ihrer Zeit kennenlernen wollte: Johann Paul Friedrich Richter (1763-1825), der sich aus Verehrung für Rousseau *Jean Paul* nannte. Literarisch zwischen Klassik und Romantik verortet, war Jean Paul mit seinem Roman *Hesperus oder 45 Hundposttage* im Jahr 1795 der große Durchbruch gelungen. Seine Liebesgeschichte wurde zum erfolgreichsten Buch seit Goethes *Werther* und machte ihn schlagartig berühmt. Jean Paul war ein Autor, der polarisierte. Sein Charakter war ähnlich komplex wie seine Romane. Auf der einen Seite gesellig und geistreich, war er andererseits äußerst sentimental. Der studierte Theologe und Wortakrobat galt als Träumer. Mit seiner lebhaften Fantasie schaffte er sich sein eigenes Universum.

Voller Spannung erwartete die 31-jährige Julie die Begegnung mit dem berühmten Schriftsteller, als sie sich durch das waldreiche und dünn besiedelte Fichtelgebirge Jean Pauls Zuhause in Hof näherte. Von hier aus hatte der 33-Jährige zwei Jahre zuvor seinen *Hesperus* auf Eroberungskurs in die Welt geschickt. Die Unterredung am Vormittag des 17. August 1796 dauerte fünf Viertelstunden. Dies reichte aus, um eine Seelenverwandtschaft zu entdecken, die genügend Stoff für zahlreiche Briefwechsel in den Folgemonaten bot. Das Zusammentreffen von zwei überaus sensiblen und überschwänglichen Wesen war für beide elektrisierend. Jean Paul schrieb noch am selben Tag an seinen Freund Christian Otto: »Vormittags war die Gemahlin des russischen Gesandten in Dänemark (Krüdner) bei mir und gab mir trunkne Freude und Rührung, wie ich noch bei keiner Frau gehabt, weil sie ist wie keine ...«[142]

Mitte Oktober 1796 kam es zum beiderseits erwünschten Wiedersehen. Julie und Jean Paul verbrachten zwei gemeinsame Abende in Bayreuth. Julies Zauber wirkte noch in voller Stärke. Gegenüber Friedrich von Oertel, der die Bekanntschaft seines Freundes mit Skepsis verfolgte, verteidigte der Poet die Baronin aus dem Norden energisch:

> Du hast Deinen Prozeß gegen die Krüdner verloren mit allen Kosten. Ich blätterte 2 Abende in ihrem Herzen. (…) Lasse mich nichts mehr sagen, sie hat meine Seele erobert, ich sehe ihre Sonnen- und Sommerflecken des Weltlebens, ihre übertriebene Selbstachtung, ihre weiblichen Niederlagen; - aber ich sehe auch den fliegenden, glühenden Geist. etc. etc. etc. Du kennst sie nicht: tu mir den Gefallen, kein Wort über sie zu sagen. [143]

Jean Paul äußerte mehrfach sein Bedauern über Julies bevorstehende Abreise in die Schweiz. In einem Abschiedsbrief vom 22. Oktober versuchte die Baronin ihren »lieben Richter« zu beschwichtigen:

> Ich sollte zürnen, daß Sie glauben, ich könnte Sie vergessen, und die zauberischen Formen der Schweizer Natur könnten mich den Menschen vergessen machen, der mit dem Zauber der unwiderstehlichsten Gefühle meine Seele an sich zog, an den mich reine, heilige Freundschaft, echte, erhebende Tugendliebe bindet. (…) Leben Sie wohl! Tränen füllen meine Augen. Lieber Richter! (…) Ich entferne mich zwar itzt von Ihnen, aber die Hand der Freundschaft reicht von einem Pol zum andern. (…) Ewig, Ihre treue Freundin Julie v. Krüdner [144]

Noch am selben Tag reiste Julie über Konstanz in die Schweiz. Die erste Phase der Freundschaft zwischen Julie und dem bayerischen Sprachkünstler hatte ihr Ende erreicht.

Helvetische Zäsur, 1796-1797

In der zweiten Novemberhälfte 1796 erreichte Julie die reizende Stadt Lausanne am Genfersee. Hier bewohnte sie zunächst die Villa *La Grotte*, welche dem berühmten britischen Historiker Edward Gibbon (1737-1794) gehört hatte. Julies Enttäuschung war grenzenlos, dass es in Lausanne nicht zum lang ersehnten Wiedersehen mit ihrem Geliebten Hippolyte Terray kam, den sie schon ein Jahr lang nicht mehr gesehen hatte.

Hippolyte seinerseits war rund zwei Monate vor Julies Ankunft nach Frankreich gereist. Seit Oktober 1795 war in Frankreich das *Direktorium*, die letzte Regierungsform der Französischen Revolution, an der Macht. Hippolyte wollte vor Ort die notwendigen Entwicklungen in Gang setzen, um von der Emigriertenliste gestrichen zu werden und das Schloss La Motte-Tilly und seinen übrigen rechtmäßigen Besitz wiederzuerlangen. Es war ihm unangenehm, dass er nicht in der Lage war, sein Versprechen einzulösen und Julie das versprochene Landstück zu erwerben. So kam ihm der Aufbruch nach Frankreich kurz vor Julies Ankunft nicht ungelegen. Zudem konnte er auf diese Weise verhindern, ihr gestehen zu müssen, dass er in der Zwischenzeit dem Charme einer anderen erlegen war.

Nach reiflicher Überlegung gewann Julies Hoffnung die Oberhand, dass sich alles zum Guten wenden würde und Hippolyte sein Versprechen in absehbarer Zeit einlösen könnte. Daher entschied sie, an ihrem Traum festzuhalten und sich trotz Hippolytes Abwesenheit fest in einer ländlichen Gegend der Schweiz niederzulassen. Auf der Suche nach einer geeigneten Unterkunft erwarb sie eines der schönsten Häuser des 18. Jahrhunderts in unmittelbarer Nähe zu Lausanne: Das Schloss Montagny in Lutry, in traumhafter Lage über dem Genfersee thronend, mit direkter Sicht auf die Alpen, umsäumt von herrlichen Rebbergen. Julie war begeistert.

> Eine magische Aussicht zeigt mir den See; die hohen Berge, die ihn umgeben, verbergen ihr stolzes, gebietendes Haupt in den Wolken; tausendfach verschönert jeder Abend die Szene. Im reichsten Farbenspiel sehe ich der Magie der Beleuchtung zu, erhebe zum Schöpfer das entzückte Herz und bleibe stumm an Sprache und doch so beredt dastehen; zuweilen falten sich meine Hände, es rinnen Tränen aus den Augen. Es ist, als fühlte meine ganze Seele die Harmonie des Schönen, verbunden mit dem moralischen Gefühl des Guten, des Edlen. (…) Obgleich es hier ziemlich kalt ist, so gehe ich doch täglich spazieren und freue mich des schönen Himmels und der reichen Erde.[145]

Die Genferseeregion entpuppte sich als Eldorado für Künstler und Poeten und war ein Tummelplatz berühmter Salonnièren und Schriftstellerinnen. Allen voran Anne Louise Germaine de Staël-Holstein, geborene Necker, besser bekannt als *Madame de*

Staël (1766-1817). Julie war der berühmten Salonnière bereits im Revolutionsjahr 1789 in Paris begegnet. Germaine war das einzige Kind des Genfer Bankiers Jacques Necker (1732-1804), ehemaliger Finanzminister und Regierungschef von Ludwig XVI.

Unter dem Verdacht, Sympathisantin eines Aufstandes königstreuer Kräfte gewesen zu sein, war Germaine im Oktober 1795 aus Paris verbannt worden. Das elterliche Schloss Coppet, in der Nähe von Genf, diente ihr und vielen ihrer Freunde als Zufluchtsort. Germaines kompliziertes Privatleben stand stellvertretend für das vieler Salonnièren. Verschiedene Liebhaber reichten sich die Hand oder warteten zeitgleich auf die Gunst der Angebeteten. Unglückliche Liebschaften und außereheliche Kinder waren die Folge. Wie Julie war auch Germaine sehr jung mit einem viel älteren Botschafter, Baron Erik Magnus Stael von Holstein, verheiratet worden. Die Ehe wurde später offiziell getrennt.

Im November 1796 begegnete Julie der berühmten Salonnière nur flüchtig, da Germaine im Begriff stand, nach Paris zurückzukehren. Ihre Verbannung war inzwischen aufgehoben worden. Germaine war zu jener Zeit schwanger mit ihrem vierten Kind. Es war kein Geheimnis, dass das Kind außerehelich gezeugt war. Aller Wahrscheinlichkeit nach von dem französischen Edelmann, Schriftsteller und Politiker Benjamin Constant (1767-1830), Nachkomme von Hugenotten und gebürtiger Schweizer. Mit dem verheirateten, aber von seiner Frau getrennt lebenden Publizisten und Literaten verband Germaine seit dem Jahr 1794 eine nervenaufreibende Beziehung. Constant war einerseits von Germaines Genialität und Vitalität fasziniert, versuchte sich andererseits aber immer wieder aus ihrem Bann zu befreien.

Während ihres Exils hatte Germaine auf Schloss Coppet viele Freunde, Auswanderer und Flüchtlinge um sich geschart. Sie alle lebten in einer Arbeits- und Lebensgemeinschaft zusammen, wie es der Lebensform einer Salonnière entsprach. Zu Germaines bevorzugten Schützlingen gehörten französische Emigranten, welche unter den politischen Entwicklungen ihres Heimatlandes litten. Zu ihnen gehörten die französischen Politiker Adrien Marquis de Mun und Jacques de Norvins, weiter der Divisionsgeneral und Ex-Kriegsminister von Ludwig XVI. Louis Graf von

Narbonne sowie der königliche Ritter Adrien de Montmorency. Zu Germaines Lieblingen gehörte seit dem Herbst 1795 zudem ein weiterer französischer Emigrierter, ein Neuankömmling am Genfersee: Julies Geliebter Hippolyte de Terray! Auch er war Germaines Faszination erlegen und stand seinerseits hoch in ihrer Gunst.

Julie versuchte, sich nicht von den unerwarteten Entwicklungen beirren zu lassen und freute sich trotz der Abwesenheit ihres Geliebten an der herrlichen Schweizer Landschaft und tauchte eifrig in das rege Salonleben am Genfersee ein. Zum erlauchten Kreis der Lausanner Gesellschaft gehörten neben Germaine de Staël auch die Schweizer Schriftstellerinnen Isabelle de Montolieu, Albertine Necker de Saussure, Constance de Cazenove d'Arlens sowie die holländische Schriftstellerin Isabelle de Charrière. Bei den Männern glänzten bedeutende Schriftsteller wie die bereits erwähnten Benjamin Constant und Jacques de Norvins sowie Joseph de Maistre. Julie wurde herzlich in der Salongesellschaft am Genfersee aufgenommen. Mit einer eigenen Schaltanz-Variation machte die russische Botschaftergattin in den Salons schnell von sich reden. In gängiger Salonmanier war auch Julies Anwesen zur Lebensgemeinschaft umfunktioniert worden. Wie gewohnt umgab sie ein Kreis von Begleitpersonen: Freundin Antonie Armand und deren Ehemann, der emigrierte Lyoner Chevalier Louis-Henri-François Graf de Vallin (1768-1815) sowie der betagte Geistliche Abbé Becker. Letzterer war mit der Erziehung und Bildung der neunjährigen Juliette betraut. Gerne hätte Julie ihre Lebens-, Salon- und Arbeitsgemeinschaft um weitere illustre und inspirierende Mitbewohner erweitert. Auch Jean Paul stand auf der Liste der Eingeladenen:

> Ich habe eins der angenehmsten Häuser bei Lausanne, was Aussicht und Lage betrifft. Sie würden mich wirklich sehr erfreuen, wenn Sie ein Zimmer darin annähmen, dort ganz ohne Zwang mit Ihren Büchern unter dem Schatten der Alpen lebten und Ihrer Freundin so einige Zeit Ihres Lebens schenken.[146]

Obwohl es nicht gelang, Jean Paul für ihre Lebensgemeinschaft zu gewinnen, ließ sich Julie durch nichts von ihrem Vorhaben abbringen, ihre eigene schriftstellerische Karriere voranzutreiben.

So ist eine ansehnliche Anzahl literarischer Schriften auf Julies helvetische Periode von November 1796 bis Januar 1798 zurückzuführen.

Im Frühling 1797 wurde Hippolyte durch den Beschluss des Direktoriums von der Liste der Emigrierten gestrichen. Dies bedeutete einen ersten wichtigen Schritt auf dem Weg zur Wiedererlangung des Familieneigentums. Diese Entwicklungen waren erfreulich genug, um gefeiert zu werden! So kam es im Mai 1797 in der Idylle des französischen Kurorts Aix-les-Bains zum langersehnten Wiedersehen zwischen Julie und Hippolyte. Julie und Hippolyte erlebten einen romantischen gemeinsamen Sommeranfang. Während Hippolyte anschließend nach Paris zurückkehrte, um weiter für die rechtliche Anerkennung und Rückgewinnung seiner Güter zu kämpfen, reiste Julie mit gemischten Gefühlen an den Genfersee zurück, unsicher darüber, wie sich die Dinge in Zukunft entwickeln würden. Ablenkung fand Julie in den Salons und in der Gesellschaft ihrer einheimischen Freundin Antonie Armand. Gemeinsam besuchten sie einflussreiche Genfer Bürger. Am 22. Oktober 1797 hörte Julie in Satigny eine eindrückliche Predigt des evangelischen Pfarrers Jean-Isaac-Samuel Cellerier über Kolosser 3,12: *So zieht nun an als die Auserwählten Gottes (...) herzliches Erbarmen (...).*

In der Nacht des 22. November 1797 schloss sich Julie einer aufgeregten Menschenmenge an. In der Kälte warteten sie auf den Durchmarsch der napoleonischen Truppen, welche auf der Rückreise von ihrem erfolgreichen Italienfeldzug waren. Der Name *Napoleon Bonaparte* stand seit 1792 stellvertretend für das Vorhaben der Franzosen, ihre Revolution auch in andere Länder zu tragen. Der gebürtige Korse Napoleon Bonaparte (1769-1821) stieg dank seines militärischen Talents während der Französischen Revolution in der Armee auf und wurde zur lebenden Legende. Mit der Übernahme des Kommandos der Italienarmee und einer Reihe von nachfolgenden Siegen begann Napoleons kometenhafter Aufstieg in den militärischen Olymp. Um 1:00 nachts, mit dem Anbruch ihres 33. Geburtstags, sah Julie Napoleon in Lausanne vorbeiziehen. Die Dunkelheit der Nacht verbarg ein wohlgehütetes Geheimnis. Julie war im sechsten Monat schwanger. Ihre Schwangerschaft war das Resultat der romantischen Zeit mit Hippolyte Terray in Aix-les-Bains. Die Schwangerschaft rückte alte Fragen in den Hintergrund und warf eine Vielzahl neuer auf.

Das Geheimnis & Besuch bei Lavater in Zürich, 1798

Der Einmarsch französischer Truppen in Schweizer Gebiet Anfang 1798 setzte Julies helvetischer Zäsur ein jähes Ende. Überstürzt verließ sie am 15. Januar, wenige Tage vor dem Truppeneinmarsch, Lausanne. Begleitet wurde sie dabei von der mittlerweile zehnjährigen Juliette und ihren engsten Vertrauten: Madame und Monsieur Armand, Abbé Becker und Graf de Vallin.

Mit dem Franzoseneinfall wurde auch die Schweiz zum Kriegsschauplatz. Die militärische Auseinandersetzung zwischen der Französischen Republik und der Alten Eidgenossenschaft von Januar 1798 bis Mai 1799 brachte die militärische Besetzung eines großen Teils der heutigen Schweiz durch Frankreich mit sich und wurde zum Anfang der Helvetischen Republik. Am 28. Januar fielen die Franzosen mit etwa 12.000 Mann in die Waadt ein, um den Waadtländern zu helfen, sich vom bernischen Joch zu befreien. Ein Teil der französischen Invasionstruppen ankerte nach der Überquerung des Genfersees in Nyon und Lausanne.

In Rheineck, einer kleinen Stadt in der Nähe des Bodensees, bereitete sich Julie im Geheimen auf die bevorstehende Geburt vor. Die Schwangerschaft kam zu einem denkbar ungünstigen Zeitpunkt. Politische Unruhen, die Ungewissheit im Hinblick auf die Zukunft mit Hippolyte, finanzielle Probleme, die Sorge um das Baby in ihrem Bauch, all dies war sehr belastend. Obwohl eheliche Treue in Adelskreisen nicht großgeschrieben wurde, hatten außerehelich gezeugte Kinder eine äußerst düstere Zukunft vor sich. Im besten Fall konnte ihre nicht eheliche Herkunft innerhalb einer noch bestehenden Ehe verschleiert werden. Andernfalls stand ihnen ein hartes Schicksal bevor. Sie waren gebrandmarkt fürs Leben. Ohne Recht auf einen Namen, eine Familie oder eine Heimat. Beim Gedanken daran zerriss es Julie fast das Herz.

Inkognito vertraute sich Julie im Februar 1798 den fähigen Händen von Joseph Xaver Rehmann, dem Fürstlich-Fürstenbergischen Leibarzt in Donaueschingen im Schwarzwald an. Wenige Tage später schenkte sie einem kleinen Jungen das Leben. Am 21. Februar wurde der Junge in der katholischen Kirche in Anwesenheit beider Elternteile auf den Namen Hippolyte Roschak getauft. Den Taufakten zufolge war Hippolyte Roschak der Sohn von Hippolyte und Barbara Roschak. Auch wenn es sich dabei um Decknamen handelte, waren die Vornamen der Eltern echt: *Hippolyte* sowie *Barbara*, analog zu Julies erstem Taufnamen. Um sämtliche Spuren zu verwischen, wurde der Name Hippolyte Roschak wenig später in Philippe Hauger abgeändert. Das Geburtsdatum wurde um zwei Monate verschoben. Die Existenz des Kindes wurde verschwiegen und blieb das wohlgehütete Geheimnis weniger Eingeweihter. 150 Jahre lang blieb es unter Verschluss, bis es im Jahr 1961 vom Krüdener-Nachkommen Francis Ley in seinem Buch *Madame de Krüdener et son temps* enthüllt wurde. Hieraufhin lieferte ihm ein Nachfahre des verschwiegenen Familienzweiges weitere untrügliche Beweise für dieses dunkle Familienkapitel.

Der Krieg drohte das unglückliche Helvetien im Laufe des Jahres 1798 in ein riesiges Heerlager zu verwandeln. Dies veranlasste Julie und ihre Begleiter zu der Entscheidung, von der schweizerischen auf die deutsche Bodenseeseite zu wechseln. In Lindau führte Julie in den Folgemonaten ein zurückgezogenes Leben. Sie kümmerte sich liebevoll um ihren kleinen Philippe, zärtlich *Liperlet* genannt. Antonie Armand war ihr auch in dieser Situation eine verlässliche Freundin. Hippolyte war bereits wieder nach Paris zurückgereist, wo er in den Folgemonaten weiter um die gerichtliche Anerkennung seines Eigentums kämpfte. Julie war dankbar dafür, ihren neugeborenen Sohn in ihrer Nähe zu wissen. Sie wusste aber auch, dass sie in absehbarer Zeit schwierige Entscheidungen im Hinblick auf Philippes Wohl zu treffen hatte.

Das Schreiben nahm immer mehr Raum in Julies Alltag ein. Es bot eine willkommene Ablenkung, half Dinge zu verarbeiten und war wichtig für die Entwicklung ihrer schriftstellerischen Fähigkeiten. Im Roman *Sidonie* schilderte sie die leidenschaftliche Liebe zwischen den Protagonisten Olivier und Sidonie. Die Heldin des Romans trug autobiografische Züge.

Die Kriegswirren hielten Julie nicht davon ab, auf Jean Pauls Anraten hin Anfang September 1798 für einen Besuch in die Schweiz zu reisen. Der Grund für die Exkursion nach Zürich war Johann Caspar Lavater (1741-1801), der berühmte Schweizer Pfarrer an der St. Peterskirche in Zürich. Der Patriot, Philosoph und Schriftsteller Lavater galt als einer der großen religiösen und geistigen Propheten des 18. Jahrhunderts. Seine Bücher und Predigten genossen sowohl im In- als auch im Ausland hohes Ansehen. Der Besuch bei dem Zürcher Geistlichen war für Julie ein Lichtblick in den Schwierigkeiten ihrer gegenwärtigen Lebenssituation. An die Begegnung mit Lavater schloss sich ein Briefwechsel an, der wegen der Schicksalsschläge, die Lavater in den Folgemonaten trafen und mit seinem Tod endeten, zwangsläufig abbrach. Einige Tage nach der Begegnung verfasste Julie am 22. September 1798 folgende Dankeszeilen an den volksnahen Pfarrer:

> Mein Dank für Ihre liebevolle Aufnahme kommt spät, aber mein Herz ist noch gerührt, erwärmt und erfreut von den Augenblicken, die ich mit Ihnen verlebt habe. Ich lege sie zu denen unvergesslichen, die die Summe meiner Freuden ausmachen. (...) Wenn sich in den Rückblicken auf mein vergangenes Leben die Schatten häufig vorschieben, so erhellte der mit Ihnen verlebte Tag so manche Dunkelheit und ich blicke dankbar zu Dem hinauf, der alles compensiert hat. Ermuntern Sie mich, teuerster Mann, zu dem festen Gang, den sichern Blick auf dem vorgesetzten Ziel, das edle und vollkommne wird mir durch Sie edler und vollkommner. Lassen Sie mich an Ihrem Schreibtisch, in dem traulichen Zimmer oben Ihnen zuweilen gegenwärtig sein (...). Ihre Julie v. Krüdener[147]

Anschließend ging es zurück nach Lindau, wo Julie mit Juliette, dem kleinen Philippe und der vertrauten Gesellschaft den Winter verbrachte. Im Januar 1799 traf Julie nach langem Ringen den Entschluss, auch ihre Mutter in Riga in das Geheimnis um Philippe einzuweihen. Julie war es ein großes Anliegen, ihrer Mutter zu erklären, welches »unvorhergesehene Ereignis«[148] ihre finanzielle Lage derart verschärft hatte, dass sie bei der Begleichung von Schulden auf mütterliche Hilfe angewiesen war.

In der Zwischenzeit waren französische und österreichische

Truppen fast bis nach Rheineck vorgerückt. Die angespannte Lage zwang Julie und ihre Begleiter erneut zum Aufbruch. Ende Februar verließen sie die Bodenseeregion und wandten sich nach München. Im Juni starb der hoch geschätzte Abbé Becker ganz unerwartet an einer tödlichen Krankheit. Ein schwerer Schlag für seine Gefährten. Die Reisegruppe verlor einen langjährigen Begleiter und Lehrer.

Zukunftsfragen, Teplitz 1799

In den Sommermonaten 1799 weilte Julie im prominenten Kurort Teplitz, bezeichnenderweise auch *Klein-Paris* oder *Salon Europas* genannt. Das älteste Heilbad von Mitteleuropa lag am Fuße des Erzgebirges in Nordböhmen. Staatsoberhäupter wie der schwedische König Gustav IV., bekannte Musiker wie Ludwig van Beethoven oder Geistesgrößen wie Goethe, sie alle gehörten zu Julies Lebzeiten zu den berühmten Besuchern von Teplitz. Julie war dankbar für die Ablenkung und genoss die unvergleichliche Atmosphäre in vollen Zügen: Die wohltuenden Bäder, den Hauch von Welt und die Aufmerksamkeit, die ihr geschenkt wurde. Die Zeilen, die die berühmte jüdische Berliner Salonnière Rahel Varnhagen (1771-1833) im Jahr 1815 rückblickend auf die Sommermonate 1799 an ihren Ehemann schrieb, lassen erahnen, weshalb Julie in Teplitz Aufmerksamkeit erregte:

> Frau von Krüdener kenne ich sehr gut persönlich, seit langen Jahren, aus Teplitz, wo sie schon petite maitresse, mit achtzig neuen Kleidern – vierzig aus Paris, vierzig aus London – war, mit Pelzen im Sommer, einem emigrierten Abbé, Nervenzuständen, Einsamkeit, Korrespondenzen, Bizarrerien, aber in einer angenehmen Art hübsch (…).[149]

Nicht nur die illustre Gesellschaft, sondern auch die wunderschöne Natur in und um Teplitz begeisterte Julie. Der Schlosspark von Schönhof galt als Juwel der Gegend. Inspiriert davon, erneut in dieser wunderbaren Gegend zu sein, verfasste Julie im Sommer 1799 ihre Naturbeschreibung *Description du jardin de Schönhoff* (Beschreibung des Gartens von Schönhoff). Nach dem Vorbild der *Spaziergänge eines einsamen Schwärmers* von

Rousseau schilderte die junge Baronin drei Spaziergänge im Park von Schönhof.

Doch selbst die willkommene Ablenkung in Teplitz täuschte nicht über die Vielzahl belastender Zukunftsfragen hinweg. Was Hippolyte betraf, war am 3. Mai 1799 nach langem Hin und Her endlich die gerichtliche Verfügung zur Wiedererlangung all seiner Rechte und Güter in Kraft getreten. Während Julies Aufenthalt in Teplitz hatte er sich als Schlossherr in seinem prächtigen Schloss La Motte-Tilly nahe der Gemeinde Nogent-sur-Seine niedergelassen. Ein Aufenthalt in der Schweiz stand für ihn nicht mehr zur Diskussion. Die ungeplante Zeugung von Philippe hatte alles sehr viel komplizierter gemacht und zum eigentlichen Ende ihrer Liebesbeziehung geführt. Zusätzlich zum Trennungsschmerz bedeutete dies für Julie, dass Hippolyte mit seinen neu erschlossenen Geldquellen außer Reichweite war.

Infolgedessen geriet die Baronin einmal mehr in einen finanziellen Engpass. Der Ertrag ihres Landgutes Kosse reichte nicht aus, all ihre Auslagen zu decken. Große Veränderungen bahnten sich an, als das Ehepaar Armand darum bat, aus seinen Diensten entlassen zu werden. Ihre Heimreise nach Genf wurde zum Beginn einer neuen Lebensaufgabe: Antonie Armand wurde zur geheimen Pflege- und später Adoptivmutter von Philippe Hauger. Sie widmete sich dieser Aufgabe mit einer Hingabe und Liebe, als ob Philippe ihr eigener Sohn gewesen wäre. Julie brach es das Herz, sich von ihrem kleinen Liperlet und ihrer Herzensfreundin zu trennen! Ihr blieb nur die Hoffnung, dass Philippe in der Schweiz eine gute Zukunft finden würde und es ihr möglich wäre, bald wieder in seiner Nähe zu sein.

Doch wie sollte es bei Julie weitergehen? Die Schweiz blieb ihr wegen Kriegsunruhen verschlossen und der Gedanke an einen Winteraufenthalt in Russland löste Angstzustände aus. Sollte sie am Ende nach Kopenhagen zurückkehren? Offiziell war Julie noch immer die Ehefrau des russischen Botschafters in Kopenhagen, der wieder intensiver den Kontakt zu ihr suchte. Alexis hatte in der Zwischenzeit eine kleine Weltreise zurückgelegt. In Dänemark war Baron von Krüdener wegen seiner kritischen Einstellung gegenüber der Französischen Revolution zu einem

Hindernis bei den geheimen Verhandlungen zwischen dem französischen Direktorium und dem neuen russischen Regenten geworden. Seit dem Tod von Katharina II. war ihr Sohn Zar Paul I. an der Macht. Paul I. verfolgte eine ganz andere Führungsstrategie als seine Mutter. Dies hatte Alexis' Versetzung nach Madrid beschleunigt. Von Juni 1797 bis Oktober 1798 war der Botschafter auf den Straßen von Europa unterwegs gewesen. Hier hatte ihn jedoch unversehens ein Gegenbefehl erreicht, der ihn nach Dänemark zurückbeorderte und ihm seinen alten Posten in Kopenhagen zurückbrachte. Julie wusste um ihre Pflichten als Ehefrau, aber der Gedanke an eine Rückkehr lastete schwer auf ihr.

> Ich hatte große Angst, den Winter in Kopenhagen verbringen zu müssen, wo ich so krank gewesen war und wo mir das Klima gar nicht zusagte. Nur die Religion konnte mich dazu zwingen, mich zu entscheiden, in ein Land zu gehen, wo mir alles Angst machte, besonders dessen Entfernung. Aber mein Mann wollte mich sehen. Die Pflicht befahl mir, mich ihm anzuschließen und ich wollte gehorchen. Immer in der Hoffnung, dass ich nach einiger Zeit wieder weggehen und in einem weniger schrecklichen Klima leben konnte. Mein Wunsch war es, meine Pflicht zu erfüllen, und ich betete zu Gott, dass Er alles fügte.[150]

In Teplitz schloss Julie Bekanntschaft mit Nikita Petrowitsch Graf Panin (1770-1837), der unmittelbar zuvor von seinem Botschafterposten in Berlin suspendiert worden war. Graf Panin versprach Julie, dass er sich im Fall seiner Einsetzung als Außenminister von Russland dafür einsetzen werde, dass Alexis seinen frei gewordenen Botschafterposten in Berlin erhalte. Mit diesem Posten war auch eine Vertretung in Dresden verbunden. Kurze Zeit nach der Abreise von Graf Panin erreichte Julie die überraschende Nachricht, dass Alexis auf dem Weg nach Lübeck sei, wo er sie empfangen wolle. So ließ Julie das wundervolle Kurbad Teplitz nach erholsamen Sommermonaten in guter gesundheitlicher Verfassung hinter sich und machte sich über Dresden auf den Weg nach Lübeck, wo sowohl Sophie als auch Paul zu jener Zeit lebten.

Wiedersehen in Lübeck, Dezember 1799

Als Julie im Dezember 1799 in Lübeck eintraf, erfuhr sie, dass Alexis von Graf Panin, dem ehemaligen Botschafter von Preußen, aufgefordert worden war, als Botschafter an den Hof von Friedrich Wilhelm III. in Berlin zu reisen, bis die Umstände es ihm erlaubten, offiziell den Botschafterposten zu bekleiden. Weder Alexis noch Julie hätten je ernsthaft auf eine solche Berufung zu hoffen gewagt. Das Wiedersehen mit dem fast 16-jährigen Paul, den Julie viele Monate nicht mehr gesehen und so sehr vermisst hatte, war herzergreifend. Auch die Begegnung mit der 26-jährigen Sophie erwärmte Julies Herz.

> Es würde zu lange dauern, alle Freuden zu beschreiben, die mich in Lübeck erwarteten. Ich erwähne nur die wichtigsten: Ein Empfang voll freundschaftlicher Annahme, den mir mein Mann erwies; das Glück, meinen Sohn zu umarmen und ihn erwachsen, gesund, mit einem Wort, herrlich zu sehen; die Freude über das Treffen von Juliette mit ihrem Vater, der von ihr entzückt war. Wie viele süße Augenblicke! Wir hatten einen kleinen Garten, wir kamen im Wohnzimmer zusammen und lasen. Die gutherzige Sophie liebte mich wie die zärtlichste Tochter. All das war eine Quelle echter Freude.[151]

»Ich preise die Vorsehung, meinen Ehemann wiedergesehen zu haben, seine Freundlichkeit für mich zu sehen und meine zu erneuern«, schrieb Julie im Dezember 1799 an eine Freundin. Alexis war begeistert von seiner zwölfjährigen Tochter, die immer bei Julie gewesen war, und dankte seiner Frau mehrmals aufs Herzlichste, dass sie sich so gut um dieses wunderbare Kind kümmerte. Auch Julie war dankbar für ihre wunderbare Tochter. »Juliette schenkt mir unglaubliches Glück. Folgsam, fleißig, sanft, ordentlich, sensibel, das ist ihr Charakterbild.«[152] Innerhalb kürzester Zeit hatte Julies Leben eine überraschende Wendung genommen. Sie genoss die Wochen in Lübeck im Kreis ihrer Familie in vollen Zügen. Wann immer möglich, verbrachte sie Zeit mit Paul. Sie war so stolz auf ihn.

Neue Bekanntschaften und ein Ausflug zum malerischen Ostseehafen Travemünde gehörten zu den Höhepunkten der dezemberlichen Familienerlebnisse. Überdies freute sich Julie an neuen Büchern, die sie gelesen hatte, »bald allein im Garten, bald in der Teerunde«. Die Gedankenverbindung von Salongeselligkeit und

Tee gehörte zu den Selbstverständlichkeiten jener Zeit.[153] Dabei war Tee nicht einfach Tee. Es war »literarischer« oder »ästhetischer« Tee. Der Tee stand für gesellige Werte wie Intimität, Vertrautheit, geringen repräsentativen Aufwand und Bürgerlichkeit. Die Salonnièren übertrafen sich gegenseitig in der Exklusivität ihres Teegeschirrs und der hochwertigen Teeselektion. Dank der baltischen Brückenfunktion ihrer Heimat hatte Julie auch immer wieder Zugang zu exquisiten Teesorten aus dem Osten, speziell aus dem indischen Kaschmir. Nicht selten wurde der Tee mit hochwertigen Rosenessenzen verfeinert.

Die ganze Familie war glücklich über die »berlinische Zuweisung«, selbst wenn es noch nicht der offizielle Botschafterposten war. Eifrig wurden Zukunftspläne geschmiedet. Alexis musste sich noch im Dezember auf direktem Weg nach Berlin begeben, wo er künftig die Funktion eines Beobachters am Berliner Hof innehatte. Zar Paul I. hatte Alexis mit der Aufgabe betraut, wichtige Verhandlungen für Russland zu führen. Im Fall seiner Bewährung sollte er dem prestigeträchtigen Amt des Botschafters von Berlin ein großes Stück näher rücken. Während sich Alexis in die neuen diplomatischen Herausforderungen stürzte, wollte seine Familie die Wintermonate etwas südlicher verbringen und reiste nach Dresden weiter. Julie konnte es kaum erwarten, ihre Dresdner Freunde wiederzusehen. Ihren langjährigen Freund Henri Graf de Vallin traf sie noch in derselben Nacht im Hotel *Polonia*, wo sie übernachteten.

Salon-Lebensgemeinschaft in Dresden, 1799/1800

Am nächsten Tag erfolgte der Umzug ins eigene Heim, in dem sich schnell eine Salon-Lebensgemeinschaft um Julie bildete. Der Kern der Gesellschaft bestand aus Julies Freundin Marie Antoinette von Watzdorf, die tragischerweise noch im selben Jahr starb, Henri Graf de Vallin und Louis de la Forest Divonne. Mit Marie Antoinette und Henri de Vallin ging es mitten im Schneegestöber auf lustige Schlittenfahrten. »Zu Hause wärmten wir uns am Ofen und lasen«, schrieb Julie in ihr Tagebuch. »An nebligen Wintertagen luden wir jemanden zum Abendessen ein, dann saßen wir am Feuer, lasen Zeitungen, spielten Schach. Samstags kamen arme Menschen, um Almosen zu empfangen.« Weihnachten stand vor der Tür:

> Was für ein angenehmer Tag war der Heilige Abend! Einkauf von Geschenken für alle, am Abend der gedeckte, mit Kerzen geschmückte Tisch, die vom ganzen Haus zusammengerufenen Kinder und die Kinder, die in der Umgebung eingeladen wurden, Verteilung von Bonbons und Spielsachen (...)[154]

Am liebsten zog sich Julie in ihr Arbeitszimmer zurück, das direkt neben ihrem Schlafzimmer lag. Die vielen Blumen, die das Arbeitszimmer schmückten, bildeten einen scharfen Kontrast zur kargen Winterlandschaft. In dieser gemütlichen Atmosphäre konnte Julie ihre geistige Kreativität entfalten: »Abends schrieb ich dort, morgens frühstückte ich, und manchmal sprachen wir dort im engen Kreis.«

> Zum Tee kommt unsere gewöhnliche Gesellschaft zusammen. Morgens und nachmittags haben alle eine Beschäftigung. Wir lesen sogar abends, ohne irgendwohin auszugehen. Ich mache es mir oft auf dem Sofa neben dem Ofen bequem, lese, schreibe, arbeite an meinen *Pensées*.[155]

In Anlehnung an die Maximen und Reflexionen des Literaten und französischen Moralisten La Rochefoucauld (1613-1680) arbeitete Julie an ihren eigenen *Pensées et Maximes (Gedanken und Maximen)*. Des Weiteren schrieb sie schon länger an einem Erziehungsroman für ihre Tochter Juliette: *Élisa ou l'Éducation d'une jeune fille* (Elisa oder die Erziehung eines jungen Mädchens); eine Abhandlung über Erziehung, vermischt mit religiösen Meditationen und Naturbeschreibungen der Schweiz.

Der Frühlingsanfang 1800 wirkte belebend auf die Lebensgeister:

> Mit dem Beginn des Frühlings – wie viele neue Freuden! Wanderungen in der Umgebung, auf dem Stadtwall, in den Gärten, wo wir in den Treibhäusern schöne Blumen bewunderten, sie pflückten und sich die Vasen mit ihnen in mein Arbeitszimmer bewegten.[156]

In die Freude und Zufriedenheit mischten sich aber auch nachdenkliche und selbstkritische Töne. Julie war beunruhigt über den Zustand ihrer Finanzen. »Unwillkürlich gab ich zu viel aus«, räumte sie ein. In Julies Gesellschaften wurde den Salonbräuchen entsprechend gelegentlich auch um Geld gespielt. Beim Kartenspiel hatte Julie in einem Winter 100 Taler verloren. Sie trauerte dem vielen Guten nach, das sie den Armen mit diesem Geld hätte tun können. Immer wieder beschäftigte sich Julie mit Fragen nach dem Sinn des Lebens. Sie fühlte sich nutzlos und träumte von einer erfüllenden Lebensaufgabe. Besonders der Gedanke an ihre Leibeigenen in der baltischen Heimat ließ Julie nicht los. Dies beweist eine Skizze, die Julie in ihr Tagebuch von 1799 gezeichnet hatte. Sie zeigt eine Bäuerin mit einem Tragejoch und einem schief gewordenen Baum.

Julie tröstete sich mit dem Gedanken an eine sinnvolle Zukunft:

> Vielleicht werde ich den Notleidenden auch noch nützlicher sein können (…). Mein Ansehen, mein Charakter, meine Prinzipien, meine schwachen Talente, alle Ressourcen meines Geistes werden ihnen gewidmet sein; (…) ich werde meine Verachtung für die Intrige zeigen, ich werde wann ich kann den Schwachen verteidigen.[157]

Im Frühling 1800 wurde es Zeit, von Dresden und den lieben Dresdner Freunden Abschied zu nehmen. Alexis erwartete ihre Ankunft.

Neuanfang in Berlin, 1800

Nach rund 11 Jahren der Trennung lebte die Botschafterfamilie Krüdener zum ersten Mal wieder offiziell unter einem Dach. Alexis stand mittlerweile in seinem 54. Lebensjahr, Julie war 35. Dazu die längst erwachsene 27-jährige Sophie, der 16-jährige Paul und das 13-jährige Nesthäkchen Juliette. Für den jungen Paul bedeutete der Umzug nach Berlin den Übertritt an die preußische *Académie militaire*, wo junge Adlige zum Militär- und Staatsdienst erzogen wurden. Hier besuchte er den Unterricht des berühmten preußischen Staatsmannes und Geschichtsprofessors Jean Pierre Frédéric Ancillon (1767-1837), Erzieher des späteren Königs Friedrich Wilhelm IV. von Preußen. Alexis ergänzte den intensiven Unterricht seines Sohnes mit den Fächern Recht und Diplomatie.

Baron von Krüdener schätzte die gute Absicht seiner Ehefrau, wieder in die eheliche Gemeinschaft zurückzukehren. Doch schon bald wurde das traute Familienleben von diplomatischen Verpflichtungen eingeholt. Julie war erleichtert, dem preußischen Drill zu Beginn des Sommers kurzzeitig zu entfliehen, indem sie sich erneut ins südliche Erholungsparadies Teplitz zurückzog. Belebt von der herrlichen Umgebung und einer inspirierenden Gesellschaft, fand sie die ersehnte Muße, ihre schriftstellerische Tätigkeit wieder aufzunehmen. Sie arbeitete an dem autobiografischen Selbstporträt *Portrait de Madame de* *** [158], entwarf das *Journal de lady Daumont* (Tagebuch der Lady Daumont), widmete sich ihren Tagebuchaufzeichnungen und ihrer Korrespondenz.

Frisch gestärkt vom erholsamen Kuraufenthalt in Teplitz kehrte die Baronin am 2. Juli 1800 wieder nach Berlin zurück. Ein Tagebuch[159], das sie unmittelbar nach ihrer Rückkehr im Juli 1800 begann, wurde zum Spiegelbild ihres Ringens mit der Lebenssituation in Berlin. In ihrer Brust kämpften zwei Seelen: Einerseits das Pflichtbewusstsein ihrem Ehemann gegenüber und andererseits ihre Abneigung gegenüber Formalitäten und Zerstreuungen, denen sie keinerlei Sinn abgewinnen konnte. Der Rückblick auf eine *Soiree*, eine exklusive Abendgesellschaft, zeugt von Julies innerer Zerrissenheit:

> (...) die Langeweile, welche ich auf allen Gesichtern sah, die Sinnlosigkeit der Gespräche, die Hitze, welche herrschte und die mich immer in einen extremen Angstzustand versetzte, die Furcht mich bei einer Spielpartie, bei welcher ich mitmachen musste, schlecht zu fühlen (...), die üble Nachrede, welche ich ganz in meiner Nähe hörte über Personen, welche die Gesellschaft eben verlassen hatten und dazu das Bewusstsein, dass Juliette Zeugin all dessen geworden war, brachte mich in eine Situation, die schwierig zu beschreiben ist. Aber all dies bekümmerte mich nicht so sehr wie der traurige Gesichtsausdruck, den ich auf dem Gesicht meines Ehemannes bemerkte. Ein schmerzhafter Gedanke durchfuhr meine bereits niedergeschlagene Seele wie ein Blitz. Ich sagte mir, dass ich meine Ruhe geopfert hatte, meine angenehmen Gewohnheiten, meine einfachen Vorlieben, die Tugenden, die man in der Welt vielleicht nicht bewahrt, vielleicht auch die Perfektionierung von Juliette und dass ich, indem ich so vieles verlor, zu niemandes Glück beigetragen hatte.[160]

Der Gedanke, dass ihr Opfer möglicherweise vergeblich gewesen war, wühlte sie zutiefst auf. Am schlimmsten nagte der innere Vorwurf an ihr, sie könnte ihre Bestimmung verfehlen und nicht mehr zum Nutzen anderer leben. Sie war sich sicher, dass die Vorsehung sie nicht vergeblich mit diesem Anliegen ausgestattet hatte, ebensowenig wie mit der Fähigkeit, andere mit ihren Schriften zu berühren. Aber gefangen in einer Situation gesellschaftlicher Rollenerwartungen, in der es ihr nicht einmal gelang, ihren Ehemann glücklich zu machen, fühlte sie sich alles andere als nützlich. Denn

> zwischen den zahlreichen Beschäftigungen dieser für meinen Mann so bedeutenden Stellung und den angeblichen Pflichten der Gesellschaft blieben kaum Momente für das häusliche Leben, für die glücklichen Vorlieben. Dies war es vor allem, was mich traurig machte. Dass ich mein Leben geopfert hatte, ohne irgendetwas hervorzubringen. Was für eine schreckliche Traurigkeit strömte in meine Seele.[161]

Dass Julies Zerrissenheit zu einigen Auseinandersetzungen mit der pubertierenden Tochter führte, lässt sich leicht erahnen. Der Gedanke an Juliettes Zukunft beschäftigte Julies Mutterherz ungemein. Ihr Tagebuch wurde zum Zwiegespräch mit ihrer Tochter. Getrieben von der Sorge um die 13-jährige Juliette, die so viele gute Eigenschaften in sich vereinte, füllte sie ganze Tagebuchseiten mit Ausführungen zur schwierigen Rolle und dem Los der

Frauen; »den Frauen, die so viel Kraft, so viel Mut brauchen; die im Ehebett die schrecklichsten Qualen finden und oft den Tod; den Frauen, denen man alles wegnimmt: Ruhm, Ansehen, das Recht, über ihr Vermögen zu verfügen, die Freiheit zu heiraten (...)«.[162]

Die Auseinandersetzung mit der weiblichen Erziehung und der Rolle der Frau in der Gesellschaft beschäftigte allerdings nicht nur Julie, sondern ganze Nationen. Die vorherrschenden gesellschaftlichen Geschlechterrollen befanden sich zu jener Zeit – auf dem Hintergrund der Französischen und Industriellen Revolution – in einem gewaltigen Umbruch. Während die Entwicklungen der Französischen Revolution und Aufklärung eher in Richtung Gleichheit deuteten, führte die industrielle Revolution zur räumlichen Trennung zwischen Haus und Arbeitsplatz. In der Folgezeit wurde der Mann, der aus dem Haus zur Arbeit ging, zunehmend der Öffentlichkeit zugeordnet und die Frau mehr dem privaten, häuslichen Bereich. In Osteuropa stand in der Geschlechterfrage vor allem der Kontrast zwischen adligen Frauen und der ländlichen Bevölkerung im Vordergrund. Während adlige Frauen große Freiheiten genossen und sie meist ohne Aufsehen am öffentlichen Leben teilnehmen durften, wurde den Frauen auf dem Land zuweilen sogar ihre Menschlichkeit abgesprochen. Julie fand sich selbst mitten in dem Spannungsfeld dieser Auseinandersetzungen von Ost- und Westeuropa und rang darum, ihrer Tochter Hilfestellungen zu geben, wie sie ihren Platz in der Gesellschaft finden und einnehmen konnte.

Im Herbst 1800 ließ Julie die kräftezehrende Situation in der preußischen Metropole hinter sich, um ihre Mutter in Riga zu besuchen. Während Julies Abwesenheit erhielt Alexis die lang ersehnte Bestätigung für den prestigeträchtigen Botschafterposten in Berlin. Graf Panin hatte Wort gehalten und im Blick auf seine Nachfolge ein gutes Wort für Baron von Krüdener eingelegt. Julie blickte der Rückkehr nach Berlin mit Anspannung entgegen.

Als Botschaftergattin im Berliner Salonleben, 1800/1801

Als Frau des neuen Botschafters stand Julie bei ihrer Rückkehr nach Berlin Ende 1800 im Mittelpunkt des öffentlichen Interesses. Die neue Funktion ihres Gatten war direkt mit dem preußischen Hof verbunden. Der preußische König Friedrich Wilhelm III. (1770-1840) höchstpersönlich hatte zur Amtseinsetzung des neuen Botschafters für die Weihnachtstage 1800 ein rauschendes Fest angeordnet. In ihren Tagebuchaufzeichnungen hielt Julie die Eindrücke der ersten Begegnung mit dem König und Luise (1776-1810), der wunderschönen jungen Königin von Preußen, fest. Julie wurde herzlich im Kreis um die schöne Königin willkommen geheißen. Besonders mit der königlichen Schwester Friederike, Prinzessin von Solms-Braunfels (1778-1841) und der preußischen Prinzessin Luise Radziwill (1770-1836) fühlte sie sich schnell verbunden, nicht zuletzt durch das gemeinsame literarische Interesse. Luise Radziwill litt wie Julie an einem Nervenleiden. Berühmtheit erlangte sie durch ihren berühmten Salon im *Palais Radziwill*, dem späteren Reichskanzlerpalais an der Wilhelmstraße 77 in Berlin. Hier empfing sie fast 20 Jahre lang zahlreiche Künstler und Gelehrte, mit denen sie ohne jegliche höfische Etikettevorschriften verkehrte. Julies Aufnahme in diese Kreise verschaffte ihr Zugang zu einem Netzwerk einflussreicher Persönlichkeiten. Julie blühte auf und bemühte sich darum, als Gastgeberin mitzuhalten. In den Folgemonaten wurde auch der Salon Krüdener in Berlin stadtbekannt.

Im Januar 1801 erreichte Julie die erfreuliche Nachricht, dass ihr alter Bekannter Jean Paul in Berlin weilte. Von Januar bis Mai sahen sie sich regelmäßig. Der Zauber der früheren Begegnung erwachte zu neuem Leben. Jean Paul sah in Julie »ein Herz, das den ewigen Frühling des Herzens in sich trägt mitten unter den Polarmenschen der jetzigen Zeit.«[163] Seine poetischen Briefe waren Balsam für Julies Herz. Der Kontakt zwischen den beiden wurde zum Stadtgespräch und machte Julie umso interessanter. Friederike Liman schrieb im Februar 1801 in einem Brief an ihre Freundin, die berühmte Berliner Salonnière Rahel Varnhagen, die zu jenem Zeitpunkt in Paris weilte:

> Dencke dir deine Himlische Kriedner lebt noch imer hier; und macht itz eins der grössten häuser hier den der Mann ist der Rusische Gesandte von hier dass weist du (...) die Kriedner siht Richter sehr viel, Sie fährt fast täglich zu ihn; und wen Sie nicht in Gesellschaft geht, muss er gans allein bey Ihr soupieren (...). alles dieses weiß ich von der Bernhard: die Richter so gar gestren vormittag bey Ihr eingeführt (...) die Berhard sagt Sie spricht so göttlich als wen man Roussau liest und ist so afable [liebenswürdig, D.S.] und zuvorkomend (...).[164]

Jean Pauls Heirat mit Karoline Meyer im Mai 1801 und sein Wegzug aus der preußischen Hauptstadt setzten der Freundschaft mit Julie ein Ende.

Emigrierte Franzosen waren auch in Berlin gern gesehene Gäste. So war Julie glücklich darüber, dass neben dem altbekannten Freund der Familie und früheren Italienreisebegleiter Alexander Graf von Tilly auch der europaweit bekannte Schriftsteller und Salon-Animateur Antoine de Rivarol ihrem Salon als Habitué die Ehre erwies. Daneben wurde Julies Salon von vielen weiteren Adligen und hochrangigen Persönlichkeiten besucht.

Baron von Krüdener war zu jener Zeit stark von seinen Botschafterpflichten herausgefordert. Nach dem Sturz des korrupten Direktoriums hatte Frankreich Österreich besiegt und im Frieden von Lunéville im Februar 1801 die Umgestaltung des Deutschen Reichs erzwungen. Europa versank im *Ersten Napoleonischen Krieg*. Inmitten dieser brisanten Entwicklungen wurde Alexis eines Tages ein Bote aus Sankt Petersburg angekündigt. Die Depesche, die man ihm überbrachte, enthielt den Befehl von Zar Paul I., Preußen unmittelbar den Krieg zu erklären. Alexis rang tagelang mit seiner Entscheidung. Schließlich antwortete er dem Herrscher von Russland, dass er seinen Befehl weder ausgeführt habe noch auszuführen gedenke und dass er bereit sei, alle Konsequenzen seines Ungehorsams zu tragen. Er wollte einen Bruch und den Krieg mit Preußen um jeden Preis verhindern. Die Reaktion aus Russland ließ nicht lange auf sich warten. Alexis erhielt einen Brief, in dem ihm als Strafe für seinen Ungehorsam die Verbannung nach Sibirien angedroht wurde. Alexis trug die Nachricht mit Fassung, aber es zerriss ihm das Herz bei dem Gedanken an seine ahnungslose Familie. Daher behielt er die Neuigkeit vorerst für sich.

Zu jener Zeit weilte Zar Pauls Tochter – Helena Pawlowna Romanowa, Erbprinzessin von Mecklenburg-Schwerin (1784-1803) – in Berlin, wo sie mit ihrem Gatten Friedrich Ludwig, von Januar bis März den Karneval besuchte. Alexis beschloss, ein großartiges Fest zu Ehren der Zarentochter zu organisieren. Das Fest vom 12. Februar 1801 wurde zu einem Anlass, von dem ganz Berlin sprach. In der *Vossischen Zeitung* vom 19.02.1801 war zu lesen:

> Das Fest, welches der Russisch Kaiserl. Gesandte, Herr Baron v. Krüdener, am 12. (...) der Tochter seines Monarchen zu Ehren gab, war von einer Quadrille von 12 Paar in Griechischen Kostüm gekleidete Tänzern mit einem Charaktertanz eröffnet, (...) und von passenden Französischen Chören unterbrochen war. Die Musik dazu, vom Herrn Kapellmeister Righini, fand so großen Beifall, dass sie gegen Endigung der Feierlichkeit wiederholt werden musste.[165]

Das Fest wurde zur Rettung für Alexis und seine Familie. Wenige Tage später erhielt der Botschafter einen handgeschriebenen Brief von Paul I.: »Ich wusste schon, dass Sie ein eifriger und fähiger Diplomat sind«, so der Zar wertschätzend, »aber ich wusste nicht, dass Sie so liebenswert und galant im Umgang mit den Damen sind. Meine Tochter Helena hat mir von dem großartigen Fest erzählt, das Sie für sie veranstaltet haben (...)«[166] Kein Wort mehr von einer bevorstehenden Verbannung. Alexis wurde vielmehr mit Auszeichnungen und Ehrungen überschüttet.

Die nichts ahnende Julie, die die Anspannung ihres Gatten wochenlang beobachtet hatte, kam in einem Brief vom 12. März 1801 an Antonie Armand endgültig zum Schluss, dass es ein Hirngespinst gewesen sei zu denken, etwas zum Glück ihres Mannes beitragen zu können. Am selben Tag schlug in der russischen Botschaft eine Nachricht wie eine Bombe ein: Zar Paul I. war in der Nacht des 24. März durch ein Attentat ermordet worden! Nachfolger wurde sein 24-jähriger Sohn Alexander. Der neue Zar beruhigte Alexis im Hinblick auf sein Schicksal und versicherte ihm, dass es keine Verbannung geben werde.

Immer wieder suchte Julie Halt in der Religion. Vergleichbar mit ihrer Beziehung zum geachteten Hofprediger Münter in Kopenhagen, trat Julie auch während ihrer Zeit in Berlin in engen Kontakt mit einem Geistlichen; mit Ludwig Ernst von Borowski

(1740-1832), zu jener Zeit Pfarrer an der evangelischen Neuroßgärter Kirche in Königsberg (heute *Kaliningrad).* Borowski genoss die vorbehaltlose Wertschätzung von Friedrich dem Großen und dessen Familie. Julies Begegnung mit Borowski war der Anfang einer langen Freundschaft. Für einen Zeitraum von fast 20 Jahren gehörte Borowski zu den wichtigsten Vertrauenspersonen in ihrem Leben. Er war ihr Beichtvater und geistlicher Berater.

Entscheidung in Teplitz, 1801

Die Anfrage von Prinzessin Helena Pawlowna Romanowa, ob Julie sie im Sommer 1801 als Ehrendame nach Teplitz begleiten würde, war der Botschaftergattin höchst willkommen. Nur zu gerne ließ sie die gesellschaftlichen Verpflichtungen in Berlin hinter sich. Julie verstand sich blendend mit der Erbprinzessin, welche mit ihren 17 Jahren ihre Tochter hätte sein können. Helena stand noch immer unter dem Schock der Ermordung ihres Vaters und musste sich erst an den Gedanken gewöhnen, nicht länger Zarentochter, sondern neu Zarenschwester zu sein. Sie war dankbar für die freundliche Begleitung der krüdenerschen Edeldamen: Julie, Sophie und Juliette. Auch der 17-jährige Paul war mit von der Partie. Julie war begeistert von der Leidenschaft, mit der die junge Großfürstin für die Befreiung der Leibeigenen eintrat. Hier hatten sich zwei Gleichgesinnte gefunden.

Mitte Juni erreichten sie Teplitz, wo es zu einem frohen Wiedersehen mit alten Bekannten kam: Mit der charmanten Prinzessin Luise Radziwill und ihrem Gatten; der »Dame von Teplitz« Marie Christine Fürstin von Clary-Aldringen und ihrem Vater Charles Joseph Fürst de Ligne, mit dem jungen preußischen Prinz Friedrich Heinrich Karl (1781-1846) und weiteren berühmten Persönlichkeiten. Darunter Julies russische Freundinnen Prinzessin Dolgoroukaia und Gräfin Fédor Golowkin. Auf Julies Einladung hin stieß auch Alexander Graf von Tilly in Teplitz hinzu. Julie wurde zum Mittelpunkt der erlauchten Gesellschaft.

Abgesehen von den gesellschaftlichen Erlebnissen und Ablenkungen, bewegten Julie in Teplitz einmal mehr ernsthafte Zukunftsfragen. Allein die drohende Verschuldung legte dies nahe.

Die ständigen Bäder und Reisen kosteten viel Geld. Unglücklicherweise waren Julies Finanzen zum selben Zeitpunkt erschöpft wie diejenigen von Alexis. Der Tod von Zar Paul I. hatte kostspielige Folgen für die Botschaft nach sich gezogen. Zum Glück war die großzügige Mutter in Riga noch da und wie immer bereit, ihrer Tochter die Hand zu reichen. Am 17. Juli 1801 schrieb Julie ihrer Freundin in Genf: »Ich werde in keiner Weise für das Glück meines Ehemannes gebraucht; die Staatsgeschäfte, die Verschwendung werden uns immer voneinander entfernen!«[167]

Schließlich traf Julie eine Entscheidung. Am 18. August 1801 teilte sie Alexis von Teplitz aus mit, dass sie vorerst nicht nach Berlin zurückkommen werde. Die Ärzte hätten ihr angeordnet, den Winter in einem milderen Klima zu verbringen. Sie beabsichtige, in die Schweiz zu reisen. Julies Entscheidung traf den russischen Botschafter in Berlin völlig unerwartet. Am 27. August antwortete er enttäuscht:

> Ihr Brief vom 18. August hat mich zutiefst traurig gemacht, meine liebe Freundin. Nach der Unterhaltung, die wir zu eben jenem Thema geführt hatten, hatte ich – ich gebe es zu – keine neue Trennung befürchtet (...) Sie scheinen darin eine Quelle der Ersparnis zu sehen (...) Sie schützen Ihre Gesundheit vor. Dies ist ein Einwand, auf den niemand berechtigt ist zu antworten (...). Möget Ihr, meine liebe Freundin, niemals den Beschluss bereuen, den Sie gefasst haben, und welcher die Mitglieder unserer Familie einander erneut entfremden wird, unsere eigenen Kinder (...). Ich sende Ihnen die aufrichtigsten Wünsche für Ihre Gesundheit und Ihr Glück![168]

Wiedersehen mit Philippe & Beziehungspflege in Genf, 1801

Während Paul zurück zum Vater nach Berlin reiste, begleiteten Sophie und Juliette die Mutter in die Schweiz. Am 26. September 1801 informierte Julie Alexis über ihr Vorhaben, am kommenden Tag nach Genf zu reisen. Sie hoffe Armand zu sehen, was sie sehr freuen würde. Hinter ihrer Freundin Antonie Armand steckte aber viel mehr. Jemand, von dem Alexis zeitlebens nie erfahren sollte: Philippe. Julies kleiner *Liperlet*! Die Baronin brannte darauf, ihr jüngstes Kind nach über zwei Jahren Trennung endlich wieder in die Arme zu schließen. Ende September 1801 installierten sich die Damen Krüdener im Hotel *Aux balances* im Herzen von Genf. Julie verbrachte viel Zeit bei ihrer Freundin Antonie und genoss die Stunden mit ihrem dreieinhalbjährigen Philippe.

Am 29. September 1801 folgten die Damen Krüdener hocherfreut einer Einladung der berühmten Salonnière Germaine de Staël, die sich seit geraumer Zeit wieder auf Schloss Coppet aufhielt. Sie hatte in der Schweiz Zuflucht gesucht, um Napoleons Zorn zu entfliehen. In einer ersten Phase hatte Germaine Napoleon aktiv in seiner Politik unterstützt. Doch seit sie im Jahr 1798 versucht hatte, den erfolgreichen General von einer Eroberung der Schweiz abzuhalten, war dieser nicht mehr gut auf sie zu sprechen. Dass sie in ihrem Pariser Salon eine latente Opposition züchtete, war hinlänglich bekannt. Problematisch für Bonaparte war, dass einige Leute aus seiner eigenen Regierung bei ihr ein und aus gingen, darunter sein Bruder Joseph, mit dem sie befreundet war. Über Joseph war es Germaine gelungen, ihren Schweizer Freund Benjamin Constant ins Tribunat zu befördern. Unverblümt hatte Benjamin seine kritische Stimme gegen Napoleons zunehmend diktatorisches Regime hören lassen. Am 5. Januar 1800 hatte Constant im Tribunat eine Rede gehalten, die ihm und Germaine das Genick brach. Bonaparte war sich sicher, dass Germaine hinter allem steckte. Im *Journal des Hommes Libres* wurde mit der Übeltäterin abgerechnet: »Es ist nicht Ihre Schuld, dass Sie häßlich sind, aber es ist Ihre Schuld, dass Sie eine Intrigantin sind. (...) Sie kennen den Weg in die Schweiz. (...) Nehmen Sie Ihren Benjamin mit, und lassen Sie ihn seine Gaben im Schweizer Senat erproben.«[169] Bonaparte verweigerte jedes Gespräch. Schließlich spitzte sich die Situation für Germaine dermaßen zu, dass eine vorläufige Rückkehr in die Schweiz unvermeidlich war.

Als Germaine de Staël und Julie auf Schloss Coppet, das stolz über dem Genfersee thronte, zusammentrafen, war die Rivalität zwischen ihnen mit Händen zu greifen. Die Tatsache, dass Germaine Julies Geliebten Hippolyte unter ihre Fittiche genommen hatte, stand trennend zwischen ihnen. Doch nachdem es Julie dank ihrem Charme gelungen war, die unangenehme Spannung zu durchbrechen, kamen die impulsiven Damen in Fahrt und Sophie und Juliette bewunderten die Unterhaltung »dieser beiden bemerkenswerten Frauen«.[170]

Im Salon des väterlichen Schlosses strömte Germaine de Staël eine brillante Gästeschar zu. Nicht zuletzt weil sie zahlreichen Opfern der Verbannung Asyl gewährte und in Coppet die Traditionen der französischen Gesellschaft bewahrte. Zum Kreis gehörten unter anderem Germaines Verehrer Benjamin Constant und die erfolgreiche dänische Schriftstellerin Friederike Brun, geborene Münter. Letztere war die Tochter des Hofpredigers Balthasar Münter, mit dem sich Julie in Kopenhagen angefreundet hatte. Über die Begegnung mit Julie schrieb Friederike am 1. Februar 1802 aus Genf an ihren Bruder:

> Ich bin hier der Baronin von Krüdener begegnet (…). Das ist eine der interessantesten Frauen die es gibt. Mit einem sehr seltenen Sinn für alles, was groß, gut und schön ist. Mit einer ungewöhnlichen und teuer erworbenen Kenntnis der Welt und der Menschen, dank eines ausschweifend geführten Lebens in der größten Welt (…). All dies vereint sich bei ihr mit einem extrem menschlichen und liebenden Herzen. Ihr Reiz und ihr Gefühl für die Schönheit der Natur, ihr aufgeklärtester Sinn für alle Disziplinen der Kunst, machen sie für mich besonders anziehend. Sie ist Schriftstellerin; ihr Genie, das sich in Aphorismen, im Stil von französischen ›Maximen‹ äußert, ist zweifellos groß (…)! Sie hat sich seit ihrer Kindheit der französischen Sprache gewidmet. Sie wurde jedoch auch auf vollständige Weise in unsere [= deutsche, D.S.] Literatur eingeführt und spricht unsere Sprache mit einer angeborenen Eleganz. Sie ist mit einer Erinnerung voller Liebe an Dänemark verbunden, wo sie ihre süße Tochter Juliette gebar.[171]

Nachdem sich der Wirbel um ihre Person in der französischen Metropole etwas gelegt hatte, zog Germaine Mitte November 1801 nach Paris zurück. Vorher bot sie Julie an, sie in Paris mit einem weiteren Kreis von Schriftstellern bekannt zu machen. Ganz besonders schwärmte sie vom neuen Star der Pariser Literaturszene: François-René Chateaubriand (1768-1848). Jener stand kurz vor der Veröffentlichung seines anti-aufklärerischen Werks *Le Génie du Christianisme* (Der Geist des Christentums).

Salonanfänge und Beziehungspflege in Paris, 1802
Germaines Angebot war verlockend. Mit allen Fasern zog es Julie nach Paris, wo sie Anfang 1802 eintraf. Im Haus ihres langjährigen Freundes Bernardin de Saint-Pierre in der Rue de Cléry wurde sie herzlich willkommen geheißen. Hier eröffnete sie ihren eigenen Salon.

Germaine de Staël hielt ihr Versprechen. Am 12. April lud sie Julie gemeinsam mit Adrien de Montmorency und Benjamin Constant zu einem Nachtessen ein. Am selben Abend las Chateaubriand in Germaines Salon zwei unveröffentlichte Fragmente aus seinem fast vollendeten *Génie du Christianisme* vor. Chateaubriand wurde zu Julies Freude auch Stammgast ihres eigenen Salons. Dank der Vermittlung von Chateaubriand fand Julie außerdem im Salon seiner Geliebten und Muse, der berühmten Salonnière Pauline de Beaumont (1768-1803), Eingang. Julies Beziehungsnetzwerk entfaltete sich in rasantem Tempo. Neue Bekanntschaften wurden zu potenziellen Türöffnern zu weiteren erlauchten Salonkreisen und ein Zuwachs für ihren eigenen Salon. Schließlich wurde Julie auch im Salon der legendären Juliette Récamier empfangen. Juliette Récamier, eine gute Freundin von Germaine und regelmäßige Besucherin von Coppet, galt als eine der schönsten Frauen der Welt und als beliebtes Malmotiv. Oft wurde sie auf einer Récamiere sitzend gemalt, einem nach ihr benannten Möbelstück, das im Gegensatz zu einem Sofa keine Rückenlehne aufwies, dafür aber hoch geschwungene Armlehnen.

In dem Maße, wie Julies Netzwerk wuchs, gewann auch ihr eigener Salon an Bedeutung und Anziehungskraft. Innerhalb kürzester Zeit durfte sie »die hervorragendsten Vertreter der französischen Literatur«[172], aber auch Künstler und Politiker zu ihren Habitués zählen. Neben Germaine de Staël, Bernardin de Saint-Pierre, Benjamin Constant, Chateaubriand, Pauline de Beaumont und Juliette Récamier kamen auch der Historiker und Publizist Joseph François Michaud, die Politiker und Schriftsteller Joseph Marie Degérando und Camille Jordan, der Dramatiker Jean-François Ducis, der Poet Charles-Julien Lioult de Chênedollé, der Moralist Joseph Joubert, der französische Schriftsteller Stendhal, der deutsche Schriftsteller August von Kotzebue und viele andere regelmäßig bei Julie zusammen. Für Begeisterung sorgten die Darbietungen des französischen Schauspielers François-Joseph Talma sowie die Künste des bekannten Sängers Pierre Garat. Stammgast Chênedollé schrieb im Frühling 1802 in sein Tagebuch: »Frau von Krüdener hat Anmut und etwas *Asiatisches*. Sie hat eine Natürlichkeit in der Übertreibung. Ihre extreme Sensibilität gibt es nicht ohne ein wenig Überspanntheit«.[173] Stendhal berichtete später, dass Julies Salon zu jener Zeit ebenso berühmt gewesen sei wie die Salons von Juliette Récamier und Pauline de Beaumont. Der Salon Krüdener stellte insofern eine Eigenheit dar, als er zusätzlich als Ort der Begegnung zwischen Vertretern der französischen Gesellschaft und der russischen Diaspora diente. So waren auch russische Aristokratinnen, welche zu jener Zeit in Paris wohnten, gern gesehene Gäste in Julies Salon. Allen voran Prinzessin Dolgoroukaia, Gräfin Demidova und Baronin Divova.

Inspiriert von der intellektuellen und schöpferischen Atmosphäre der Pariser Salons, verfolgte Julie ihre literarischen Ambitionen mit neuem Ehrgeiz. Sie arbeitete parallel an verschiedenen Projekten. Kein Geringerer als Chateaubriand zeigte großes Interesse an den literarischen Projekten der baltischen Baronin. Zum einen arbeitete Julie an der Perfektionierung ihrer *Pensées et Maximes* (Gedanken und Maximen). Daneben schrieb sie an der Erzählung *Algita*, einer autobiografischen Rückblende in ihre Jugend bis zum Zeitpunkt ihrer frühen Heirat.

Wie viele Schriftstellerinnen ihrer Zeit setzte sich Julie in *Algita* mit der Rolle der Frau in der Gesellschaft, insbesondere mit dem Spannungsfeld einer guten Bildung einerseits und der Mutterrolle andererseits auseinander. Dabei war sie weit von emanzipatorischen Tendenzen entfernt: Vielmehr teilte sie Rousseaus Meinung, dass die Frau dazu vorherbestimmt sei, ihr Leben dem heimischen Herd zu opfern und zweifelte nicht daran, dass diese durch die Religion, Natur und Tugend vorgeschriebenen Pflichten unveränderlich seien. Julie verteidigte jedoch das Recht der Frau auf Bildung, auf eine freie Wahl des Ehegatten und auf intellektuelle Beschäftigungen im Kreis der Familie. Eine gelehrte Frau sollte allerdings zurückhaltend sein im Hinblick auf ihr

Wissen und ihre Umgebung lieber mit ihrem Charme bezaubern, als durch ihre Kenntnisse erschrecken. Sonst stehe sie in der Gefahr, die mit ihrem Geschlecht verbundene Anziehungskraft zu verlieren und sich lächerlich machen: Die einfachste Art, sich zu demütigen sei für Algita – so Julie – gewesen, anderen zu sagen, dass sie sich gründlich in Geschichte, Geografie, sogar ein wenig in Mathematik, Naturgeschichte und Physik auskenne und Latein spreche. Sie hätte sich in den Augen der Welt nicht lächerlicher machen können.

Doch schon bald fühlte sich die Baltin mitten im Trubel der Metropole, zu Gast in den glänzendsten literarischen Zirkeln von Paris, einsam und ungeliebt. In einem Brief vom 16. April 1802 an ihre Freundin Antonie zieht Julie eine ernüchternde Zwischenbilanz:

> Nun bin ich seit einigen Monaten in Paris; ich habe mich oft amüsiert, aber ich habe auch viel Kummer gehabt. Auch meine Neugierde ist befriedigt. Ich habe Erfolge gefeiert; ich habe Dinge gesehen, die mich interessierten, und ich habe die Nichtigkeit von all dem gespürt. (…) Ach! Sie beglückwünschen mich, in höheren Sphären zu schweben, nein, meine Freundin, das tue ich nicht. Vergeblich möchte ich in die Ruhe zurückkehren, mich von all dem entfernen, was die Seele beunruhigt (…) Eine verzehrende Melancholie dringt manchmal bis in die Tiefen meines Herzens vor; die Vergnügungen widern mich an; ich spüre meine Tränen fließen; ich bin nicht mehr geliebt; es scheint mir, als müsste ich auf das Glück verzichten (…).[174]

Julies Gedanken schweiften oft zu Alexis und Paul nach Berlin. Immer wieder zog sie in Erwägung, zu ihnen zurückzukehren und ihrer Pflicht nachzukommen. Doch dafür war es zu spät. Mitte Juni 1802 erreichte Julie die schockierende Nachricht, dass Alexis am Tag zuvor im Alter von 55 Jahren an den Folgen eines Schlaganfalls gestorben war. Julies Welt brach zusammen. Die Last der Selbstvorwürfe war kaum auszuhalten. Dem 18-jährigen Paul, der alles aus nächster Nähe miterlebt hatte, entriss das traumatische Erlebnis nicht nur den Vater, sondern auch seinen Lehrer. Traurig schrieb er bezüglich der Todesursache seines Vaters an einen Freund: »Starke Überarbeitung und die Unmöglichkeit, in der er sich befand, den drängenden Ermahnungen der Ärzte zu folgen, sich aus den Staatsgeschäften zurückzuziehen, führten zum Gehirnschlag.«[175] Alexis' Tod war umso tragischer, als man in Russland ehrgeizige Pläne mit dem fähigen Botschafter verfolgte. Ein vertrauliches Schreiben[176] von Zar Alexanders rechter Hand Viktor Pavlovich Kotchubey bezeugt, dass man Alexis einen hohen Posten im russischen Ministerium in Sankt Petersburg hatte anbieten wollen.

Turbulente Ehejahre hatten ein jähes Ende gefunden. Als 37-jährige Witwe sah Julie einer ungewissen Zukunft entgegen.

Kapitel 4

Erfolg & Gottesbegegnung mit Folgen

1802-1807

»*Tausend Klippen haben mich Schiffbruch erleiden lassen. Aber wir alle brauchen die Barmherzigkeit Gottes. (...) Wie das Kind zu seiner Mutter geht, so geht meine Seele zu dieser Quelle der Barmherzigkeit, welche alle Schmerzen heilt.*«[177]

Julie im Alter von 40 Jahren

»Groupe de Coppet«, 1802

Im August 1802 zog es Julie zurück in die malerische Genferseeregion. Bei ihrer Freundin Antonie Armand und dem kleinen Philippe fand sie Trost. Im Dunstkreis der späteren »Groupe de Coppet« um Madame de Staël fand sie Ablenkung unter Seelenverwandten und Inspiration für ihr literarisches Schaffen. Germaine de Staël war fast zeitgleich mit Julie ebenfalls Witwe geworden. Durch die Ähnlichkeit der Schicksalsschläge verbunden, hatten Julie und Germaine einander im Juli 1802 gegenseitig kondoliert.

Wenn Madame de Staël nicht in Paris war, kam Paris zu ihr in die Schweiz. Schloss Coppet wurde im Laufe der folgenden Jahre zum »brillantesten Salon Europas«[178] und ging als *Groupe de Coppet* in die Geschichte ein. Der legendäre Kreis in Coppet wurde zu einem der einflussreichsten Netzwerke von Schriftstellern, Philosophen, Wissenschaftlern und Künstlern im frühen 19. Jahrhundert. Geschätzte 600 Besucher hielten sich von 1802 bis 1817 für einen kürzeren oder längeren Aufenthalt in Coppet auf. Stendhal bezeichnete die *Groupe de Coppet* als »Generalstände der europäischen Meinung«. Zum engsten Vertrauenskreis um Germaine gehörten die drei Schweizer Protestanten Benjamin Constant, Karl Viktor von Bonstetten und Jean de Sismondi sowie der deutsche Gelehrte August Wilhelm Schlegel. Letzterer wurde ab 1803, nach Auflösung seiner Ehe, Germaines Hausfreund und Begleiter auf ihren Europareisen. Zudem war er Erzieher ihres Sohnes Albert. Zur illustren Gästeschar gehörten unter anderen Juliette Récamier, die französische Malerin Madame Vigée-Lebrun, Henriette Mendelssohn, der deutsche Dichter Ludwig Tieck, August Prinz von Preußen und der savoyische Staatsmann Joseph de Maistre. Sie alle reisten nach Coppet, um sich der Kunst und Konversation zu widmen und in Freiheit zu schreiben.

Dank der Beziehungspflege in Paris war Julies Bekanntheit in den vergangenen Monaten stetig gewachsen. Zu einem ersten literarischen Durchbruch verhalfen ihr ihre *Pensées et Maximes*, welche im Oktober 1802 mit einem Vorwort von Chateaubriand im *Mercure de France* publiziert wurden. Inspiriert von Germaines 1802 erschienenem Briefroman *Delphine* wagte sich Julie in der anregenden Atmosphäre von Coppet an ihr bisher ehrgeizigstes Projekt: *Valérie*.

In die Entstehungszeit von Julies Roman *Valérie* fiel ihre Bekanntschaft mit den Brüdern von Arnim, die sich auf einer Bildungsreise durch Europa befanden. Vor allem mit dem jüngeren der beiden, dem jungen Schriftsteller Achim von Arnim (1781-1831), verstand sich Julie auf Anhieb. Zwischen dem jungen Romantiker und der Baronin von Krüdener entwickelte sich in jenen Genfer Tagen eine herzliche, auf gegenseitiger Wertschätzung beruhende Freundschaft, die auch durch die Ereignisse späterer Jahre nicht getrübt werden sollte. Von Coppet aus schrieb Achim von Arnim am 28. November an seinen Freund Clemens Brentano (1778-1842):

> Ich lebe hier sehr angenehm. Eine Frau von Krüdener und ihre Tochter sehe ich täglich, sie sind meine hiesigen Kunstfreunde; sie schreibt sehr gut französisch und arbeitet an einem Roman, Valérie, der gut wird. Sie ist sehr heilig, hält viel auf äußere Religion, ist sehr romantisch durch den größten Theil von Europa gereist. Ich habe durch sie den alten Necker und seine Tochter die Frau von Staël kennen gelernt. (…) Ich denke der Krüdener Deinen Roman in einzelnen Stücken vorzutragen.[179]

So kam Julie in den Genuss privater Lesungen von Clemens Brentanos Roman *Godwi oder Das steinerne Bild der Mutter*, der wenige Monate zuvor erschienen war. Die Entstehung von *Valérie* beschrieb Julie wie folgt:

> Hier ist die Geschichte meines Romans. Ich lebte am Ufer des Genfer Sees ein ruhiges, entzückendes Leben in der Natur. Gegenüber mir war der Montblanc, dem die untergehende Sonne täglich ihren Rosenschleier zuwarf; um mich die entzückenden Ufer des Sees, hohe Bäume und Alpenluft. Tausendmal irrte ich berauscht von diesen Szenen, umher, verloren im Entzücken der Natur. Oft bat ich den Himmel um das Glück, ihm zu gefallen und meinen Nebenmenschen nützlich sein zu können (…). Da entstand auch unter tausend Gedanken einer an den Roman, den ich nachher schrieb (…).[180]

Während die Baronin mit vielen Habitués in Coppet eine herzliche Beziehung unterhielt, blieb der Kontakt zur Dame des Hauses eher distanziert. Wie wenige Jahre zuvor, steckte hinter der offensichtlichen Rivalität zwischen Germaine und Julie erneut ein Mann! Diesmal war allerdings nicht Julies früherer Geliebter Hippolyte Terray Ursache für die Spannungen, sondern der angesehene französische Politiker und Schriftsteller Camille Jordan, der einer wohlhabenden Handelsfamilie in Lyon entstammte. Als »Don Juan der Seelen«[181] stand er mit vielen Frauen seiner Zeit in einem engen Verhältnis, darunter mit Germaine de Staël, Juliette Récamier und auch mit Julie. Der Edelmann hatte Julie während ihres Aufenthaltes in Paris ins Herz geschlossen. Während Germaines Eifersucht auf Julie der Angst entsprang, dass ihre Stellung bei Camille gefährdet sein könnte, bestätigen mehrere Briefe aus Julies Feder die Vermutung, dass es der Baltin mehr darum ging, ihre Tochter Juliette mit Camille Jordan zu verkuppeln. Camille seinerseits ließ zwischen 1803 und 1804 bei seinem ehemaligen Lehrer Abbé Jean-Baptiste Poidebard in Sankt Petersburg den Leumund von Julie überprüfen und erhielt eine sehr positive Rückmeldung.

Mit Camille Jordan hing auch Julies neue Idee zusammen, sich in Lyon niederzulassen. Über dieses Vorhaben informierte Julie einen befreundeten Arzt in Paris. Doktor Gay war ein enger Freund von Bernardin de Saint-Pierre. Julie schien es zu jener Zeit sehr wichtig, den Kontakt mit ihm zu pflegen und die

Freundschaft mit ihm zu vertiefen. Sie lud ihn ein, sich zu ihr nach Lyon zu gesellen. Ende November 1802 verließ Julie Genf und reiste nach Lyon. In ihrem Reisegepäck lag Madame de Staëls Roman *Delphine*.

Mit der Publikation von *Delphine*, deren Hauptfigur eine für jene Zeit recht emanzipierte Frau war, ging der Kampf zwischen Napoleon Bonaparte und Germaine in eine neue Runde. Bonaparte hatte in der Zwischenzeit seine Machtstellung zementiert, indem er sich am 2. August 1802 durch eine Volksabstimmung zum Konsul auf Lebzeiten hatte erklären lassen. Politisch aktive Frauen waren ihm ein besonderer Dorn im Auge. Spöttisch ließ er verlauten: »Staaten sind verloren, sobald sich Frauen in die Staatsangelegenheiten mischen.«[182] Doch keine Frau brachte ihn so in Rage wie Madame de Staël. *Delphine* sei politisch gefärbt, schalt der Konsul, der Roman enthalte keine positive Moral, sei lasterhaft und antisozial. In der Folgezeit setzte Bonaparte Spitzel auf sie an, die herausfinden sollten, was Germaine über ihn sagte. »Raten Sie ihr«, wies er einen Boten an, »sich mir ja nicht in den Weg zu stellen (...), andernfalls werde ich sie zerbrechen, zerschmettern werde ich sie.«[183] Germaine zeigte sich nicht im Geringsten eingeschüchtert von dieser Kampfansage, was Bonaparte noch mehr reizte. Er entwickelte einen regelrechten Verfolgungswahn, was sie betraf und witterte überall den Einfluss ihrer bösen Machenschaften. Als Jacques Necker, Germaines Vater, im Jahr 1802 ein regimekritisches Werk publizierte, richtete sich die volle Wut des Konsuls auf Germaine. »Niemals«, schimpfte Bonaparte, »darf Neckers Tochter nach Paris zurückkehren.«[184] Dies war der Beginn von Germaines Verbannung aus Paris. Nachdem sie die Zehn-Meilen-Bannzone um Paris im Sommer und Herbst 1803 mehrfach missachtete, wurde der Bann im Oktober 1803 auf vierzig Meilen erweitert. Paris und Umgebung blieben Germaine bis auf Weiteres verschlossen.

Lyon, 1802/1803

Mitte Dezember 1802 hatte sich Julie im Herzen von Lyon, im *Maison Vetié* nº 86, vis-à-vis des *Hotel des Célestins*, einquartiert. Dort blieb sie bis zu ihrer Weiterreise im Frühling 1803. Mit wachsender Unruhe verfolgte sie die Auseinandersetzung zwischen Bonaparte und Germaine. Sie erschrak ob Napoleons harscher Kritik und dem daraus resultierenden negativen medialen Echo auf *Delphine*. Der Skandal um Germaines Roman, von dessen Qualität Julie tief beeindruckt war, verunsicherte die Baronin insofern, als sie sich fragte, ob dieser Streit vielleicht auch negative Konsequenzen für die Publikation von *Valérie* mit sich bringen würde. Da Julies Romanmanuskript langsam Gestalt annahm, wandte sie sich am 17. Januar 1803 Hilfe suchend an Chateaubriand in Paris und bat ihn um Rat und Unterstützung. Chateaubriand ritt seit der Veröffentlichung seines *Génie du Christianisme* im Frühling 1802 auf einer nicht endenden Erfolgswelle. Das *Génie* bescherte ihm Weltruhm und wurde zu einem Auslöser der geistigen und literarischen Bewegung der Romantik. Chateaubriands Buch trug maßgeblich dazu bei, das Christentum in Frankreich zu rehabilitieren. Der Vicomte[185] ermutigte die Baronin, *Valérie* in Paris zu veröffentlichen, nicht aber in Lyon. Seiner Meinung nach hatten in der Provinz gedruckte Bücher keinen Erfolg.

Madame von Krüdeners Salon wurde zum Mittelpunkt des gesellschaftlichen Lebens in Lyon. Zu den Stammgästen gehörten langjährige Bekannte von Julie: Henri Graf de Vallin, Bernardin de Saint-Pierres Schwiegermutter Madame de Pelleport sowie Benjamin Constants Cousine, die Schweizer Schriftstellerin Constance de Cazenove d'Arlens. Aber auch neue Freunde und Bekannte gehörten zu den Habitués. Unter ihnen Lady Bristol und weitere englische Freunde.

Zwei Tagebucheinträge von Madame de Cazenove veranschaulichen das Salontreiben um Julie. »Ich werde Frau von Krüdener sehen, um mich zu vergnügen«, notierte sie am 5. April 1803. »Sie gibt Abendgesellschaften mit Lektüre und Konversation. Sie dichtet Verse und gibt Abendessen.«[186] Am 15. April beschrieb sie, wie die Gesellschaft nach einem gemeinsamen Tagesausflug und Picknick am Abend müde bei der Baronin von Krüdener einkehrte: Man trank Tee, eine Engländerin spielte mit zwei jungen Männern Schach, vom Diwan aus hörten sie ihnen zu. Julie lenkte das Gespräch auf das Gefühl. Sie zitierte Chateaubriand, Ségur und Bernardin de Saint-Pierre. Daraufhin ließ sie sich ihre *Pensées* bringen. Abschließend bemerkte Constance: »All dies ist lächerlich zu erzählen und sicherlich zu sehen, aber diese Frau hat trotzdem Charme und ich ziehe eine Soiree bei ihr einem Abend im Kreis von Bellecour vor!«[187]

Eine besonders intensive Beziehung verband Julie mit den beiden rund 30-jährigen gebürtigen Lyoner Freunden Camille Jordan und Joseph Marie Degérando sowie mit dem etwas älteren Laurent Pierre Bérenger (1749-1822), mit dem sie neu Bekanntschaft schloss. Sie alle waren treue Salongäste. Professor Bérenger hatte sich mit Hingabe der Erziehung der Jugend und der intellektuellen Verbesserung des Volkes gewidmet. Julie sah in ihm eine Art Jean-Jacques Rousseau fürs einfache Volk und fühlte sich ihm auf vielerlei Weise verbunden; sei es durch ähnliche religiöse Ansichten, ethische Werte, die Liebe zu den Menschen ganz allgemein oder durch die Leidenschaft zur Poesie. Zwischen den beiden entwickelte sich eine intensive Korrespondenz, die die Zeit in Lyon überdauerte.

Der Kontakt zu den Einheimischen Camille und Joseph wurde für Julie zu einer religiösen Horizonterweiterung. Ihr bisheriger religiöser Erfahrungsschatz – die Auseinandersetzung mit dem evangelischen Luthertum, der griechisch-orthodoxen Kirche und der überkonfessionellen Bewegung der Herrnhuter Brüdergemeine – fand dank ihrer Freunde Ergänzung durch eine Einführung in die Welt der Mystik. Der Mystizismus war gewissermaßen eine Reaktion auf die starren Formen der kirchlichen Lehre und versuchte die Religion mit vielfältigen Formen des gefühlsmäßigen Erlebens mit lebendigem Inhalt zu füllen. Mystische Versenkung zielte durch Hingabe, Askese oder andere Formen auf eine persönlich erfahrbare Verbindung mit dem Übersinnlichen und Göttlichen. Mystik war auch die Geheimlehre der alten Mysterienbünde, die in Lyon starke Wurzeln geschlagen hatten. Hier hatten die Geheimlehren in der Mitte des 18. Jahrhunderts durch das Wirken des geheimnisvollen Martinez de Pasqually

(1727-1774) Eingang gefunden. Pasqually war Ordensleiter eines Freimaurerordens. Auch der bekannte französische Freimaurer, Philosoph und Mystiker Louis Claude de Saint-Martin (1743-1803) hatte in Lyon gelebt und gewirkt. Als Privatsekretär des Freimaurerordens von Pasqually hatte Saint-Martin um 1770 in Frankreich das System des sogenannten Illuminismus verbreitet. Der Illuminismus war eine intellektuelle und spirituelle Strömung, die der Vernunft – im Gegensatz zur Aufklärung – auch eine geistige Dimension zuschrieb. Bekannt wurde Saint-Martin unter dem Pseudonym »Der unbekannte Philosoph«. Julie kam die Ehre zu, den berühmten Philosophen kurz vor seinem Tod persönlich kennenzulernen. Camille Jordan und Joseph Marie Degérando, zwei intelligente, studierte junge Männer, waren von den Gedanken des Illuminismus fasziniert. Aus Julies Salonzeit in Lyon waren religiöse Diskussionen nicht wegzudenken. Es gab ausreichend Gesprächs- und Diskussionsstoff, um die langen Winterabende im Salon zu füllen.

Daneben blieb genügend Zeit, ihr Romanprojekt voranzutreiben. Verunsichert von der harschen Kritik an Germaines *Delphine*, erwählte Julie ihren Salonkreis kurzerhand zum Testpublikum und erkürte Béranger, Jordan und Vallin zu Vorlesern ihres Romans. Die Reaktionen auf die Lesungen im Frühling 1803 fielen begeistert aus. Überschwänglich schilderte die Baronin ihrer Genfer Freundin im März die neusten Entwicklungen:

> Man reißt sich um ein Wort von mir wie um eine Gunst; man spricht nur vom guten Ruf meines Geistes, der Güte, der Moral. Das ist tausendmal mehr als ich verdiene, aber der Vorsehung gefällt es, ihre Kinder zu überschütten, sogar mit Wohltaten, die sie nicht verdienen. (...) Ich würde es als Feigheit betrachten, ein Werk, das nützlich sein kann, nicht publizieren zu lassen; dies macht meine Reise nach Paris zur Pflicht, während mein Herz, meine Fantasie, alles mich an die Ufer Ihres Sees zieht, wo ich brennend gerne hingehen möchte; angewidert vom Aufenthalt in Paris, den Erfolgen gegenüber abgestumpft, indem ich nur die Ruhe und die zarten Gemütsbewegungen liebe. Ich wäre äußerst glücklich, meine Sommer in der Schweiz zu verbringen und meine Winter hier, denn Lyon hat alle Annehmlichkeiten einer großen Stadt. (...). Man liebt mich, man empfiehlt mich überall, um mich erröten zu laßen.[188]

Auch Sophie in Berlin wurde am 17. April euphorisch über die Erfolge in Lyon in Kenntnis gesetzt. Allein schon ihrer »eleganten Erscheinung« wegen errege sie in Lyon großes Aufsehen:

> Meine türkischen oder persischen Kleider, meine Spitzen, meine Diamanten geben mir diese Art von Beachtung, welche diese Art von Pracht erzielt. Das Werk von Madame de Staël, der Ruf, den sie mir für den Tanz gemacht hat, die Lobreden der Zeitungen zu den *Maximes*[189], die Flut von Versen, von Porträts, die aus Paris gekommen sind und sich in verschiedenen Werken befinden, der bereits erfolgte Ruf, die Beziehungen zu Chateaubriand, Saint-Pierre (...); all das Gute, das *Valérie* bewirkt hat, welche hier von Bérenger und einigen anderen Personen gelesen wurde: all dies hat der Mama einesteils Neugierde eingebracht, eine Flut von Versen aus der Provinz mit Einladungen, Empfängen, all dies mit sehr viel Güte verbunden, denn die Bürger von Lyon sind durch und durch gut (...). Paris reizt mich nicht: Ich bin gelangweilt vom Erfolg, ich suche ihn nur noch für meine *Valérie*; ich denke, dass dieses Werk eine große Sensation wird. Oh, ich denke Sie werden davon erfreut sein! (...) *Valérie* wird in zwei Bänden erscheinen. Die Gliederung ist simpel, die Details glücklich, der Stil scheint mir gut. Ich habe sensible Seelen weinen sehen und ich habe geistreiche Menschen sagen hören, dass es viel Verstand und Geschmack habe. Ich glaube, dass das Werk gut ist; es ist fromm, moralisch und voll von dem, was die Fantasie anspricht. Es ist der Erfolg von *Valérie*, der mich nach Paris zieht. Sie wissen, wie viel man selber für die Journalisten tun muss, beziehungsweise am Erfolg eines ersten Werkes arbeiten muss, um schwerfällig auf seinen Ruf einzuwirken. Ich denke, dass Saint-Pierre, Ducis, Chateaubriand und Geoffroy[190] vorteilhaft darüber sprechen werden. Sie wissen, dass weder Verstand, noch Genie, noch die guten Absichten ausreichend sind, um Erfolg zu haben; alles hat seine Scharlatanerie.[191]

Mit unermüdlichem Eifer setzte sich Julie für den Erfolg ihres Romans ein und bereitete von Lyon aus mit strategischer Planung ihre Ankunft in Paris vor. Unumwunden bat sie ihren Freund Doktor Gay darum, eine Lobschrift auf sie zu veröffentlichen. Die Hauptstadt Paris beneide die Provinzstadt Lyon um den Besitz der unvergleichlichen Frau, schrieb Gay wenig später, und wünsche sie sehnlichst zurück. Dieser Wunsch sollte der Metropole in Bälde erfüllt werden.

Valérie und Paris, 1803/1804

Anfang Mai 1803 erreichte Julie Paris. Kurz nach ihrer Ankunft wurde sie mit einer schrecklichen Nachricht konfrontiert: Die 33-jährige Anna Margaretha Gräfin von Browne, die Jüngste der Vietinghoff-Geschwister und das musikalische Wunderkind der Familie, war am 13. Mai 1803 in Wien gestorben. Was für ein Schock. Immer wieder hatte sich Julie über Nachrichten ihrer Schwester gefreut, die sich in Wien als Pianistin großer Beliebtheit erfreute. Ihre Bekanntheit war nicht zuletzt Ludwig van Beethoven zu verdanken, dessen Schülerin sie gewesen war. Als Dame der feinen Wiener Gesellschaft hatte Julies Schwester den jungen Pianisten und Komponisten Ludwig van Beethoven häufig in ihr Haus geladen. Zusammen mit ihrem Gatten Georg Graf von Browne, der im Dienste des russischen Zaren stand, hatte sie den Künstler jahrelang als Gönnerin unterstützt. Beethoven dankte es ihr, indem er ihr die drei bekannten Klaviersonaten von Opus 10 widmete. Auf dem Titelblatt des Erstdrucks von 1798 war zu lesen: »Trois Sonates pour le Clavecin ou Piano Forte, Composées et Dediées à Madame la Comtesse de Browne née de Vietinghoff, par Louis van Beethoven. Oeuvre 10.«[192] Der frühe Tod von Anna Margaretha traf Beethoven zutiefst. Als musikalische Form der Trauerarbeit komponierte er die *Sechs geistlichen Lieder von Gellert* (Opus 48), die er dem hinterbliebenen Gatten widmete.

Die Familie Vietinghoff wurde immer kleiner. Nun lebten mit Julie nur noch drei der ursprünglich sieben Geschwister: Die drei Jahre ältere, gehörlose Schwester Dorothea und ihr jüngerer Bruder Christoph Burchard. Wehmütig dachte Julie an die trauernde Mutter in Riga. Über zwei Jahre waren verstrichen, seit sie sie zum letzten Mal gesehen hatte.

Julies Roman *Valérie*, der in Lyon durchgesehen und korrigiert worden war, wurde in Paris weiteren Vertrauenspersonen zur Durchsicht vorgelegt. Chateaubriand sei von ihrer *Valérie* entzückt, schrieb Julie am 24. Mai, mitten im Chaos von »fünfzig Angelegenheiten«[193], an Antonie. Sie hoffe, dass ihr *Valérie* auch finanziell etwas einbringe, gestand sie, bat die Freundin aber um Stillschweigen diesbezüglich. »Paris langweilt mich; ich seufze nach unserem See, Ihrer Gegenwart und der Ruhe (...) Ein vergangener Sommer ohne Vögel scheint mir ein Bankrott.« Von dieser Langeweile war im Tagesablauf der Baronin nichts zu erkennen. Kaum in Paris angekommen, nahm sie Verbindung mit Jean François Michaud auf, einem Verantwortlichen des *Mercure de France*, wo ihr Roman am 23. Juli 1803 mit einem Textauszug angekündigt wurde.

Der Roman, den Julie im Spätsommer 1802 am Genfer See begonnen und innerhalb weniger Monate in Lyon fertig geschrieben hatte, präsentierte sich als Produkt von Erinnerungs- und Trauerarbeit gleichermaßen. Er war im Stil der Briefromane *Julie ou la Nouvelle Héloïse* von Rousseau oder *Die Leiden des jungen Werthers* von Goethe gehalten und zugleich in hohem Maße autobiografisch. Auch der Einfluss von Bernardin de Saint-Pierres *Paul et Virginie* war unverkennbar. Julie verlieh Valérie ihre eigenen Züge und formte sie zu ihrem Idealbild. Die Figur des Grafen, Valéries Ehemann, wurde zu einer Hommage an den verstorbenen Ehemann Alexis. Der junge Gustav von Linar, der Held ihres Romans, war dem jungen Botschaftssekretär Alexander von Stakiev nachempfunden. Gustavs leidenschaftliche Liebe zu Valérie, auf dem Hintergrund einer italienischen Szenerie, steht im Zentrum der Geschichte. Am Ende stirbt der Liebende wie Werther durch eigenen Entschluss. Julie verarbeitete in dem Roman viele persönliche Erinnerungen, so zum Beispiel an ihre Zeit in Venedig. Die religiöse Vielfalt, mit der sich die Baronin zu jener Zeit auseinandersetzte, prägte ihren Roman, der in gewisser Weise zum Zeugnis ihrer geistlichen Reise wurde.

Valérie fügte sich nahtlos ein in die Reihe der Frauenromane, die zu jener Zeit eine Blütezeit erlebten. Mit Begeisterung und Kreativität hatten Frauen wie Sophie Cottin, Isabelle de Charrière, Félicité de Genlis, Adélaïde de Souza oder Germaine de Staël das Thema der Position der Frau in der Gesellschaft aufgegriffen, die Folgen misslungener Ehen aufgezeigt oder das Spannungsfeld zwischen der sozialen Lage der Frau und ihren hohen geistigen Ansprüchen beleuchtet. Julie zeichnete in *Valérie* ein Ideal ehelicher Gemeinschaft, wie sie es in der Realität nie gekannt hatte. Sie spielte in *Valérie* aber auch auf die Werke anderer Autoren an – Verfasser französischer, deutscher und englischer Literatur –

und ließ Gedankengut der deutschen Romantik in ihren Roman einfließen.

Julies Propagandaarbeit war gewaltig und ließ die Sommer- und Herbstmonate in Paris wie im Nu verstreichen. Bernardin de Saint-Pierre sei begeistert von dem Buch, schrieb sie am 2. August an Antonie, ebenso viele Journalisten und Schriftsteller. Es werde behauptet, dass *Valérie* eines der bedeutendsten Werke seit Langem sei. Aber alle seien sich einig darin, dass man es nicht jetzt drucken sollte, da niemand in Paris sei. Nun galt es, den idealen Zeitpunkt für die Veröffentlichung abzuwarten. Langweilig wurde es Julie in der Zwischenzeit keineswegs. Die Salongeselligkeiten erforderten ihre volle Aufmerksamkeit.

Der Salon Krüdener in Paris war ein Abbild des deutsch-französisch-russischen Beziehungsnetzes seiner Salonnière und an Abwechslung, Genialität und Bekanntheit der Habiutés kaum zu überbieten. Die Stammgäste bildeten eine anregende Mischung aus Staatsmännern, Diplomaten, Schriftstellern, Schauspielern, Dramatikern, Musikern und darstellenden Künstlern. In ihrem Salon verband Julie neben literarischen Sensationen auch »musikalische Leistungen, Declamationen und mimische Darstellungen«[194]. Julie ihrerseits zog mit ihrem »Shawl-Tanz«, den Germaine de Staël in *Delphine* beschrieb und in höchsten Tönen anpries, die Aufmerksamkeit auf sich. Auch prominente Durchreisende erwiesen Julies Salon die Ehre, wie zum Beispiel der russische Poet Vassili Lvovitch Puschkin, der im Dezember 1803 seine Übersetzungen der russischen Volkslieder und andere seiner Werke auf Französisch in Julies Salon vorlas. Eine besondere Attraktion war der berühmte italienische Bildhauer Lorenzo Bartolini, der zur Gästeschar gehörte und von dem Julie besonders angetan war. Eine deutsche Journalistin und Salonnière, die bei Julie zu Gast war, schwärmte: »Jedes Künstlerherz muss wärmer schlagen, wenn der Name Bartolini genannt wird. Sein Marmor ist Leben, seelendurchzucktes Leben, jedes seiner Gebilde Wahrheit und Natur.«[195]

Wie bereits vor ihrer Abreise aus Paris 1802, war Julie auch eifriger Stammgast in anderen Salons. Neben ihrer Präsenz in den Salons von Pauline de Beaumont, Juliette de Récamier und anderen Salongrößen, fand Julie im Laufe der zweiten Jahreshälfte 1803 durch die deutsche Journalistin und Salonnière Helmina von Hastfer (später: von Chézy) auch vermehrt Anschluss an deutsche Salons in Paris. Helmina wohnte zu jener Zeit in der Salon-Lebensgemeinschaft um Friedrich und Dorothea Schlegel. Während Julie gerne zu Gast in Helminas Salon war, besuchte jene ihrerseits auch sehr gerne die Salongeselligkeiten von Julie. Die strategische Baltin witterte in diesen Beziehungen neue Marktmöglichkeiten und versuchte Helmina und Dorothea Schlegel als Übersetzerinnen ihres Romans zu gewinnen. Helminas Memoiren enthüllen folgende Schilderung:

> Frau v. Krüdener lebte damals mit ihrem Sohn und ihrer Tochter in Paris. Sie besuchte die glänzendsten Cirkel, sah die ersten Gelehrten und Dichter bei sich, und lebte so recht der seinen Welt und ihren rauschenden Freuden; ihr ganzer Ehrgeiz ging damals dahin, den Roman *Valérie*, den sie eben vollendete, zu einem recht klassischen Werke zu machen. Dorothea Schlegel und ich bekamen diesen Roman im Manuscript und übersetzten ihn für die Verfasserin; ich zweifle, daß diese Übersetzung je gedruckt worden ist; mir war der zweyte Band übertragen, und ich gestehe, daß ich etwas zu willkürlich damit umging. Dorothea's Arbeit hingegen war treu und ganz vortrefflich, das Werk nahm sich verdeutscht erst recht eigentümlich aus, so anmuthig und wahrhaft edel und zart die Sprache darin in seiner französischen Gestalt ist. Ich sahe Frau v. Krüdener oft, ich fand sie etwas zu ängstlich besorgt für die Ausbreitung ihres Romans, etwas zu begierig, die Huldigungen einzusammeln und zu verbreiten, welche ihr dieses Werkes wegen Vielfach zuströmten. Sie war stets eine feurige Seele, die, was sie einmal bezweckte, mit voller Kraft umfaßte. Sie hoffte vom Einfluß der *Valérie* eine vollkommene Sittenverbesserung für die französische feine Welt. (...) Frau v. Krüdener war gegen Alle, die sie kannten, die Güte, die Theilnahme selbst, und im Umgang die liebenswürdigste und geistvollste Frau.[196]

Schließlich erschien der Roman in den ersten Dezembertagen 1803 in zwei Bänden unter dem Titel: *Valérie ou lettres de Gustave de Linar à Ernest de G...* (Valérie oder Briefe Gustavs von Linar an Ernst von G...). Julies Einsatz hatte sich gelohnt. Kein Buchhändler, so Julie, erinnerte sich an einen derart reißenden Absatz. In kürzester Zeit waren in Paris fast 3000 Exemplare verkauft. In Wien war die Nachfrage so groß, dass für die wenigen vorhandenen Exemplare überteuerte Preise bezahlt wurden. Auch die zweite Auflage vom Januar 1804 war in Paris sofort ausverkauft, weshalb es einen

Nachdruck in Hamburg gab. Um die Nachfrage nach ihrem Roman noch zu steigern – so berichtet zumindest Charles Eynard in seiner Krüdener-Biografie von 1849 – habe Julie inkognito in den Geschäften nach Schals, Hüten und Girlanden à la Valérie gefragt und alle, die noch nichts von *Valérie* wussten, auf ihr Werk aufmerksam gemacht. So gelang es ihr, für kurze Zeit eine Art *Valérie*-Euphorie anzufachen, wie sie Jean Paul später berichtete:

> Die Mütter nannten ihre Kinder Gustav, die Frauen sogar in den Krämerladen lasen *Valérie* mit nassen Augen; ich wurde mit Briefen, Versen und lieben, rührenden Schreiben bestürmt. Die Modehändlerinnen machten Hüte, Guirlanden und Shawls à la Valérie, die Porzellan-Fabrikanten reiche Tassen und Teller mit Sujets, die Artisten komponierten Romanzen.[197]

Wie von Julie erhofft, ließen auch überschwängliche Rezensionen nicht lange auf sich warten. Eine davon schrieb Bernardin de Saint-Pierre. Die *Zeitung für die elegante Welt* berichtete in der Ausgabe vom 31. Dezember 1803 vom sensationellen Erfolg des Romans. »Der Erfolg von *Valérie* ist vollkommen und unglaublich: Es gibt etwas Übernatürliches an diesem Erfolg«[198], meldete Julie am 15. Januar 1804 nach Genf.

> Ja, meine Freundin, der Himmel wollte, dass diese Ideen, dass diese reinere Moral sich in Frankreich verbreitet, wo diese Ideen weniger bekannt sind. (...) Ich muss meinen Aufenthalt in Paris gar nicht bereuen. Ich bin im Geschäft für die zweite Auflage, aber die Buchhändler verdienen so viel und zahlen so langsam, dass die Gewinne nicht groß sind.[199]

Rätselhafte Abreise, 1804

Zur Verwirrung ihrer Freunde ließ Julie die französische Metropole auf dem Höhepunkt ihres literarischen Erfolges im Januar 1804 ganz überraschend hinter sich. Ihre rätselhafte Abreise bot Raum für vielerlei Spekulationen. Waren es finanzielle Probleme, die sie zum Aufbruch zwangen? War es Julies Angst davor, dass Napoleon auch sie – wie zuvor Germaine de Staël – aus der Metropole verbannen könnte? Im 35. Brief ihres Romans hatte sie sich nämlich eindeutig gegen ihn ausgesprochen. Zudem hatte man ihr kurz vor der Abreise folgende Reaktion des Konsuls auf ihren Roman überbracht:

> Es scheint, dass die Baronin von Staël ihre Doppelgängerin gefunden habe: nach Delphine, *Valérie*! Die eine wie die andere: Der gleiche Pathos, das gleiche Geschwätz. (...) Raten sie, von meiner Seite, dieser Spinnerin Frau von Krüdener, dass sie ihre Werke künftig auf Russisch oder auf Deutsch schreiben soll, damit wir befreit sind von dieser unerträglichen Literatur (...).[200]

War es Liebeskummer, der sie aus Paris trieb? Hier hatte sie im Geheimen ihren früheren Geliebten Hippolyte Terray wiedergesehen, der seiner politischen Karriere wegen häufig in der Stadt weilte. Nachdem ihm im April 1803 ein hohes politisches Amt übertragen worden war, hatte er sich wenig später mit der jungen Französin Marie Morel de Vinde vermählt. War es die Langeweile, die sie so oft in ihren Briefen erwähnte? Ihr Nervenleiden? Hatte sie sich in ihrem gewaltigen Werbefeldzug so sehr verausgabt, dass die Erschöpfung sie zur Abreise drängte?

Julies Korrespondenz spiegelt weder Verzweiflung noch Langeweile, weder Angst noch Erschöpfung wider. Am 11. Februar 1804 wurde die Reise in Offenbach unterbrochen. Dort wohnte die damals hoch verehrte und bekannte deutsche Schriftstellerin Sophie von La Roche (1730-1807). Julie teilte Frau von La Roche mit, dass sie auf dem Weg zu ihrer kranken Mutter in Riga sei. Auf der Durchreise wollte sie sich ganz herzlich bei der berühmten Autorin für ihre anerkennende Rezension bedanken. Sophie von La Roche hatte Julies Roman öffentlich überschwängliches Lob gezollt und an eine Freundin geschrieben:

> Ich bereue, *Valérie* (...) an Fürstin Isenburg gegeben zu haben (...) denn nie, nie gab es etwas Schöneres (...) Frau von Krüdener (...) hat dadurch allen englischen Romanen auf lange Zeit den Weg und den Kredit gesperrt. Reine Moral, reine Liebe, fürtreffliche Ideen über Italien und Freundschaft.[201]

Sophie von La Roche war hingerissen von Julie. Der Abend mit der baltischen Baronin blieb ihr als einer der schönsten Abende ihres Lebens in Erinnerung. »Nun denken Sie, beste Freundin, an den Schwall von Ideen und Gefühlen zwischen zwei Schreiberinnen«, schrieb Sophie an ihre Freundin Elise zu Solms-Laubach. Julie habe sich darüber gefreut, ihr durch *Valérie* vergolten zu haben, was ihr La Roches Schriften seit Jahren gaben. Sophie beschrieb die 39-jährige Julie als »eine hagere, etwas kleine, aber schön gewachsene, graziöse, sehr weise Frau mit blauen Augen«.[202]

Die Weiterreise erfolgte stetig, aber langsam. Julie machte sich Gedanken darüber, wie der literarische Triumph von *Valérie* auch im Ausland nutzbar gemacht werden könnte. In einem Brief vom 10. März 1804 aus Bötzow bei Berlin offenbarte sie ihrem Schriftstellerfreund Jean Paul einen weiteren Beweggrund für ihre Reise nach Russland und bat ihn um eine Kritik in der *Jenaischen Allgemeinen Literaturzeitung*:

> Ich gehe nach Rußland, meine Pflicht ruft mich dahin. Ich hoffe, allmählich meinen Bauern Freiheit zu verschaffen, wenigstens ihnen nützlich zu sein. Um Einfluß zu haben, um andern Menschen zu dienen, muß man gekannt sein, ich meine recht gekannt. Hätte ich bloß Eitelkeit – o, die ist genug befriedigt worden! Aber mein Herz hat noch mächtigere, noch edlere Bedürfnisse: helfen, wo ich kann, Gutes wirken, wo ich kann, und so recht erst meines Romanes genießen. denn was wäre Ruhm ohne das Glück der Moralität dabei? Also gekannt will ich sein, und das auch von unserem vortrefflichen Kaiser. Sie können, bester Richter, viel, viel dazu beitragen, und mit Zutrauen bitte ich Sie darum. Nun zur Sache! Seien Sie so gut, bester Jean Paul, eine kleine Rezension über Valérie zu machen. Ihnen kostet es vielleicht eine Stunde Mühe, und Sie mit Ihrem Ruf, mit Ihrer vortrefflichen Originalität und Zauber der Gedanken werden dieses Buch denn auch Teutschland einer großen Aufmerksamkeit fähig machen. Aber nicht nur um Teutschland ist mir zu tun, und genug ist es auch da gerühmt worden. (...) Die Briefe, die ich bekam, das allgemeine Lesen, die so schnell erschöpfte Edition, das Lob der ersten Schriftsteller, die daraus erfolgten Moden – darüber nur ein paar Zeilen mit ihrer originellen Laune in einem teutschen Journal, das stark nach Rußland geht, denn es kommen wenig französische Journale nach Russland.[203]

Julies Strategie zielte demnach nicht nur darauf ab, ihrem Buch in Deutschland zu größerer Bekanntheit zu verhelfen, sondern durch die deutsche Brückenfunktion auch Russland zu erreichen. Jean Paul ging nicht auf Julies Bitte ein. Anstelle einer Rezension schickte er ihr im Juni lediglich eine kurze Würdigung zu *Valérie*:

> Valérie führt die Höfe zu einem moralischen Gesundbrunnen. Frankreich ist ein kranker Hof, und die Quelle, wozu Sie führten, springt ebenso glänzend wie heilsam. Ihre Heldin, deren Ähnlichkeit Ihre Freunde leichter erraten als Ihre Leser. Gustavs Tod ist ein Sonnenuntergang, und in französischer Sprache ist noch niemand so schön gestorben. (...) Mögen die Wolken des Lebens so leicht über Sie wegschweben, als es die des Himmels tun.[204]

Schließlich war es der Publizist August Adolph von Hennings, der in Julies favorisierter Literaturzeitung eine Rezension veröffentlichte: »*Valérie* gehört zu den wenigen Romanen, die wie Goethe's *Werther*, Rousseau's *Héloise*, die *Délphine* der Frau von Staël, den höchsten Gipfel der Dichtung erreichen; die ein Ideal aufstellen«[205], begann Hennings seine Würdigung und erklärte: »Die Dichtung der Valérie ist das ganze Werk hindurch erhalten, und sinkt nicht einen Augenblick von ihrer ätherischen Höhe herab.« Dieser Vergleich erregte den Unmut des berühmten Goethe höchstpersönlich. Umgehend beschwerte er sich bei dem Herausgeber der Zeitung über die Besprechung von Hennings: »(…) die Recension der *Valérie* ist die erste, die ich ungedruckt wünschte.« Julies Roman beurteilte er mit folgenden Worten: »Das Buch ist null, ohne daß man sagen kann, es sei schlecht, doch die Nichtigkeit erweckt gerade bei vielen Menschen Gunst.«[206]

In der Tat fand Julies Roman durchaus Anklang bei der internationalen Leserschaft. Allein in deutscher Sprache erschienen im Jahr 1804 vier verschiedene Übersetzungen. In Amsterdam wurde eine niederländische Ausgabe gedruckt. Ebenfalls im Jahr 1804 wurde ein Auszug aus *Valérie* in zwei verschiedenen Übersetzungen auf Russisch veröffentlicht. Die erste vollständige Übersetzung aus dem Deutschen ins Russische erfolgte im Jahr 1807. Im Jahr zuvor war in London eine englische Übersetzung unter dem Titel *The Sorrows of Gustavus, or the History of a Young Swede* in Anspielung auf Goethes *Werther* erschienen. Es folgte eine schwedische *Valérie*-Ausgabe.

Inwiefern der Großerfolg von *Valérie* Julies taktischer Werbestrategie oder tatsächlich dem Inhalt ihres Werks zuzuschreiben war, blieb umstritten. Schon Zeitzeugen hätten den Roman nicht widersprüchlicher beurteilen können. In Frankreich wurde Julies *Valérie* später von den Romantikern wiederentdeckt und ihre Leistung als Autorin in ein neues Licht gerückt.

Hilfe für die Leibeigenen, 1804

In Riga kam es zu einem ergreifenden Wiedersehen mit der leidenden Mutter. Julie war erfüllt von dem Verlangen, endlich etwas Sinnvolles zu tun und sich nützlich zu machen.

Der Hinweis auf die Leibeigenen im Brief an Jean Paul war keineswegs bloß eingeflochten, um die Chance auf eine anerkennende Rezension zu erhöhen, sondern ihre Befreiung war Julies aufrichtiges Anliegen. Der neue russische Machthaber hatte diesbezüglich ganz neue Voraussetzungen geschaffen. Während seiner ersten Amtsjahre hatte sich Zar Alexander I. vor allem auf die innere Entwicklung Russlands konzentriert: Er ordnete das Finanzwesen, förderte die geistige Bildung und milderte das harte Los der Leibeigenen. Eine Verfügung aus dem Jahr 1803 hatte die gesetzliche Grundlage dafür geschaffen, radikal gegen die soziale Ungerechtigkeit anzugehen. Alexanders Erlass bot gewillten Landeigentümern die Gelegenheit, ihre Leibeigenen zu befreien und ihnen eine Landparzelle abzutreten. Julie respektierte ihn dafür umso mehr und sah in seinem Verhalten »ein Zeichen göttlicher Gerechtigkeit«[207].

Die rechtlose Situation der Leibeigenen brach Julie fast das Herz. Gnadenlos wurde ihre machtlose Lage ausgenutzt, wie ein Lied aus Johann Gottfried von Herders Liedersammlung zum Ausdruck bringt. In dem auf Deutsch übersetzten estnischen Bauernlied mit dem Titel *Klage über die Tyrannen der Leibeigenen* wurde unter anderem gesungen:

> (...) Unsre Hühner legen Eyer
> Alle für des Deutschen Schüssel;
>
> Schäfchen setzt sein fleckig Lämmchen,
> Das auch für des Deutschen Bratspiess.
> Unsrer Kuh ihr erstes Oechschen,
> Das auch für des Deutschen Felder.
> Pferdchen setzt ein muntres Füllen,
> Das auch für des Deutschen Schlitten.
> Mutter hat ein einzig Söhnchen,
> Den auch an des Deutschen Pfosten.
> Fegefeur ist unser Leben,
> Fegefeuer oder Hölle.
> Feurig Brot isst man am Hofe,
> Winselnd trinkt man seinen Becher,

Feuerbrod mit Feuerbrande,
Funken in des Brotes Krume,
Ruthen unter Brotes Rinde.

Wenn ich los vom Hofe komme
Komm' ich aus der Hölle wieder,
Komm' zurück aus Wolfes Rachen,
Komm' zurück aus Löwens Schlunde,
Aus des Hechtes Hinterzähnen,
Los vom Biss des bunten Hundes,
Los vom Biss des schwarzen Hundes. (...)[208]

Voller Enthusiasmus machte sich Julie ans Werk. Auf ihren Ländereien in Kosse suchte sie den direkten Kontakt mit ihren Bauern, die sie bis jetzt kaum von Nahem gesehen hatte und deren Sprache sie nicht mächtig war. Mit großer Hingabe leistete sie Entwicklungsarbeit für die kossische Landbevölkerung: Sie gründete und unterhielt Schulen und führte Impfungen ein. Um den nachhaltigen Erfolg ihres Unterfangens sicherzustellen, lud sie Eltern, Kinder und Pflegemütter zu sich ein, um ihnen die Bedeutung von Bildung und Gesundheitspflege ans Herz zu legen. Ein beträchtlicher Teil ihres Einkommens wurde in weitere Verbesserungen investiert, was ihr die Dankbarkeit der Bewohner von Kosse sicherte. Dass für Julie das Wohlergehen ihrer Bauern und nicht eine lukrative Bewirtschaftung ihres Gutes im Vordergrund stand, bestätigte die Anstellung des »alten Lorentz«. Jener haushaltete in Kosse äußerst misswirtschaftlich. Aber er war gut zu den Bauern, was ihm seine Stelle sicherte.

Julie gehörte zu den wenigen im Russischen Kaiserreich, die der großzügigen Maßnahme von Zar Alexander I. Folge leisteten und ihren Leibeigenen die Freiheit schenkten. Dieser Akt war in Julies Augen eine Geste reiner Menschlichkeit und Gerechtigkeit: Kamen die Menschen nicht alle als Brüder und Schwestern und Gleichberechtigte zur Welt? Julie wollte lieber auf der Seite der Unterdrückten stehen als auf der der Unterdrücker. Zu ihrer Ernüchterung stieß Julie mit ihrem Anliegen, den Leibeigenen zu helfen und sie zu befreien, in der Rigaer Aristokratie auf taube Ohren. Viele behandelten sie so, als hätte sie mit ihrer Befreiungsaktion moralisch mit ihrer Kaste gebrochen. Am 10. September

1804 schüttete Julie ihrem hochrangigen Freund und Seelsorger Borowski das Herz aus.

> Mein Gefühl und das meiner Kinder bleibt hier ganz unverstanden – wir sind fremde Pflanzen auf einen rauhen trägen und schrecklichen Boden (...) Aber wie schwer wird hier dass gute; jeder sorgt nur es zu unterdrücken, gefährliche Schwärmer werden die genannt die Freyheit und Veredlung wünschen, geächtet wie unsinnige u. gefährliche Menschen nennt man Landesverräther diejenigen die den Bauern einer glücklicheren Verfassung entgegenführen wollen (...); Man lacht wie über Thoren über denen die Schulen einführen wollen (...) Warum sollte ich die Vorsehung nicht seegnen Sie giebt mir hundertmal mehr als ich verdiene doch fühlen wir beyde meine Tochter und ich dass wir zu höhren Bestimmungen zu einem besseren Gebrauch des Lebens bestimmt waren, oft sinken wir traurig dahin tränen kommen in unsere Augen (...). Rang u. Gold sind die einzigen idolen dieses Landes (...) Melancholisch u. leer scheint uns alles, gehemmt in den schönsten idéen stehn wir einsam da (...).[209]

Trotz vielerlei Anfeindungen ließ sich Julie nicht in dem Vorhaben beirren, sich weiter für die Verbesserung der Lebenssituation ihrer Bauern einzusetzen. Zum ersten Mal in ihrem Leben fühlte sie sich wirklich nützlich. Allerdings wirkte sich ihr wohltätiger Einsatz nachteilig auf ihre Einkünfte aus, die ihr aus dem kossischen Landbesitz zufallen sollten. Ein weiterer Brief an Borowski, den Julie wenige Tage nach ihrem 40. Geburtstag in ihrem Winterquartier in Riga abfasste, spiegelte die angespannte Lage:

> Was soll meine Seele unter diesem physischen Druck des Climats u. diesem Moralischen Druck? das frage ich mich oft; schaft die Vorsehung täglich Seelen, wie die meinige, lässt sie sie durch so manchen dunklen Gang gehen, so manche Umstände erproben. (...) ich bin auf den Lande gewesen ich habe eine glückliche Zeit unter meinen Bauern verlebt, Aber ich bin nicht im Stande mein Gut zu behalten ich kan sie nicht drücken. 6 - Misgerathene Jahre haben mich erschöpft – aber ich habe ihr bestes gewünscht sie wissen es u. lieben mich; u. beweisen das es nicht wahr ist was man allgemein sagt, das der lieflandische Bauer undankbar ist.[210]

Das Spannungsfeld zwischen den Ärmsten und den Reichsten von Lettland und Estland inspirierte die baltische Baronin zur Abfassung eines neuen Werkes: *Les gens du monde* (Die Menschen der Erde). Kurz vor Weihnachten 1804 erzählte sie Camille Jordan, ihrem Freund in Lyon, davon:

> Ich schreibe ein Werk, das Sie interessieren könnte, lieber Camille (...). Es trägt den Titel: *Die Menschen der Erde*. Sie sehen, dass es absolut das Gegenteil von *Valérie* ist. Ich glaube, dass dieses Werk äußerst moralisch sein wird; so viele wahre Dinge, die ich empfangen habe, so viele reiche Menschen, die ich so wenig glücklich sah, bieten mir tausend unerschöpfliche Themen, welche der Moral von Nutzen sein können (...).[211]

Mehr und mehr fühlte sich Julie von den Lebensumständen in Riga eingeengt. Die Oberflächlichkeit der Rigaer Oberschicht widerte sie an. Sie sehnte sich nach dem Frühling und danach, das Winterquartier in Riga hinter sich zu lassen und auf ihr Landgut in Kosse zurückzukehren. Sorgenvoll verfolgte Julie in jener Zeit aber auch die außenpolitischen Entwicklungen. Nachdem Napoleon Bonaparte in einer Volksabstimmung die Kaiserwürde angetragen worden war, hatte sich der Erste Konsul am 2. Dezember 1804 in der *Notre Dame de Paris* eigenhändig zum Kaiser der Franzosen gekrönt. Mit viel Scharfsinn baute Bonaparte seine Machtstellung Schritt um Schritt aus. Unerbittlich verfolgte er das politische Ziel, Frankreich zur vorherrschenden Macht in Europa zu machen.

Muttersorgen und ein tragisches Duell, 1805

Die nordischen Wintermonate, die eisigen, düsteren Tage und endlos langen Nächte, waren Gift für Julies Nerven und ihre Psyche. Mit Wehmut dachte sie an Genf und ihren Liperlet, der schon bald seinen siebten Geburtstag feiern würde. Im Vorfeld hatte sie ernsthaft darüber nachgedacht, ihren kleinen Sohn mit nach Russland zu nehmen. Es hatte Antonies ganze Überredungskunst erfordert, ihre Freundin von dem Vorhaben abzubringen, den kleinen Jungen zu entwurzeln und einer äußerst ungewissen Situation auszusetzen. Ihrem Brief hatte sie ein Porträt von Liperlet mit Julie beigelegt. Traurig hatte Julie sich eingestehen müssen, dass eine Entwurzelung nicht zu Philippes Bestem wäre.

Voller Sorge dachte die Baronin auch an ihren Erstgeborenen, den 21-jährigen Paul. Zu Julies Erleichterung war Alexis' Nachfolger in Berlin, David Maximowitsch Alopaeus, ein baltischer Freund. Er hatte den vaterlosen Jungen unter seine Fittiche genommen, indem er ihm den Posten als Privatsekretär anvertraute. Überdies erlaubte er ihm, seine Studien vor Ort fortzuführen und seine diplomatischen Kenntnisse zu erweitern. Doch der Tod seines Vaters hatte Paul komplett aus der Bahn geworfen. Selbst die Freundlichkeit von Botschafter Alopaeus konnte ihn nicht von der schiefen Bahn abhalten. Mittellos verfiel der junge Mann dem Glücksspiel. Einsam suchte er das Liebesabenteuer. Letzteres führte im Frühling 1805 zu einem schrecklichen Drama: Infolge eines Streites um einen Platz beim Kontertanz tötete Paul von Krüdener bei einem Duell den jungen und brillanten Sohn des berühmten Chirurgen und Hochschullehrers Christian Ludwig Mursinna. Die *Zeitung für die elegante Welt* schilderte die Tragödie folgendermaßen:

> Der Referendar Mursinna, der einzige Sohn des berühmten und verdienstvollen Generalchirurgus und Professors Mursinna, bekommt auf einem Balle mit dem Russischen Legationsrath Krüdner Streit, und wird von diesem auf Pistolen gefordert. Im Thiergarten geht das Duell vor sich. Krüdner schießt zuerst und verwundet seinen Gegner durch einen Streifschuß. Mursinna schießt fehl. Nach den Regeln des Duells (...) wäre der Zweikampf geendigt gewesen, denn der eine Theil war verwundet. Krüdner und seine zahlreichen Begleiter bestehen darauf, daß wenigstens noch zwei Schüsse fallen müssen. Mursinna und sein Sekundant müssen sich nothgedrungen dazu verstehen. Krüdner schießt, – der einzige Sohn eines um den Staat verdienten Greises, sinkt in seinem Blute nieder, und endigt in wenig Minuten sein hoffnungsvolles Daseyn. (…) Das menschliche Herz des edlen Monarchen trauert über diese That. Ganz Berlin ist empört. Wahrscheinlich wird sie streng untersucht und geahndet werden, und dann wird man erfahren, ob einige Umstände, mit denen sich das Gerücht über diese That trägt, gegründet sind oder nicht.[212]

Auch Pauls ehemaliger Berliner Studienfreund Karl Robert Graf von Nesselrode, der zu jenem Zeitpunkt Legationssekretär in Den Haag war, berichtete seinem Vater am 21. März 1805 in einem Brief von den schrecklichen Ereignissen. Er hatte erfahren, dass Paul unmittelbar nach dem Duell nach Dresden abgereist war, wo er die Fortsetzung dieser Angelegenheit erwartete, die seine berufliche Zukunft »bis zum Ende seiner Tage behindern könnte«[213]. Nesselrode äußerte seinem Vater gegenüber, dass er dies zutiefst bedauern würde, da Paul trotz dieser Vorkommnisse ein guter und geistreicher Junge mit einem ausgezeichneten Herzen sei. Pauls Lage in Deutschland spitzte sich schließlich derart zu, dass nur die Flucht nach Russland blieb, wo ihn ebenfalls ein ungewisses Schicksal erwartete. Julie zerriss es fast das Herz, ihren Sohn so verzweifelt zu sehen. Die schicksalsschweren Monate hatten tiefe Spuren in seinem Leben hinterlassen. Was wenige Wochen später geschah, grenzte an ein Wunder: Der junge Zar Alexander I. ernannte Paul von Krüdener – im Gedenken an die wertvollen Dienste, die ihm sein Vater Baron von Krüdener in Berlin geleistet hatte – im Juni 1805 in Sankt Petersburg zum *Attaché der Kanzlei für auswärtige Angelegenheiten*[214]. Statt in Ungnade zu fallen, öffneten sich Paul vielmehr die Türen zu einer glanzvollen Karriere. Julie und ihr Sohn waren dem jungen Zaren zu tiefstem Dank verpflichtet.

Gottesbegegnung, 1805

In regelmäßigen Abständen wurde Julie von einer tiefen inneren Unruhe erfasst. Sie wurde umgetrieben von der Frage nach ihrer Bestimmung und einer rastlosen Suche nach Erfüllung. Die größte Befriedigung erlebte sie während der Sommermonate in Kosse, im Dienst für ihre estnischen Bauern. Zurück in Riga fiel es ihr schwer, sich in das Korsett aristokratischer Geselligkeiten einzufügen. Ihr Nervenleiden und eine große Niedergeschlagenheit machten sich bemerkbar. An einem bewölkten Herbsttag im Jahr 1805 verschlechterte sich Julies Zustand dramatisch.

Der Überlieferung nach[215] stand die 40-jährige Baronin am Fenster des elterlichen Palais in Riga und beobachtete die Herbstwolken, die der Wind in beeindruckender Geschwindigkeit über die Düna trieb, bis das Geräusch von Pferdegeklapper ihre Aufmerksamkeit auf die Straße lenkte. Julie erblickte einen gutaussehenden Adligen, der sich auf seinem Pferd ihrem Anwesen näherte. Der livländische Edelmann entdeckte die Beobachterin am Fenster und hob erfreut die Hand zum Gruß. Julie erwiderte die Geste mit einem freundlichen Nicken. Fast zeitgleich taumelte der adrette Gentleman auf dem Pferderücken. Er stürzte vom Pferd und blieb regungslos am Boden liegen. Nachdem sich Julie aus der ersten Erstarrung gelöst hatte, schlug sie Alarm. Bei dem Edelmann konnte nur noch der Tod festgestellt werden. Ein Schlaganfall hatte an Ort und Stelle zu seinem Ableben geführt.

Julie war zutiefst schockiert von dem morgendlichen Erlebnis. Schonungslos hatte es ihr die Vergänglichkeit des Lebens vor Augen geführt. Schmerzhafte Erinnerungen stiegen in ihr hoch, an so viele liebe Menschen, von denen sie schon hatte Abschied nehmen müssen. Schuldgefühle über begangene Fehler, aber auch die Angst vor ihrem eigenen Lebensende bemächtigten sich ihrer. Schreckliche Angstzustände wichen einer tiefen Melancholie. Mehrere Wochen lang verbarrikadierte sich Julie im Zimmer des Herrschaftshauses und gab sich ihrer Schwermut hin.

Einem einfachen Schuhmacher gelang es schließlich, die Mauern ihres selbst geschaffenen Gefängnisses zu durchbrechen. Er war gekommen, um der Baronin neue Schuhe anzupassen. Irritiert von der Zufriedenheit, die der einfache Handwerker ausstrahlte, fragte Julie ihn, ob er glücklich sei. Fröhlich antwortete der Schuhmacher, dass er der glücklichste aller Menschen sei. Diese Antwort ließ Julie keine Ruhe. Nach einer schlaflosen Nacht suchte sie den Handwerker in seiner einfachen Schuhmacherwerkstatt in der Rigaer Altstadt auf und fragte nach dem Geheimnis seiner Zufriedenheit. Der Schuhmacher erzählte ihr, dass er ein Mitglied der Herrnhuter Brüdergemeine in Riga sei und dass sein Glück einzig der lebendigen Beziehung zu Jesus Christus zu verdanken sei. Kurz und prägnant schilderte er seinem noblen Gast, wie die Liebe Jesu sein Leben verändert hatte, und wie der göttliche Friede ihn seither erfüllte.

In Gedanken versunken verließ Julie die Werkstatt. Von Kindesbeinen an gehörte Religion zu ihrem Leben, sie war ein bedeutendes Erbstück der Familientradition. Die Baltin nannte sich selbst religiös und war stolz darauf, wenn andere sie ebenso bezeichneten. Sogar ihr Roman war als fromm bezeichnet worden. Es gehörte zum guten Ton der Zeit, religiös zu sein. Aber Julie war weit frömmer als der Durchschnitt. Schon vor Jahren hatte sie Jesus in frommen Liedern und Gedichten »Erlöser« und »Retter« genannt. In den Salons war ihr nicht selten vorgeworfen worden, eine zu glühende Verfechterin der Religion zu sein. Aber noch nie hatte sie das gefühlt, was der Schuhmacher beschrieb. Auch wenn die Religion ihr auf der einen Seite Halt und Trost gegeben hatte, so sah sie darin auf der anderen Seite ein Regelwerk, das sie zu einem bestimmten Handeln zwang, dem sie immer weniger entsprechen konnte. Erst recht nicht, nachdem sie so viele Entscheidungen getroffen hatte, die diesem Regelwerk widersprachen. Sie hatte in ihrer Aufgabe als Ehefrau kläglich versagt, ihren Ehemann im Stich gelassen, ihn mit anderen Männern betrogen. Sie hatte ein außereheliches Kind gezeugt, dessen Schicksal schwer auf ihrem Herzen lastete. Wie sollte sie vor dem lebendigen Gott, dem Richter aller Lebenden, bestehen können, dessen Erhabenheit und Heiligkeit sie schon als Kind bei der Lektüre der Heiligen Schrift erschüttert hatten?

Am folgenden Tag suchte Julie den Schuhmacher erneut auf. Sie wollte mehr erfahren von diesem befreienden und frohmachenden Glauben. Durch den Schuhmacher schloss sie Bekanntschaft mit weiteren Mitgliedern der Herrnhuter Brüdergemeine in Riga. Besonders einschneidend erlebte Julie die Begegnung mit Katharina Elisabeth Blau, bekannt als *Madame Blau*. Die Art und Weise, wie die sechsfache, alleinerziehende Mutter mit einer schweren Krankheit umging, beeindruckte Julie zutiefst. Obwohl im Wohlstand geboren, war Madame Blau durch harte Arbeit für den Unterhalt ihrer sechs Kinder aufgekommen. Nun war sie schwer krank. Doch selbst im Angesicht des Todes ging eine vollkommene Freude und Zuversicht von ihr aus. Sie strahlte aus, wonach sich Julie seit Jahren verzweifelt sehnte: Zufriedenheit, Glück, Frieden, Ruhe, Erfüllung. In der Gemeinschaft mit Mitgliedern der Herrnhuter Brüdergemeine wuchs Julies Wunsch, dies auch zu erleben.

So kam es zu einer Gottesbegegnung, die Julies Leben grundlegend veränderte. Julie selbst bezeichnete das Jahr 1805 später als »Beginn meines Eintritts in das wahre Leben«[216]. Veränderung erlebte sie, indem sie sich Jesus voll und ganz hingab, mit allen Bruchstücken ihres Lebens, ihrer chaotischen Vergangenheit und ihrer ungewissen Zukunft. Der christliche Glaube, dem sie sich verstandesmäßig längst zugewandt hatte, erfasste nun ihr ganzes Wesen. Jahre später beschrieb sie einer russischen Freundin, wie vor allem die Kunst Italiens ihr Herz bereits in frühen Jahren für Gott geöffnet hatte, sie aber trotzdem zunächst geistlich tot geblieben war. Mit Bezug auf die Veränderung im Jahr 1805 schrieb sie: »Die Stunde der Befreiung hatte damals noch nicht geschlagen und das Kreuz hatte mich noch nicht von meinem Schmutz rein gewaschen und mir die Tore des Lebens noch nicht geöffnet.«[217] Doch plötzlich begriff Julie,

> wie die hl. Theresia von Spanien von jener götlichen Liebe ergriffen werden konnte, deren erhabene Seligkeit Fénelon und viele andere kannten. Ich habe verstanden, warum ich von einer tiefen Trauer zerrissen wurde und nichts mir Genugtuung bringen konnte. Schon in der Jugend, ja sogar in der Kindheit spürte ich ein großes Bedürfnis, Gott zu finden, nach dem meine Seele dürstete. Und ich kann mich erinnern, wie ich ganze Stunden damit verbrachte, mit dem Gesicht nach unten auf der Erde zu liegen, auf der Suche nach dieser geliebten Gottheit.[218]

Die Liebe Jesu blieb nicht länger eine leere Worthülse, sondern erfüllte ihr Herz. Das, wonach sie sich seit ihrer Kindheit zutiefst gesehnt hatte, wurde Realität. Ein tiefer Frieden, eine Ruhe, Freude und Dankbarkeit durchdrangen sie. An die Stelle von Religiosität, die geprägt war von Pflichtgefühl, Zwang, Angst und einer krampfhaften Anstrengung nach einem tugendhafteren, besseren Leben, trat das Gefühl von radikaler Befreiung. Überwältigt schrieb sie ihrer Freundin nach Genf:

> Oh! Meine gute Armand, beten Sie, beten Sie wie ein Kind! Wenn Sie noch nicht in diesem glücklichen Zustand sind, beten Sie, bitten Sie um diese göttliche Gnade, welche Gott immer gewährt, wegen der Liebe seines Sohnes; Sie werden Sie erhalten, Sie werden spüren, dass der Mensch weder in dieser noch in der anderen Welt glücklich sein kann ohne Jesus Christus, ohne den Glauben, dass das Heil nur durch ihn geschenkt werden kann. (...)
> Die religiösen Wahrheiten gehören allesamt zu den einfachsten, den erhabensten; aber der Stolz des Menschen greift lieber auf seine Vernunft zurück als dass er sich demütigt, und wie kann der Mensch alles verstehen? Beten Sie und Sie werden erhalten, spricht der Retter; suchen Sie und Sie werden finden: Beten Sie mit einem einfachen Herzen, alles wird Ihnen klar sein. Durchdrungen von diesen großen Wahrheiten, hat sich mein Herz zu Ihnen ausgerichtet; ich habe mir auch für Sie den Herzensfrieden gewünscht, diese überwältigende Wohltat. Meine gute Armand, Sie haben nicht gesündigt wie ich. Tausend Klippen haben mich Schiffbruch erleiden lassen. Aber wir alle brauchen die Barmherzigkeit Gottes.

> Liebe Armand, Sie können sich das Glück nicht vorstellen, das mir diese heilige und erhabene Religion gibt: Ich gehe wie ein Kind, um erleuchtet und getröstet zu werden, mich zu freuen, mich diesem gütigen Erlöser anzuvertrauen. (...) Wie das Kind zu seiner Mutter geht, so geht meine Seele zu dieser Quelle der Barmherzigkeit, welche alle Schmerzen heilt. Wenn ich die Herrschaft der Sünde spüre, Regungen der Eitelkeit, die närrische Lust, vor den Augen der Menschen zu glänzen, dann gehe ich zu ihm und bitte ihn darum, mich zu heilen (...).[219]

Die »gute Armand« wusste nicht, wie ihr geschah. Nur wenige Wochen zuvor hatte ihr Julie noch entnervt das Herz über die mühsamen Lebensumstände im Baltikum ausgeschüttet und nun zeigte sie sich völlig verwandelt. Julie ihrerseits lebte auf und vertiefte die neuen Erkenntnisse in der Gemeinschaft der Herrnhuter. Die folgenden Monate verbrachte sie zurückgezogen. Sie besuchte die Versammlungen, widmete sich dem Bibelstudium und dem Gebet. Unter dem Eindruck der neuen religiösen Erfahrungen schrieb sie auch geistliche Lieder. Zwei davon fanden später Eingang im Liedgut der baltischen evangelischen Kirchen. Eines davon trägt den Titel *Ich lag in tiefen Todesbanden*:

> Ich lag in tiefen Todesbanden,
> Begraben unter Sündenlast;
> Ich war verbannt in fremden Landen.
> Ich hatte weder Ruh noch Rast.
>
> Ich war verachtet von den Engeln,
> Der Ehrentreue ganz beraubt,
> Geknickt, gleich blumenlosen Stengeln,
> Um die im Herbst der Sturmwind schnaubt.
>
> So lag ich da in heißen Schmerzen
> Und brachte alte Schulden mit.
> Ich war gefallen aus dem Herzen
> Der Liebe, gegen die ich stritt.
>
> Am Morgen schien mir diese Erde
> Geweckt aus fürchterlichem Schlaf,
> Und ich erwacht' mit Angstgeberde
> Vom Blitze, der im Traum mich traf.
>
> Wo war nun Rettung und Erbarmen
> In diesem tiefen Jammerthal:
> Ich sah mich täglich mehr verarmen,
> Verzweiflung blieb mir nur und Qual.

Da kam ein Freund aus fernen Höhen
Zu mir herab in meiner Not;
In seinem Blick konnt' ich erspähen
Der ew'gen Liebe Morgenrot.

Er brachte Balsam meinen Wunden,
Er brachte Leben in den Tod;
Statt Trauer gab's nun frohe Kunden,
Die mir des Freundes Lippe bot.

Und, o wie reich das Wort beglückte,
Als nun des Richters Stimme schwand,
Als ich des Mittlers Huld erblickte,
Und Gott sich selber gab zum Pfand!
Wer sollte da nicht lieben lernen,
Und wer nicht schmachten nach dem Heil?
Wer nicht sich von sich selbst entfernen,
Dass er an Christus habe teil?

Nichts andres kann mich ja entsünden;
Ein Gott nur kann mein Mittler sein;
Die Liebe selbst muss mich entbinden,
Die Liebe selbst mich machen rein.

Sie stieg herab, mich zu erheben:
O, Purpurregen, wasche mich!
O, Lebensfürst, verleih mir Leben,
Dass rein ich liebe dich, nur dich![220]

Ab dem Herbst 1805 findet sich in Julies Korrespondenz trotz unveränderter Lebensumstände ein gänzlich neuer Zug. Begriffe wie *Trost, Vertrauen, Freude, Liebe, Hoffnung, Wunder, Dankbarkeit* und andere bilden einen scharfen Kontrast zur Verzweiflung, Niedergeschlagenheit und Hoffnungslosigkeit früherer Tage. Julies größte Herausforderungen waren immer noch gesundheitlicher und finanzieller Art. Doch die neue Glaubensstärke half ihr, die Herausforderungen mit Gottes Hilfe anzunehmen und anzugehen. Am 11. Juli 1806 schilderte die Baronin ihrem Sohn Paul die schwierige Situation in Kosse: »Dieses arme Land, es ist indessen nicht ruiniert, aber ich musste 1.000 écus [= Taler, D.S.] für Vieh etc. aufwenden. Dieses Jahr habe ich wenig erhalten.«[221] Der Hauptgrund für die niedrigen Einnahmen lag in der Tatsache, dass die befreiten Bauern nicht mehr gezwungen waren, ihren Pachtzins im Voraus zu bezahlen. Obwohl sich Julie darum bemühte, bescheiden zu leben, waren die Auslagen in Riga hoch.

Sie war dankbar dafür, dass es ihr gelungen war, frühere Schulden zu begleichen. Nicht zuletzt dank der finanziellen Unterstützung der äußerst großzügigen Mutter.

Doch Julies vordringliches Anliegen war es, auch ihre Kinder von der Liebe Gottes und der Wahrheit des Evangeliums zu überzeugen. Im Sommer 1806 schrieb sie an Paul:

> Geh zu deinem himmlischen Vater wie ein geliebtes Kind, die Religion hat nur Sanftheit, der Christ kennt keine düsteren Befürchtungen mehr. Sein Gott ist sein Freund. Es gibt nichts Kostbareres, als sein Leben in Übereinstimmung mit dem Willen seines himmlischen Vaters zu bringen. Glaube mir! (...) Arbeite, regle deine Bedürfnisse, meide die Gesellschaft unmoralischer junger Leute! (...) sei, in einem Wort gesagt, ein Christ, nicht nach der Art und Weise Deutschlands und der Philosophen, sondern gemäß dem Evangelium (…).
> Lies, ich bitte dich darum, das Evangelium. Ich bitte dich inständig darum, als Mutter und als Freundin. Lies es mit diesem Verlangen, dich zu verbessern, und indem du Gott um seine Gnade und Unterstützung bittest, es dir zu erhellen. Bringe ein einfaches Herz, keinen Stolz, und denke daran, dass die erste Pflicht des Lebens die Suche nach der Wahrheit ist, dass denjenigen, welcher die Interessen der Welt denen seines Heils vorgezogen hat, ein schreckliches Gericht erwartet, und dass Gott uns die Wahrheit immer aufdeckt, wenn wir ihn wie Kinder darum bitten, und denke daran, dass unser Retter gesagt hat: »Ich bin der Weg der Wahrheit, und des Lebens; niemand wird zum Vater kommen als durch mich.«[222] Geh zu deinem Retter, er wird dich erleuchten, dich führen, dir helfen. (...) Ich umarme dich, und mein Herz liebt dich zärtlich. B. K.[223]

In dem Brief an Paul erwähnte Julie auch ihre Absicht, Riga am 13. August zu verlassen, um bis am 15. September zur Erholung in die Bäder von Teplitz zu reisen. Ihr gesundheitlicher Zustand hatte es ihr in diesem Jahr unmöglich gemacht, die Sommermonate in Kosse zu verbringen. Wie vorgesehen, machten sich Julie und Juliette im August auf die Reise in Richtung Süden.

Im Kriegslazarett von Königsberg, 1806/1807

Das Vorhaben nach Teplitz zu reisen, erwies sich als undurchführbar. Der Anmarsch der Franzosen in Richtung Osten hatte zur Folge, dass Julie und Juliette in der ostpreußischen Stadt Königsberg steckenblieben. Entsetzt verfolgten die baltischen Edeldamen dort die schrecklichen Ereignisse um die *Doppelschlacht bei Jena und Auerstedt* vom 14. Oktober 1806. Die schwere Niederlage der preußischen Armee festigte Frankreichs Macht in Europa. Napoleon Bonaparte schloss in der Folgezeit die zahlreichen deutschen Kleinstaaten im *Rheinbund* zusammen und machte sie voneinander abhängig. Der Rheinbund sollte Frankreich militärische Hilfe leisten. Das *Heilige Römische Reich Deutscher Nationen* existierte nicht mehr. Im November 1806 verhängte er mit der Kontinentalsperre einen europaweiten Handelsboykott gegen das feindlich gesinnte Großbritannien. Hiermit stand fast ganz Kontinentaleuropa unter direkter oder indirekter Kontrolle Napoleons. In der Schlacht von Pułtusk am 26. Dezember 1806 hinderte das russisch-preußische Heer die französische Armee an einem weiteren Vordringen. Dies täuschte jedoch nicht über die Tatsache hinweg, dass die Franzosen bedrohlich nahe herangerückt waren.

Die bereits prekäre Situation in Preußen wurde durch die blutige *Schlacht bei Preußisch Eylau* vom 7. und 8. Februar 1807, quasi vor den Toren Königsbergs, drastisch verschärft. Nach der vernichtenden Niederlage der preußischen Armee bei Jena und Auerstedt, die nahezu zur Auflösung der preußischen Armee geführt hatte, kämpften bei Preußisch Eylau die Franzosen gegen die Russen. Der Kriegsausgang war ein Unentschieden. Die Verluste in Preußisch Eylau waren auf beiden Seiten verheerend: Auf französischer Seite betrug der Verlust geschätzte 30.000 Mann, auf russischer Seite waren es ebenfalls über 26.000 Mann. In der Folge erreichten endlose Schlittenzüge mit Verwundeten die Stadt Königsberg. »Die Kirchen wurden in Lazarette umgewandelt, in denen etwa 17.000 Verwundete untergebracht wurden; 50.000 Leichen lagen unbegraben bis Eylau und Schmoditten.«[224]

Von den Ereignissen jener Zeit war auch der junge Schriftsteller Achim von Arnim, den Julie Ende 1802 in Coppet kennengelernt hatte, unmittelbar betroffen. Nach der preußischen Niederlage bei Jena und Auerstedt war er dem Königspaar – in dessen Diensten er stand – auf der Flucht nach Königsberg gefolgt. Dort stand er in direktem Kontakt zu den in Ostpreußen versammelten Reformern. Das unmittelbare Miterleben jener Schlachten nahe Königsberg, welche »zu den schrecklichsten Metzeleien der Kriegsgeschichte bis dato gehörten«[225], prägte ihn tief. Am 27. März 1807 schrieb er seiner zukünftigen Ehefrau Bettina Brentano: »Eylau, wo Gott der Herr gerichtet, ist nur fünf Meilen von hier, Tote, Blessirte bezeichneten den Weg, über zwölf Tausend liegen in den Lazarethen.«[226] Juliettes Tagebucheinträge bestätigen das Schreckensszenario: »Was für ein entsetzlicher Anblick! Der größere Teil der Toten ist unbestattet; man muss, um in die Stadt zu gelangen, über Leichenhaufen steigen. Die Stadt ist wie ausgestorben, die Dörfer verlassen.«[227]

Selbst Napoleon war betroffen, wie seine Worte vom 9. Februar 1807 an seinen Bruder Joseph bezeugen: »Dieses Land ist bedeckt mit Toten und Verwundeten. Das ist nicht der schöne Teil des Krieges: Man leidet daran und die Seele ist bedrückt beim Anblick so vieler Opfer.«[228] Julie beschrieb in ihren Aufzeichnungen, wie ganz Königsberg damit beschäftigt war, Wundverbandsmaterial für die Verwundeten herzustellen.

Noch immer unter dem Eindruck ihrer religiösen Erlebnisse, fühlte sich die Baronin dazu berufen, selbst Hand anzulegen und den Elenden ganz praktisch beizustehen. Im Chaos der desolaten Situation in Königsberg entfaltete sie in den Folgewochen eine rege diakonische Tätigkeit. Voller Hingabe widmete sie sich der Pflege der Verwundeten. Der 25-jährige Achim von Arnim war tief beeindruckt von der baltischen Baronin. In seinem Bericht *Frau von Krüdener in Königsberg*, den er ohne Julies Wissen in der Zeitschrift *Vesta* veröffentlichte, rühmte er ihren selbstlosen Einsatz.

> Während sich die größte Zahl der Zuschauer bei der traurigen unabsehbaren Schlittenfahrt der Verwundeten darüber stritt, wer eigentlich Sieger sei; ob nun Pest oder allgemeine Feuersbrunst, bei einem Sturme der Stadt erfolgen müsse, gehörte Frau von Krüdener zu den ersten, die den halberstarrten und verhungerten Unglücklichen mit Erfrischungen beistand. Während andre ihre Haabe zusammen hielten, und unsicher sassen auf ihren ererbten Stühlen, war sie ruhig mit der Vertheilung ihres Eigenthums in der Fremde beschäftigt (…). Ihre Befreundung mit mehreren russischen Generalen brachte augenblickliche, wesentliche Einrichtungen und Erleichterungen für Kranke, wie sie ein milder weiblicher Sinn nur wahrnimmt, leicht zu Stande (…).[229]

Fast rund um die Uhr widmete sich Julie aufopfernd »ihren angenommenen Kindern und das waren ihr alle Kranke«, so Achim von Arnim. Auf dem Korrespondenzweg organisierte sie von einem »reichen wohlthätigen Bekannten in Liefland« eine große Geldsumme, die sie vollumfänglich zur Verbesserung der Situation der Kriegsopfer einsetzte. Bereitwillig brachte sie Opfer, um höchstpersönlich sicherzustellen, dass das Geld weise ausgegeben wurde.

> Sie war nicht begnügt dieses Geld etwa nach einer Regel austheilen zu lassen (...), sondern (...), um wirklich zu nützen, mußte sie selbst sehen und sprechen, sie mußte sich der Gefahr aussetzen von dem bösartigen Nervenfieber, das damals ganze Familien in der Nähe der Lazarethe hinwegraffte, mitgerissen zu werden, aber die Kraft schützte sie, welche sie dahin getrieben, es war kein Spiel eines gerührten Augenblickes mit Zagen ausgeführt und vom dem innern Vorwurfe begleitet, (...) es war ihr Wesen, ihr Ernst zu nützen, das zu leisten, was nur dem Einzelnen möglich, das Bedürfniß des Einzelnen zu erkennen und abzuhelfen, was auch die beste allgemeine Verwaltung nie leisten kann.[230]

Besonders fasziniert war der junge Schriftsteller von der Tatsache, dass Julie aufgrund ihrer Sprachkenntnisse jedem in seiner Sprache Trost zusprechen konnte, »dem Russen, dem Franzosen, dem Deutschen«[231]. Doch die wichtigste Sprache war seiner Meinung nach eine andere. Auch diese beherrschte die Baronin: »(...) sie kannte noch eine Sprache, welche die meisten nur in der Noth verstehen und ehren, die Sprache des Herzens, die das bedrängte Gemüth aus dem Gewühte der Schreckenswogen in den festen Himmel erhebt.«[232]

Der selbstlose Einsatz der baltischen Baronin, ihre Bereitschaft, sogar tief in der Nacht Sterbenden einen letzten Wunsch zu erfüllen, egal welcher Nationalität sie waren, wurde zum Gesprächsthema in ganz Europa. Man wunderte sich darüber, dass die vormals gefeierte Romanautorin und Heldin der Salons und Bälle jetzt plötzlich Verwundete und Sterbende pflegte. In Königsberg wurde Julies Sinnesänderung, die sie durch die Gottesbegegnung erlebt hatte, öffentlich bekannt. Einerseits durch ihr vorbildliches karitatives Engagement und andererseits dadurch, dass sie überall freimütig ihren neuen Glauben bezeugte und andere dafür zu gewinnen versuchte. Julies diakonischer Einsatz in Preußen wurde vielerorts vorbildhaft erwähnt, wie Juliettes Tagebuchaufzeichnungen bestätigen. Ihre Taten kamen schließlich sogar dem russischen Zaren und dem französischen Kaiser zu Ohren. Am 10. April 1807 erhielt Julie ganz unerwartet Besuch von Zar Alexanders schottischem Leibarzt James Wylie. Juliette notierte in ihrem Tagebuch, dass Wylie sehr liebenswürdig zu ihrer Mutter gewesen sei und ihr für alles gedankt habe, was sie für die Verwundeten getan habe.

In ihrem Wirken sei Julie, so Achim von Arnim, »unter allen Klassen der Bewohner (...) ungeachtet ihrer Schwäche, die ihr oft jede Anstrengung schmerzlich machte (...) durch Rath, Trost, Vermittelung, durch wohlbestimmte Geschenke« nützlicher gewesen, »als irgend eine der vielen gesunden, reicheren Frauen der Stadt Königsberg.«[233] Bewundernd ergänzte er, dass sie neben ihrem ganzen Einsatz auch ihre eigenen Angelegenheiten verwaltet habe und als Schriftstellerin tätig gewesen sei: »(...) ihre *Valérie* nennt jeder; ein neues sehr karakteristisches Werk *Les gens du monde* brachte sie in dieser Zeit der Beendigung nahe.«

Schicksalsgemeinschaft mit Königin Luise

Die tragischen Kriegsereignisse führten im Frühjahr 1807 in Königsberg zu einer unerwarteten Vertiefung von Julies Bekanntschaft mit der Königin von Preußen und deren Schwester Friederike. Mehr als sechs Jahre waren vergangen, seit Julie der strahlenden und wunderschönen Luise zum ersten Mal begegnet war. Die Begegnung hatte anlässlich des Festes zur Amtseinsetzung von Julies Gatten in sein neues Botschafteramt in Berlin stattgefunden. König Friedrich Wilhelm III. höchstpersönlich hatte das Fest damals angeordnet. Es waren schwierige Jahre für das junge Königspaar gewesen. Der im Sommer 1806 geschlossene Rheinbund war eine Provokation für Preußen. Auf Drängen verschiedener Berater und seiner Frau hatte der König von Preußen Napoleon am 9. Oktober 1806 den Krieg erklärt und die Königin damit den Höhepunkt ihres politischen Einflusses erreicht. Nur fünf Tage später hatten die preußischen Truppen bei Jena und Auerstedt jene vernichtende Niederlage erlitten. Am 27. Oktober 1806 war Napoleon als Sieger in Berlin eingezogen.

Die preußische Königin mit ihren politischen Ambitionen und ihrer Sympathie zur Kriegspartei wurde zur Zielscheibe des kaiserlichen Spottes. Napoleon drang in Luises Privatsphäre ein und las ihre Korrespondenz. Daraufhin machte er sie in aller Öffentlichkeit lächerlich. »Die Königin von Preußen ist bei der Armee«, hatte er bereits in seinem *Kriegsbulletin* vom 8. Oktober 1806 gespottet: »Als Amazone gekleidet und die Uniform ihres Dragonerregiments tragend, schreibt sie täglich zwanzig Briefe, um den Brand an allen Orten zu entfachen.«[234] Noch schmerzhafter war für die Königin, dass sie auch von ihren Landsleuten angegriffen und als »Kriegsantreiberin« beschimpft wurde. So steht im *Berliner Telegraph* vom 1. November 1806: »(...) unsere Königin, bis dahin sanft und bescheiden, ganz den zärtlichen Sorgen und den häuslichen Pflichten einer Gattin hingegeben, mischte sich nun in die Angelegenheiten des Staats und der Armee«.

Im Chaos der politischen Umwälzungen musste sich das Königspaar aus Berlin retten. Luise gelangte mit den Kindern nach Königsberg. Dort erkrankte sie schwer an Typhus. Noch während ihrer Krankheit drohte Napoleon mit seiner Armee auch Königsberg zu erreichen. Als Fluchtort kam nur noch Memel im äußersten Nordosten des Landes infrage. Es grenzte an ein Wunder, dass sich der Krankheitszustand der Königin trotz beschwerlicher Reise durch Frost und Schneetreiben nicht verschlechterte. Die Tapferkeit, mit der die junge Königin den harten Schicksalsschlägen trotzte, verschaffte ihr zunehmend Respekt im Volk. Würdevoll und stark trug sie die Niederlagen.

Am 11. April 1807 kehrte die gerade erst von ihrer Typhuserkrankung genesene Luise nach Königsberg zurück. Sie logierte bei ihrer Schwester Friederike, die einige Zeit vorher im Stadtpalais des Grafen Schlieben Unterkunft gefunden hatte.

Vier Tage nach Luises Ankunft in Königsberg erhielt Julie durch die königliche Hofdame Charlotte Gräfin Moltke eine Einladung zur Privataudienz bei der Königin. Julies Ruf als Autorin der *Valérie* war ihr bereits vorausgeeilt und die Schriftstellerin erfuhr große Anerkennung. Julie freute sich über die Möglichkeit, mit der Königin zu sprechen und bei dieser Gelegenheit ihren neuen Glauben zu bezeugen. »Die Königin hat Mama vortrefflich empfangen«, schrieb Juliette.

> Sie hat sie umarmt, sie allein, zweimal, indem sie zu ihr sagte: »Wie sehr habe ich gelitten, Frau v. Krüdener, seit wir uns zum letzten Mal gesehen haben!« Mama antwortete ihr: »Ach! Wer hat nicht gelitten, Madame? Oft sind uns die Leiden sehr nützlich!« Man sprach über »Valérie«, die sie sehr lobte. Sie fragte Mama nach ihrer Meinung über die Bauern. Man sprach über Krieg und Frieden, und Mama sagte ihr ganz offen, was sie dachte: Dass die Königin, mit dieser schönen engelhaften Figur nicht hassen dürfe, dass diese Gefühle noch schrecklicher seien als das Unglück; dass auch *Bonaparte* zu bemitleiden sei, dass er nicht glücklich sein konnte, aber dass er auch gedemütigt werde wenn die Zeit dafür reif sei (...) bis jetzt hätten die Armeen nur wenig getan; nichts sei wünschenswerter als der Friede. »Ja, aber ein dauerhafter Friede«, antwortete die Königin!²³⁵

Die Unterhaltung vom 15. April 1807 hatte weitreichende Folgen für die Königin von Preußen. In einem Brief an ihre Freundin Caroline Friederike von Berg erinnerte sie sich an das Gespräch mit der baltischen Baronin:

> (...) diese Frau ist wegen ihres Charakters, wegen ihrer religiösen Begeisterung für alles Tugendhafte, Gute und Schöne so verehrungswürdig, dass Sie sie jeden Augenblick schätzungswert finden würden. Ich kann Ihnen versichern, diese Frau hat mich besser gemacht, indem sie mich religiöser machte, als ich war. Zum Beispiel nach einer langen Unterredung, die ich hier nicht wiederholen kann, bekehrte sie mich soweit, dass ich eine Möglichkeit sah, N[apoleon] zu verzeihen, und ich habe ihm von Herzensgrund alles persönliche Leid, das er mir angetan und gegen mich beabsichtigt hat, verziehen. Mit Freuden nahm ich wahr, dass man den Bösen verzeihen könne, ohne an Herzensgüte zu verlieren (...).²³⁶

Das Gespräch mit Julie hatte Luise zur Entscheidung geführt, Napoleon zu verzeihen. *Dem* Mann, der für den Niedergang ihres geliebten Königreiches verantwortlich war; *dem* Mann, der so viel Leid über sie und ihre Familie gebracht und sie öffentlich verspottet hatte. In den Wochen nach diesem Treffen waren Julie und die preußische Königin oft Seite an Seite in den Königsberger Lazaretten anzutreffen, wo sie verwundete Soldaten besuchten. Luise und Friederike trösteten die Leidenden und halfen durch Spenden.

Die Anwesenheit der Königin machte den Stadtpalais Schlieben im Frühling 1807 zum Mittelpunkt des gesellschaftlichen Lebens in Königsberg. Ohne die strenge Aufsicht der Oberhofmeisterin von Voß verbrachten die Schwestern eine unbeschwerte Zeit. Ganz zwanglos traf man sich um sieben gemäß Salonmanier zum Tee und verbrachte den Abend miteinander. Die Schwestern luden zum Tee, wen sie wollten, ohne auf die Etikette zu achten. Es war eine große Ehre für Julie, dass sie zu den regelmäßigen Gästen des königlichen Salons im Palais Schlieben gehörte. Zu den Habitués gehörten zudem junge Dichter wie Achim von Arnim und Max von Schenkendorf, weiter der Chirurg Goercke sowie der evangelische Geistliche Ludwig Ernst von Borowski. Die Zusammenkünfte im Hause des Grafen Schlieben boten reichlich Stoff für kontroverse Diskussionen. »Zur Entspannung las dann der über siebzigjährige Kriegsrat Johann Georg Scheffner aus seinen (...) allemannischen Gedichten vor.«[237] Julie erhielt die Gelegenheit, ihren neuen Roman *Les gens du monde* im Salonrahmen zu präsentieren. Am 4. Mai 1807 schrieb die Königin folgende Zeilen an ihren Ehemann Friedrich Wilhelm III.: »Ich erwarte Frau von Krüdener, welche uns Auszüge aus ihrem neuen Roman vorlesen wird.«[238]

Julie war überaus dankbar für die Gemeinschaft mit ihrem väterlichen Freund und geistlichen Vorbild Borowski. Der evangelisch-lutherische Pfarrer der Neuroßgärterkirche in Königsberg berichtete einer Bekannten über Julie: »Sie hielt sich zu der Zeit, da die königl. Familie hier war, lange in Königsberg auf, war oft in meiner Kirche und meine Beichttochter.«[239]

Das Wiedersehen mit Achim von Arnim führte zu Julies Freude auch zur Bekanntschaft mit Achims Freund Max von Schenkendorf (1783-1817). Letzterer weilte seit dem Jahr 1806 in Königsberg und gehörte mit Achim von Arnim, Theodor Körner und Ernst Moritz Arndt zu den Dichtern des preußischen und deutschen Aufstands gegen die napoleonische Unterdrückung. Dank der engen Freundschaft zu Max von Schenkendorf fand Julie Eingang im bürgerlichen Salonkreis um die reizende Salonnière Henriette Elisabeth Barclay (1774-1840). David Barclay, ihr Ehemann, war ein Kaufmann schottischer Abstammung. Seine

Gattin hielt mit ihrer Ausstrahlung die Salongäste wie ein Magnet zusammen. Max von Schenkendorf gehörte zu Henriettes glühendsten Verehrern. Im Blick auf die Gästeschar stach hier wie anderswo die faszinierende Synthese von Menschen aller Art ins Auge, die sich im Geist des Patriotismus zusammenfanden: Adlige, Bürgerliche, Einheimische, Politiker und Schriftsteller. Im »stillen Gartenhaus *Belrigurado*« des Barclay'schen Anwesens trafen die Salongäste zusammen, um sich über literarische und religiöse Dinge auszutauschen. Die Romantiker dominierten den Kreis mit ihrem Hang zum Katholischen und Mystischen. Man las Schlegel, Tieck, Kleist, Fouqué und studierte Jacob Boehme, Jung-Stilling und andere deutsche Mystiker.

Zwischen den beiden Salonnièren entwickelte sich schnell eine herzliche Freundschaft. Bescheiden zog sich Henriette Elisabeth in die Rolle der Gastgeberin zurück, während sie ihrer baltischen Freundin die Hauptrolle in ihrem Salon überließ. So wurde der Salon Barclay im Volksmund bald auch »Krüdener'scher Kreis« oder »Krüdener'scher Cirkel« genannt. Julie nutzte die offene religiöse Atmosphäre, um ihre neu gewonnenen religiösen Überzeugungen an die Salongäste zu bringen. Dabei fand sie aufmerksames Gehör. Kritische Stimmen fanden, dass die Geselligkeiten um die Baltin »Bet-Übungen« nicht unähnlich sahen. Die Gespräche drehten sich vorrangig um religiöse Themen. Kriegsrat Scheffner hielt in seinen Erinnerungen an einen Königsberger Salonabend fest:

> In einem langen Gespräch über die Ergebung in den Willen Gottes, in der sie zu exzellieren [glänzen, D.S.] suchte, kamen wir indessen ziemlich überein, ob sich gleich aus manchem, was ich von ihr hörte, schließen ließ, dass sie herrenhuterisierte, und glaubwürdige Leute, die nahen Umgang mit ihr gehabt, haben mich versichert, sie kenne Christum von Person und richte sich in ihren Handlungen stets nach besonderen Winken des Himmels.[240]

Während sich Julies Zeit in Königsberg im Juni 1807 dem Ende zuneigte, machte sich die preußische Königin im Auftrag ihres Gatten auf den Weg zu Kriegsverhandlungen mit Napoleon in Tilsit. Mutig traf sie sich im Juli 1807 mit dem Mann, der ihr Leben zerstört hatte. Zu Luises Überraschung stand sie nicht dem erwarteten Ungeheuer, sondern einem beeindruckenden, hochintelligenten und galanten Mann gegenüber. Obwohl es Luise nicht gelang, mildere Friedensbedingungen für ihr Volk auszuhandeln, verschaffte sie sich zumindest den Respekt des französischen Kaisers, was zu einem Ende der öffentlichen Beleidigungen führte. Die Bedingungen des Friedens von Tilsit waren katastrophal für Preußen. Der Staat verlor etwa die Hälfte seines Territoriums sowie polnisches Terrain. Dazu kamen Unterhalts- und Zahlungsverpflichtungen, die die Leistungsfähigkeit des gebeutelten Landes um ein Vielfaches überschritten. Dank der Fürsprache von Zar Alexander I. blieb wenigstens Preußen als Staat erhalten. Dem Zar war sehr an einem Pufferstaat zwischen seinem und Napoleons Reich gelegen.

Abschied von Königsberg, 1807

Schweren Herzens trennte sich Julie im Juni von ihren Kranken. Sie hatte sich weit über ihre Kräfte verausgabt und musste sich zur Wiederherstellung ihrer Gesundheit eine Auszeit gönnen. Achim von Arnims Lobeshymne auf Julie in der Zeitschrift *Vesta* schloss mit dem Gedicht *Zum Abschiede*. Doch nicht nur Achim betrauerte im Juni 1807 den Weggang der Baronin, mit ihm trauerte die gesamte »Einwohnerschaft der geprüften Stadt«. Achim schrieb einführend zu seinem Bericht in der *Vesta*:

> Frau von Krüdener, deren Abreise nach dem Bade unzählige Nothleidende dieser Stadt mit Bedauern und Segenswünschen gehört haben, wird mir wenige Worte gerechter Erinnerung verzeihen, sollte der Zufall diese Blätter in den von uns abgeschnittenen Welttheil bringen und in ihre Hände.[241]

Die *Vesta* kam in den von Preußen »abgeschnittenen Welttheil«. Und wie! Achim von Arnims Lobrede wie auch Julies direkter Kontakt zum preußischen Königshof trug zu einer immer größeren Bekanntheit der baltischen Baronin in Europa bei. Legenden und Gerüchte vermehrten den Ruhm. Als dem »Engel von Eylau« wurden Julie erste Wunder zugesprochen. Der Wohltäterin selbst waren diese Lobreden unangenehm und sie freute sich nicht wirklich über die lobenden Worte ihres Freundes Achim in der *Vesta*. Vielmehr bereitete ihr »diese Publizität, in einer so simplen Sache wie armen Verwundeten zu helfen«[242] Kummer, wie Juliette ihrem Tagebuch anvertraute. Auch der Schriftsteller Max von Schenkendorf, Mitherausgeber der *Vesta*, setzte seiner Freundin Julie sowie der Königin ein Denkmal, wenn er von »edlen Frauen« sprach, »die in Zeit der Noth sich als Heldinnen zeigten«[243] und sie mit den Liedzeilen besingt: »Seht sie wunde Krieger stärken // Mit dem Wort, mit Wein und Brot«.[244]

Julies Abreise aus Königsberg im Juni 1807 folgte ein viermonatiger Erholungsurlaub im Kurbad Teplitz. Als berühmte Autorin der *Valérie* und Heldin von Königsberg stand die baltische Baronin dort einmal mehr im Mittelpunkt. Auch in Teplitz wurde sie mit Anerkennung für ihr Wirken an den Leidenden überschüttet. Am 25. August 1807 erhielt sie Besuch von Pastor Mayer. Er kam, um sich im Auftrag französischer Generäle offiziell bei ihr zu bedanken. Jene waren darüber informiert worden, dass Julie auch vielen Franzosen geholfen hatte. Pastor Mayer ließ überdies verlauten, dass sogar Napoleon I. über ihr Handeln in Kenntnis gesetzt worden sei. Die Lobreden auf das wohltätige Wirken der Baronin von Krüdener machten auch in den europäischen Salons die Runde, wie ein Auszug aus einem Brief Germaine de Staëls aufzeigt: »[Zacharias] ruft sich Ihnen in Erinnerung. Frau von Jacobi-Kloest« – die Frau des preußischen Botschafters in London – »singt Lobeshymnen auf Ihr Verhalten in Königsberg.«[245]

In Teplitz vertiefte sich Julies Beziehung zu Königin Luises Schwester Friederike Prinzessin zu Solms-Braunfels, die sich zeitgleich dort erholte. In der bunten Gesellschaft von Prinzessinnen und Prinzen, Herzoginnen und Herzogen, Gräfinnen und Grafen und anderen Würdenträgern, genoss Julie die Freundschaft mit Friederike am allermeisten, wie sie ihrem Königsberger Seelsorger Borowski anvertraute. Zwischen den beiden Frauen entwickelte sich in Teplitz eine intime Korrespondenz. Julies Briefe waren durchdrungen von dem Wunsch, dass auch Prinzessin Friederike ihr Glück in Gott finden möge.

Fleißig arbeitete Julie an ihrem neuen Roman: *Mathilde*, den sie später in *Othilde* umbenannte. Friederike hatte sie durch eine Geschichte über das Auffinden eines Goldarmbandes in den Fundamenten eines alten Turmes dazu inspiriert. Das Goldarmband gehörte einer Gräfin, die sieben Jahre lang im Verlies des Turmes eingesperrt war. Der Kurbad-Salon bot Julie die Gelegenheit, erste Passagen aus ihrem Roman vorzutragen. Damit rührte sie die »Dame von Teplitz« und Prinzessin Friederike zu Tränen.

Aber auch die politischen Entwicklungen gehörten zu den Dauerthemen. Nach dem Frieden von Tilsit zeigte sich der russische Zar als fairer Verlierer bereit, die diplomatischen Beziehungen zu Frankreich wieder aufzunehmen. Zum diplomatischen Korps, das er für diese Aufgabe auswählte und das unter der Verantwortung von General Graf Peter Alexander Tolstoi stand, gehörte auch Julies Sohn Paul von Krüdener.

In den Heilbädern und der großartigen Gegend in und um Teplitz kam Julie wieder zu Kräften. Gestärkt reiste sie von Teplitz aus zu Freunden in das geliebte Dresden. Von hier aus schrieb sie ihrem Beichtvater Borowski am 26. November 1807: »Ich habe 4 Monathe fast in Töplitz zugebracht und Gottlob befinde mich besser was meine Krämpfe anbelangt, sie sind weniger geworden, obgleich ich noch zuweilen leide, aber was ist dies Leiden gegen alle Wohlthaten die ich von Gott genieße.«[246]

Der Aufenthalt im Kügelgen'schen Stadthaus *Gottessegen* an der Hauptstraße war wie immer ein Abenteuer. Julies Freundin Helene von Kügelgen, geborene Zoege von Manteuffel (1774-1842) war die Ehefrau des berühmten Porträt- und Historienmalers Gerhard von Kügelgen. Der Kügelgen'sche Salon war ein bekannter Treffpunkt von Künstlern und Persönlichkeiten der Frühromantik. Heute befindet sich im selben Gebäude das *Kügelgenhaus – Museum der Dresdner Romantik*.

Die Baronin freute sich über das Wiedersehen mit ihrer livländischen Freundin, fand aber keine Erfüllung in den Salongeselligkeiten. Julie fühlte sich zu Höherem berufen. Sie wollte nützlich sein und anderen Menschen dienen. Sie sehnte sich danach, Gottes Liebe, die sie selbst als heilsam und lebensverändernd erlebt hatte, auch für andere sichtbar und erfahrbar zu machen. Sie war von dem Wunsch beseelt, mehr von dieser geistlichen Dimension zu erfahren, die sich ihr neu geöffnet hatte; begierig darauf, dazuzulernen, zu beobachten, sich weiterzuentwickeln und sinnvoll zu handeln.

Julies Wunsch wurde zum Beginn einer intensiven siebenjährigen Reise auf der Suche nach tieferen geistlichen Erfahrungen und nach dem Auftrag, den Gott ganz speziell für ihr Leben vorgesehen hatte.

Kapitel 5

Selbstfindung & missionarische Anfänge

1808-1814

»Ich war nicht besser als der Rest der Welt (…). Ich war ein erbärmliches Instrument: Gott hatte die Güte, es zu stimmen und wenn einige harmonische Klänge darauf erklingen und an Harmonie denken lassen, dann ist es der Urheber der Harmonie, zu dem ich die Menschen führen will.«[247]

Julie im Alter von 45 Jahren

Bei den Herrnhutern in der Oberlausitz, 1807/1808

Es machte Sinn, die religiöse Reise an einem vertrauten Ausgangspunkt zu beginnen. Was lag näher als ein Besuch in den nahe bei Dresden gelegenen Herrnhuter Niederlassungen? Schon in früheren Jahren hatte Julie unterwegs auf Reisen mit Vorliebe in Herrnhuter Niederlassungen Halt gemacht. Der intensive Kontakt zur Brüdergemeine in Riga, die in den vergangenen Jahren ihre geistliche Heimat geworden war, hatte Julies Verbundenheit mit der überkonfessionellen Glaubensbewegung noch verstärkt. So führte die Reise von Dresden aus zunächst nach Kleinwelka zu der nächstgelegenen ostsächsischen Herrnhuter Niederlassung, was heute ein Ortsteil der Stadt Bautzen ist. Am 3. Dezember 1807 wurde Julie von der Gräfin Werther in Kleinwelka empfangen. Besonders bewegt war die baltische Baronin von einem Besuch bei der kranken Gräfin Henriette Sophie von Hohenthal (1772-1808). Einige »Brüder« standen dem »etwas spektakulären Besucher« zunächst argwöhnisch gegenüber. Ihr Argwohn legte sich jedoch, als sie Julies »aufrichtige Frömmigkeit«[248] erkannten.

Aufmerksam lauschten Julie und Juliette in Kleinwelka den Predigten des dort tätigen Hausvaters und Predigers Johann Ludwig Herbst (1769-1832). In den Diarien von Kleinwelka ist im Eintrag vom 7. Dezember 1807 nachzulesen:

> <u>Den 7</u> beteten wir die Liturgie No 23. Die Frau v. Krüdener, Gemahlin des damaligen Russischen Gesandten in Berlin, hielt sich mit ihrer Tochter einige Tage hier auf, u. versicherte für ihr Hertz viel genossen zu haben.

Von Keinwelka aus führte die Reise weiter nach Herrnhut, zur Wiege der Brüdergemeine. Hier hatte Graf von Zinzendorf (1700-1760) im Jahr 1722 mährische Glaubensflüchtlinge angesiedelt. Der Name *Herrnhut* stand für den Wunsch der Flüchtlinge, an diesem Ort unter »des Herrn Hut« Zuflucht zu finden. In Herrnhut wurde Julie von der gebürtigen Schweizerin Elisabeth Kaufmann in Empfang genommen. Auch der Missionar Gorke, der kurz zuvor aus Grönland zurückgekehrt war, gehörte zum Empfangskomitee. Ein besonderes Erlebnis wurde der Besuch im benachbarten und zu Herrnhut gehörigen Berthelsdorf. Dort, im »Aufenthalt der Greise«[249], begegnete Julie dem 88-jährigen Jeremias Risler sowie ihrem betagten Landsmann Johann Christian Quandt, der ihren Urgroßvater noch aus der Zeit der Kaiserin Elisabeth gekannt hatte. Auch von der Familie des Grafen Zinzendorf wurden Julie und ihre Tochter herzlich empfangen.

Immer wieder fiel der Name *Jung-Stilling*. Jung-Stilling war ein enger Freund von Lavater gewesen, den Julie im September 1798 in Zürich besucht hatte. So hatte sich vor Jahren eine flüchtige Korrespondenz mit ihm ergeben. Doch nun war Julie überrascht vom Ausmaß der Bedeutung, die dem Gelehrten beigemessen wurde. Neugierig ließ sie sich vom ehrwürdigen Prediger Carl August Baumeister (1741-1818) über Jung-Stillings angesehene Position in pietistischen Kreisen aufklären. Julie kam zu dem Schluss: Diesen Mann musste sie persönlich kennenlernen! So schnell wie möglich informierte sie ihn auf dem Korrespondenzweg über ihre Pläne.

Die Herrnhuter Freunde waren so freundlich, die baltische Baronin mit Empfehlungsschreiben auszustatten. Eines davon schrieb Prediger Baumeister in Herrnhut, ein langjähriger Bekannter von Jung-Stilling. Das zweite Empfehlungsschreiben verfasste die Gräfin von Hohenthal, die Julie bei ihrer Ankunft in Kleinwelka schwer krank vorgefunden hatte. Über die Zeit in Kleinwelka stellte die Gräfin Julie folgendes Zeugnis aus:

> Wir haben Frau von Krüdener mit ihrer gleichgesinnten sanften Tochter bis in die 3te Woche hier bei uns gehabt, indem eine Aufforderung, einer armen russischen Dame beizustehen – welche über den plötzlichen Tod ihres Gemahls, der im Gasthaus zu Bauzen an einem Blutsturz starb, in Verzweiflung gerathen, und fast nicht vom Selbstmord abzubringen war, – unsere liebende Freundin gleich willig fand, sich dieser ihr persönlich unbekannten Landsmännin liebevoll anzunehmen. Gott segnete dieß so sichtbar, dass die arme 17jährige Wittwe schon am dritten Tag völlig ruhig wurde, und nur immer bat, mit ihr zu beten.
> Bei dieser Gelegenheit hatten wir die schönste Veranlassung, Frau von Krüdner in ihrem Wirken zu beobachten. Dieß geschieht mit wahrer Salbung, im starren Blick auf den Herrn, mit dem einigen Gedanken erfüllt nur seinen Willen zu thun, ohne Rücksicht auf ihre schwachen physischen Kräfte, mit Vergessen Essens, Trinkens und Schlafens, in einer Demuth, welche ihr die Sache nie als ihr Werk, sondern immer als des Herrn Werk ansehen lässt, mit einem wahren apostolischen Geiste, wobei ihr eine besondere Gabe die Geister zu prüfen und den rechten Zeitpunkt zu treffen, gegeben zu seyn scheint. Sie hat auch hier, Gott gebe! bleibend, gesegnete Eindrücke hinterlassen.
> Der innere Schmuk ihrer dem Herrn so ganz hingegebenen, liebenden Seele lässt über ihr Aeußeres wegsehen. Ihr ungemeiner Verstand, Talente und seltene Menschen- und Weltkenntniß macht sie, glaube ich, um so tüchtiger in der gegenwärtigen argen Zeit auf eine Klasse von Menschen gesegnet zu wirken, in welcher nicht leicht jemand anders mehr etwas thun kann. Henriette v. H.[250]

Mit den beiden Empfehlungsschreiben im Gepäck reiste Julie, begleitet von ihrer Tochter und weiteren Begleitpersonen, im Januar 1808 nach Karlsruhe. Dort residierte seit 1806 der Großherzog von Baden, in dessen Diensten der viel gepriesene Jung-Stilling stand.

Zu Besuch beim Universalgenie Jung-Stilling, 1808
Es blieb nicht bei einem kurzen Besuch. Von Ende Februar bis Mitte Juni 1808 mieteten sich Julie und Juliette bei Jung-Stilling ein und wurden Teil seines Familienlebens. Auch Julies Stieftochter Sophie gesellte sich zu ihnen.

Johann Heinrich Jung, genannt *Jung-Stilling* (1740-1817), der aus äußerst einfachen Familienverhältnissen stammte, hatte sich mit viel Fleiß zum erfolgreichen Arzt hochgearbeitet. Während des Studiums hatte er Goethe, Herder und Lenz kennengelernt. Jung-Stillings Bekanntheit war nicht zuletzt seinem Freund Goethe zu verdanken, der ohne Jungs Wissen den ersten Band von Jungs Lebenserinnerungen veröffentlichen ließ. Mehrere Jahre arbeitete Jung-Stilling als praktizierender Arzt, wobei er sich mehr und mehr auf die augenärztliche Chirurgie spezialisierte. Er war ein Pionier der Staroperation. Bis an sein Lebensende operierte Jung-Stilling an die 3.000 Patienten. Bis zu 25.000 Menschen dürfte er mit ärztlichem Rat versorgt haben. Diese Leidenschaft führte zu hoher Verschuldung. Vielfach waren Jungs Patienten arm und konnten nur wenig oder nichts bezahlen. Musste er mittellose Blinde zu Hause aufsuchen, bezahlte er sogar die Reisekosten aus eigener Tasche. Eine missglückte Operation führte schließlich dazu, dass Jung-Stilling seine Tätigkeit als Arzt aufgab. Staroperationen führte er allerdings weiter bis ins hohe Alter durch. Die Berufung als Professor in Kaiserslautern und später Heidelberg rettete ihn vor dem völligen Ruin. Jungs vierbändiger Roman *Das Heimweh*, der in den Jahren 1794-1796 entstanden war, hatte über die Grenzen von Deutschland hinaus maßgeblich zur Entstehung und Sammlung der Erweckungsbewegung beigetragen und Jung-Stilling später den Ehrentitel eines »Patriarchen der Erweckung«[251] eingetragen.

Im Jahr 1803 war Jung-Stilling vom damaligen Kurfürsten Karl Friedrich von Baden (1728-1811) zum privaten Berater ernannt worden. Das feste Jahresgehalt, das Jung gewährt wurde, ermöglichte es ihm, sich auf seine religiöse Schriftstellerei zu konzentrieren. Im Dezember 1806 war der Universalgelehrte nach Karlsruhe übergesiedelt, wo Karl Friedrich zum Großherzog von Baden ernannt worden war. Seine religiösen Schriften machten Jung-Stilling in Karlsruhe bald zum Mittelpunkt des allgemeinen Interesses. Spätestens mit dem Erscheinen seiner *Theorie der Geister-Kunde* im Jahr 1808, die bis heute im Buchhandel erhältlich ist, war Jungs Unsterblichkeit besiegelt. Ein »großer Teil der protestantischen Christenheit« habe ihn »als Papst«[252] angebetet, äußerte ein Zeitgenosse. Menschen aus ganz Europa fanden sich ein, um den berühmten Professor und Wohltäter persönlich kennenzulernen.

In seinem selbstlosen Einsatz für die Ärmsten war Johann Heinrich Jung der baltischen Baronin ein großes Vorbild. Während ein Teil von Julies Tag ihrer ausgedehnten Korrespondenz und dem literarischen Arbeiten gewidmet war, gehörte die restliche Zeit den Armen und Notleidenden. In ihrem wohltätigen Engagement schlossen sich Julie und Juliette Jungs Frau und Kindern an. Julie »kletterte auf die schmutzigsten Dachböden«, so Biograf Eynard, »um sich den abstoßendsten Bedürfnissen zu widmen«. All dies »mit einer so zärtlichen Anmut und Würde, die alle Herzen gewannen«.[253] Jung-Stilling berichtete in einem späteren Schreiben über Julie:

> Wir wurden bald sehr genau bekannt, und ich fande an ihr eine Seele, die sich mit unbeschreiblicher Liebe und mit grosem Ernst dem Herrn auf ewig ergeben hatte; ihre Wohlthätigkeit und Würksamkeit war und ist noch immer gränzenlos.[254]

Am Abend, im Salon der Familie Jung, blieb Zeit für Gespräche über Gott und die Welt. Gebannt lauschte Julie den Worten ihres gelehrten Freundes und tauchte ein in eine neue Welt von Zusammenhängen und Theorien. Jung beurteilte den Überfall der Franzosen rückblickend als Strafe für den Abfall der Deutschen vom christlichen Glauben. Zugleich hielt er die Revolution für den Anfang des biblisch prophezeiten Endkampfes und des Weltendes. Der Gedanke an das herannahende Ende nahm seine Gedanken mehr und mehr in Beschlag. Je offenkundiger ihm der Abfall seiner Zeit von Christus erschien, desto schärfer überwachte er sein eigenes Glaubensleben. Indem er zum Beispiel das wortlose, geistliche Herzensgebet betete, griff er auf ein Frömmigkeitselement der quietistischen Mystik zurück. Im Zentrum seiner Lehre standen die völlige Erlösungsbedürftigkeit des Menschen, die Gottmenschheit Jesu und sein Versöhnungsleiden am Kreuz. Darin stimmte er mit dem Glaubensfundament der protestantischen Christen überein. Charakteristisch für Jungs Frömmigkeit waren aber vor allem auch seine beiden zusätzlichen Glaubensartikel: Einerseits die Lehre von der Existenz und

Wirksamkeit der Geisterwelt und andererseits die Lehre vom apokalyptischen Endkampf mit der Überwindung des Reiches der Finsternis. Jung gehörte zu denjenigen, die Russland in diesem Zusammenhang eine Retterrolle zusprachen. Die Verfolgung des christlichen Glaubens hatte im Westen begonnen. Die Erneuerung des Christentums schien laut Jung-Stilling von Osten, von Russland her zu kommen. In seinem Roman *Das Heimweh* nahm Jung Bezug auf ein geheimnisvolles Land »Solyma« jenseits des Kaukasus, das den Frommen in den Wehen des Tausendjährigen Reiches als Bergungsort dienen werde. Umso spezieller war für ihn die Begegnung mit Julie. Mit ihr trat ihm eine Frau aus Russland entgegen, die für seine Sicht der Dinge größtes Verständnis zeigte.

Julie war tief beeindruckt von Jung-Stillings Überzeugungen, vor allem von seiner Sicht der zukünftigen Dinge und des Weltendes, seinem Glauben an die Wiederkunft Christi und der nachfolgenden Aufrichtung eines Tausendjährigen Reiches. Ihre Korrespondenz enthielt zunehmend endzeitliches Gedankengut. »Die Zeit rückt näher und die größten Katastrophen werden die Erde belasten«, schrieb Julie im Frühsommer 1808 an ihre Freundin Antonie. Trost fand sie in der Hoffnung, dass Christus »alle seine Gläubigen« versammeln werde. »Danach wird sein Reich kommen. Er selber wird tausend Jahre auf der Erde regieren«.[255]

Ansonsten waren Jung-Stillings theologische Ausführungen von Nüchternheit geprägt; aber auch von einem unerschütterlichen Glauben, der festen Überzeugung von der Allmacht des Gebets sowie einer Bevorzugung der Herrnhuter Brüdergemeine. Sie stellte seiner Meinung nach »die reifste Kirchenform«[256] dar, selbst wenn »der Herr« unter allen christlichen Konfessionen »die Seinigen« habe.[257]

Offene Türen am badischen Hof, 1808

Dank Jung-Stilling fand Julie auch schnell Eingang am badischen Hof. Am 28. Februar 1808 stellte Johann Heinrich Jung seine russischen Gäste hochoffiziell dem Großherzog und der Reichsgräfin vor. Bald folgte eine Einladung der einflussreichen Schwiegertochter des Großherzogs: Markgräfin Amalie von Hessen-Darmstadt (1754-1832), durch Heirat Erbprinzessin von Baden. Obwohl sich jene auf ihren Witwensitz Bruchsal zurückgezogen hatte, galt sie am badischen Hof weiterhin als Dreh- und Angelpunkt. Dass es ihr gelungen war, durch strategisches Geschick fünf ihrer Töchter mit mächtigen Herrschern zu verheiraten, hatte ihr den Spitznamen *Schwiegermutter Europas* eingebracht. Die größte Berühmtheit erlangte die drittgeborene Tochter, Luise Erbprinzessin von Baden. Sie wurde als Gemahlin des russischen Zaren Alexanders I. in die Würde einer Zarin erhoben und erhielt als solche den Namen Elisabeth Alexejewna (1779-1826). Die zweitgeborene Erbprinzessin war Königin von Bayern, die viertgeborene Königin von Schweden.

Der Tod ihrer Schwiegermutter im Jahr 1783 hatte Amalie zur ersten Dame am badischen Hof gemacht. Diese Position hatte sie auch nach dem tödlichen Unfall ihres Gatten im Jahr 1801 behalten. Seit dem Jahr 1806 gab es jedoch eine andere erste Dame am badischen Hof. Amalies Sohn, Großherzog Karl Ludwig Friedrich von Baden (1786-1818), der einzige männliche Thronfolger, war in strategischer Absicht mit Napoleon Bonapartes Adoptivtochter Stéphanie verheiratet worden. Wie kein anderes Herrscherhaus jener Zeit stand der badische Hof in der Zerreißprobe politischer Entwicklungen. Die direkte familiäre Verbindung mit den beiden mächtigsten Herrscherfamilien jener Zeit – einerseits mit der Familie des französischen Kaisers Napoleon, andererseits mit Zar Alexander I. von Russland – erwies sich als spannungsvolle Herausforderung für das badische Großherzogtum. Zu jener Zeit war die Haltung des badischen Hofes durch die französische Frau des badischen Erbprinzen klar französenfreundlich.

Gespannt nahmen Julie, Juliette und Sophie die Einladung der Markgräfin Amalie von Hessen-Darmstadt an. Auch hier war Julie ihr Ruf als berühmte Autorin von *Valérie* vorausgeeilt. Der Besuch in Bruchsal verlief allerdings ziemlich reserviert, wie Juliettes Tagebucheintrag vom 2. März verrät. »(...) die alte Dame hat etwas so Hölzernes, so Kaltes«, schrieb Juliette, »dass wir trotz des Französischen, den Erinnerungen an *Mathilde* und der Ehrendame glücklich waren, dass es vorbei war.«[258] Trotz dieses eher distanzierten Einstandes, zeigten sich die königlichen Hoheiten hoch erfreut über die Anwesenheit der Autorin und Heldin von *Valérie* und suchten sie mit großer Geschäftigkeit auf.

Die Betriebsamkeit des städtischen und höfischen Lebens mit den vielen Begegnungen, die Einsätze für Notleidende und die neuen Glaubenserkenntnisse wirkten mit der Zeit ermüdend auf das sensible Gemüt der Livländerin. Das Verlangen, sich in etwas ruhigere Gegenden zurückzuziehen, wurde immer größer, dazu der Wunsch, noch tiefer in die geistliche Dimension einzudringen, als dies bei Jung möglich war. Darüber tauschte sich Julie mit der verwitweten Augusta Salomé Happel-La Fontaine aus, die als Dienerin bei der Familie Jung lebte. Augusta erzählte ihr von ihrem Bruder, Pfarrer Fontaines, der in einem Elsässer Dorf in den malerischen Vogesen lebte. Die Schwester erzählte Julie begeistert von den mystischen und übersinnlichen Erfahrungen ihres Bruders. Aus Julies Interesse wurde eine Entscheidung: Sainte-Marie-aux-Mines – zu Deutsch *Markirch* – im Oberelsass sollte die nächste Station ihrer religiösen Reise werden. Von dem Vorhaben seiner russischen Freundin berichtete Jung einem Freund in gewohnt nüchterner Art:

> Sie sehnte sich wegen ihrer Gesundheit ins Gebürge, und eine christliche Freundin von hier rieth ihr, nach Markirch im Vogesischen Gebirge im OberElsass zu ziehen. Sie befolgte den Rath und gerieth dort in Bekanntschaft mit dem reformirten Pfarrer Fontaines und durch diesen mit der berüchtigten Maria Gottliebe Kummerin, die aus dem Würtembergischen vertrieben worden.[259]

Dass Jung Julies Pläne mit einer gehörigen Portion Bedauern und Sorge zur Kenntnis nahm, ist einem weiteren Brief zu entnehmen:

> Meine Frau empfahl die Wittwe der Frau von Krüdner, die auch außerordentlich mit ihr zufrieden war, und da sie eine einsame gebergichte Gegend und einen Ort suchte, wo ein frommer Prediger wohnte, so rieth ihr die Wittwe, sie möchte zu ihrem Bruder, dem Pfarrer Fontaines nach Markirch ziehen. Dies gefiel ihr, sie beschloss es zu thun, mir aber fuhr ein Schwerdt durch das Herz, als sie mir es sagte, alein ich durfte nichts dagegen einwenden, um den Verdacht der Jalousie [Eifersucht, D.S.] zu vermeyden. Sie zog also nach Markirch und bey dem Pfarrer ein, wo sie nun auch die Kummerin, leyder! kennen lernte. Die neuen unerhörten Ideen und Entdeckungen, die sie da machte, nahmen ihre ganze Seele ein (...).[260]

Mit dem Umzug in die Vogesen stand Julie eine bewegte Zeit bevor. Da Jung die Lebenshintergründe aller Beteiligten aus erster Hand kannte, wusste er, dass Julie auf dem Weg zu Betrügern war. Sein Ehrgefühl verbot es ihm jedoch, seinem Gast die Pläne auszureden, da er befürchtete, dass ihm dies falsch ausgelegt werden könnte. Der gegenseitigen Freundschaft tat Julies Entscheidung keinen Abbruch. Zwischen ihr und Jung-Stilling blieb ein reger Briefkontakt bestehen, der von größtem gegenseitigem Respekt geprägt war.

In den Fängen religiöser Schwindler, 1808/1809

Am 13. Juni 1808 erreichten Julie und ihre Töchter das beschauliche Dorf in den Vogesen, das bis zum 12. Februar 1809 ihr neues Zuhause werden sollte.

»Bist du, die da kommen soll, oder sollen wir einer andern warten?« Mit diesen Worten empfing Pfarrer Fontaines die baltische Baronin vor der Tür des Markircher Pfarrhauses. Die Frage war eine Anspielung auf den Bibelvers Matthäus 11,3, wo Johannes der Täufer Jesus durch seine Jünger fragen lässt, ob er wirklich der verheißene Messias ist oder nicht. Julie, die angesichts dieser seltsamen Begrüßung zunächst etwas verwirrt war, fühlte sich durchaus geschmeichelt, als der Pfarrer ihr erzählte, dass er schon seit drei Jahren auf sie warte. Marie Kummer, die in Fontaines Diensten stand, sagte Julie eine hohe Bestimmung im Reich Gottes voraus. Fontaines sei der auserwählte Apostel, der gemeinsam mit ihr an der Verwandlung der Welt arbeiten werde. Einen solchen Empfang hatte die Baronin nicht erwartet. Sie wunderte sich, welche Fügung diese beiden Personen wohl in das Vogesendorf und einen gemeinsamen Haushalt gebracht hatte. Während ihr diese Hintergründe wohlweislich verschwiegen wurden, kannte ihr Freund Jung-Stilling in Karlsruhe die Antwort auf eben jene Fragen.

Jean Frédéric Conrad Jacques La Fontaine (1769-1841), genannt *Fontaines*, entstammte einfachen Familienverhältnissen. Sein Vater hatte als Perückenmacher in den Diensten des Markgrafen Karl Friedrich von Baden in Karlsruhe gestanden.

Bereits in jungen Jahren begann der Sohn des Perückenmachers sich eine Pseudoidentität aufzubauen. Von einem unbändigen Geltungstrieb beseelt, legte er sich eine fiktive Lebensgeschichte zu. Fontaines Lügengeschichten waren so überzeugend, dass sie ihm sogar Pfarrstellen einbrachten. Jung-Stilling gehörte zu den wenigen, die die Wahrheit kannten:

> Fontaines ist gebürtig von hier, er hat nie studirt, wurde in der RevolutionsZeit Ordonnateur general, hernach ForstMeister, dann Pfarrer; er ist ein wahrer Verehrer Jesu, hat viel Beredsamkeit, ein vortreflicher Bäter, aber dabey wollüstig, hizzig, stolz und ein überspannter Schwärmer (...).[261]

Fontaines war so von seiner erfundenen Biografie eingenommen, dass er sie niemandem vorenthalten wollte. Jung enthüllte einige Jahre später:

> Ich kenne Fontaines seit 12 Jahren ganz genau, ich weiß seine ganze Lebensgeschichte von ihm selbst. Denn ehe die Kummerin zu ihm kam, hatte er ein unumschränktes Zutrauen zu mir; er schrieb seine Lebensgeschichte und wollte sie unter dem Namen Stillings des Zweyten herausgeben, allein ich widerrieth ihm dieses ernstlich; auch ist sein Styl und seine Orthographie nicht drucksfähig (...).[262]

Im selben Brief charakterisierte Jung-Stilling den vermeintlichen Pfarrer mit den Worten:

> (...) denn er ist eigentlich ein unwissender Mensch, der sich aber durch seine fließende Beredsamkeit bey allen empfiehlt, die im wahren praktischen Leben mit Christo in Gott noch nicht hinlänglich Erfahrung haben. Stolz und Wollust waren von jeher seine Feinde, und vielleicht hätte er sie durch die göttliche Gnade überwunden, wenn er sich nicht der gefährlichen Kummerin in die Arme geworfen hätte. Dieses Werkzeug des Satans flügelt seinen Stolz auf die höchste Höhe, indem sie in ihren sogenannten Heimführungen weissagte, er sollte der Fürst seyn, der das Reich des Herrn auf Erden gründen und den Widerchristen stürzen würde. Dies glaubte er nun vest, und er glaubts noch, und von dem an war die Maria sein Orakel; wie sie ihn bis daher geführt hat, das wissen wir leyder! all zu gut (...).

Als Anhänger des Straßburger Jakobiners[263] Eulogius Schmied war Fontaines in die Wirren der Französischen Revolution hineingeraten. Sein Abenteuer endete damit, dass er in Straßburg verhaftet und zum Tode verurteilt wurde. Die Vollstreckung misslang. Unter falschem Vornamen heiratete er wenig später in Gerstheim die jüngste Tochter eines inhaftierten Pfarrers und wurde so zunächst Pfarrer in Oberseebach, danach in Ilbesheim, Neuhofen und ab 1805 in Markirch. In seinen Pfarrgemeinden betonte er die Kraft des Gebetes und vollzog Exorzismen an Mensch und Vieh.

In Fontaines Pfarrhaus lebte die seltsame Magd Maria Gottliebin Kummer (1756-1828), genannt *die Kummerin*. Die Kummerin war die Tochter des Bauern und Weingärtners Jacob Friedrich Kummer in Neu-Cleebronn. Jener hatte im eigenen Heim herrnhutisch ausgerichtete pietistische Versammlungen geleitet. Die Kummerin hatte also schon früh an sogenannten Erbauungsstunden im Elternhaus teilgenommen. Später ließ sich ihr Vater zunehmend von seinen Anhängern versorgen und verzichtete auf schwere Feldarbeit. Als die 35-jährige Kummerin nach einer Zeit in Wien in ihre Heimat zurückkehrte, begann sie durch »Entzückungen« Aufsehen zu erregen. Diese »Entzückungen« gingen folgendermaßen vor sich, dass sie sich in einer Art Betäubung auf ein Bett legte, die Augen schloss und redete, was ihr gerade einfiel. Einige erhoben sie bewundernd in den Status einer Seherin, andere erkannten, dass sich die Botschaften der Kummerin nach den Geschenken richteten, die man ihr gebracht hatte.

Mit der Zeit verfiel die Kummerin dem fanatischen Gedanken, dass sie den »Herzog, der das Volk des Herrn ins gelobte Land führen sollte« zur Welt bringen werde. Sie brachte den verheirateten württembergischen Pfarrer und Familienvater Ludwig Jakob Hiller dazu, ihren Entzückungen Vertrauen zu schenken und verführte ihn. Die Kummerin wurde schwanger. Nach außen hin ließ sie verlauten, dass es sich um eine übernatürliche Empfängnis gehandelt habe. Der Sohn, den sie am 8. Juni zur Welt brachte, war tot. Anfang September 1797 gab sie in Ludwigsburg anlässlich verschiedener Verhöre zu Protokoll, sie habe Hiller dazu verleitet, sie zu schwängern und ebenso, dass all ihre Visionen Betrügereien gewesen seien. Die Kummerin kam an den Pranger, danach ins Gefängnis und zwei Jahre ins Waisenhaus. Jung-Stilling versicherte:

> Die Geschichte dieser Kummerin ist ein wahres Scandal und allgemein bekannt. (...) Ich habe alle Akten und die ganze Correspondenz der frömmsten und erleuchtetsten Theologen über Jahr und Tag im Haus gehabt. Die ganze Geschichte ist so bestimmt wahr, als nur etwas wahr seyn kann, es zweifelt auch niemand daran. Auch hat die Kummerin das Alles rein und ungezwungen bekannt (...).[264]

Nach ihrer Entlassung aus dem Waisenhaus erreichte die Kummerin gegen Ende 1805 Markirch. Dort suchte sie den dortigen Geistlichen Fontaines auf und beichtete ihm ihre Lebensgeschichte. Fontaines redete ihr scharf ins Gewissen und ermahnte sie für die Zukunft. Bis im Juni 1808 führte Marie Kummer in Markirch ein unauffälliges Leben als Magd im Hause Fontaines.

In der reichen, gutgläubigen baltischen Baronin, die sich nach neuen Glaubenserfahrungen sehnte, witterten die Magd und der falsche Pfarrer die Chance ihres Lebens. Fontaines stellte Julie die Kummerin als eine »Seherin« und eine Person vor, die Engel sehe. Bald schon wurden Julie und Juliette Zeugen einer »Entzückung«. Die 21-jährige Juliette gestand in ihrem Tagebuch, dass ihr die Ekstasen der Kummerin einen Schrecken eingejagt hätten. Ihre Mutter hingegen sei vor Bewunderung und Erstaunen ganz ergriffen gewesen. Überwältigt von den neuen Offenbarungen, schrieb Julie am 21. Juni 1808 nach Genf:

> Liebe Freundin, denken Sie, ich habe im wahrsten Sinne des Wortes Wunder erlebt; ich bin in die tiefsten Mysterien der Ewigkeit eingeführt worden und könnte Ihnen viel über die zukünftige Glückseligkeit sagen (...).[265]

Zwischen dem 20. Juli und 4. September 1808 reiste Jung-Stilling nach Markirch, um Julie zu besuchen und fand alle seine Befürchtungen bestätigt. Nicht nur Jung-Stilling, sondern auch sein Straßburger Freund Friedrich Rudolf Salzmann sowie Friedrich Christian Döring, Pfarrer am sächsischen Königshof in Dresden, warnten Julie wiederholt eindringlich vor Fontaines und der Kummerin. Julie selbst beschlichen zwischendurch zwar leise Zweifel, wenn sie sah, wie Fontaines seine Pflichten als Ehemann und Vater vernachlässigte, doch dann schob sie die Zweifel entschlossen zur Seite und entschied sich wieder neu dafür, an der Ehrlichkeit und Aufrichtigkeit der Frömmigkeit ihrer neuen Freunde festzuhalten. Sie befürchtete, ihrem göttlichen Auftrag ungehorsam zu sein, wenn sie die zurückwies, die in Gottes Namen zu ihr sprachen.

Zur Gemeinschaft im Markircher Pfarrhaus gesellten sich im Laufe der Zeit auch der Schweizer Arzt Staub und Familienmitglieder von Fontaines und Marie Kummer. In der abendlichen Salongesellschaft widmete sich die Lebensgemeinschaft Jung-Stillings Roman *Das Heimweh*. Daneben arbeitete die Baronin fleißig an ihrem Romanprojekt. In ihren Briefen sprach sie zunehmend über ihre Absicht, *Othilde* publizieren zu lassen.

Zukunftsweisend für die Markircher Gesellschaft wurden zwei Visionen der Kummerin im Juli und August 1808, in denen sie erklärte, Fontaines dürfe nicht mehr lange in Markirch bleiben, sondern müsse in das Württembergische ausziehen, wo sich alle Gläubigen versammeln würden. Doch dies musste warten. Getrieben von der Sehnsucht nach einem Wiedersehen mit ihrem jüngsten Sohn und anderen Absichten, schmiedete Julie Reisepläne.

Philippe und weitere Begegnungen am Genfersee, 1808

Sechs lange und bewegte Jahre waren vergangen, seit Julie ihren jüngsten Sohn zuletzt gesehen hatte. Aus dem kleinen Liperlet von damals war ein zehnjähriger Junge geworden. Ob er sie überhaupt noch erkennen würde? Julies Anspannung wuchs. Auch ihre Freundin Antonie konnte das Wiedersehen kaum erwarten und reiste der kleinen Reisegruppe gemeinsam mit Adoptivsohn Philippe nach Versoix entgegen. Von ihren mütterlichen Gefühlen überwältigt, brach Julie zusammen als sie die beiden sah. Philippe beobachtete verwundert die Tränen und das Schluchzen der Besucherin. Er hatte keine Ahnung, dass er gerade seiner leiblichen Mutter gegenüberstand.

Bei der zweiten Begegnung mit Philippe hatte sich Julie besser im Griff, wie Juliettes Tagebucheintrag vom 27. September 1808 bestätigte: »Am selben Abend holten wir unsere Armand mit ihrem Adoptivsohn ab; es gab kein Weinen, Ersticken, keine Nervenschmerzen wie in Versoix.«[266] Am 1. Oktober notierte Juliette: »Spaziergänge nach Pregny mit Philippe und der Richard.

Philippe betet jeden Abend, aber ein auswendig gelerntes Gebet (...).« Mademoiselle Richard, Philippes Gouvernante, kam regelmäßig mit dem Jungen zu Besuch. Am 12. Oktober entwickelte sich zwischen Philippe und Julie ein Gespräch über den französischen Kaiser. In Bezug auf Bonaparte äußerte der Zehnjährige: »Er ist ein Held des Mutes, aber nicht der Seele; aber wenn es ihn nicht mehr gäbe, müsste man eine Revolution befürchten.« Und als Julie das Gespräch wenig später auf ihren Erstgeborenen Paul lenkte, meinte Philippe: »Wenn er mein Bruder wäre, würde ich ihn lieber mögen!« Diese Bemerkung traf Julie zutiefst. Paul war tatsächlich Philippes Halbbruder, nur durfte Philippe nichts davon erfahren! Einmal mehr lastete das Familiengeheimnis zentnerschwer auf ihrem Herzen.

Zu den dringenden Gründen, die Julie trotz Geldknappheit dazu bewegten, für rund zwei Wochen nach Genf zu reisen, gehörte auch Antonie Armand. Es lag Julie sehr am Herzen, mit Antonie ganz offen über ihre neuen Glaubensüberzeugungen zu sprechen. Jene war durch Julies Briefe längst darauf vorbereitet und vom neuen Weg ihrer Freundin so angesprochen, dass sie sich ihr entschieden anschloss.

Das *Hôtel de Sécheron*, in dem Julie mit ihren Töchtern logierte, grenzte an den Wohnsitz von Madame Armand und an den Haushalt Gounouilhou. Der Genfer Uhrmacher Pierre Simon Gounouilhou machte sich für den religiösen Aufbruch stark, der zu jener Zeit in der Stadt Calvins aufkeimte. Er dachte außerdem schon seit längerer Zeit darüber nach, Philippe Hauger zu adoptieren, weil er keine Kinder hatte. Wie viele spätere Vorreiter des religiösen Umbruchs in Genf war auch Gounouilhou Mitglied der Freimaurerloge *Union des coeurs* (Vereinigung der Herzen), ebenso wie der reformierte Pfarrer Charles Etienne François Moulinié (1757-1836), mit dem sich Julie am 4. Oktober zu einer Unterredung traf. Durch Gounouilhou und Moulinié kam Julie in Kontakt mit vielen frommen Geistlichen der Umgebung. Zu diesen gehörte auch Germaine de Staëls Cousin François Gautier de Tournes (1755-1828), Pastor von Nyon und überzeugter Calvinist. Gautier de Tournes war überdies Chef der *Âmes intérieures* (Innere Seelen) in Genf. Bei den Âmes intérieures handelte es sich um eine Gemeinschaft, die sich der Mystik und dem Quietismus[267] – einer Sonderform der christlichen Mystik – verschrieben hatte. Zu den Kernaussagen des Quietismus gehörte, dass der Mensch sein Ich völlig aufgeben und an Gott übergeben sollte, um danach in völliger Ruhe und in Gleichmut zu leben. Dies waren für Julie keine neuen Gedanken. Die Âmes intérieures waren in der zweiten Hälfte des 18. Jahrhunderts unter der Leitung des Schweizer Pfarrers Jean Philippe Dutoit (1721-1793) in Lausanne gegründet worden. Dutoits Werk *La Philosophie divine* (Die göttliche Philosophie) war Julie bestens vertraut, da es in Russland weite Verbreitung gefunden hatte. Auch Pastor Cellerier, dessen Predigten Julie einige Jahre früher tief angesprochen hatten, stand in enger Verbindung mit den Âmes intérieures.

Immer wieder kamen die Genfer Geistlichen in ihren Gesprächen auf Germaine de Staël zu sprechen, weil sie allesamt in Coppet ein und aus gingen. Ein privates Gespräch mit Germaine gehörte ebenfalls zu den erhofften Zielen von Julies Reise in die Westschweiz. Jedoch war sie sich bezüglich eines Treffens mit ihr unsicher, weil sie von Gott keine klaren Anweisungen erhalten hatte und viel Trennendes zwischen ihnen stand. In der Zustellung einer Einladung von Germaine sah Julie eine Antwort Gottes.

Am 7. Oktober kam es in Coppet zu einem klärenden Gespräch zwischen Madame de Staël und der Baronin von Krüdener. Sophie hielt in ihrem Tagebuch fest, dass Julie »überschwänglich von dem Frieden sprach, der ihr Herz ausfüllte«[268], woraufhin Germaine erwiderte, dass auch sie sich danach sehne, ihn aber nicht erhalten könne. Mit großer Hingabe nahm sich Julie während der fünf Tage auf Schloss Coppet der berühmten Salonnière an, die im Jahr 1808 eine innere Krise durchlebte. Religion und Politik, sowie deren gegenseitiges Verhältnis, waren zentrale Themen in Coppet. Anhänger unterschiedlicher Konfessionen standen dort in regem Austausch. So wurden im Schloss unter anderem die Werke der legendären Mystiker Fénelon und Madame Guyon studiert. Nicht alle waren begeistert über diese Veränderungen, wie ein Brief von Karl Viktor Bonstetten an seine Freundin Friederike Brun veranschaulicht:

> Nichts ist veränderter als Coppet. Du wirst sehen, die Leute werden alle noch katholisch, böhmisch, martinistisch, mystisch (…) und obenein wird alles deutsch. (…) Wenn die Staël allein im Wagen fährt, so liest sie Mystik! Nun repetiren sie ein biblisches Drama (…) Sollten wir je beisammen leben, so werde mir nur nicht mystisch. Auch die Krüdener ist durchgeflogen. Sie ist ganz närrisch und sprach mit der Staël nur von Himmel und Hölle.[269]

Viel zu schnell neigte sich die Zeit in der Westschweiz dem Ende zu. In einem Brief vom 15. Oktober 1808 schrieb Germaine rückblickend: »Madame von Krüdener verbrachte fünf Tage hier; sie hat sich geistlich völlig zu ihrem Vorteil verändert, ihre Religion hat mich berührt.«[270] Julie ihrerseits schrieb Madame de Staël am 15. Oktober 1808 von Lausanne aus einen langen französischen Brief. Darin war zu lesen:

> Der Mensch ist so groß inmitten seines Elends, dass ihm das herrlichste Glück, das er sich erträumen und auf Erden erlangen kann, nicht genügt (…). Oh, wie sehr braucht er etwas Größeres als er selbst, etwas Liebenswürdigeres als diejenigen, die er hier unten liebt! Wie sehr braucht er dieses unveränderliche, unwandelbare, unendliche, unerschöpfliche, in der Tiefe seiner Liebe unergründliche Wesen, in dem er ruhen kann, welches allein ihm die großen Antworten auf die großen Fragen gibt, die sich ihm stellen (…) Sie sind dafür geschaffen, Madame, diesem Gott zu gehören, welcher nach Ihnen verlangt (…) Wer Gott einen einzigen Moment gehört hat, kann keinen Gefallen mehr daran finden, Menschen zu hören, welche die Sprache nicht gelernt haben, die Er allein lehrt. (…) Nur diejenigen, welche durch Gott im Zentrum aller Wahrheit sind, welche diese große unsichtbare Kirche bilden, die keine Konfession trennt, werden uns niemals gespalten erscheinen. Sie werden sie immer vereint sehen (…) und nur sie (…) werden Ihr gesamtes Inneres aufwecken (…).[271]

Julies Brief machte schnell die Runde in der *Groupe de Coppet*. Zacharias Werner notierte am 22. Oktober in seinem Reisetagebuch: »Gang zur Stael, höchst interessantes Gespräch mit ihr, auf dem Grund eines ihr von der Krüdener geschriebenen schönen Briefes, über ihren Seelenzustand, den sie offenherzig schildert und die Mittel denselben zu verbessern.«[272] Caspar Voght schrieb in sein Tagebuch: »Freytag d. 21. kam ein schöner würklich mit Feuer und Beredsamkeit geschriebener Brief der Frau v. Krüdener«.[273] Julies missionarisches Auftreten in Coppet sorgte für reichlich Diskussionsstoff. Die Monate nach Julies Aufenthalt waren von einem intensiven Briefkontakt zwischen ihr und Germaine geprägt. Ein halbes Jahr später schrieb die resignierte Schlossbesitzerin:

> Das Leben, das Sie, Madame, dort bei sich zu Hause führen, ist köstlich und tief bewegend, und ich wünschte mir genügend Kraft, es Ihnen gleich zu tun. Aber meine Seele braucht Zerstreuung (...). Ich habe nicht die Herzensfülle in mir, die Sie auszeichnet (...).[274]

Berufungserlebnis, 1808

Am 19. Oktober 1808 kehrte Julie nach Markirch zurück. Die geistig anregende Atmosphäre von Coppet hatte sie dazu inspiriert, ihren neuen Roman *Othilde* möglichst schnell zum Abschluss zu bringen. Sie konnte es nicht erwarten, die missionarische Botschaft des Buches in die europäischen Salons zu tragen. Daneben vertiefte sich die baltische Baronin weiter in mystische Literatur, die sie aus Genf mitgebracht hatte. Vor allem das Leben von Madame Guyon (1648-1717) beeindruckte die Baltin zutiefst. Guyon war im Laufe ihrer Klostererziehung mit mystischem Gedankengut in Berührung gekommen. Nach einem Aufenthalt in Paris hatte sie 1681 in der Nähe von Genf die Leitung einer Gemeinschaft calvinistischer Konvertitinnen übernommen. Schließlich hatte sie dieses Amt zugunsten der Abfassung von mystischer Erbauungsliteratur niedergelegt, durch die sie zur wohl bedeutendsten Vertreterin des mystischen Quietismus wurde. Aufgrund ihrer Berufung war sie in Konflikt mit der katholischen Kirche geraten. Durch ihren wachsenden Einfluss auf Adlige machte sie sich am französischen Hof verdächtig. Im Jahr 1695 wurde sie in ein Kloster gesteckt und von 1698-1703 in der Bastille gefangen gehalten. In allen Schwierigkeiten des Lebens war es ihr jedoch gelungen, in der Liebe Gottes zu ruhen. Im 18. Jahrhundert war es zu einer engen Verbindung der Mystik mit dem Protestantismus und Pietismus gekommen. So bestand Guyons spätere Anhängerschaft zu einem großen Teil aus englischen und deutschen Protestanten. Auch Jung-Stilling gehörte dazu. Die Liebe Gottes zum Menschen sowie die menschliche Liebe zu Gott und das mystische Gebet wurden zu Grundpfeilern des späten Pietismus und der frühen Erweckung.

Ganz im Sinne ihres mystischen Vorbildes Guyon strebte Julie danach, ihre Selbstbezogenheit vollständig zu überwinden, um ganz im Wesen der reinen, göttlichen Liebe aufzugehen. Sie wurde getrieben von dem Verlangen, durch die völlige Hingabe des Ich noch in viel größerem Ausmaß dazu befähigt zu werden, die göttliche Liebe weiterzugeben. In einem Brief erklärte Julie: »Diese Liebe verbrennt in uns zu Asche, was noch Unreines oder Selbstsüchtiges im Herzen lebte. Sie ist allem äußeren und inneren Besitz entgegen und sieht denselben als einen Raub an. Sie will alles nur von Gott und für Gott haben.«[275]

Am 29. November 1808, im Anschluss an ein Abendessen mit ihren Töchtern, erlebte Julie einen geistlichen Durchbruch. Sie trat ein in den Zustand des verinnerlichten Herzensgebets, wie er in Madame Guyons Schrift *Moyen court et très-facile de faire oraison* (Kurzer und sehr leichter Weg zum inneren Gebet) beschrieben wurde: Diesen »äußersten Punkt der Meditation, wo das Geschöpf sich selber starb, um den Geist des Wortes in sich einzulassen«.[276] Juliette schrieb bewegt in ihr Tagebuch:

> Ich werde nicht sagen können, wie schön sie war, ich werde es nie vergessen. Mama war so ruhig, sie sprach wenig, sie war wie sanft eingeschlafen und ihr schöner Gesichtsausdruck lächelnd. Wir waren allein, Sophie und ich, und wir wurden nicht müde, sie anzuschauen (…). Es war etwas so Heiliges in diesem Zimmer, so große Ruhe und Erholung, niemals war eine Stunde so feierlich und so eindrücklich.[277]

Jung-Stilling gehörte zu den Ersten, denen Julie von ihrer besonderen Erfahrung erzählte. »Ich habe das Opfer meines eigenen Willens gebracht«, vertraute sie ihm am 1. Dezember 1808 in einem Brief an. Für Julie war dieses Erlebnis viel mehr als eine religiöse Erfahrung, es bedeutete für sie die lang ersehnte Klarheit im Hinblick auf ihre Zukunft. Sie gelangte zu der Überzeugung, dass sie von Gott zu einer ganz bestimmten Aufgabe berufen war. Später bestätigte sie mehrfach, dass sie im Jahr 1808 in den Vogesen den Willen Gottes über sich kennengelernt habe. Seit dem Jahr 1808 war sie sich ihrer Mission gewiss. Und sie wusste, dass diese im Zusammenhang mit Zar Alexander I. stand. Gespannt wartete sie die weiteren Entwicklungen ab.

Katharinenplaisir, 1809

In ihren Visionen hatte die Kummerin als Standort für die christliche Kolonie, die zu gründen sie als Fontaines Auftrag verkündet hatte, deutlich das Hofgut *Katharinenplaisir* bei Neu-Cleebronn erkannt. Julie war fasziniert von der Genauigkeit der Beschreibung, unwissend, dass die Kummerin lediglich heimatliches Gelände beschrieb. Trotz eindringlicher Warnungen von Jung-Stilling und seinen Freunden ließ sich Julie vorbehaltlos auf die Eingebung der Kummerin ein. Im November 1808 wurde das zwischen Bönnigheim und Cleebronn gelegene Hofgut Katharinenplaisir für ein Jahr gemietet. Fontaines, der zur Regelung dieser Angelegenheit von Julie nach Württemberg geschickt worden war, beschaffte für alle eine unbefristete Aufenthaltserlaubnis. Vor dem Einzug wurde das heruntergekommene Gut – auf Julies Kosten – für eine beachtliche Summe Geld renoviert. In Markirch wurden eifrig Vorbereitungen für den großen Umzug getroffen. Wie schon in der Vergangenheit in ihren Salons hielt Julie Ausschau nach vorbildlichen Geistlichen, die die neue Lebensgemeinschaft bereichern konnten.

Mit diesem Anliegen auf dem Herzen traf sich Julie Ende Januar 1809 mit Pfarrer Oberlin. Das Treffen fand in Villé, zu Deutsch *Weiler* statt, auf halbem Weg zwischen Markirch und Waldersbach. Julie wollte den Mann, von dem sie so viel Gutes gehört hatte, besser kennenlernen und ihn dazu überreden, ihr ins Katharinenplaisir zu folgen.

Der evangelische Pfarrer, Philanthrop, Sozialpionier und Sozialpädagoge Johann Friedrich Oberlin (1740-1826) hatte über Jahrzehnte dafür gesorgt, dass sich die Lebenssituation der Menschen im *Tal des Elends*, wie das Steintal als eines der unterentwickelsten Täler der Vogesen damals genannt wurde, nachhaltig verbesserte: Durch Obstanbau, die Förderung der Landwirtschaft, des Handwerks und der Industrie, durch Straßen-, Häuser- und Brückenbau sowie speziell durch sein sozialpädagogisches Wirken. Auf seine Initiative hin entstanden Kleinkinderschulen sowie ein komplettes Schulbildungsprogramm. Zur Erwachsenenförderung gründete er landwirtschaftliche Vereine und führte moderne Saat- und Anbaumethoden ein. Durch sein sozialpädagogisches Wirken eröffnete Oberlin auch Frauen einen Weg in die anerkannte Berufswelt. Dank seines unermüdlichen Wirkens erhielt das Steintal ein völlig neues Gesicht.

Wie sein Freund Jung-Stilling stand auch Oberlin in enger Korrespondenz und Verbindung mit den Herrnhutern. Er unterhielt aber auch zahlreiche Verbindungen zu Mystikern. Das Netzwerk des Steintalpfarrers war enorm. Er gehörte zu den Schlüsselfiguren bei der Entstehung und Ausbreitung vieler Bibel-, Missions- und Traktatgesellschaften. Seine Beziehungen reichten von Deutschland und der Schweiz bis nach Russland, London und Paris. Ein besonderes Anliegen war Oberlin die Förderung von Frauen. Seine langjährige Mitarbeiterin Louise Scheppler wurde als »erste Diakonisse der Neuzeit« bezeichnet. Besonders fasziniert war Oberlin von der Wissenschaft des Jenseits und der Lehre vom Zwischenreich, die gegen Ende des 18. Jahrhunderts – nicht zuletzt durch Jung-Stillings Geisterkunde – zu einem wesentlichen Bestandteil der pietistischen Eschatologie wurde. Oberlin legte größten Wert auf Vorahnungen, Visionen und Träume. Er sah in ihnen Zeichen des unmittelbaren Wirkens des lebendigen Gottes.

Oberlin übte einen tiefen Eindruck auf Julie aus. Sie bedauerte sehr, dass es ihr nicht gelang, dieses geistliche Vorbild für die Lebensgemeinschaft im Katharinenplaisir zu gewinnen. Er sah seine Platzzuweisung einzig im Steintal.

Ende März 1809 fand der Einzug in das Katharinenplaisir in Cleebronn statt. Fontaines hatte seine Stelle als Pfarrer von Markirch aufgegeben und kümmerte sich nun als Verwalter der Baronin um das Hofgut. Für Marie Kummer war die Rückkehr in die Heimat eine heikle Angelegenheit, da sie aus der Gegend verbannt worden war. Damit niemand sie erkannte, führte Fontaines sie auf seiner Personenliste als Gouvernante mit dem englischen Namen *Sorrow* (Kummer) auf. Er verbot ihr den Umgang mit Personen aus der Gegend und befahl ihr, sich zu verschleiern. Die Kolonie im Katharinenplaisir bestand – ohne Angestellte und kleine Kinder – aus Julie, Juliette, Sophie, ihrem Ehemann Francisco d'Ochando, Fontaines und seiner Frau, Fontaines' Schwester Augusta und ihrem Ehemann Wepfer sowie Marie Kummer und ihrem verwitweten Schwager David Schmidhuber mit seinen erwachsenen Söhnen. Sie alle lebten auf Julies Kosten. Obwohl Sophie lange Zeit zur Mutter hielt, kam es im Katharinenplaisir zu einem Bruch. Vergeblich versuchte sie ihrer Stiefmutter die Augen dafür zu öffnen, dass ihre Naivität und Gutmütigkeit schamlos ausgenutzt wurde. Julie reagierte heftig und nahm Marie Kummer und Fontaines in Schutz, obwohl die Verbindung mit den beiden auch für Julie nicht ohne Enttäuschung blieb. Nur ihrem Tagebuch vertraute sie die inneren Spannungen an, die sie in ihrem neuen Domizil durchlebte. Ansonsten ging es im Katharinenplaisir mit größter Ordnung zu. Seine Bewohner lebten sehr zurückgezogen. Unter der Woche hielt Fontaines jeden Abend eine Bet- und Singstunde, am Sonntag gab es eine Erbauungsstunde. Die Kummerin betätigte sich als Betreuerin von Fontaines Kindern.

Ganz unerwartet erhielt Julie im Katharinenplaisir einen liebevollen Brief von Philippes Vater. Ihr ehemaliger Geliebter Hippolyte Terray hatte im Sommer 1806 nach bloß sechs Jahren Ehe seine 25-jährige Gattin Claire-Marie Morel de Vindé verloren. Nun waren Hippolyte und Julie beide verwitwet und frei, über eine neue Bindung nachzudenken. Der Brief brachte Julie völlig aus dem Gleichgewicht und wühlte sie zutiefst auf. Eine Eheschließung mit Hippolyte hätte eine radikale Veränderung von Philippes Schicksal bedeutet. Er wäre nicht länger ein recht- und heimatloses, außereheliches Kind gewesen, sondern hätte endlich die Wahrheit über seine Herkunft erfahren und bei seinen leiblichen Eltern aufwachsen dürfen. Julie war innerlich zerrissen und sprach auch mit Fontaines über Hippolyte, welcher einst einen so großen Einfluss auf ihr Schicksal gehabt hatte. Am 29. März 1809 schrieb sie in ihr Tagebuch:

> Ich habe Terray heute Morgen geschrieben. Ahnt er, dass der Himmel uns zusammenführen möchte? Mein Herz fürchtete noch den für mich schrecklichen Gedanken einer Eheschließung. Ach! wie ich die Bindungen der Erde fürchte, und die Männer, und ihre traurigen Leidenschaften. Aber, o mein Gott, was du zusammenfügst erhält von dir das Leben (...).[278]

Die gefürchtete Entscheidung blieb vorerst aus. Aber der Briefkontakt mit Hippolyte vertiefte sich und wurde Julie ein großer Trost in den Umbrüchen der Folgezeit.

Im April 1809 brachte Julie ihr Romanprojekt *Othilde*, eine fromme Darstellung der letzten Kreuzzugskämpfe des 15. Jahrhunderts, zum Abschluss. Im Vorfeld hatte sie bereits verschiedene Verhandlungen hinsichtlich einer Publikation geführt. Doch dann wurde ihr im Frühling 1809 druckfrisch aus Straßburg Chateaubriands Prosa-Epos überbracht: *Les Martyrs, ou le Triomphe de la religion chrétienne* (Die Märtyrer, oder der Triumph der christlichen Religion). Diese Neuerscheinung machte Julies Pläne mit einem Schlag zunichte. Chateaubriands Werk über die Märtyrer wies unzählige Ähnlichkeiten mit ihrer *Othilde* auf, von Charakteren über Ereignisse und Handlungen bis hin zu Lokalisierungen. Julie war überzeugt, dass man sie im Fall einer Publikation des Plagiats verdächtigen würde. Diesen Verdacht wollte sie auf keinen Fall erregen. Daher sah sie von einer Publikation ab.

Letzten Endes war es die Kummerin, die die Auflösung der Kolonie verursachte, indem sie sich dem Cleebronner Jacob Zizelmann zu erkennen gab. Jener verbreitete die Neuigkeit von ihrer Rückkehr, bis die Nachricht schließlich am württembergischen Hof landete. Dies führte am 1. Mai 1809 zu Marie Kummers Verhaftung. Julie war tief betroffen und wollte sogar 500 Louisdor dafür bezahlen, dass man sie anstelle der Freundin verhaftete. Julie und Fontaines erhielten einen Ausweisungsbefehl. Die Baltin ließ nichts unversucht und wandte sich in einem Schreiben an König Friedrich I. mit der Bitte, seine Entscheidung rückgängig zu machen. Der König antwortete in aller Höflichkeit, hielt aber an seinem Entschluss fest. Die Kolonie wurde aufgelöst und ihre Bewohner des Königreichs Württemberg verwiesen. Am 12. Mai 1809 nahmen Julie und Juliette für immer Abschied vom Katharinenplaisir.

Freundschaft mit Napoleons Familie, 1809

Im benachbarten Großherzogtum Baden erfuhren Julie und ihre Begleiter eine herzliche Aufnahme durch Napoleons liebenswürdige Adoptivtochter Großherzogin Stéphanie (1789-1860). Mit großer Herzlichkeit versuchte man, Julie für die Härte des Königs von Württemberg zu entschädigen. Stéphanie Napoléon, wie sie von vielen genannt wurde, war mit ihren 19 Jahren zwei Jahre jünger als Juliette.

Im Revolutionsjahr 1789 in Versailles geboren, hatte die zukünftige kaiserliche Prinzessin Stéphanie nur zwei Jahre nach der Geburt ihre junge Mutter verloren. Ihr spielsüchtiger und gewalttätiger Vater, ein Comte de Beauharnais, hatte keinerlei Interesse an seiner Tochter und überließ sie ihrem Schicksal. Die zehnjährige Irrfahrt des kleinen Mädchens fand erst im Jahr 1802 am Hof des Ersten Konsuls ein Ende. Napoleons Gattin Joséphine hatte vom Schicksal der Nichte ihres ersten Mannes erfahren und sich für sie eingesetzt. Nur zu gern hatte der lieblose Vater seine 13-jährige Tochter zu einem Höchstpreis an die reiche Verwandte verkauft. Joséphine wurde dem Mädchen wie eine Mutter. Auch Napoleon schloss das neue Familienmitglied sofort ins Herz. Durch die Adoption wurde die wunderschöne Stéphanie zu einer kaiserlichen Prinzessin. Stéphanies tiefe Liebe zu ihren Adoptiveltern blieb bestehen, auch als ihr Adoptivvater sie aus politischen Gründen mit dem Erbprinzen von Baden vermählte. Von der großherzoglichen Familie in Karlsruhe war die neuvermählte kaiserliche Prinzessin, nun die erste Dame am badischen Hof, zunächst eher kühl aufgenommen worden.

Den napoleontreuen französischen Freunden Bignon und Norvins war es zu verdanken, dass sich die kleine Gruppe um Julie in einem einfachen Haus im Tal unterhalb des Klosters Lichtenthal in Baden-Baden niederlassen konnte. Nach und nach sprach sich herum, dass die baltische Baronin ein Herz für Arme und Notleidende hatte und niemanden von sich wies, der Hilfe brauchte. So kam es immer häufiger vor, dass Arme und Notleidende direkt vor Julies Türe standen, um von ihr Hilfe zu erbitten. Während sich Julie und Juliette voller Hingabe um die Hilfesuchenden kümmerten, trafen auch immer wieder Boten ein, um der Baronin Einladungen vom Hof zu überreichen. So bewegte sich Julie auch hier – wie bereits in Preußen – in dem für ihren Dienst so charakteristischen Spannungsfeld zwischen den Ärmsten und den Mächtigsten.

Am 20. Mai 1809 erwähnte Julie in ihrem Tagebuch den Besuch eines russischen Ministers, der ihr die Nachricht übermittelte, dass Prinzessin Stéphanie entzückt wäre, sie am kommenden Tag für drei Stunden zu empfangen und dass auch Königin Hortense sie schon lange kennenlernen wollte. Julie freute sich sehr über die Einladung und brannte vor Neugier, ein weiteres Familienmitglied der napoleonischen Kaiserfamilie kennenzulernen.

Hortense Eugénie de Beauharnais (1783-1837) war eine Tochter aus der ersten Ehe von Napoleons Gattin Joséphine. Gemeinsam mit ihrem zwei Jahre älteren Bruder Eugène wuchs sie bei ihrer Mutter auf und wurde später von Napoleon adoptiert. Sie war Napoleons Stieftochter, Adoptivtochter und später auch seine Schwägerin. Mit 18 Jahren heiratete sie auf Wunsch ihrer Mutter Napoleons jüngeren Bruder Louis Bonaparte und wurde an seiner Seite Königin des von Napoleon I. für seinen Bruder geschaffenen Königreichs Holland. Hortense folgte ihrem Gemahl jedoch nur widerwillig nach Holland und wurde dort nie heimisch. Die Königin hielt sich lieber am Pariser Hof auf und bevorzugte die Nähe zu ihrer Mutter oder ihrem Stiefvater Napoleon Bonaparte, dessen glühende Verehrerin sie zeitlebens blieb. Sie bewunderte seine Tapferkeit und Klugheit. Wo immer Königin Hortense in Erscheinung trat, sammelte sich ein gesellschaftlicher Kreis um sie. Sie beherrschte nicht nur die Kunst der Unterhaltung und die Pflege der Salonkultur, sie hatte auch eine goldene Regel für die Konversation im Salon herausgegeben.[279] Sie war künstlerisch begabt, zeichnete, dichtete und komponierte.

Julie nahm die Einladung an und wurde am 21. Mai von Prinzessin Stéphanie und Königin Hortense empfangen. Vor allem mit Hortense fühlte sich Julie auf Anhieb verbunden. Bereits bei ihrem ersten Treffen gewährte die Königin Julie tiefe Einblicke in ihr Herz. Am Abend des 21. Mai 1809 ließ Julie das Gespräch mit Stéphanie und Hortense in ihrem Tagebuch Revue passieren und ergänzte zu Hortense in einer Klammer: »diese Königin interessiert mich, ich mag sie«.[280]

Zudem schlug Julies Mutterherz höher bei all den Lobreden auf ihren Sohn Paul, den attraktiven Botschaftsangestellten in Paris, den Königin Hortense und ihre Begleiterinnen am napoleonischen Hof persönlich kennengelernt hatten. Die russische Botschaft in Paris stand neu unter der Leitung des bewährten Botschafters Alexander Borissowitsch Kurakin. Voller Mutterstolz schrieb Julie am 25. Mai 1809 an Madame de Staël in Coppet: »Die Königin und die Damen, die sie umgaben haben mir viel Gutes von Paul erzählt. Man finde ihn charmant, geistreich, voller Anmut.«[281] Er habe diesen Damen alle Tänze des Nordens beigebracht, indem er selbst wie ein Engel tanzte. Den ganzen Tag arbeite er hart für Prinz Kurakin und die ganze Nacht tanze er.

Die Begegnung mit der badischen Prinzessin und der Königin von Holland endete für Julie mit einer Einladung zur Abendgesellschaft im königlichen Salon. Dort bildete Julie zusammen mit Napoleons Töchtern Stéphanie und Hortense den Mittelpunkt. In erlauchter Runde durfte Julie aus ihrem neuen Roman *Othilde* vorlesen. Die Zuhörerinnen waren begeistert. Im Verlauf des Gesprächs zitierte Julie aus ihrem frommen Werk folgende Worte: »Bis jetzt habt ihr nur für die Welt gelebt, ihr habt nur einen Menschen geliebt, und ihr habt nichts gemacht für diesen Gott, der so viel für euch getan hat. Wagt ihr zu wünschen zu sterben?«[282] Daraufhin brach Hortense in Tränen aus und auch Prinzessin Stéphanie weinte. Überhaupt war Julies neuer Roman *das* Gesprächsthema. Nicht nur der badische, auch der preußische und russische Hof wussten um die Existenz des Romans und erwartete gespannt dessen Publikation. Zarin Elisabeth von Russland, die Gemahlin von Zar Alexander I., schrieb im Sommer 1809 an ihre Mutter, die Markgräfin von Baden, dass sie ungeduldig auf die Erscheinung des neuen Romans von Frau Krüdener warte, dass sie aber befürchte, dass die Verfolgungen durch den König von Württemberg die Herausgabe verzögerten.

Schnell gehörte Julie zum festen Kreis der badischen Hofgesellschaft um die beiden hochadligen Damen. Zum Kern der Gesellschaft gehörten auch Bignon, Norvins, der Prinz von Tarent und weitere. Baron de Norvins war am badischen Hof mit diplomatischen Aufgaben betraut. Der Historiker und spätere Verfasser einer bekannten Geschichte Napoleons war von Julie überaus beeindruckt. Mit viel Taktgefühl machte er der wenig älteren 44-jährigen Baltin den Hof. Im Juli 1809 unterbreitete Norvins Julie zudem den Vorschlag, mit ihm zusammen ein literarisches Werk zu schreiben. Julie lehnte sein Angebot ab, indem sie erklärte:

> Ich bevorzuge es, denen zu dienen, die man unterdrückt, mich für diejenigen einzusetzen, die man verfolgt, sogar meinen Ruf, mein Vermögen und mein Leben herzugeben, wenn es sein muss, um eine Aufgabe zu erfüllen, zu der ich mich von Gott berufen glaube![283]

Königin Hortense schloss die baltische Baronin so sehr ins Herz, dass sie sie am liebsten nach Paris mitgenommen hätte, was Julie dankend ablehnte. Auf Wunsch der holländischen Königin blieb die Baronin aber während Hortenses gesamtem Aufenthalt im Raum Baden-Baden. Damals entwickelte sich auch eine enge Freundschaft zwischen Julie und der Vorleserin der Königin: Louise Cochelet. Louise war neben Vorleserin auch Ehrendame, engste Vertraute und Freundin der Königin. In Zeiten der örtlichen Trennung war sie, die ebenfalls eine tiefe Bewunderung für die baltische Baronin hegte, das Bindeglied zwischen Julie und Hortense. Julie stattete Hortense und Louise tägliche Besuche ab und las ihnen Passagen aus *Othilde* vor, worüber die Königin und ihre Vorleserin begeistert waren. In einem Brief an Germaine de Staël nannte Julie die Königin ihrerseits »eine der interessantesten Frauen, der sie in ihrem Leben begegnet war«.[284] Gemeinsam genossen sie ausgedehnte Spaziergänge in der herrlichen Gegend. Julies Tagebucheinträge bildeten das Echo ihrer langen Gespräche. Am 26. Mai 1809 hielt sie fest, wie sie der Königin die Schönheit der Religion der Liebe und die damit verbundene Aufgabe erläutert hatte: »Für die anderen zu leben, das ist die Religion der Liebe!«[285] Drei Tage später notierte die Baronin, dass sie Hortense von dem »großen Geheimnis« erzählt hatte, »zu Gott zu gehen wie zu einem Vater, zu demjenigen, der gesagt hat: ›Ich bin der Weg und das Leben, und die Wahrheit, und niemand kommt zum Vater denn durch mich‹[286] (…).«[287]

Als besonderes Zeichen der Freundschaft erhielt Julie von Königin Hortense – wie bereits zuvor von Königin Luise – einen

Ring. Auf dem Korrespondenzweg gelang es Julie, ein Band der Freundschaft zwischen der Königin von Holland und der Königin von Preußen zu knüpfen. Der gegenseitige Respekt der Königinnen war umso erstaunlicher, wenn man bedenkt, dass Luise von Preußens Leben von Napoleon I. zerstört worden war, dem Mann, den Hortense als ihren Stiefvater und Schwager zeitlebens zutiefst verehrte, auch wenn sie sein Handeln nicht immer guthieß.

Schließlich reiste Königin Hortense nach Paris zurück. Ende August 1809 erhielt Julie von der Königin eine Einladung dorthin, weil ihre Mutter – Kaiserin Joséphine – sie zu sehen wünsche. Julie war es nicht möglich, dieser Bitte nachzukommen. Aber sie hegte Kaiserin Joséphine gegenüber große Sympathien. Jene erfuhr wenige Tage später von ihrer bevorstehenden Scheidung von Napoleon Bonaparte.

Wirken in Baden, 1809/1810

Nach der Abreise von Königin Hortense kehrte für Julie etwas mehr Ruhe ein. Ihren Gewohnheiten als Salonnière entsprechend, fanden sich in ihrem Haus in Lichtenthal regelmäßig Stammgäste zu Salonanlässen zusammen. Immer häufiger nutzte Julie diese Gelegenheit dazu, ihre Gäste mit der Botschaft des Evangeliums zu konfrontieren.

Neben dem Dienst an Notleidenden war ein großer Teil des Tages der Korrespondenz gewidmet. Ein herzlicher Briefkontakt verband Julie nach wie vor mit der Königin von Preußen. Die Zeit in Königsberg und die gemeinsamen Stunden in den Kriegslazaretten hatten ein enges Band der Freundschaft zwischen den beiden Frauen geknüpft. Am 2. April 1810 schrieb Juliette in ihr Tagebuch: »Mama erhielt einen so reizenden Brief unserer werten und sehr geliebten Königin, einen so christlichen, so ergreifenden, so demütigen Brief. (…) Sie fragt, ob wir ihre Ringe tragen!«[288] Was für ein Schock, als Julie dreieinhalb Monate später die traurige Nachricht erreichte, dass Luise von Preußen im blühenden Alter von 34 Jahren einer Lungenentzündung erlegen war! Traurig schrieb Julie an Louise Cochelet, die Vorleserin von

Königin Hortense: »Ich liebte sie sehr, diese vortreffliche Frau!«[289]

So vergingen mehrere Monate im Großherzogtum Baden. Als Salonnière bemühte sich Julie eifrig darum, ihren zahlreichen Beziehungen gerecht zu werden. Besonders die Freunde am Genfersee lagen ihr am Herzen. Darunter Germaine de Staël. Germaine bat Julie darum, bei ihrem nächsten Besuch ihren neuen Roman mitzubringen, was die Baronin zu tun versprach.

Die meisten Briefe gingen nach Genf zu Antonie. Und genauso viele kamen zurück. Julie konnte nicht genug von Philippes Entwicklung hören. Mit allen Fasern ihres Herzens sehnte sie sich nach einem Wiedersehen. Was Hippolyte und seine Frage nach einer Wiedervereinigung oder gar Eheschließung betraf, hatte sich Julie nach vielen inneren Kämpfen zu der Entscheidung durchgerungen, dass der Auftrag, den Gott ihr aufs Herz legte, unvereinbar mit einer neuen Verheiratung war. Müde von der Warterei begann Hippolyte eine Beziehung mit der 23-jährigen Mademoiselle Marie-Léontine d'Ainval de Branche, die er 1811 heiratete. Philippe blieb in Genf bei Madame Armand und ahnte nichts von den Überlegungen seiner leiblichen Eltern. Julie zerbrach sich den Kopf über das Schicksal und die Zukunft von Philippe. Sie hätte es gerne gesehen, wenn ihr jüngster Sohn in ihrer Nähe oder zumindest in Verbindung mit ihrer Familie aufgewachsen wäre. Es war ihr ein großes Anliegen, dass ihr zwölfjähriger Sohn eine gute Ausbildung erhalten würde. Am 14. März 1810 schrieb sie an Armand:

> Ich würde mich auch gerne mit ihnen zusammenschließen; erwarten wir stillschweigend dieses Glück. (...). Mein Bruder hat sich in Moskau niedergelassen; wenn der Herr es will, könnte er ihm sein Haus anbieten; es hat dort einen Hauslehrer bei den Jungen, welcher ein außerordentlich fähiger Mann ist (...).[290]

Während ihrer Zeit im Großherzogtum Baden klärte sich für Julie ihr weiterer Weg. Das Berufungserlebnis hatte sie nach jahrelanger Unruhe die innere Überzeugung einer göttlichen Bestimmung finden lassen. Zunächst war sie zurückhaltend damit, ihre Gedanken mit anderen zu teilen. Mitte Oktober 1808 hatte sie in einem Brief aus Lausanne an Germaine de Staël noch geschrieben: »Ich weiß zu gut, dass Worte nichts bewirken und ich spreche selten in Gesellschaft von diesen großen Dingen.«[291] Doch mit der Zeit wurde Julies Verhalten immer offensiver. Mutig und bestimmt trat sie für die Botschaft des Evangeliums ein, auch wenn sie dafür Spott erntete. In jener Zeit erlangte sie auch Gewissheit, dass Gott ihr die Gabe geschenkt hatte, zukünftige Ereignisse vorauszusehen. Überrascht schrieb sie in ihr Tagebuch: »Meine Stimme ist prophetisch!«[292]

Die Nachricht von einer schweren Erkrankung ihrer Mutter zwang Julie zum Aufbruch. Julies Verehrer Jacques de Norvins, der im Dienste des Großherzogs von Baden stand, bedauerte die Abreise der Baltin und ihrer Tochter sehr. Er stellte den beiden Edeldamen im Hinblick auf ihre Zeit im Großherzogtum Baden folgendes Zeugnis aus:

> Frau und Fräulein von Krüdener waren in allen Dingen von einer leidenschaftlichen Liebe zum Guten beseelt, ohne Anspruch, ohne Intoleranz, ohne viel Aufhebens zu machen, ohne Eitelkeit. Sie waren Urchristinnen, welche die Bibel wörtlich genommen hatten. Die Nächstenliebe, die Ergebenheit, die Vergebung von Beleidigungen und Demut waren ihre praktischen Tugenden. Ich fand sie oft fröhlich beim Nachtessen mit schwarzem Brot, weil sie ihre Abendmahlzeit Armen überlassen hatten (…). Indem sie ihr Vermögen als Erbe all derer ansah, die es nötig hatten, gab Frau von Krüdener bis zu dem Punkt, wo sie selbst in Geldverlegenheit geriet; aber ihre Nächstenliebe beschränkte sich nicht auf materielle Hilfe; es war der Trost der Herzen (…). Demütig mit den Kleinen, zeigte Madame von Krüdener keine Verlegenheit mit den Großen und sprach mit ihnen über das Evangelium in vollkommener Freiheit. Eine hohe Intelligenz, eine lebhafte Sensibilität, ein sehr breites Allgemeinwissen, die Kenntnisse von Französisch, Deutsch, Englisch, Russisch und Italienisch, welche sie mit einer seltenen Leichtigkeit sprach und schrieb, nicht zuletzt ihr feines Taktgefühl schafften ihr Zugang zu den kultiviertesten Geistern. (…) Oft habe ich bedauert, dass unsere Unterhaltungen keine Zeugen hatten, die imstande waren mit mir die Erhabenheit des Gedankens und die Würde des Gefühls dieser beiden bemerkenswerten Frauen zu bewundern.[293]

Religiöser Salon in Riga, 1810/1811

Die Reise nach Riga erfolgte im August 1810. Julie war dankbar dafür, dass die Milde der Jahreszeit die lange und beschwerliche Reise erträglicher machte. Ihre Freude über das Wiedersehen mit Familienmitgliedern und Freunden wurde überschattet vom kritischen Gesundheitszustand der Mutter. Nichts täuschte über die Tatsache hinweg, dass Anna Ulrike ihre letzte Wegstrecke angetreten hatte. Leidenschaftlich erzählte Julie ihrer Mutter von der Freude und dem Frieden, die ihr Herz erfüllten. Julies größter Wunsch jener Tage erfüllte sich: Durch ihr Zeugnis fand auch ihre Mutter zum Glauben an Jesus Christus. Ebenso ihr Bruder Christoph Burchard von Vietinghoff, der über den Großteil der Vietinghoff'schen Anwesen gesetzt war. Julie war stolz auf ihren jüngeren Bruder, welcher sich als Großgrundbesitzer, kaiserlich russischer Kammerherr, livländischer Geheimrat und Mitglied verschiedener akademischer Gesellschaften von Sankt Petersburg hohes Ansehen in ganz Livland erworben hatte.

Am 16. Januar 1811 machte Anna Ulrike Gräfin von Münnich und Baronin von Vietinghoff ihren letzten Atemzug. Ihre drei verbliebenen Kinder – Dorothea, Julie und Christoph – und ganz Riga trauerten um den Verlust einer beeindruckenden, großzügigen und selbstlosen Frau. Nach dem Tod der Mutter wurde Julie mehrere Monate wegen Nachlassregelungen in Riga festgehalten. Dies brachte die Möglichkeit mit sich, die Freundschaften mit ihren Herrnhuter Freunden in Riga, allen voran mit Madame Blau, zu erneuern. Parallel dazu übernahm Julie die Leitung des Familiensalons in Riga, der jahrelang unter der Führung ihrer Mutter gestanden hatte.

Unter Julies Initiative entwickelte sich der heimische Familiensalon zu einem religiösen Salon mit stark missionarischem Charakter. Die Krüdener'schen Salonabende in Riga wiesen ihrem Inhalt und ihrer Form nach große Ähnlichkeiten mit anderen religiösen Zusammenkünften auf. Nach dem Teetrinken im Salon wurden Bibeltexte vorgelesen und anschließend erklärt. Danach kniete man sich zum Gebet nieder. An einigen Abenden wurde auch das Abendmahl genommen. Dazu stellte man sich im Kreis auf und reichte einander wortlos und ehrfürchtig Brot und Wein. Gelegentlich wurden Choräle gesungen, deren Texte und Musik von Julie ausgewählt worden waren. Diese freie Gestaltung des Abendmahles führte zu einigen Diskussionen in Riga. Immer wieder schlossen sich Besucher der Salonabende vom Abendmahl aus, weil sie religiöse Bedenken hatten, das Abendmahl aus Laienhand zu empfangen.

Gäste, die nur gelegentlich erschienen und lediglich den Andachten beiwohnten, wurden klar von den Habitués unterschieden, die dem engeren Kreis der Gesellschaft angehörten und folgende Lehrmeinungen von Julie teilten: Die Habitués hielten es für einen Missbrauch, das Abendmahl nur zu gewissen Zeiten und nur von Geistlichen austeilen zu lassen. Ihrer Meinung nach entsprach es vielmehr der göttlichen Absicht, dass dort, wo einige Christen versammelt waren und sie ein Verlangen danach spürten, einer dem anderen das Abendmahl zur Erinnerung an Jesus reichte. Des Weiteren nahm das Gebet einen zentralen Stellenwert ein. Sie glaubten, dass das Gebet stärker als jede unheilbare Krankheit und jede Not war. In Übereinstimmung mit der Herrnhuter Brüdergemeine waren sie außerdem davon überzeugt, dass man durch das Aufschlagen der Bibel anhand eines Bibelverses sein Schicksal voraussehen oder einen Rat einholen konnte.

Zu den wichtigsten Habitués des Krüdener'schen Salons in Riga gehörten Julies Freundin Katharina Blau und Heinrich Gottfried Oberlin (1778-1817), der 32-jährige Sohn von Julies Elsässer Freund Pfarrer Oberlin. Heinrich Oberlin stand seit dem Jahr 1808 als Hauslehrer im Dienst des russischen Obersts Richter. Nachdem er Julie in Riga kennengelernt hatte, wurde er zu ihrem eifrigen Schüler. Er, der Pfarrerssohn aus dem Steintal, bezeugte später, dass er erst durch sie wirklich »erweckt« wurde, und konnte nicht aufhören, ihr für diese empfangene Wohltat zu danken. Am 22. September 1811 schrieb er einem Bruder in Bezug auf Julies Einfluss: »Ihr verdanke ich meine moralische und intellektuelle Regeneration! Durch sie wollte mein Erlöser mich enger mit Ihm vereinen, um aus mir zu seiner Zeit ein Instrument seiner allmächtigen Hand zu machen.«[294] Julie motivierte den jungen Mann dazu, sich mit der Offenbarung und dem Weltende auseinanderzusetzen und ließ ihn die Ergebnisse seines Bibelstudiums im Salon präsentieren.

Faszinierend an der Gästeschar in Julies Salon war, dass sich die Standesgrenzen vermischten. Ohne formelle Einladungsschreiben stand der Krüdener'sche Salon möglichst vielen Interessierten offen. Frauen und Männer aller Stände und Berufszweige waren vertreten, »der livländische Adel, der Beamte, der Kaufmann, der Handwerker (...), Alte und Junge, Frauen und Jungfrauen, Mühselige und Beladene, aber auch (...) gelegentliche Gäste, die die Neugier in die Versammlung getrieben hatte«.[295] Adlige saßen neben Putzfrauen und Schuhmachergesellen. Einfache Angestellte wurden ebenso herzlich in der Runde aufgenommen wie der Russischlehrer, der katholische Maler und der englische Kaufmann.

Der Krüdener'sche Salon wurde zum Stadtgespräch. Die Bandbreite der Reaktionen reichte von großem Respekt bis hin zu beißendem Spott. Beispielhaft für Letzteres ist die Korrespondenz der deutschen Schauspielerin Henriette Hendel-Schütz mit ihrer Freundin Johanna Motherby. Henriette, welche Anfang 1812 von Sankt Petersburg nach Riga reiste, kündigte ihrer Freundin gleich zu Beginn ihres Briefes vom 12. Februar 1812 an, dass sie etwas von »Frau Grüdener« zu berichten wisse, worüber sie lachen werde. Henriette beschrieb, dass sich »diese Grüdener« in Riga nur lächerlich gemacht habe mit ihren Gesellschaften, welche man auch »Thränen-Société, Seufzer-Colonie, und Lauwasser-Ressource« nannte, weil es so emotional und tränenreich zuging. Im Brief amüsierte sie sich köstlich über die fromme Sprache, die man angeblich im Salon Krüdener zu hören bekam. Vor allem die Tatsache, dass die Salongesellschaft keine Standesschranken respektierte, war den noblen Beobachtern von Riga ein Dorn im Auge. Henriette wusste über die Baronin zu berichten:

> Sie ist nur unter dem Namen der verrückten Ministerin bekannt, und hat in Riga, in ihrem Hause, die Woche dreimal gepredigt, sage gepredigt, vor einer Versammlung von Bierknechten aus einem Wirthshause vor Riga, Schustern, Schneidern, Leinewebern, getauften Juden, die Christen wurden, weil sie sich dadurch von der Strafe für vergangene Verbrechen befreiten – Russen, die Hasenfelle aufkauften, und dergleichen Gesindel. Merkwürdig ist dabei, dass unter dieser Versammlung auch nicht *ein* rechtlicher Bürger – wie behauptet wird – gewesen ist, sondern lauter bankerotte Spitzbuben.[296]

Die Schauspielerin sah in Julies Verhalten und ihrem Versuch »eine fromme Christin« zu spielen, einen Affront gegen die Weiblichkeit. Abgestoßen von Julies Beispiel, wollte sie verhindern, dass sie und ihre Freundin je so enden würden:

> Wir wollen uns aus der Ferne die Hand drauf reichen, ewig dieser heiligen Stimme in uns würdig zu bleiben, lieber uns mit unsern Fehlern und Schwachheiten (wenn wir deren hätten) zeigen, (…) und durch unsere Aufrichtigkeit, Treue, vernünftige Sorge für unsere Kinder und Natürlichkeit beweisen, dass wir Gott dienen und lieben, als durch eine solche empörende, aller Weiblichkeit, aller Schaam und aller Mutterpflicht Hohn sprechende, aberwitzige Rolle, wie diese Frau um des Ruhmes willen spielt, eine fromme Christin zu sein; als *ob das je* ein Ruhm sein könnte, was eine Pflicht ist, und was jeder unverdorbene Mensch von selbst thut.

Die Baronin von Krüdener habe schließlich dem Spott weichen und Riga verlassen müssen, schloss Henriette ihre wortreiche Schilderung an Johanna. Sie bat die Freundin in der Heimat, ihren Brief auch dem Schriftsteller Max von Schenkendorf vorzulesen, damit ihm die Augen über diese Frau, die er so verehrte, geöffnet würden. Dieses Vorhaben verfehlte die erhoffte Wirkung. Schenkendorfs Reaktion vom 18. März 1812 war seine Verärgerung über Henriette Hendel-Schütz anzumerken:

> Uebrigens hat Ihr Brief an die gute Motherby mich denn doch gekränkt, der Tiraden wegen gegen die herrliche, zarte, lieberfüllte und liebeausströmende Frau v Krüdener, die (…) Sie doch gar nicht kennen, und dennoch so hart verurtheilen. Gerade als wenn man Sie nach dem beurtheilen sollte, was Königsberger Kaufleute von Ihnen sagen, und nun gar Rigasche Kaufleute. Ich habe Sie wirklich ein Paar Tage dafür gehasst (…).[297]

Henriettes spöttischem Urteil stehen die Ergebnisse einer Untersuchungskommission gegenüber, die einige Monate später in einer anderen Sache ermittelte und zum Schluss kam, dass die Krüdener'schen Betgesellschaften einen großen Teil »zur Anregung und Verbreitung religiösen Sinnes in Riga«[298] beigetragen hatten.

Nachdem der Nachlass der Mutter im Herbst 1811 geregelt war, hielt Julie nichts mehr in Riga. Sie traf Vorbereitungen für die Rückkehr nach Süddeutschland. Vor ihrem Weggang vertraute sie ihrer baltischen Freundin Katharina Blau die Fortführung ihres Salons an. Madame Blau stürzte sich mit viel Eifer in die neue Aufgabe, wobei Heinrich Oberlin sie tatkräftig unterstützte.

Reise nach Süddeutschland, 1811/1812

Die Reise von Riga nach Karlsruhe wurde mehrfach unterbrochen. Der erste Zwischenstopp erfolgte in der preußischen Stadt Königsberg, in der Julie mehr als vier Jahre zuvor in den Kriegslazaretten gewirkt hatte. Julie und Juliette verbrachten zwei Monate in der vom Krieg schwer gezeichneten Stadt. Sie freuten sich daran, alte Bekanntschaften aufzufrischen, unter anderem mit Julies geistlichem Vater Borowski, mit Max von Schenkendorf oder Julies Freundin Henriette Barclay. Henriettes Gatte hatte in der Zwischenzeit Selbstmord begangen. Nachdem die offizielle Trauerzeit verstrichen war, begann Max von Schenkendorf, der die Salonnière schon immer unverhohlen verehrt hatte, um sie zu werben. Am 9. November 1811 fand die Verlobungsfeier der beiden statt. Wenig später setzten die Damen Krüdener ihre Reise fort. Sie verließen Königsberg in Begleitung von Henriette Barclay, die mit ihnen nach Karlsruhe reisen wollte, und Max von Schenkendorf, der die Damen bis zur nächsten Station begleitete.

Die nächste Zwischenstation war die Herrnhuter Niederlassung Gnadenfrei. Dankbar dafür, die beschwerliche Winterreise unterbrechen zu können, ließen sich die Damen vom Dezember bis Februar 1812 im niederschlesischen Dorf Gnadenfrei (heute *Piława Górna* in Polen) nieder. Ein Brief vom 5. Januar 1812 an eine Bekannte in Königsberg gibt Julies Eindrücke von Gnadenfrei wieder:

> Es ist ein sehr lieber Ort, wo sehr viele köstliche Seelen wohnen, obgleich wie Sie wissen, ich das zu sehr Beengte in Formen nicht liebe, weil Christi Geist *groß* und *frei* ist. Auch die Gemeinde finde ich sehr erkaltet in der wahren Liebe, und der fürchterliche Geist der Zeit-Kälte ist bis hierher gedrungen. – Doch ist im Ganzen vieles schön und der Grund ist der einzig wahre Christus der Gekreuzigte. Es giebt hier viel köstliche Seelen von großem Geist und Bildung, viele Französinnnen.[299]

Gegen Ende des Briefes nahm Julie Bezug auf die Bibelstelle 1. Johannes 4,19, indem sie schrieb: »Lasst uns Ihn lieben denn er liebte uns zuerst.«[300] Einige Monate später, Ende August 1812, ermutigte Julie dieselbe Briefempfängerin nochmals eindringlich: »Bitten Sie täglich um Liebe, thun Sie Alles aus Liebe. (…) Es ist das herrlichste Ziel in Zeit und Ewigkeit: Gott über Alles lieben, und zu lernen wie wir Ihn über Alles lieben.«[301]

Der Wunsch, dass alle Menschen diese göttliche Liebe kennenlernten, brachte die Baronin dazu, im weiteren Verlauf der Reise einer großen Zahl von Menschen diese reine Liebe zu predigen. Über Dresden, Leipzig und Weimar ging die Reise weiter nach Heidelberg, wo sie kurz vor Pfingsten 1812 eintrafen. Das Heidelberger Gasthaus, in dem sie logierten, stand direkt vis-à-vis von einem Gefängnisturm. Von ihrem Zimmer aus konnte Julie die Gefangenen hinter den Gittern sehen und den Gesang ihrer wilden »Tyroler Lieder«, wie sie in einem Brief schrieb, hören. Julies Herz war tief betroffen und sie flehte um Christi Erbarmen für sie. Am Pfingsttag 1812 fühlte sie sich innerlich dazu gedrängt, diesen besonderen Tag auch für die Gefangenen zu einem Tag der Freude zu machen. Wie dies geschah, erzählte Julie der Gräfin Stolberg-Wernigerode, die sie kurz zuvor in Gnadenfrei kennengelernt hatte, in einem Brief:

> (…) es kam der Pfingsttag heran und schön stand vor meiner Seele das große heilige schönste Fest, wo sich der Herr aller Herren durch seinen heiligen Geist so gnädig den ersten Christen mittheilte, und als ich meine Glückseligkeit so deutlich spührte, dachte ich an die Unglücklichen und bat den Herrn, auch den Tag ihnen zur Freude, zur frohen Botschaft zu machen, und ich bat Ihn meine Schritte zu leiten und ging heraus und stand vor der verschlossenen Thüre des Thurmes, die ich nicht aufmachen konnte und Menschenfurcht überfiel mir, da so in den Straßen von Menschen gesehen zu werden und was mir so einfiel über ihre Meinungen, aber gottlob ich dachte an den der die Herrlichkeit des Himmels verließ und auf Erden niedrig und verkannt herumwandelte (…) Gottlob fühlte ich mich auch unter die Räuber und Mörder und schlechter als sie, denn ich hatte ihn ja nie genug geliebt und gesündigt von Jugend auf und als ich so dachte und flehte um Kraft und das ich doch auch zum Segen dieser armen Leute würde, kam ein Kind und machte von außen die Thüre auf, ich sahe die Leitung des Herrn und folgte, rief den Gefangenwärter und seine Frau, und siehe da, ihr Herz war vorbereitet und ich sagte ihnen, ich wäre die fremde Dame, die gegenüber mit den drei Wagen angekommen wäre, die Gefangenen hätte ich mit tiefer Rührung gesehen und ich möchte ihnen gerne eine Freude machen.[302]

Julie bat den Gefängnisaufseher und seine Frau, den Gefangenen auf ihre Kosten ein Festmahl zuzubereiten: Braten, Salat und Bier. Dazu sollten sie den Gefangenen ausrichten, dass eine »vornehme Dame aus der Fremde (…) die das Glück hätte den Herrn Christum zu kennen und zu lieben«[303] auch alle unglücklichen Menschen liebe. Sie bat das Aufseherehepaar, die Gefangenen in ihrem Namen eindringlich dazu aufzurufen, ihre Herzen Jesus Christus zuzuwenden und ihn um seine Gnade zu bitten, die er keinem verweigern werde. Während des Festessens sollten unter den Gefangenen christliche Schriften verteilt werden, die Julie von Prinz Reuss Heinrich XXXVIII., einem Nachkommen von Graf Zinzendorfs erster Ehefrau, erhalten hatte. Noch am selben Abend freute sich Julie darüber, dass statt »des wilden Tyroler Liedes (…) die herrlichen Gesänge von Jesu Liebe zu den Sündern« zu hören. Für die Baronin war klar, dass sich diese Liebe in der Tat beweisen musste und dass es keine vollmächtige Verkündigung des Evangeliums gab ohne die Sorge für die leiblichen Belange der Menschen.

Am 3. Juni 1812 trafen Julie, Juliette und Henriette Barclay, begleitet von Dienstpersonal, endlich am Zielort Karlsruhe ein. Im Hause Jung-Stilling erfuhren die drei Damen eine herzliche Aufnahme. Im Laufe des Jahres 1812 reiste auch Max von Schenkendorf seiner Verlobten nach Karlsruhe nach.

Karlsruhe und Straßburg, 1812-1814

Zu Jung-Stillings Bedauern traf Julie in Karlsruhe wieder auf Fontaines, der in der unmittelbaren Umgebung Pastor geworden war. Es war nicht zu übersehen, dass Fontaines noch immer eine große Anziehungskraft auf die Baronin ausübte. Angeregt vom unerwarteten Zusammentreffen schmiedete der selbsternannte Pastor Pläne, wie er sich diesen Glücksfall zunutze machen und Julie erneut an sich binden könnte.

Die Jahre 1812 bis 1814 waren von mehreren Reisen geprägt. Karlsruhe blieb in dieser Zeit der sichere Hafen, in den Julie immer wieder zurückkehrte. Julie genoss die Zeiten bei ihrem väterlichen Freund Jung-Stilling und seiner Familie in vollen Zügen.

Vor allem die Abendstunden im Salon blieben unvergesslich, in denen sie zusammen die Briefe von Fénelon lasen. Mit zunehmender Anspannung verfolgte die Jung'sche Hausgemeinschaft aber die politischen Umwälzungen. Erst recht als Napoleon am 24. Juni mit seiner Armee die russische Grenze überquerte und gegen die russische Armee kämpfte, welche unter dem Kommando von Zar Alexander I. stand. Auch wenn sich Julie zur Zeit des Russlandfeldzuges nicht in Russland aufhielt, bangte sie doch um ihren Besitz, wie ein Brief vom 30. Juli 1812 an den Genfer Freund Monsieur Gounouilhou verriet:

> Russland bricht zusammen, ich weiß nicht einmal, ob mir das Geringste bleiben wird (…). Ich weiß nicht, ob das Haus, das uns blieb in diesem Moment dem Erdboden gleichgemacht wird (…). Diejenigen, die Schulden bei uns haben, zahlen seit Langem nichts mehr und dies mit Erlaubnis des Kaisers wegen des Geldmangels. Die Ländereien sind mit Steuern belastet und die Lebensmittel verkaufen sich gar nicht.[304]

Julie war aber nicht nur beunruhigt über die Situation in ihrer Heimat, in Gedanken war sie auch immer wieder bei ihrem Sohn Paul, der nach wie vor als russischer Botschaftssekretär in Paris weilte. Was nun wohl mit den russischen Vertretern in Paris geschehen würde? In der russischen Botschaft in Paris hatte man bereits damit begonnen, die Sachen zu packen und sich auf die Ausreise vorzubereiten. Am 17. September bat Pauls Vorgesetzter den französischen Polizeiminister um einen Pass für Paul von Krüdener, damit er sich nach Hamburg oder Straßburg begeben konnte, um seine Mutter wiederzusehen.

Kaum hatte Julie davon erfahren, waren sie und Juliette auch schon auf dem Weg in die französische Stadt Straßburg. Die Baronin konnte es kaum erwarten, ihren Ältesten wiederzusehen. Der Polizeiminister setzte indes alles daran, Pauls Reise so beschwerlich wie möglich zu machen. Nichtsdestotrotz kam es Ende September zum lang ersehnten Wiedersehen. Gebannt lauschten Mutter und Schwester Pauls Schilderungen aus der französischen Metropole. Neben interessanten Hintergrundinformationen zu den politischen Entwicklungen war nicht zu überhören, dass der mittlerweile 28-jährige Botschaftssekretär ein umworbener Junggeselle war. Paul vertraute seinen aufmerksamen Zuhörerinnen auch an, wer seine Angebetete war: Eine Prinzessin russischer Herkunft, die seit einiger Zeit in Paris lebte.

Eine weitere besondere Begegnung in Straßburg war diejenige mit Adrien Graf de Lezay-Marnésia, mit dem Julie 23 Jahre zuvor in Südfrankreich eine romantische Freundschaft verbunden hatte. Aus dem jungen Botanikstudenten von damals war ein geachteter und beliebter Präfekt geworden. Als oberster Verwaltungsbeamter stand er dem Departement Bas-Rhin (Unterelsass) vor. Der Präfekt war höchst fasziniert von der völlig veränderten Julie. Wenig später waren die freundschaftlichen Bande von früher wiederhergestellt. Besonders gut verstand sich Julie auch mit Françoise, der frommen Gattin des Präfekten. Françoise nahm Julie mit offenen Armen auf und unterstützte ihr missionarisches Anliegen voll und ganz, während der Präfekt zunächst zurückhaltend blieb. Zwar überließ er Julie nach einiger Zeit ein Appartement in der Präfektur, nahm allerdings nicht an ihren »religiösen Feierstunden«[305], wie er sie nannte, teil. Schließlich gelang es Julie und Françoise, Adrien zu einem Besuch bei Pfarrer Oberlin im Steintal zu bewegen. Adrien war äußerst beeindruckt vom Glauben und der praktischen Nächstenliebe Oberlins. Nach Straßburg zurückgekehrt, ließen die Lezays Oberlin 30.000 französische Francs zukommen. Durch das Zeugnis von Oberlin und Julie wurde auch der Präfekt ein eifriger Anhänger des christlichen Glaubens. Zeitlebens blieb er seinem Beichtvater Oberlin ein generöser Gönner und treuer Freund.

Nach seiner Hinwendung zum christlichen Glauben gestattete der Präfekt seiner baltischen Freundin, in der Straßburger Präfektur öffentliche religiöse Veranstaltungen durchzuführen. In der Folgezeit leitete Julie zweimal täglich religiöse Zusammenkünfte, vormittags eine französische und abends eine deutsche. Daneben widmete sie ihre Zeit in Straßburg dem Gebet und Gesprächen über den Glauben. Auf Empfehlung von Jung-Stilling trat Julie in Straßburg auch in Kontakt mit dem Textilkaufmann Johann Kaspar Wegelin, einem Jünger des Lausanner Mystikers Dutoit. Im Hause Wegelin wurden ebenfalls »religiösen Feierstunden« abgehalten sowie eine intensive Korrespondenz mit Oberlin gepflegt.

Ende November ging es zurück nach Karlsruhe. Am 15. Dezember wurde dort die Vermählung von Julies verwitweter Freundin Henriette Barclay mit dem Schriftsteller Max von Schenkendorf gefeiert. Gemeinsam gründeten die Neuvermählten eine Wohngemeinschaft im Sinne einer Salon-Lebensgemeinschaft. Jene war laut Zeitzeugen »ganz nach den Anschauungen der Krüdener und Jung-Stilling's gestaltet«[306], und wurde zu einem »Sammelpunkt« für den »nicht kleinen Theil der damaligen Gesellschaft, welcher sich in mystischen Gefühlsvertiefungen gefiel«. Zu den Gästen, die in der Hausgemeinschaft der Schenkendorfs herzliche Aufnahme fanden, gehörte auch der preußische Hofrat Wilhelm Dorow, ein alter Freund des Schriftstellers. In seinem Tagebuch hielt er die Erinnerungen an die fünf Tage fest, die er bei den Schenkendorfs verbrachte. »Die Krüdener«, gemäß Dorow »doch eine merkwürdige Frau«, gehörte zu den großen Gesprächsthemen in Karlsruhe: »Der Krüdener tägliche Betstunden und ihr Hang zum Bekehren wurden hier viel besprochen«[307], notierte Dorow. Das Geheimnis der »Gewalt«, die Julie »in den höhern und niedern Kreisen der Menschen ausübt« lag laut Dorow in ihrer bewunderungswürdigen Beredsamkeit begründet.

Viele Gespräche mit geistlichen Vorbildern, das persönliche Bibelstudium, das Gebet und die Lektüre christlicher Erbauungsliteratur trugen dazu bei, dass Julies Glaubensüberzeugungen weiter ausgeformt wurden. Dazu gehörte die Überzeugung, dass ihr göttlicher Auftrag damit zusammenhing, sich für den Aufbau der einzig wahren, unsichtbaren Kirche einzusetzen. Einer Kirche, deren Mitglieder nicht toten Traditionen und Formen folgten, sondern die hingegebene Nachfolger Christi waren, egal welcher Konfession sie angehörten. Davon handelt auch ein Brief, den Julie im Dezember 1812 schrieb. Bereits offensichtliche und noch bevorstehende Strafgerichte seien ein Hinweis darauf, dass der »Richter der Lebendigen und der Todten« bald erscheinen werde, so die Baronin. Im Laufe dieser Ereignisse werde es zu einer Trennung der Namens-Kirche von der wahren Kirche kommen:

> Und geht die große Scheidung an, es werden nun alle Heiden Europa's, alle laue Namen-Christen, alle halben Bekenner, alles was nicht ganz Christum angehört, geschieden von dem stillen und verborgenen Volke, das als Bekenner und Nachfolger verschmäht wurde. Noch ist Christus die Liebe, (…) noch breitet er die Arme

aus, aber nicht halbe Liebe will Er (...) Er will Nachfolger: Christen, das heißt Helden im Glauben, im Handeln, im Lieben. Diese Kirche ist die unsichtbare; immer blühte sie, nur verborgen den Augen der Heiden unserer Zeit und denjenigen verborgen, die nur die Schaale suchten, nicht den Kern. Die äußere Kirche fällt, die todten Formen müssen von Todten begraben werden.[308]

Mit großem Interesse verfolgte Julie aus der Ferne die Entwicklungen in Russland. Napoleons dortiger Einmarsch und der Brand von Moskau hatten eine religiöse Erweckung im Land ausgelöst. Auch Zar Alexander I. wandte sich in jener Zeit mit neuer Ernsthaftigkeit dem christlichen Glauben zu. Der Zar war überzeugt, dass er nicht nur eine historische Aufgabe zu erfüllen hatte, sondern auch eine göttliche Mission. Dies führte im Dezember 1812 unter anderem zu der Gründung einer Bibelgesellschaft. Die Bibelgesellschaft in Sankt Petersburg war ein Zweig der Britischen Bibelgesellschaft und stand unter der Schirmherrschaft Alexanders I. Sie wurde zum Treffpunkt von Orthodoxen, Lutheranern, Katholiken und Reformierten. Der Vorsitz der Russischen Bibelgesellschaft ging an Fürst Alexander Golizyn. Zu den Würdenträgern des Vorstandes gehörte als aktives Mitglied auch Julies Bruder Christoph Burchard von Vietinghoff. Überhaupt entfalteten religiöse Gesellschaften in ganz Europa zu jener Zeit eine rege Tätigkeit. Julie zeigte sich überaus beeindruckt von den Entwicklungen in England: »Englische Missionäre lassen die Bibel und das Evangelium umsonst drucken und verteilen die Heiligen Schriften; ganze Stellen aus den Propheten werden an die Häuser geschlagen. Kurz, alles ist äußerst merkwürdig.«[309]

Im Februar 1813 erreichte Julie die Nachricht, dass Paul auf Napoleons Befehl in Straßburg verhaftet worden war. Der französische Polizeiminister hatte den französischen Kaiser detailliert über die Reisepläne des jungen Barons von Krüdener in Kenntnis gesetzt und dieser nutzte die Gelegenheit. Mit der Gefangennahme des russischen Botschaftssekretärs wollte er die Freilassung eines inhaftierten französischen Botschaftssekretärs in Berlin erwirken. In großer Sorge um ihren Sohn brach Julie überstürzt nach Straßburg auf. Sie erhielt die Erlaubnis, Paul in der Zitadelle zu besuchen. Der Anblick ihres inhaftierten Sohnes lastete schwer auf ihrem Herzen. Sämtliche Versuche, über Bekannte die Freilassung von Paul zu erwirken, blieben erfolglos.

Während ihrer Zeit in Straßburg begegnete Julie auch der ambitionierte Polizeichef von Mainz, Franz Karl von Berckheim (1785-1833). Als Spross einer schwäbisch-elsässischen Adelsfamilie hatte Franz seine Kindheit als Zögling in Pfarrer Oberlins Pensionat in Waldersbach verbracht. Als Durchreisender blieb er in Straßburg hängen und lauschte im Salon gebannt den Worten der baltischen Baronin. Tief ergriffen versprach der junge Polizeichef, nach Gottes Willen für sein Leben zu fragen, egal was es ihn kosten werde. Abgesehen davon war nicht zu übersehen, dass Franz ein Auge auf die schüchterne Tochter der Baronin geworfen hatte, welche ihre Mutter als treue Seele überallhin begleitete und nach Leibeskräften unterstützte.

Im Frühling 1813 verließ Julie die Stadt schweren Herzens unverrichteter Dinge. Ihr Erstgeborener war immer noch in der Zitadelle inhaftiert. Julie kehrte nach Karlsruhe zurück, traf aber kurze Zeit später bereits neue Reisevorbereitungen. Lange hatte Julie für einen weiteren Aufenthalt in Genf gebetet. Nun endlich hatte sie die göttliche Zustimmung dafür erhalten.

Unzufriedene Theologiestudenten – Genf, 1813

Diesmal gelang es Mutter und Tochter Krüdener nicht, sich an den schönen Schweizer Landschaften zu freuen, die sie durchquerten. Zu schrecklich war das Elend in der vom Krieg gebeutelten Schweiz, das ihnen unterwegs begegnete. Am 25. Juli 1813, einem heißen Hochsommertag, trafen die erschöpften Edeldamen in Genf ein, wo sie bei Antonie Armand Quartier bezogen. »Wir fanden unsere liebe Armand unverändert und unsere Freude war unbeschreiblich«,[310] schrieb Juliette glücklich in ihr Tagebuch. Weniger erfreulich war, dass der 15-jährige Philippe an einer schweren Lungenentzündung litt. Mit großer Hingabe unterstützten Julie und Juliette die Genfer Freundin bei der Pflege. Kurz nach der Ankunft in Genf erreichte Julie die Nachricht, dass Paul wenige Tage zuvor in die Festung Auxonne überführt worden war. Julie zerriss es fast das Herz, ihre Söhne in so schwierigen Situationen zu wissen. Zu ihrer großen Erleichterung ging es Philippe von Tag zu Tag besser. Am 2. August notierte Juliette, dass sie zum ersten Mal einen kleinen Ausflug »mit dem armen Kranken« gewagt hatten.

Fast fünf Jahre waren seit Julies letztem Aufenthalt in Genf verstrichen. Die innere Überzeugung, dass Gott selbst ihr den Befehl für diese Reise gegeben hatte, bedeutete für Julie zugleich, dass sie nicht zu einem Erholungsurlaub in die schöne Genferseeregion reiste, sondern zur Erfüllung eines göttlichen Auftrags. Eine Bekannte versuchte Julies Enthusiasmus zu bremsen, indem sie sie daran erinnerte, dass selbst die große Madame Guyon nur wenig Frucht in Genf habe wirken können, obwohl auch jene davon überzeugt gewesen sei, dass sie ein großes Werk in Genf erfüllen müsse. Schlagfertig erinnerte Julie daran, dass Madame Guyon vorausgesagt worden sei, »dass ein Jahrhundert später eine andere Frau das erfüllen werde, was ihr nicht zu tun vergönnt war«.[311]

Durch ihre Freundin Antonie knüpfte Julie bald enge Beziehungen zur Herrnhuter Gemeinschaft in Genf, der ihre Freundin seit Julies letztem Besuch angehörte. Antonie hatte ihren Genfer Freunden im Salon immer wieder Briefe ihrer baltischen Freundin vorgelesen, was die Bewunderung für die Baronin lange vor ihrer Rückkehr nach Genf gesteigert hatte. Noch am Tag ihrer Ankunft stellten sich die Damen Krüdener dem jungen Theologiestudenten Emile Guers (1794-1882) vor und freuten sich über das Wiedersehen mit Pfarrer Moulinié. Am darauffolgenden Tag, dem 26. Juli, listete Juliette weitere neue Bekanntschaften in ihrem Tagebuch auf, darunter der 23-jährige Theologiestudent Henri-Louis Empaytaz (1790-1861), der die Versammlung der Herrnhuter leitete. Als Julie und Juliette kurze Zeit später an einer solchen Versammlung teilnahmen, erfreuten sie sich besonders am Gesang und den andächtigen Gebeten des jungen Leiters.

Nach und nach realisierte Julie, wie angespannt die religiöse Lage in Genf war. Die in der Mitte des 18. Jahrhunderts durch Graf Zinzendorf gegründete Herrnhuter Brüdergemeine hatte nach ihrem zahlenmäßigen Höhepunkt um 1780 einen Niedergang erlebt. Nur ein kleiner Überrest hatte weiterexistiert. Zu diesem kleinen Überrest gehörte auch Jean-Pierre-Marc Bost.

Ab 1802 hatte er für seinen zwölfjährigen Sohn Ami Bost und dessen Freunde – darunter Henri-Louis Empaytaz, Emile Guers, Jean Gonthier und Henri Pyt – Erbauungsstunden durchgeführt. Viele der jungen Teilnehmer sollten später bei dem geistlichen Aufbruch von Genf, dem sogenannten *Genfer Réveil*, eine zentrale Rolle spielen. Fast gleichzeitig begannen die Freunde ein paar Jahre später ein Studium der Theologie, woraufhin sie sich kleinen religiösen Zirkeln anschlossen. Seit 1809 war Ami Bost Mitglied der Freimaurerloge *Union des coeurs*, der mehrere reformierte Pfarrer wie Moulinié und Demellayer oder auch der Theologe César Malan angehörten. Im Jahr 1810 hatten Ami Bost und seine Freunde die *Société des Amis* (Gesellschaft der Freunde) gegründet, die die früheren stark herrnhutisch geprägten Zusammenkünfte von Ami Bosts Vater fortsetzte. Ein dritter Kreis hatte sich um Pfarrer Moulinié gebildet, Anhänger der mystischen Gruppierung *Âmes intérieures*. Auch dieser Kreis sympathisierte stark mit den Herrnhutern und betrieb intensiv biblische Studien. All diesen religiösen Gemeinschaften war gemeinsam, dass sie in vertraulicher Sphäre gediehen und sich in Abgrenzung zur reformierten Staatskirche einem streng religiösen Lebenswandel verpflichteten. Die Bibel war für sie der Maßstab aller Dinge, das unverrückbare Fundament der Theologie. So erstaunt es nicht unbedingt, dass die zunehmende Unzufriedenheit an der Genfer Staatskirche aus der Reihe der Theologiestudenten kam. Ami Bost schrieb über sein im Jahr 1809 begonnenes Theologiestudium: »(...) man öffnete die Bibel in unsern Hörsälen nicht; dieses Buch war unnötig und unbekannt«.[312] Das wollten die Mitglieder der *Société des Amis* – allen voran Ami Bost, Henri-Louis Empaytaz und Emile Guers – nicht akzeptieren. Wie sehr diese Gemeinschaft dem kirchlichen Klerus ein Dorn im Auge war, bewies der Umstand, dass Emiles Vater am 8. Februar 1813 die Nachricht erhielt, dass sein Sohn nicht zum Dienst zugelassen werde, wenn er nicht aufhöre, die Versammlungen der Herrnhuter zu besuchen. Dies war die Situation, die Julie im Herbst 1813 in Genf antraf.

Wie Guers und andere wurde auch Henri-Louis Empaytaz aufs Heftigste wegen seiner Besuche bei den Herrnhutern angegriffen. Seine Freunde baten ihn inständig, nicht seine Karriere aufs Spiel zu setzen, indem er die Versammlungen weiterhin besuchte. Sogar Moulinié riet ihm zur Unterordnung, bis er zum heiligen Dienst geweiht würde. Julie jedoch riet ihm genau das Gegenteil. Dies sei nicht, was Gottes Wort lehre. »Menschliche Vorsicht ist die Pest des Christentums«,[313] war die freimütige Meinung der Baronin. Gott habe ein großes Volk in dieser Stadt. Empaytaz könne sich glücklich schätzen, dass er dazu berufen sei, es zu sammeln.

In den Folgewochen übte Julie nachhaltigen Einfluss auf die Theologiestudenten aus. Ami Bost hielt in seinen Memoiren fest, dass die Baronin von Krüdener, »diese berühmte Frau (...) speziell auf ihn«[314] tiefen Eindruck gemacht habe, auch wenn er nicht in allen Punkten mit ihr übereinstimmte. Trotz theologischer Differenzen – zum Beispiel bei dem Thema Wunder – schrieb er Julie »eine so echte und großartige Grundlage des Glaubens und der Nächstenliebe« zu, »dass es ihr ein Leichtes war, auf jede dazu bereite Seele Einfluss zu nehmen«.[315] Empaytaz wurde Julies eifrigster Schüler. Im Haus ihrer Freundin Antonie richtete Julie einen Salon mit eigenen Versammlungen ein und übergab Empaytaz deren Leitung. Die Zusammenkünfte fanden am Abend statt, damit auch diejenigen, die tagsüber beschäftigt waren und dadurch den öffentlichen Gebeten nicht beiwohnen konnten, die Gelegenheit dazu erhielten. Die Zuhörerschaft bestand vorwiegend aus Theologiestudenten, aber auch Pfarrern und anderen Gästen. In ihren Räumlichkeiten empfing Julie täglich zahlreiche Besucher, die ihren geistlichen Rat suchten.

Als ihre Abreise näherrückte, vertraute Julie Empaytaz »ihre kleine Kirche«[316] in Genf an. An den Erbauungsstunden nahmen auch dessen Studienkollegen Emile Guers und Henri Pyt teil. Die Entwicklungen veranlassten eine seit 1810 eingesetzte Überwachungskommission zum Einschreiten. Die Politik gegenüber privaten religiösen Zusammenkünften wurde verschärft und Theologiestudenten die Teilnahme an ebensolchen strengstens untersagt. Bei Zuwiderhandlung wurde ihnen nun auch offiziell die Verweigerung der Ordination angedroht. Es fiel Julie nicht leicht, ihre jungen Freunde in der angespannten religiösen Atmosphäre von Genf zurückzulassen. Sie versprach, sie auf dem Korrespondenzweg so gut es ihr möglich war zu unterstützen. Noch schmerzhafter war der erneute Abschied von Philippe. Das Familiengeheimnis lastete schwer auf Julie und bedrückte sie.

Beziehungspflege in Basel & Rückreise nach Karlsruhe, 1813

Auf der Rückreise von Genf nach Karlsruhe machte Julie Halt in Basel, wo sie in der ersten Oktoberhälfte 1813 eintraf. Die Baronin hatte großes Interesse daran, in direkten Kontakt mit der Basler Traktat- und der Basler Bibelgesellschaft zu treten, um von diesen Gesellschaften in Zukunft Bibeln und Traktate für ihre missionarische Arbeit zu beziehen. Beide Gesellschaften waren Tochtergesellschaften der *Deutschen Christentumsgesellschaft* mit Sitz in Basel. Julie hatte schon viel Gutes von ihnen gehört. Vor allem durch Jung-Stilling und Pfarrer Oberlin, die zu den aktiven Unterstützern gehörten und beide eng mit Christian Friedrich Spittler (1782-1867), dem Sekretär der Christentumsgesellschaft, befreundet waren. Während sich Julie von Herzen über die Bekanntschaft mit dem viel gerühmten Spittler freute, bekundete Spittler seinerseits Mühe, die baltische Baronin einzuordnen. Auf die vertrauliche Rückfrage bei seinem Freund Jung-Stilling, was er von der Baltin halte, erhielt er folgende Antwort:

> Was nun die liebe Frau von Krüdener betrifft, so will ich Ihnen im Vertrauen eröfnen, wie wir sie anzusehen haben, Sie können diese Eröfnung aber nur sichern und bewährten Personen sagen. Sie ist eine weitgeförderte Christin, Ihre Liebe zum Herrn ist stärker wie der Tod, sie würkt erstaunlich und lebt wie eine Heilige. Allein sie hat sich durch eine verdächtige Schwärmerin /:die bekannte Kummerin:/ verführen lasen, Personen als grose Werkzeuge zur Gründung des nahen Reichs des Herrn anzusehen und ihnen daher alles zuzutrauen, die ich wohl kenne und unmöglich für das ansehen kann, was sie aus ihnen machen will. Ich habe schriftlich und mündlich das Meinige gethan, aber es hilft nicht. Wir sind nun übereingekommen, in der wahren Bruderliebe im Herrn vereinigt zu bleiben und die Sache nicht mehr zu berühren; wir wollen dem Herrn die Entscheidung überlasen (...).[317]

Schneller warm wurde Julie mit Johann Georg Kellner, dem Sekretär der Traktatgesellschaft. Kellner, ein ehemaliger braunschweigischer Oberpostmeister, war im Jahr 1807 in Konflikt mit den französischen Behörden geraten. Als politisch Verdächtiger war er schließlich im Gefängnis gelandet, wo ihm einzig der Gebrauch der Bibel gestattet wurde. Die Lektüre der Bibel hatte sein Leben von Grund auf verändert. Als Flüchtling war Kellner im November 1812 nach Basel gelangt, wo er ein Mitarbeiter von Spittler und Sekretär der Basler Traktatgesellschaft wurde.

Das dominierende Gesprächsthema in Basel war der bevorstehende Entscheidungskampf gegen Napoleon. Vom 16. bis 18. Oktober 1813 trafen in der Ebene von Leipzig die bis dahin größten Heermassen der Weltgeschichte aufeinander. Die blutige Schlacht sollte wenig später als *Völkerschlacht bei Leipzig* und größte Schlacht bis zum Ersten Weltkrieg in die Geschichte eingehen. Mehr als eine halbe Million Soldaten aus über zwanzig Völkern standen sich an diesen vier Tagen gegenüber. Bei der Schlacht ging es um nichts Geringeres als um die Vorherrschaft über Deutschland und Europa. Auf der einen Seite standen die verbündeten Monarchen von Russland, Österreich, Preußen sowie der Kronprinz von Schweden, auf der anderen Seite Napoleon Bonaparte, seit neun Jahren Kaiser der Franzosen, mit stetig wachsendem Herrschaftsgebiet in Europa. Rund 100.000 Soldaten starben, Zehntausende wurden zu Krüppeln. Eine ganze Region versank in Schutt und Asche. Am Ende verlor der französische Kaiser die Herrschaft über Deutschland. Mit Bangen fragte man sich im kriegsmüden Europa, wie sich die Dinge weiterentwickeln würden.

Neben dem Knüpfen neuer Kontakte und der Beziehungspflege investierte Julie in Basel wie gewohnt viel Zeit in ihre Korrespondenz. Priorität hatten ihre Freunde in Genf, deren Lage sich weiter zuspitzte. Kurz nach ihrer Ankunft in Basel hatte Julie ihren jungen Freund Henri-Louis Empaytaz nochmals darin bestärkt, alles zu opfern, um Gottes Ruf gehorsam zu sein. Am 19. Oktober 1813 musste sich Empaytaz wegen seiner Aktivitäten vor der *Compagnie des Pasteurs*, einem Zusammenschluss aller Genfer Pfarrer, verantworten und wurde dort einer Art Examen unterzogen. In der Wartezeit auf das Urteil der *Compagnie* erreichte die Freunde in Genf ein sehr langes Schreiben von Julie. Die baltische Baronin ermutigte ihre jungen Freunde, in dieser Prüfungszeit ihr ganzes Vertrauen auf Gott zu richten. Am 29. Oktober wurde Empaytaz wieder vor die *Compagnie* geladen. Die Pfarrer Moulinié und Demellayer waren die Einzigen, die den jungen Theologen verteidigten. Doch selbst die Unterstützung der beiden Freimaurer nützte Empaytaz nichts. Am 2. November wurde ihm eröffnet, dass er innerhalb von zwei Wochen entscheiden müsse, ob er die Durchführung der Versammlungen aufgeben oder auf sein Theologiestudium verzichten wolle. Julie weinte beim Lesen seines Berichtes, weil sie überwältigt war von Gottes Plan, den sie in den Geschehnissen zu erkennen glaubte. Dies ist ihrem Antwortschreiben vom 8. November 1813 zu entnehmen. Mit den Worten »Sie sind dazu berufen, der Apostel von Genf zu sein«,[318] ermunterte sie ihn, Mut zu fassen: »Der Ewige ruft Sie, er hat Sie berufen, junger Levit; Sie sind von priesterlichem Geschlecht. Diese Worte haben Ihnen alles gesagt. Verlassen Sie nicht Ihre heiligen Versammlungen.«[319] Julie rief Empaytaz dazu auf, für diejenigen zu beten, die ihn verfolgten, und alles daranzusetzen, jene für den lebendigen Glauben an Christus zu gewinnen. In den Folgewochen wurde Empaytaz im Gespräch mit einem Professor klar, dass es weniger um seine Versammlungen, sondern vielmehr um seine Verteidigung der Göttlichkeit Jesu ging, welche die *Compagnie* so nicht mehr vertrat. Daraufhin erklärte Empaytaz seinen sofortigen Austritt aus der theologischen Fakultät.

Als Julie im November ihre Reise nach Karlsruhe fortsetzte, war sie um viele Begegnungen reicher. Von diesem Zeitpunkt an gehörte die Baronin zu den regelmäßigen Schriftbezügern der Basler Bibel- und der Traktatgesellschaft. Mit Spittler und Kellner verband sie eine rege Korrespondenz. Bereits während der Reise boten sich ihr unzählige Gelegenheiten, Gottes Wort zu verteilen. Aufgeregt schilderte Julie ihren neuen Freunden Kellner und Spittler ihre eindrücklichen Reiseerlebnisse in einem Brief. Auf ihrer Reise nordwärts waren Julie und ihre Begleiter einem Truppenaufmarsch der Alliierten begegnet, welche nach der Völkerschlacht von Leipzig unterwegs nach Frankreich waren, um Napoleon zu stürzen:

> (…) o wie viel hätten wir Bücherchen für Soldaten austheilen können! Wir fuhren durch die ganze Bayrische Armee und fanden viele liebe Menschen (…) Der Officier sagte uns, das Regiment, von dem er den Vortrapp machte, käme gleich nach; wir übernachteten also in einem Dorf, um sie alle durchziehen zu lassen, und seitdem sahen wir an die 15 oder 20 tausend Mann, theils Bayern, theils Österreicher, durchziehen (…).[320]

Die Baronin brauchte Nachschub. Sie bestellte bei Kellner neue »Bücher aller Art für Handwerker und Dienstboten«[321] und bat Spittler »sehr um Bibeln« mit der Begründung: »(…) so viele Arme schmachten darauf«[322]. Zwei Wochen später schickte Julie fünf Louisdor an die Traktatgesellschaft und bat erneut um Bibeln und kleine Schriften. Eifrig verteilte Julie diese an Unbekannte und Freunde. Sie war fasziniert von den europaweiten Aufbrüchen, zu denen es durch die Verbreitung religiöser Schriften kam. Einer Freundin in Königsberg schrieb sie:

> (…) ich schicke ihnen Geliebte M – etliche kleine Bücher, (…) in Paris sind 200 religieuse Gesellschaften wo man betet, singt und das Evangelium ließt. in London, ist des Zuströmens kein Ende und man predigt auf den Gassen wegen raum in den Kirchen.[323]

Der russische Zarenhof in Baden

Im Dezember reiste Zar Alexander I. in badisches Gebiet zu seiner Schwiegermutter. Julie notierte am 14. Dezember in ihr Tagebuch, dass sie und einige andere den russischen Zaren bei seiner Ankunft in Karlsruhe gesehen hätten. Gespannt lauschte sie den Berichten von Jung-Stilling, der Alexander I. wenige Monate zuvor persönlich kennengelernt hatte und seither mit ihm in Kontakt stand. Jungs Kontakt zu Julie war nie abgebrochen, trotz der Differenzen im Blick auf Fontaines und die Kummerin, die nach wie vor bestanden. Jung-Stilling pflegte aber nicht nur eine enge Verbindung mit der baltischen Baronin, sondern mit ihrer ganzen Familie: Mit ihrem Sohn Paul, mit Tochter Juliette und deren Verehrer Franz Karl von Berckheim sowie mit Stieftochter Sophie, verheiratete Marquise d'Ochando. Jung berichtete in seinem Tagebuch aus dem Jahr 1813 über 20-mal von gegenseitigen Besuchen und Besprechungen mit verschiedenen Mitgliedern der Familie Krüdener. Jung-Stillings Korrespondenz lässt außerdem den klaren Rückschluss zu, dass Julie Jung dank ihrer russischen Beziehungen immer wieder aus finanziellen Engpässen geholfen hat. So nannte Jung die Baltin in einem Brief an Baron von Berckheim »meine (…) verehrungswürdige Freundin und Wohlthäterin, die ich herzlich liebe und innig verehre.«[324]

Durch die vielfachen Beziehungen zum badischen wie auch zum russischen Hof ging Julie und Jung-Stilling der Gesprächsstoff nie aus. Auch Gäste wurden in der Salonrunde um Jung-Stilling stets herzlich willkommen geheißen. Unter jenen war im Frühling 1814 auch der 15-jährige Gymnasiast Christian Gottlob Barth. Im Hause Jung-Stilling in Karlsruhe erzählte Christian Gottlob der baltischen Adligen von seiner Absicht, Theologie zu studieren. Daraufhin ermahnte Julie den jungen Mann, »das Studium der Theologie so zu betreiben, dass er zuerst seine eigene Seele retten lasse, um dann auch an der Rettung anderer Seelen arbeiten zu können.«[325] Christian Gottlob Barth wurde später als Doktor der Theologie ein bedeutender Mann in der Geschichte der Entstehung der Evangelischen Allianz, deren Mitbegründer und Förderer er war.

Was für eine Überraschung, als Paul von Krüdener in einer kalten Dezembernacht ganz plötzlich und unerwartet in Karlsruhe auftauchte! Am 5. Dezember 1813 war ihm die Flucht aus der Festung Auxonne gelungen. Obwohl die französische Polizei einen Suchbefehl gegen den 27-Jährigen erlassen hatte, war es ihm gelungen, über die Grenze nach Karlsruhe zu gelangen. Juliette hatte seine Flucht im Traum vorausgesehen. Die Freude wurde einzig von der Sorge gedämpft, dass Paul erneut gefasst werden könnte. Daher musste der junge Diplomat erst einmal untertauchen. Aber nicht für lange. Am ersten Tag des neuen Jahres erhielt Paul einen Brief des Diplomaten Graf von Nesselrode, der ihm seinen neuen Posten als Legationssekretär von Ioannis Kapodistrias (1776-1831) in Zürich zuwies. Als enger Vertrauter von Zar Alexander I. war Kapodistrias im November 1813 mit der wichtigen diplomatischen Mission beauftragt worden, die Schweiz dazu

zu bewegen, der Allianz gegen Napoleon I. beizutreten. Paul reiste
überglücklich in die Schweiz. Nur wenige Wochen später wurde
der junge Baron von Krüdener zum Kammerherr und Sonderbe-
auftragten der Schweiz befördert. Zar Alexander I. höchstpersönlich war so zufrieden mit den Leistungen des jungen Diplomaten,
dass er in einer Ausgabe der französischen Zeitung *La Gazette*
verlauten ließ, dass er Baron von Krüdener einzig aus Wohlwollen zu den Schweizern in der Schweiz lasse und nicht anderswo
postiere.

In der Endphase des Kampfes gegen Napoleon wurde Bruchsal,
die Residenz der Markgräfin von Baden, zum Standquartier des
russischen Zarenpaars. Am 8. Februar 1814 traf die Zarin von
Russland im Großherzogtum Baden ein. Nach einem Besuch in
Bruchsal bei ihrer Mutter, siedelte sie Mitte Februar an den badischen Hof in Karlsruhe über. Hier kam es am 21. Februar 1814
zur ersten Begegnung mit Julie von Krüdener. Die Zarin konnte
es kaum erwarten, der aus der Ferne verehrten Romanautorin
persönlich zu begegnen. Sie liebte Julies *Valérie* und hatte neun
Seiten ihres Tagebuches mit Auszügen aus dem Roman gefüllt.
Von der Begegnung mit der Zarin berichtete Julie ihrem Basler
Freund Johann Georg Kellner:

> Würcklich die Gnade würckt mächtig: eine herrliche Zusammen-
> kunft hatte ich mit der Kayserin. Sie wissen, dass ich mich auf den
> Fuß gesezt habe, nicht mehr am Hofe zu gehen…; nun aber war es
> Pflicht als Unterthanin, der Kayserin meine Schuldigkeit zu bezeu-
> gen; und auch da wurde ich zu einer Privat-Presentation gelassen.
> Ich fand einen Engel; ihre vortrefliche Mutter, die Marggräfin, in-
> troducirte mich [führte mich ein, D.S.], und der Herr gab eine so
> geseegnete Unterredung, dass Thränen flossen (…).[326]

Wenige Tage vor der ersten Begegnung mit der Zarin hatte Julie
bereits deren liebenswerte und intelligente Ehrendame kennengelernt: Roxandra Sturdza (1786-1841). Die Lieblingshofdame der
russischen Zarin war zusammen mit ihrem jüngeren Bruder Alexander Sturdza (1791-1854) in einer Adelsfamilie des damaligen
Fürstentums Moldau aufgewachsen. Bevor der Zarenhof auf die
beiden aufmerksam geworden war, hatten sich die Geschwister
eine angesehene Stellung in der Sankt Petersburger Salongesellschaft erkämpft. Salonbeziehungen standen am Anfang von Ale-

xander Sturdzas glanzvoller Karriere. Roxandra Sturdza wurde zu den gebildetsten und bedeutendsten Personen der Sankt Petersburger Gesellschaft gezählt. Einige hielten sie sogar für eine der klügsten Frauen in Europa. Als Hofdame der Zarin und wichtige Vertraute von Zar Alexander I. wurde Roxandra zu einer Schlüsselfigur am russischen Hof. In religiöser Hinsicht wurde sie zu einem zentralen Bindeglied zwischen west- und osteuropäischer Frömmigkeit und damit zwischen der deutschen Erweckung und dem russischen Hof, der sich stark mit mystischen Schriftstellern wie Madame Guyon, Saint-Martin, Swedenborg und Eckartshausen auseinandersetzte. Nicht weiter verwunderlich, dass Roxandra schon längere Zeit eine freundschaftliche Korrespondenz mit Jung-Stilling unterhielt. Und nun konnte sie ihn sogar persönlich kennenlernen. Wie andere sah Roxandra in der Französischen Revolution ein Gottesgericht über die Menschheit und war der Überzeugung, dass die göttliche Vorsehung Zar Alexander I. bei der Vernichtung des französischen Herrschers eine besondere Rolle zugedacht hatte. Julie schloss die junge Hofdame, die in Juliettes Alter war, sofort ins Herz. In ihrem Tagebuch vermerkte sie den 16. Februar 1814 als bemerkenswerten Tag wegen der Bekanntschaft mit Roxandra Sturdza. Jene erwiderte die Zuneigung und hielt in ihren Memoiren fest:

> In Baden verband ich mich besonders mit zwei Personen, die sich mit bemerkenswerter Begeisterung und gutem Glauben der Betrachtung himmlischer Dinge widmeten. Madame Krudener und Jung-Stilling bezeugten mir beide eine christliche Zuneigung, welche ich doppelt schätzte inmitten eines unmoralischen Zirkels. Ich profitierte von jedem Moment, in welchem ich mich der Langeweile des Hofes entziehen konnte, um sie zu besuchen (...).[327]

Auch der russische Zar nutzte die Gelegenheit, sich mit Jung-Stilling, den er wenige Monate zuvor kennengelernt hatte, zu unterhalten. Er lud ihn zu einem Essen ein und empfing ihn später zu einer Audienz. Sie sprachen über die Lage des Christentums in West und Ost, über Russland als möglichen endzeitlichen Zufluchtsort der frommen Christen, die weltweite Verbreitung der Heiligen Schrift und vieles mehr.

Als Mitglied des russischen Hofes traf ferner Alexander Schischkow, der Sekretär von Alexander I., im Februar 1814 in Karlsruhe ein. Neben den Abendstunden in Gesellschaft der Zarin, ihrer mitgereisten Gesellschaft und einigen einheimischen Damen und Herren, besuchte Schischkow auch regelmäßig den Salon der Gräfin Wittgenstein. Hier lernte er »die Baronin Krüdener kennen, welche durch ihre besondern Ansichten über Religion und Frömmigkeit und durch ihr Betragen so bekannt geworden ist.«[328] »Aus ihren Gesprächen«, erinnerte er sich,

> erschien sie mir anfangs als eine sehr scharfsinnige, geistreiche Frau, bald jedoch bemerkte ich, dass sie sich über die Regionen der Vernunft hinaus in hochfliegende Sophismen verlor, und statt demüthiger Frömmigkeit eine gewisse Begeisterung und göttliche Eingebung zu zeigen sich bestrebte.[329]

Schischkow, der gar nichts von Scheinheiligkeit hielt, war gemäß eigenen Aussagen neugierig, Näheres über die Krüdener zu erfahren. Es war ihm zu Ohren gekommen, dass sich bei der Baronin Leute zur Erbauung oder zum Gebet zusammenfanden. Dies wollte er sich nicht entgehen lassen. So besuchte er einen Salonabend im Hause Schenkendorf unter Julies Leitung. Die Baronin nahm sich zuerst Zeit für ein Gespräch unter vier Augen, während sich im unteren Stock die Gesellschaft versammelte. »Wir begaben uns hierauf in das untere Stockwerk«, berichtete Schischkow, »woselbst ich in in einem ziemlich großen Zimmer eine bedeutende Anzahl von Personen beiderlei Geschlechts aus den verschiedensten Ständen umhersitzen sah.« Ein Mitarbeiter von Julie hatte bereits mit der »Andachtsübung« begonnen, welche aus einer einleitenden Psalmlesung, einer »erbaulichen Predigt« der Baronin und einer abschließenden Psalmlesung bestand. Schischkow war überrascht und kam zu dem Schluss, dass der Einfluss der Baronin »keinen schädlichen Charakter« habe, »wenn nur *das* in ihren Versammlungen« vorginge, selbst wenn sie den »Leichtgläubigen für eine vom Himmel abgesandte Priesterin Gottes«[330] galt.

Der März 1814 stand einmal mehr unter dem Eindruck der Kriegsgeschehnisse. Europa hielt den Atem an, als es den alliierten Truppen gelang, Paris einzunehmen. Ludwig XVIII. wurde zum König ausgerufen und Napoleon auf die Insel Elba verbannt. Während ein großer Teil von Osteuropa in Jubel ausbrach, mochte Julie nicht mit einstimmen. Viel zu sehr litt sie mit der »Heimat ihres Herzens«, wie sie Frankreich nannte. Der Krieg hatte das Land in unermessliches Elend gestürzt. Und sie litt auch mit Napoleons Angehörigen. Nach dem Sturz Napoleons wandte sich der Volkshass im Großherzogtum Baden gegen Napoleons Adoptivtochter Stéphanie, die erste Dame am badischen Hof. Der neue Großherzog Karl Ludwig wurde dazu gedrängt, sich von Stéphanie scheiden zu lassen, was er verweigerte. Seine Weigerung hätte schwerwiegende Folgen haben können, wenn sich nicht seine Schwester, die russische Zarin, bei ihrem Gemahl für ihr Heimatland eingesetzt und so den Bestand des Großherzogtums gesichert hätte. Während Stéphanie Zielobjekt des Hasses blieb, feierten der badische Hof und das badische Volk den russischen Zaren und vor allem die einheimische Zarin als Retter und Helden.

Julie war überzeugt, dass die Kriegsunruhen und politischen Umbrüche Fingerzeige Gottes waren, die an das nahe Weltende erinnerten. Sie wurde nicht müde, von Gottes Liebe zu erzählen und christliche Literatur zu verteilen. Am 11. Mai 1814 bat sie Johann Georg Kellner in Basel um 50 Exemplare der Sonntagsblätter für die folgenden sechs Monate und schrieb dazu:

> Ich glaube doch, dass wir vielleicht alle 50 aufs ganze Jahr absezen; denn sie fangen an, Beyfall zu bekommen, und Carlsruhe wird, Gottlob, durch des Herrn Gnade ganz anders (...) Es war ein Leichenfeld, izt strömen die Menschen; gestern ließen 10 anfragen, zu den Versammlungen zu kommen, und wir bitten den Herrn um einen großen Saal (...).[331]

Trotz aller Turbulenzen in Karlsruhe vergaß Julie auch ihre jungen Genfer Freunde nicht und unterhielt eine intensive Korrespondenz mit ihnen. Die *Société des Amis* war im Frühling 1814 aufgelöst worden. Entscheidend für das Einschreiten der Behörden waren die Beziehungen zur Baronin von Krüdener gewesen. Am 3. Juni 1814 musste Henri-Louis Empaytaz erneut vor der *Compagnie* antreten. Man erklärte ihm, dass er sich durch die Leitung der verbotenen Versammlungen selbst vom heiligen Dienst ausgeschlossen habe. Es sei ihm ab sofort nicht mehr erlaubt, eine Kanzel zu besteigen. Julie gratulierte ihm zu diesen

Neuigkeiten und schlug ihm vor, sich ihr im Großherzogtum Baden anzuschließen, wo die Evangelisation eine beachtliche Entwicklung aufweise. »Gott sei gelobt«, schrieb die Baronin am 14. Juni an Empaytaz, »dass Sie von der Welt und den Weisen der Erde zurückgewiesen wurden. Sie sind vom Ewigen angenommen und Sie wissen noch gar nicht, wie groß Ihr Glück ist.«[332] Einem anderen Genfer Theologiestudenten antwortete die Baronin auf seine Frage hinsichtlich des Dienstes in der Auslandsmission:

> Jeder Christ muss Missionar werden; Sie brauchen dafür nicht zum [Nord]Pol zu gehen. Sie finden in Ihrem Heimatland genügend Samojeden,[333] *kältere Herzen als die der Lappen:* Rufen Sie auf jene die Sonne des Lebens und der Gnade herab. Lassen Sie sich nicht entmutigen. Lieben Sie! Die Nächstenliebe wird Sie viele Dinge lehren, denn sie kommt von Gott.[334]

Julie selbst lebte getreu dem Motto: Missionszeit ist jederzeit – Missionsland ist überall – jeder Christ ist Missionar. Im Blick auf ihre eigene Mission wartete die Baronin gespannt, wie Gott sie zu Zar Alexander I. führen würde.

Nachdem Zar Alexander I. im Mai 1814 den *Ersten Pariser Frieden* unterzeichnet hatte, brach er im Juni nach London auf, wo sich die siegreichen Könige und ihre führenden Minister zusammenfanden. Dort wollte er sich auch mit seiner Schwester Katharina Pawlowna Romanowa (1788-1819) und den Quäkern treffen. Während seiner Abwesenheit kam es am 3. Juli zu einer langen Unterhaltung zwischen Julie und der russischen Zarin. Unter anderem thematisierte Julie ganz offen die Eheprobleme des russischen Zarenpaars. Dabei erzählte sie der jungen Zarin aus dem eigenen Erleben und von ihren Eheproblemen vergangener Jahre. Sie gestand, dass sie ihren Mann früher oft traurig gemacht habe, was sie heute sehr bereue. Julie forderte die Zarin auf:

> Madame, geben auch Sie sich ganz und gar diesem Gott hin, (…) vergeben Sie dem Kaiser: Denken Sie daran, wie viele Verführungen ihn umgeben, wie vortrefflich er ist. Aber schließlich ist er nur ein Mensch (…). Gott kann alles (…), Gott lenkt die Herzen der Könige wie Flüsse. Beten Sie nur, beten Sie viel (…), kommen Sie wie eine Sünderin zu den Füßen Jesu.[335]

Eine Woche später erhielt Julie einen Brief von Roxandra, in dem sie im Auftrag der Zarin ausrichten ließ, dass Julie tiefen Eindruck auf sie gemacht habe. Vier Tage später, am 14. Juli 1814, gab Roxandra in einem weiteren Brief ihrer großen Freude darüber Ausdruck, wie zuvorkommend sich der mittlerweile aus England zurückgekehrte Zar seiner Gattin gegenüber verhalten habe. Auch Karoline Freystedt, die Ehrendame der Markgräfin, bestätigte in ihren Memoiren, dass die Grundlage für die später erneuerte Zuneigung des Zaren zu seiner Gemahlin, Julies Vermittlung zu verdanken sei. Freystedt erinnerte sich: »Frau von Krüdener schien die Kaiserin heiß zu lieben und nichts sehnlicher zu wünschen, als dass der Kaiser dieselben Gesinnungen hegen möge.«[336] Roxandra berichtete weiter von einer langen Unterredung mit dem Zaren, der nach seiner Londonreise einen Zwischenhalt in Baden eingelegt hatte. Unter anderem kamen sie auf Julie zu sprechen, woraufhin der russische Zar gegenüber Roxandra äußerte, dass er die Baronin von Krüdener kenne und dass er »sehr, sehr verärgert darüber sei, sie nicht gesehen zu haben«.[337]

Fürstinnenkongress in Baden-Baden, 1814

Während die siegreichen Machthaber in London damit beschäftigt waren, eine dauerhafte europäische Nachkriegsordnung zu beschließen, fanden sich ihre Gemahlinnen im Großherzogtum Baden zu einem »Fürstinnencongress«[338] ein, wie es ein Zeitzeuge formulierte. Ort des Geschehens war die Sommerresidenz des badischen Großherzogs: Das Neue Schloss in Baden-Baden. Die Zusammenkunft dauerte bis zu den Anfängen des Wiener Kongresses im Herbst 1814, wohin viele Ehefrauen ihre Männer begleiteten. Niemand war in jenem Sommer glücklicher als die Markgräfin Amalie von Hessen-Darmstadt: »Zum erstenmal seit langer Zeit sah sich die erlauchte Mutter wieder umgeben vom vollen Strahlenkranze ihrer kronentragenden Töchter.«[339] Der anonyme Zeitzeuge berichtete:

> Alle diese hohen Frauen hatten sich im heimathlichen Baden-Baden zu friedlichem Congresse versammelt, um von den Strapazen der Reisen und den Erschütterungen des weltumgestaltenden Kampfes

in diesem Elysium sich zu erholen und frei von den Fesseln des großen Paradelebens die Freuden eines traulichen Familienkreises zu genießen.

Der traute Familienkreis wurde erweitert durch weitere namhafte Damen sowie um »einige hervorragende Gestalten« der besiegten Partei. Darunter Napoleons Stiefsohn Eugène de Beauharnais, Vizekönig von Italien, mit seiner bayrischen Ehefrau Auguste von Bayern und ihrem Vater König Max von Bayern aus München. Hier traf Eugène auch mit seiner Schwester Hortense zusammen. Den Mittelpunkt der Gesellschaft bildete jedoch die prominenteste Tochter der Markgräfin: »Die Kaiserin von Russland war die strahlende Sonne, deren Herrlichkeit alle übrigen wie Planeten umkreisten, Licht, Wärme, Segen von ihr hoffend und ersehnend.«[340] Einheimische und Fremde verehrten in ihr die »edle Tochter des Landes, die erhabene Gemahlin Alexanders, den die deutsche Demuth als Retter (...) von Deutschland anbetete.« Mitten in dieser royalen Runde bewegte sich die Baronin von Krüdener als »Löwin der Saison«, so der anonyme Berichterstatter:

> Sie war die eigentliche Löwin der Saison, (...) in allen Kreisen oft sehr unvermuthet erscheinend, um schnell zu verschwinden und anderswo wieder aufzutauchen. Ihr einfacher, dunkler, eben nicht sehr sorgfältig geordneter Anzug verhüllte die Gestalt so ziemlich, aber ihr Antlitz bewahrte noch die Spuren der Schönheit, welche einst in den Salons von Petersburg und Stockholm [Kopenhagen, D.S.] Aufmerksamkeit erregt und Herzen verwundet hatte.

Julie freute sich ganz speziell über das Wiedersehen mit Königin Hortense, mit der sie seit der Begegnung im Jahr 1809 in engem Kontakt stand. Hinter der Königin lag eine schwierige Zeit. Nach einer unglücklichen Ehe hatte sie sich im Jahr 1810 von ihrem Mann, Napoleons Bruder und König von Holland, getrennt. Die politischen Wirren in Frankreich hatten sie dazu veranlasst, nach Baden-Baden zu fliehen. Es hatte ihr fast das Herz gebrochen, als ihr geliebter Stiefvater und Schwager Napoleon I. im Frühling 1814 nach Elba verbannt worden war. Als ob das nicht schmerzvoll genug gewesen wäre, mussten Hortense und Eugène im Mai 1814 auch noch von ihrer Mutter Joséphine Abschied nehmen, welche ganz unerwartet verstorben war. Im franzosenfeindlichen Raum Baden-Baden sahen sich Napoleons Stiefkinder täglich großer Verachtung und Verleumdung ausgesetzt.

Im Sommer 1814 erschien Julie der Königin von Holland im Vergleich zur Begegnung im Jahr 1809 sehr verändert, »voller Prophezeiungen und gebieterisch in ihren Ermahnungen«.[341] Wie die Memoiren von Hortenses Hofdame Louise Cochelet enthüllen, fühlte sich die Baronin innerlich dazu gedrängt, die Königin vor einer drohenden Gefahr zu retten. Ihr war bewusst, dass die Königin seit ihrem letzten Wiedersehen im Jahr 1809 viel gelitten hatte. Aber Julies Botschaft an Hortense lautete, dass der Kummer noch zunehmen werde und dass sie nichts von Menschen erwarten solle. Allein Gott werde ihr Beschützer sein. Mit Nachdruck legte die Baltin Königin Hortense ans Herz, nicht nach Frankreich zurückzukehren, sondern stattdessen nach Russland zu gehen, wo sie bei Zar Alexander I. bestimmt Aufnahme finden würde. Julie warnte sie vor dem schlimmen Jahr 1815. Sie prophezeite, dass der Kongress weitergehe, dass Napoleon von der Insel Elba zurückkehren und mächtiger werde denn je und dass alle, die dann seine Partei ergriffen, »gejagt, verfolgt, bestraft«[342] würden. Zur Königin gewandt äußerte Julie die harten Worte: »Sie werden nicht mehr wissen, wo Sie ihren Kopf hinlegen können.«[343] Hortense, die Julie nach wie vor großen Respekt für ihre vorbildliche christliche Nächstenliebe zollte, zweifelte an den Worten der Baltin und verfolgte deren prophetisches Auftreten kritisch. Im Gespräch mit ihrer Vorleserin Louise Cochelet ließ sie verlauten:

> Mehr als irgendjemand respektiere ich diese Tugenden; es besteht keine Gefahr, sie zu sehen, sie nachzuahmen; aber ich will, dass dein Verstand zu unterscheiden weiß, zwischen dem, was gut daran und dem, was gefährlich ist. Nicht, dass Frau von Krüdener mir verrückt erscheinen würde, wenn sie sagt: *Kehrt nicht nach Frankreich zurück*; sie hat vielleicht Recht. (…) Aber wenn sie sagt, dass ich nach Russland gehen müsse, dass der Kongress nicht enden werde, dass der Kaiser von der Insel kommen werde, und dass diejenigen, welche in seine Nähe zurückkehren werden, verloren sind, wie will sie das wissen?[344]

Trotz aller Skepsis drängte Hortense ihren Bruder und die Schwägerin dazu, die Baronin zu einer Audienz einzuladen. Eugène war von seinem Stiefvater Napoleon I. aus politischen Gründen mit der schönen bayerischen Prinzessin Auguste Amalia Ludovika verheiratet worden. Eugènes Schwiegervater König Maximilian I. von Bayern stand auch im napoleonfeindlichen Umfeld im Jahr 1814 öffentlich zu seiner Freundschaft mit den Stiefkindern seines Wohltäters Napoleon I., der ihm zum Königstitel verholfen hatte. Die überrumpelte Augusta beobachtete entgeistert, mit »großen Augen und offenem Munde«[345], das seltsame Auftreten der baltischen Prophetin. Louise notierte augenzwinkernd:

> Man denke sich diese Prophetin ernst und feierlich auf Prinzessin Auguste zuschreitend, während diese sie freundlich begrüsst und zum Sitzen einladet. Jene denkt nicht daran, sie bleibt vor ihr stehen, richtet sich auf, so hoch sie kann, erhebt die Augen und die Arme zum Himmel, predigt mit Emphase von Resignation, von noch größeren Uebeln als die bereits erlittenen, welche über uns kommen werden.

So kam es, dass die »aufrichtig religiöse Vicekönigin« von Italien die exaltierte Baltin »als eine Verrückte« ansah. (…) Unbegreiflich erschien ihr eine Frömmigkeit, »welche nach außen so auffallend sich kund gab.«[346]

Für Julie war die Begegnung mit Eugène und Auguste aber keineswegs ein komödiantenhaftes Intermezzo, sondern die Erfüllung einer wichtigen Mission. So entschuldigte sie sich in einem Brief bei Freunden, die sie längst hatte besuchen wollen, für ihre Verspätung. Sie werde von wichtigen Dingen aufgehalten und spüre in ihrem Inneren, dass ihr Auftrag hier noch nicht abgeschlossen sei:

> Ich habe eine Zeit großer und gnädiger Segnungen verbracht, indem ich ohne Unterbruch um Seelen bemüht war, indem ich Königinnen und der Zarin Christus predigen konnte und neulich mit der Königin von Holland [Hortense, D.S.] und dem Vize-König [Eugène, D.S.] über den Retter sprechen konnte, indem ich ihnen baldige große oder kommende große Ereignisse ankündigte.[347]

Auch Hortenses Hofdame Louise Cochelet konnte eine frappante Veränderung im Verhalten ihrer baltischen Freundin nicht bestreiten:

> Ich hatte Mühe, die Autorin des Romans *Valérie* wiederzuerkennen, welche, indem sie ihre sanften und zarten Gefühle beschrieb, ein

wenig ihre Geschichte skizziert hatte, und welche, im Jahr 1809, selbst noch mit einer tiefgründigen Religion den ganzen Zauber und die Schüchternheit einer schwachen Frau hatte. Jetzt war es die Gewissheit, der absolute Ton einer Prophetin, und sie übte dadurch eine noch stärkere Wirkung auf mich aus, denn ich war bereit, uneingeschränktes Vertrauen in ihre Worte zu setzen.[348]

Das veränderte Auftreten der Baronin war auch Gesprächsthema zwischen Louise und dem anonymen Berichterstatter, der auf eine Audienz bei der Königin wartete. Im Jahr 1808 hatte er Julie anlässlich »einer ihrer Jung-Stillingiaden, an einem ihrer Andachtsabende«[349] noch sehr zurückhaltend vorgefunden:

> voll sanfter, andächtiger, fast wehmütiger Begeisterung, von herzinnigst frommer Demuth (...) ihr seelenvolles Auge haftete nur am Boden oder richtete sich flehend zum Himmel empor; Gebete, Ermahnungen, Warnungen sprach sie warm und innigst, jedoch mit sanftester Stimme, oft beinahe flüsternd, nur in einzelnen Momenten zu eindringlicher Deklamation sich erhebend.

»Anders erschien sie mir jetzt«, so der unbekannte Zeitzeuge zu Louise: »Hoch aufgerichtet, fast männlich festen Ganges, den Blick starr gerade vor sich hin, schritt sie mit einem Anflug von Majestät vorüber, ohne Menschen und Dinge um sie her im Geringsten zu beachten.« Louises Bewunderung und Respekt für Julie blieben trotz des veränderten Auftretens der Baltin ungebrochen. Dem Anonymus gegenüber verteidigte die Vorleserin ihre mystische Freundin mit folgenden Worten:

> So ist sie aber wirklich, ein wunderbares, reichbegabtes, von Begeisterung durchdrungenes Wesen, das bald als Jeremias, bald als Cassandra[350] auftritt, die Wärme des Psalmendichters, den Schwung des hohen Liedes, die Mystik der grössten Asketen mit dem Pathos eines Talma [= französischer Schauspieler, D.S.] in sich vereinigt und daher uns gewöhnlichen Sterblichen – ich finde keine anderen Worte – bald schauerlich komisch erscheint, uns mit Scheu erfüllt und doch wieder magisch anzieht – oder als eine Verrückte vorkommt.[351]

Zufluchtsort Lichtenthal, 1814

Doch Julie war nicht nur bei den Reichen und Mächtigen am Hof und in Salongesellschaften anzutreffen. Eigentlich bildeten jene Beschäftigungen die Ausnahme. Julies primäre Aufmerksamkeit galt den Armen und Leidenden. Wie bereits fünf Jahre zuvor logierte Julie mit ihren engsten Begleitern in einem kleinen Haus im Tal unterhalb des Klosters Lichtenthal, am Rande der Stadt Baden-Baden. Hier verbrachte sie – in unmittelbarer Nähe zur badischen Sommerresidenz – den Sommer 1814. Während im Jahr 1809 vereinzelt Menschen hier Hilfe gesucht und gefunden hatten, strömten nun ganze Scharen von Notleidenden nach Lichtenthal. Trotz des wohltätigen Wirkens war der Tagesablauf der Bewohner fast klösterlich mit regelmäßigen Gebetszeiten strukturiert. Einheimische beobachteten, wie Julie und ihre Gefährten im Frühling und Sommer 1814 alle drei Stunden ihre Beschäftigung unterbrachen und zu einer Gebetszeit zusammenkamen. Als wichtigstes Mittel zum Erkennen des göttlichen Willens nahm das Gebet einen zentralen Stellenwert für Julie ein. Im Laufe des Jahres gründete Julie nach einer Tragödie zudem einen Gebetsverein, deren Mitglieder sich dazu verpflichteten, gezielt für eine große Anzahl von Menschen zu beten: »Verstreut von der Ostsee bis zum Mittelmeer bezeichneten sie sich als Diakone und Diakoninnen: Die Übereinstimmung ihrer glühenden Gebete wurde zur Quelle großer Segnungen.«[352]

Louise Cochelet wollte sich gerne vor Ort ein Bild vom Wirken der Baronin in Lichtenthal machen und war für einen Tag zu Gast bei Julie und Juliette, »diesen zwei engelhaften Wesen«.[353] Als Louise am Morgen bei dem bescheidenen und abgelegenen Haus eintraf, das Julie und ihre Begleiter bewohnten, hatten diese bereits unzählige Liebesdienste verrichtet: »Da waren arme Krüppel, die nach Pflege, Trost und Hilfe suchten; bekümmerte Seelen, welche aus der evangelischen Beredsamkeit von Frau von Krudner die Kraft schöpften, ihre unheilbaren Leiden zu ertragen.«. Der einzige Schmuck des äußerst bescheidenen Zimmers war ein enormes Holzkreuz, vor dem Julie mit denjenigen, die sie im Glauben stärken wollte, niederkniete. Mit Inbrunst stimmte die königliche Vorleserin in Julies salbungsvolles aber einfaches Gebet vor der Mahlzeit ein, »der kärglichsten, die ich in meinem Leben je hatte; und trotzdem wurde die Gastfreundschaft nicht vergessen. Ein Fleischteller, ein ungewohnter Luxus, zeugte vom Wunsch, den man hatte, mich gut zu empfangen.« Nach Geprächen über den Glauben führte ein wohltuender Spaziergang in die Kirche des Klosters von Lichtenthal, wo gerade der Abendgottesdienst begann.

Auch Roxandra Sturdza, die Ehrendame der russischen Zarin, machte im Sommer 1814 einen Besuch bei Julie und erinnerte sich wie folgt:

> Die Baronin lebte in einer Hütte, wohin zu ihr die Bettler und Trostsuchenden kamen, ebenso Kinder und verschiedene weltliche Leute, die gleich mir die reine Luft einer Atmosphäre der Liebe und des Friedens atmen wollten. In dieser Zeit suchte sie Gott in Ausübung der Barmherzigkeit, in freiwilliger Armut und religiöser Entzückung (...) auch in ihre Verirrungen verstrickt, war sie immer gut, begütigend-teilnehmend am Unglück, mitleidsvoll für die Leiden und Unzulänglichkeiten der Nächsten.[354]

Die angesprochenen »Verirrungen« bezogen sich in erster Linie auf Julies Naivität im Blick auf Fontaines und die Kummerin. Zu Jung-Stillings Leidwesen hatte im Laufe des Jahres 1814 auch die Kummerin die ihr zugestandene Bewegungsfreiheit im Zwangsarbeitshaus zunehmend dafür genutzt, den Kontakt zu Julie und zu Fontaines zu erneuern. Fontaines und die Kummerin heckten gemeinsam neue Pläne aus, um die Wohltäterin ein weiteres Mal an sich zu binden. Durch den engen Kontakt mit Jung-Stilling war Roxandra bestens über die Geschehnisse informiert.

Der Ruf der Baronin breitete sich über das Netzwerk der Salons immer weiter in Europa aus. Viele waren neugierig und wollten sich selbst ein Bild von der außergewöhnlichen Frau machen. Dazu gehörte auch der deutsche Schriftsteller und Freiheitskämpfer Ernst Moritz Arndt (1769-1860). Jener nutzte im Sommer 1814 eine passende Gelegenheit, um für ein paar Wochen zu seinem Freund Max von Schenkendorf zu reisen. Während des Monats, den Ernst Moritz Arndt in den Bädern zu Baden verbrachte, trat er auch in intensiven Kontakt mit Julie, zunächst in Karlsruhe, aber später öfter noch in Baden. Die »weiland schönste und berühmteste Nachtigall diplomatischer Salons, Frau von Krüdener«[355] fühle und predige jetzt, nachdem sie in ihrer Jugend alle »Süssigkeiten und Gefährlichkeiten des Salonslebens genossen und mitbestanden habe«, den Beruf, als »Sündenbüßerin (...) alle Welt zu bekehren«. Der Schriftsteller war höchst erstaunt darüber, während seiner Begegnungen mit Julie in Baden den russischen Reitergeneral Graf Pahlen, den er seit einer Begegnung wenige Monate zuvor nicht in bester Erinnerung hatte, nun in Julies »sanften Zügeln als einen büßenden Himmelsucher« und in ihrem Gefolge zu sehen. Vom »zauberhaften Schimmer einer sehnsuchtsvollen Magdalenenbüsserin übergossen«,[356] sei die Baronin von Krüdener »als eine Begeisterte, als eine mit Gesichten und Weissagungen von oben Gesegnete, als eine Predigerin der Lehre von der Gnade und von Reue und Buße« aufgetreten. Auf Ernst Moritz Arndt machte Julie nicht den Eindruck einer »Gauklerin und Betrügerin, sondern einer Schwärmerin«:

> (…) sie hatte den sehnsüchtigen und mächtigen Zauber einer Begeisterten, welche sie wirklich war: denn sie predigte ihr neues Evangelium mit gleichem Eifer den Armen wie den Reichen, dem Kaiser wie dem Bettler. Besonders war ihr Lieblingsthema, wie ich es bei alten Weibern unter Männer- und Frauen-Bildern dieses Standes an den verschiedensten Orten auf gleiche Weise wiedergefunden habe, die Erschütterungen und Umwälzungen, wovon Europa heimgesucht wird, von den Sünden der Völker herzuleiten.[357]

Mitarbeiter & Prophezeiungen, 1814

Henri-Louis Empaytaz durchlebte nach dem Ausschluss von der theologischen Fakultät und dem Kanzelverbot eine harte Zeit. Erschöpft von den inneren Kämpfen gab er schließlich den eindringlichen Bitten seiner engsten Freunde nach, die ihm rieten, sich der Baronin von Krüdener anzuschließen. So verließ er am 14. August 1814 Genf und begab sich zunächst nach Basel. Mit einem Brief an Johann Georg Kellner hatte Julie die Ankunft ihres jungen Freundes in Basel bereits vorbereitet. In dem Schreiben stellte sie Empaytaz als »ächten Missionar und Jünger des Herrn« und Vorsteher der Gemeinde in Genf vor. Sie bat Kellner, Empaytaz auf seiner Durchreise durch Basel herzlich aufzunehmen und ergänzte:

> Sind Menschen in Basel, die französisch verstehen, so lassen sie Ampeyta Versammlungen halten; er hat des Herrn lebendigen Geist, ist voller Salbung und kan dem kalten Basel sehr wohl thun. Behalten sie ihn alsdann länger, wenn er Seegen stiftet, wie ich gewiss glaube; seine Gebethe aus dem Herzen sind wunderschön.[358]

Julie wies Empaytaz an, sich von Basel aus ins elsässische Waldersbach zu begeben, wo er bei Pfarrer Oberlin ihre Ankunft erwarten sollte. Von ihrem vielfältigen Wirken im Raum Baden-Baden aufgehalten, verzögerte sich Julies Ankunft. Doch am 12. September 1814 erreichte sie schließlich in Begleitung von Juliette das Steintal. Die Freude über das Wiedersehen mit Pfarrer Oberlin und Empaytaz war groß. Der Monat im idyllischen Elsass war für Julie eine Quelle neuer Kraft.

Empaytaz' Anwesenheit erinnerte Julie schmerzlich an ihre übrigen Genfer Freunde, allen voran ihre Freundin Antonie und ihren geliebten Sohn Philippe. Wie gerne hätte sie sich ihm als Mutter zu erkennen gegeben. Aber damit hätte sie die Abmachungen gebrochen. Sie war so dankbar für ihre Freundin, die sich mit unglaublicher Hingabe um ihren Adoptivsohn bemühte. Gemeinsam mit Philippes Vormund Monsieur Gounouilhou machte sie sich Gedanken über die Zukunft des 16-Jährigen. Um ihm eine gute religiöse Ausbildung zu ermöglichen, war er im Frühling 1814 Daniel Pétillet, dem Chef der Âmes intérieures in Lausanne, anvertraut worden. Im Herbst 1814 wurde Julie darüber in Kenntnis gesetzt, dass sich Philippe als Student der Geisteswissenschaften an der Genfer Akademie eingeschrieben hatte.

Von Waldersbach ging die Reise weiter in die nahe gelegene Stadt Straßburg. Sie hatten die Meldung erhalten, dass Adrien Lezay-Marnésia, der beliebte Präfekt, den Verletzungen eines Wagenunglücks erlegen war. Durch das vorbildlich ertragene Leiden von Adrien und seinen eindrücklichen Tod entstand in Straßburg eine große Offenheit für das Evangelium. Unzählige Besucher scharten sich um Julie und wollten mehr wissen über den Glauben, der den Präfekten bis in den Tod gestärkt hatte. Dieser geistliche Aufbruch wurde zu einem wichtigen Impuls der Erweckung in jener Gegend. Françoise, die liebenswerte Gattin des Verstorbenen, traf die Entscheidung, sich Julies Gefolge anzuschließen und noch viel konsequenter in den Dienst des Guten zu stellen.

Franz Karl von Berckheim, dem Julie Anfang 1813 in Straßburg begegnet war, hatte in der Zwischenzeit sein Amt als Polizeichef von Mainz niedergelegt und auf seine Karriere verzichtet, um sich ganz der Sache Gottes hinzugeben, indem er sich Julies Gefolge anschloss. Zudem war offensichtlich, dass Juliette sein Herz erobert hatte.

So wuchs Julies Gefolge stetig an und sie wusste sich von treuen und tatkräftigen Mitarbeitern umgeben. Aber auch Fontaines und die mittlerweile freigelassene Kummerin hatten sich Julie in der Zwischenzeit wieder angeschlossen. Jung-Stilling kämpfte weiter hartnäckig für eine Auflösung dieser unheilvollen Verbindung. Gegen Ende 1814 schrieb er dem evangelischen Theologen Johann Friedrich von Meyer:

> An diesen beyden Personen, nämlich an Fontaines und der Kummerin, hängt nun die Frau von Krüdener auf eine unbegreifliche Weise. Sie hält sie für ganz außerordentliche Werkzeuge, die der Herr nun bald zur Gründung seines Reichs brauchen wird; die Geschichte der Kummerin hält sie für Verläumdung und für die schrecklichste Ungerechtigkeit, da ich doch die Akten, so wie sie im Ludwigsburger Amt verhandelt worden, eine lange Zeit im Haus hatte und also ganz vollkommen instruirt bin. Ich hielte es nun für meine Pflicht, meine noch immer intime Freundin Krüdener für allen diesen Verbindungen zu warnen, aber es hat bis dahin nichts geholfen; indessen merke ich wohl, dass die Fontainische Familie sie misbraucht und sich nach und nach entlarven wird; mit der Kummerin wird es ohnehin ein trauriges Ende nehmen. Meine Freundin wird also durch eine sehr ernste Erfahrung klug werden müssen, da alles Warnen nicht hilft. Seyen Sie aber auch mit dieser Geschichte sehr vorsichtig; denn bey dem Allem würkt die Fr. v. Kr. außerordentlich ins Grose zum Besten des Reichs Gottes; man darf also ihren Kredit nicht schwächen, weil sie von ihrer Schwärmerei durchaus bis dahin noch nichts einmischt.[359]

Ende November erreichten Julie, Juliette, Empaytaz, Françoise und Franz Karl gemeinsam Karlsruhe und damit das Heim ihrer Freunde Henriette und Max von Schenkendorf. Hier kam Julie wieder ihrem Beruf als Salonnière nach und lud täglich in ihren Salon ein, wo sie mit großem Eifer das Evangelium verkündigte. Viele Pastoren und Priester aus Karlsruhe und Umgebung suchten sie täglich auf, um bei ihr für ihren Dienst gestärkt zu werden. Weitere kamen, um ihren Rat in einer bestimmten Sache einzuholen.

Wesentlicher Teil von Julies Salonalltag blieb die Erledigung ihrer Korrespondenz, die nicht länger allein zu bewältigen war. Julie schilderte Johann Georg Kellner, sie sei mit Arbeit überhäuft, habe aber jetzt drei Sekretäre, die von morgens bis abends schrieben und abschrieben, »nämlich Empaytaz, ihre Tochter und einen jungen Mann, namens Berckheim, den Bruder des Ministers in Karlsruhe«.[360] In Bezug auf Berckheim ergänzte sie: »(...) dieser ausgezeichnete Mann hatte lange in Frankreich einen großen Posten bedient und wurde mir im vorigen Frühjahr empfohlen; lange hatte er sich mit religiösen Sachen beschäftigt; nun aber wurde es Leben.«

In Gedanken war Julie viel bei den politischen Entwicklungen. In der Stille empfing sie starke Eindrücke im Hinblick auf die Zukunft, die sie der russischen Hofdame Roxandra Sturdza in einem Brief vom 27. Oktober 1814 mitteilte. Im Brief prophezeite Julie die Rückkehr Napoleons von der Insel Elba und den Untergang der Bourbonen und damit des französischen Königtums. Als Vertraute des Zaren zeigte Roxandra ihm den Brief der baltischen Baronin. Zar Alexander I. war höchst fasziniert und ließ Julie durch Roxandra ausrichten, dass er glücklich wäre, sie zu treffen.

Im Gebet wurde für Julie immer klarer, zu welcher Aufgabe sie von Gott berufen war. Sie war überzeugt davon, dass die Mission von Zar Alexander I. und ihre Mission untrennbar miteinander verbunden waren. Die Briefe an Roxandra enthielten immer deutlichere Aussagen zur besonderen Mission des Zaren. So schrieb Julie am 15. Dezember 1814, dass Alexander I. dazu berufen sei, »die Führung des Volks der Auserwählten zu übernehmen«.[361] Diese Meinung teilte Roxandra schon lange, genauso wie Jung-Stilling und viele andere. Was sie selbst betraf, erkannte Julie immer deutlicher ihren Auftrag, den russischen Monarchen davon zu überzeugen, dass er der Auserwählte Gottes für eine ganz bestimmte Aufgabe war. Auf diese Mission bereitete sich Julie mit ihrem Gefolge in den kommenden Monaten ganz intensiv vor.

Kapitel 6

Politischer Einfluss & Missionsreise

1815-1817

»*Zur Erreichung außerordentlicher Zwecke benützt Gott auch außerordentliche Mittel. (...) Und zwar bedient Gott sich zu dieser Zeit eines Weibes. (...) was die Männer Kaisern und Königen gegenüber zu sagen nicht wagten, oder umsonst gesagt hätten, das Gleiche hören sie ruhig und nicht ohne Eindruck aus dem Munde einer Frau (...).*«[362]

Julie im Alter von 52 Jahren

Wartezeit & erfüllte Prophezeiungen, 1815

Das neue Jahr 1815 erfüllte Julie mit einer großen inneren Unruhe. Angespannt verfolgte sie mit halb Europa das Weltgeschehen und die Entwicklungen am Wiener Kongress, der seit Oktober in Wien tagte und die europäische Nachkriegsordnung regeln sollte. »Wir nähern uns den schrecklichsten Krisen«, schrieb sie besorgt an Roxandra Sturdza. »Die Kriege, die tiefen Betrübnisse werden furchtbar sein. Denken Sie an das Jahr 1815, es wird denkwürdig sein«, mahnte sie die Freundin. Im Blick auf den Kongress prophezeite Julie: »Der Friede wird sich nicht einstellen können und man sieht gut, dass es nicht die Menschen sind, die die Macht haben, ihn herbeizuführen.«[363]

Immer stärker beschäftigte Julie der Gedanke an einen heiligen Bund Gottes mit den Menschen. Am Dreikönigstag bat Julie »ihren treuen Vikar« Empaytaz, die Bibelstelle Hesekiel 37,26 auszulegen: *Und ich will mit ihnen einen Bund des Friedens schließen, der soll ein ewiger Bund mit ihnen sein. Und ich will sie erhalten und mehren, und mein Heiligtum soll unter ihnen sein für immer.* Roxandra bewegte ähnliche Gedanken wie Julie. In einem Schreiben vom 16. Januar 1815 drückte auch die russische Hofdame ihren Wunsch nach einer Vereinigung der Christen aus und hoffte auf ein Zeichen der Allianz und der Versöhnung. Julies Antwort enthüllte der Freundin, dass sie sich zu der heiligen Aufgabe berufen sah, Zar Alexander I.»von seiner Erwählung zu überzeugen, die Sammlung einer neuen Christenheit auszuführen.«[364] Innerlich aufgewühlt von den neuen Erkenntnissen und Offenbarungen flogen die Briefe zwischen Julie und Roxandra in Windeseile hin und her. Aus Julies Worten sprach eine große Überzeugung hinsichtlich der einzigartigen Mission von Alexander I., als sie am 4. Februar 1815 während eines erneuten Aufenthaltes in Straßburg an Roxandra schrieb:

> Ich habe (…) auch über meine ehrerbietige und tiefe Bewunderung für den Kaiser gesprochen. Die Größe seiner Mission wurde mir neulich nochmals so deutlich offenbart, dass es mir nicht mehr erlaubt ist, daran zu zweifeln. (…) Ja, liebe Freundin, ich bin überzeugt, dass ich ihm unendlich große Dinge zu sagen habe.[365]

Von Straßburg aus begab sich Julie in die stark jüdisch geprägte Gemeinde Schluchtern. Schluchtern war eine badische Enklave[366] im Landkreis Heilbronn in Württemberg. Hier wartete Julie mit ihren engsten Vertrauten vom Februar 1814 an auf göttliche Anweisungen im Blick auf eine Begegnung mit Zar Alexander I. In jener Zeit gab Julie dem langem Drängen von Fontaines nach und willigte in den Kauf des Gutshofs Rappenhof – heute ein Tagungs- und Urlaubshotel[367] – in der malerischen Umgebung von Weinsberg ein. Der Rappenhof wurde im März durch Fontaines unter dem Namen seines Schwagers Johann Balthasar Wepfer erworben. Während sich Fontaines, die Kummerin und weitere Gefolgsleute im Rappenhof niederließen, blieb Julie mit ihren engsten Vertrauten in der nahe gelegenen Mühle in Schluchtern. Wäre Julie in den Rappenhof gezogen, hätte sie sich öffentlich dem Ausweisungsbefehl des Königs von Württemberg widersetzt, der seit der Ausweisung aus dem Katharinenplaisir im Frühling 1809 immer noch Gültigkeit hatte. Schluchtern war zwar von württembergischem Gebiet umgeben, lag aber vollständig auf badischem Boden. Zudem hatte Gott Julie in der unscheinbaren Mühle ein großes Wirkungsfeld eröffnet.

Am 1. März 1815 geschah das Unvorstellbare. Napoleon kehrte nach Frankreich zurück! Genau wie es Julie zur Verwunderung vieler prophezeit hatte. Auch ihre Voraussage, dass der Kongress nicht aufhören werde, bewahrheitete sich. Durch ein Netz von Agenten war Napoleon bestens darüber informiert gewesen, dass es in Frankreich seit der Restauration unter Ludwig XVIII. viele Unzufriedene gab. Die Soldaten, die Napoleon an seiner Rückkehr hätten hindern sollen, liefen zu ihm über. Am 19. März floh König Ludwig XVIII. aus den Tuilerien. Die Welt war geschockt. Nicht so die kleine Kolonie in Schluchtern. Vier von ihnen würden ununterbrochen schreiben, so Julie am 20. März an Roxandra, die übrige Zeit seien sie auf den Knien, um für den Zar Alexander I. und die Seinen zu beten. Daneben führten sie zahlreiche Versammlungen durch.

In Schluchtern war seit Jahren eine stark religiöse Bewegung im Gang und die Leute machten sich bereit zum Aufbruch in den Osten, wo sie die Wiederkunft Christi erwarten wollten. Eine beachtliche Anzahl Auswanderer hatte sich bereits in den Osten begeben. Die Mühle, die Julie und ihr Gefolge in Schluchtern bewohnten, gehörte dem tiefgläubigen Müller Johann Jakob Koch, einem Vertreter des württembergischen Chiliasmus. Zum Chiliasmus gehörte der Glaube an die sichtbare Wiederkunft Jesu Christi, die Unterwerfung satanischer Mächte sowie die Sammlung der Anhänger Christi für das tausendjährige Friedensreich auf Erden. In dieser jüdisch-christlichen Endzeitvorstellung wurde der Stadt Jerusalem eine zentrale Stellung eingeräumt. Sie wurde zum Ziel aller spirituellen Sehnsüchte von Juden und Christen. Obwohl die Bedeutung Israels und der Stadt Jerusalem für die Chiliasten unbestritten blieb, rückte ganz sachte der Osten, insbesondere Russland, ins Blickfeld der Aufmerksamkeit. Bereits Johann Albrecht Bengel (1687-1752), der große württembergische Pietist des 18. Jahrhunderts, hatte Russland eine zentrale Rolle zugesprochen. Ähnlich Jung-Stilling, der von einem im asiatischen Russland gelegenen Zufluchtsort östlich vom Schwarzen Meer gesprochen hatte.

Da unter den gegebenen politischen Verhältnissen eine Auswanderung nach Israel schlicht unmöglich schien, erwies sich Russland als geeignete Ersatzlösung. Die Übereinstimmung mit dem biblischen Ziel Jerusalem wurde insofern aufrechterhalten, als man das Zarenreich nur als Durchgangsstation ansah, von der aus man später nach Jerusalem gelangen wollte. Die Baronin von Krüdener und der Mühlenbesitzer Koch teilten in den wesentlichen Punkten dieselben Ansichten hinsichtlich der Endzeit.

Nach Julies Ankunft strömten Menschen aus der ganzen Region zur Mühle. An Sonntagen zogen »große Scharen begeisterter Chiliasten aus allen Gegenden des Unterlandes zum neuen Wallfahrtsort«[368], wie Zeitzeugen berichteten. Die von Berckheim geleiteten Versammlungen wurden werktags abends und sonntags durchgeführt. Eine gedruckte Liedersammlung in der preußischen Staatsbibliothek Berlin enthält Lieder, die Julie für die Versammlungen zusammengestellt hatte. Darunter finden sich heute noch gängige Kirchenlieder wie: *Jesus Christus herrscht als König*, *Mir ist Erbarmung widerfahren* und *Großer Gott, wir loben dich*. Julies Predigten handelten – den chiliastischen Überzeugungen entsprechend – vom nahen Weltende, der Rettung der christlichen Gemeinde an einem Bergungsort in Russland und ermunterten zum Auszug nach Kaukasien. Julies Predigten führten dazu, dass Kaukasien[369] in den Zukunftserwartungen der schwäbischen Chiliasten eine zentrale Rolle zu spielen begann. Auch die zentrale Rolle von Zar Alexander I. war mit *dieser* Bestimmtheit vorher noch von niemandem in der Region um Schluchtern verkündet worden. Mit ihren Überzeugungen übte Julie auch einen entscheidenen Einfluss auf ihren Gastgeber Johann Jakob Koch aus, der ein Jahr später zum Hauptanführer der Auswanderungsbewegung werden sollte. Kochs Ansichten standen repräsentativ für die der geistigen Führer der Auswanderungsbewegung nach Russland. Seine grundlegenden Gedanken fasste er in der Schrift *Geistliche Gedichte und Gesänge für die nach Osten eilenden Zioniden* zusammen. In den ersten beiden Liedern wurde Zar Alexander I. besungen.

Besonders eindrücklich blieb den Zeitzeugen im Zusammenhang mit den genannten Versammlungen in Erinnerung, dass man knieend betete. Aber auch das schlichte Leben der Baronin beeindruckte die Besucher. Ebenso ihre Wohltätigkeit, was den »Eindruck einer recht religiösen Frau«, den man von Julie hatte, bestätigte. Ihr Dienstpersonal habe lediglich aus einer Kammerjungfer bestanden, die als Mädchen für alles diente.

Napoleons Rückkehr von der Insel Elba war ein Donnerschlag am diplomatischen Himmel des Wiener Kongresses. Hastig wurden die Verhandlungen vorangetrieben. Die Botschafter in ganz Europa warteten gespannt auf die Beschlüsse der Mächtigen. So auch Paul von Krüdener in Zürich. Im Vorfeld hatte er sich nach Kräften für die Unabhängigkeit der Schweiz stark gemacht und war mit diesem Anliegen sogar vor dem Kongress vorstellig geworden. Tatsächlich wurde am 20. März 1815 von den fünf Großmächten die Urkunde unterschrieben, die der Schweiz eine »immerwährende bewaffnete Neutralität« garantierte. Auf diese Weise sollte ihr Gebiet dem Einfluss Frankreichs entzogen werden. Zu den 19 Kantonen der Mediationszeit kamen vier weitere hinzu. Die Schweiz wurde wieder zu einem Staatenbund. Paul von Krüdener kam die Ehre zu, dieses Dokument, das den Fortbestand der Schweiz sicherte, im Namen Russlands zu unterzeichnen. Am selben Tag, an dem über das Schicksal der Schweiz entschieden wurde, bestieg Napoleon erneut den französischen Thron.

Die Koalitionsmächte sahen sich ein weiteres Mal zum Handeln gegen Napoleon herausgefordert. Großbritannien, Österreich, Russland und Preußen erneuerten am 25. März ihre Allianz von 1814 und entschieden sich zum militärischen Eingreifen. Trotz vieler Schwierigkeiten gelang es Napoleon, eine gut ausgerüstete Armee von 125.000 erfahrenen Soldaten zu rekrutieren. Mit diesen marschierte er nun gegen die Allianz. Das Kriegsgeschehen hing erneut wie ein Damoklesschwert über Europa.

Julies Gedanken drehten sich Tag und Nacht um Zar Alexander I. und die bevorstehende Mission. Weitere Briefe aus Schluchtern an Roxandra, abgefasst im April und Mai, handelten von göttlichen Offenbarungen, die Julie im Blick auf Alexanders Mission empfangen hatte. Julie verschwieg aber auch nicht die Hindernisse, die sie in ihrem Auftrag lähmen wollten, zum Beisiel ihre Angst zu versagen. Daher bat Julie ihre russische Freundin, neben den Gebeten für den »Auserwählten des Herrn« auch für sie zu beten, da sie »ohne Unterbruch befürchte, ihre großen Pflichten nicht zu erfüllen.«[370]

Tatkräftige Unterstützung erhielt Julie diesbezüglich auch von ihren engsten Mitarbeitern, ganz speziell von ihren zwei geistlichen Stützen Empaytaz und Berckheim. Beide ermutigten sie »aufs Lebhafteste und Eindringlichste (...), sich in das geistliche Leben des Zaren einzuschalten.«[371] Am 18. Mai 1815 stärkte Empaytaz die Baronin mit den Worten, dass sie »ohne Furcht vor den Kaiser treten solle, wie Esther und Judith, dass der Geist des Herrn auf ihr ruhe (...)« und »dass das Herz von Alexander schon erobert sei.« Sowohl Empaytaz als auch Berckheim waren davon überzeugt, dass Gott selbst ihnen den Platz in Julies Gefolge zugewiesen hatte. Anfang 1815 waren Franz Karl von Berckheim, der wenige Monate zuvor seinen Posten als Polizeichef gekündigt hatte, zwei prestigeträchtige und begehrte Staatsämter angeboten worden, die er Mitte Januar mit den Worten abgelehnt hatte: »(...) ich kann keine andere Stelle annehmen, meine Berufung ist fest.«

Begegnung mit Zar Alexander I. in Heilbronn, Juni 1815

Schließlich traf die Lebensgemeinschaft in Schluchtern die Entscheidung, dass Julie am 2. Juni 1815 in Begleitung von Juliette, Baron von Berckheim und Empaytaz nach Heilbronn reisen sollte, weil »der Auserwählte des Herrn« – wie Juliette im Tagebuch notierte – dort erwartet wurde. Zar Alexander I. hatte in der Zwischenzeit den Kongress in Wien verlassen und sich auf den Weg nach Heidelberg gemacht, wohin das russische Hauptquartier verlegt worden war. Am 3. Juni 1815, einem vorsommerlichen Samstagnachmittag, beobachteten Mutter und Tochter Krüdener aus dem Fenster ihrer Unterkunft, wie zwei Generäle und das Gefolge von Zar Alexander auf dem großen Marktplatz in Heilbronn eintrafen und im Rauch'schen Palais Quartier bezogen. Sie wurden mit Glockenspiel empfangen. »In dieser Minute beteten wir alle zu Gott, dass Er ihn [Alexander, D.S.] segnet«, schrieb Juliette in ihren *Notizen über das Treffen mit Alexander I.*[372] und sie ergänzte: »Der Anblick all dieser Großartigkeit machte mich müde.« Nach dem Abendessen erfuhren Julie und Juliette, dass auch ihr Bekannter Pjotr Michailowitsch Fürst Wolkonski (1776-1852), seit 1814 Chef des kaiserlichen Generalstabs, im Rauch'schen Palais weilte. Zudem erfuhren sie, dass Zar Alexanders Aufenthalt in Heilbronn nicht von langer Dauer sein würde. Vor allem die letzte Nachricht versetzte die Damen Krüdener in nicht geringe Aufregung, da sie sich gezwungen sahen, schnell zu handeln.

Am Sonntagmorgen, den 4. Juni 1815, machten sich Julie und Juliette auf den Weg in das Rauch'sche Palais. Die im Empfangsbereich versammelten Offiziere waren wenig erfreut über die unerwünschte Störung. Unfreundlich ließen die Offiziere die beiden Damen wissen, dass Generalfeldmarschall Wolkonski nicht da sei. Daraufhin zogen sich Julie und Juliette zurück. Später fragten sie bei den Kutschern nach, die nicht weniger harsch mit ihnen umsprangen. Zumindest erfuhren sie, dass Wolkonski zurückgekommen war. Zugleich aber auch, dass es unmöglich sei, ihn zu sehen, da er mit den Adjutanten die Karten studierte und die kaiserlichen Eilbriefe zum Versand vorbereitete. Trotzdem baten die Damen um eine Feder und Tinte und setzten eine Nachricht auf. Nach einigem Hin und Her wurde ihre Hartnäckigkeit schließlich damit belohnt, dass sie von Fürst Wolkonski empfangen wurden und ihm einen Brief für Zar Alexander I. überreichen konnten. »Der Fürst war sehr liebenswürdig«, so Juliette. »Er fragte die Mutter, was sie über diesen Krieg und dessen Folgen denkt. Er wusste, dass sie vieles vorausgesagt hatte.« Wolkonski versprach, dass man den Brief noch am selben Abend an Alexander I. überreichen werde. Zufrieden damit, »dass sie trotz aller Hindernisse wenigstens ein Treffen mit Wolkonski erreicht hatten«, kehrten die Edeldamen in ihr Heilbronner Quartier zurück. Als sie sich für die Nacht bereit machten, erschien ein Diener und ließ Baron von Berckheim wissen, dass Wolkonski Julie zu sprechen wünsche. Fürst Wolkonski lud sie zu Zar Alexander I. ein, entweder »sofort oder morgen um 7 Uhr abends«. Sie entschieden sich für die erste Variante.

Die zweite Aufwartung im Rauch'schen Palais verlief gänzlich anders als die erste. Bei der bloßen Erwähnung des Namens Krüdener wurde Julie umgehend von einem Adjutanten abgeholt und mit höchster Ehrerbietung in das Zimmer des Zaren geführt. Auch Juliette, Empaytaz und Berckheim wurden empfangen. Der Zar seinerseits hatte sich an jenem Abend an eine Unterhaltung mit Roxandra Sturdza erinnert und daran, dass Frau von Krüdener irgendwo in der Gegend sein müsste. Er hatte sich vorgenommen, anderntags seine Schwiegermutter, die Markgräfin, diesbezüglich anzuschreiben. Schon länger hatte Zar Alexander I. im Hinblick auf ein mögliches Treffen mit der baltischen Baronin den Wunsch verspürt,

> eine Frau zu sehen, welche gewissermaßen das lebendige Wort Gottes in sich trug, eine Frau, welche nach der Art eines Apostels die jungen, ungläubigen Generationen Europas durchschritt, eine Frau, der ein glänzender Ruf vorauseilte; schließlich der Gedanke, dass diese Frau ausgerechnet russische Staatsangehörige war.[373]

Als Fürst Wolkonski ihm Julies Brief überreichte, hatte er gerade eben »die Lektüre eines Auszuges aus Eckartshausen abgeschlossen, wo von der letzten Zeit erzählt wird«. »Wir fanden Alexander allein. Er war ein wenig verlegen, als er uns anblickte. Ich fühlte mich ganz ruhig«, berichtete Juliette weiter. »Mit wahrer Demut« habe Alexander I. angenommen, was Julie ihm mitzuteilen hatte. Es sei spürbar gewesen, dass der Zar innerlich auf das Gespräch vorbereitet war. »Er war überzeugt, dass der Herr denen hilft, die Ihn anrufen, aber nicht überzeugt, dass genau er auserwählt ist, eine so große Tat zu vollbringen.« Juliette erinnerte sich weiter: »Die Mutter sprach mit ihm über seine Erweckung, darüber dass ihr befohlen wurde, ihn zu finden und ihm die Güte und den Sieg Gottes zu verkünden.« Julie ließ den russischen Monarchen teilhaben an ihrer Lebensgeschichte, ihrer Gottesbegegnung, ihrer persönlichen »Erweckung« und Berufung. In Gottes Auftrag prophezeite die Baronin Zar Alexander I. den militärischen Sieg gegen Napoleon. Julie sprach so offen und freimütig über das Leben, das Verhalten und den Glauben des russischen Monarchen, dass sie plötzlich über sich selbst erschrak und sich in aller Form bei Alexander I. entschuldigte. Jener beruhigte sie und bedankte sich dafür, dass sie ihm geholfen habe, Dinge an sich zu entdecken, die er bisher noch nie gesehen hatte, und bat sie eindringlich, für weitere Unterredungen in der Nähe zu bleiben. Bei seiner Frage nach einer Gegenleistung für ihre Aufwartung gab Julie Zar Alexander I. unmissverständlich zu verstehen, dass sie um nichts bitte, nichts erwarte und nur den Willen Gottes erfülle.

Am nächsten Morgen wurde Julie eine Nachricht von Zar Alexander I. überbracht, in der er sie bat, im Laufe des Vormittags für ein weiteres Gespräch zu ihm zu kommen. Über dieses zweite Gespräch vom 5. Juni hielt Juliette fest, dass ihre Mutter mit Nachdruck mit Alexander habe sprechen können und dass er ihr sein ganzes Herz geöffnet habe. »Man hatte ihm im Auftrag von Napoleon Vorschläge gemacht, welche Mama ihm abzulehnen riet; sie fühlte sich dazu gedrängt.«[374] Roxandra gegenüber äußerte Zar Alexander I. hinsichtlich der Begegnung mit Julie von Krüdener in Heilbronn:

> (...) als ob sie in meiner Seele gelesen hätte, richtete sie starke und tröstende Worte an mich, welche die Unruhe, von welcher ich seit langer Zeit besessen war, beruhigten. Ihre Gegenwart war eine Wohltat für mich gewesen.[375]

Während die russische Delegation am Montag nach Heidelberg weiterreiste, blieben Julie, Juliette, Berckheim und Empaytaz in Heilbronn, um die weiteren Entwicklungen abzuwarten. Zwei Tage später erhielt Julie die offizielle Einladung von Zar Alexander I., ihm nach Heidelberg zu folgen. Ganz ergriffen von den jüngsten Ereignissen schrieb Julie am 7. Juni noch von Heilbronn aus einen Brief an ihren Sohn Paul in Zürich. Für Alexander I. benutzte Julie in diesem wie in anderen Briefen den Decknamen »Bluhme«.[376] Julie ließ Paul in etwas holprigem Deutsch wissen:

> Bluhme ist ein gar lieber Mensch und wird ein immer größerer Mensch werden. Ich habe recht köstliche Momente mit ihm verlebt. Er war so beschäftigt, dass ich ihm zu gefallen, die halbe Nacht aufgestanden bin und wir haben viel gesprochen und so groß ist seine Liebe zu Christo dem Herrn und wie er in allem folgen will. (...) In diesen anderthalb Tagen oder vielmehr 24 Stunden sahen wir uns beide Tage;

> Es wurde von viel gesprochen und viel großes; eng und für die Ewigkeit ist jetzt meine Freundschaft und das Band das ihn an mich fesselt; wo Wahrheitsliebe ist da ist viel, da ist der Himmel. B. ist ein großer Mensch, ich konnte ihm alle seine Fehler sagen (…).³⁷⁷

Sie alle waren zutiefst bewegt von dem, was Gott im Begriff war zu tun. Monatelang hatten sie für die Möglichkeit einer Begegnung und ein offenes Herz von Zar Alexander I. gebetet und nun hatte Gott ihre Gebete wunderbar erhört. Das Erlebte motivierte sie dazu, umso intensiver für die weiteren politischen Entwicklungen und die kämpfenden Machthaber zu beten. Im Juni 1815 beteten Julie und ihre Begleiter folgendes Gebet:

> Wir werfen uns im Staube vor dir hin und flehen dich, du König aller Könige, du wollest unter deinen Göttlichen Schutz unseren theuren Kaiser Alexander von Russland nehmen, ihn bewahren, erleuchten, heiligen, Sein Herz durch die allmächtigen Strahlen deiner Liebe zu beleben, damit er die große Pflicht die er als Christ und Kaiser hat, recht lebendig erkenne. Das nämliche flehen wir dich auch für den König Wilhelm von Preußen und Franz von Österreich. Gieb, o Allmächtiger Erlöser, ihren Waffen Sieg! (…) Für den Regenten dieses Landes Karl Friedrich von Baden: regiere, Alliebender, sein Herz!³⁷⁸

Die Begegnungen in Heilbronn bildeten den Anfang einer regen Korrespondenz zwischen Julie und dem russischen Monarchen. Während etliche Briefe aus Julies Feder bis heute überliefert sind, ist davon auszugehen, dass Alexanders Briefe an Julie später auf Geheiß seines Bruders Nicolas I. vernichtet wurden; aus Scham darüber, dass sich ein russicher Monarch von einer Frau hatte beraten lassen. Einer der ersten Briefe aus Alexanders Feder scheint dieser Zensur entgangen zu sein. Der Brief spiegelt die Ergriffenheit des Zaren über die Gespräche mit der Baronin in Heilbronn wider. Einem persönlich formulierten »Gebet an Gott von einem Herrscher geschrieben«, unterschrieben mit »A.«, waren folgende Zeilen beigefügt:

> Der kurze Brief, den Sie dem ausgezeichneten Werk beigelegt haben, dessen Sie mich würdig befinden es zu lesen, ist ein kostbares Zeichen Ihres nachsichtigen Interesses für mich und es wird, unter diesem Gesichtspunkt, den kostbarsten Dingen zugeordnet, die ich besitze. Ich werde es mein Leben lang mit Sorge aufbewahren, so wie ich in Liebe das Andenken Ihrer Worte bewahre. Sie müssen gesehen haben, Madame, mit welcher Ergriffenheit ich Ihnen zugehört

habe, und wie Ihre heiligen Worte auf meine Seele eingewirkt haben. Dieser tiefe Eindruck wird nie verblassen und Sie werden für mich immer das liebenswerteste Ideal der Tugend bleiben.[379]

Geschichtsträchtige Tage in Heidelberg, Juni 1815

In Heidelberg ließ sich der Zar in einem kleinen Schloss am Neckar nieder. Am 8. Juni traf auch Julie mit ihren Begleitern in Heidelberg ein und übergab Alexander neue »Weisungen von oben«. Julie bezog ein schlichtes Haus außerhalb der Stadt, ebenfalls an den Ufern des Neckar. In diesem Haus verbrachte der Zar von Russland einen Großteil seiner Heidelberger Abende. Sie lasen in der Bibel und beteten gemeinsam. Am 13. Juni hielt Juliette in ihrem Tagebuch fest:

> Alexander kam sie [Mutter, D.S.] besuchen. Sie sprachen bis halb eins in der Nacht. Ich bat sie, ein gemeinsames Gebet zu verrichten und sprach mit Alexander über die großen Zeichen unserer Zeit. Er erzählte mir, wie oft er in schwierige Situationen geriet und dass ihm das Gebet immer geholfen hatte.

Ähnliche Einträge wiederholen sich in den darauffolgenden Tagen. Es folgte eine Woche, die Eingang in die Geschichtsbücher der Welt finden sollte. Die Tage in Heidelberg standen ganz unter dem Zeichen der Entscheidungsschlachten gegen Napoleon. Die kleine Salongesellschaft am Neckar durchlebte an der Seite des russischen Monarchen angespannt die politischen Höhen und Tiefen jener Tage. Am 16. Juni 1815 trafen die französischen Truppen unter Napoleon in Ligny auf eine preußische Armee unter dem Kommando von Feldmarschall Blücher. Das Resultat der *Schlacht von Ligny* war ein Sieg für Napoleon. Die Anspannung wuchs. Napoleon war schon wieder viel stärker, als man ihm zugetraut hätte. Zwei Tage später stand die nächste Entscheidungsschlacht bevor: Die *Schlacht bei Waterloo*. In den Tagen vor der Entscheidung bei Waterloo las Zar Alexander I. mit seinen neuen Freunden in den Psalmen. Die Lektüre von Psalm 27 nahm er als Verheißung für sich ganz persönlich, was ihn zuversichtlich stimmte im Hinblick auf die Schlacht bei Waterloo. So war in den Versen 2 und 3 von Psalm 27 zu lesen:

2) Wenn die Übeltäter an mich wollen, um mich zu verschlingen, meine Widersacher und Feinde, sollen sie selber straucheln und fallen.
3) Wenn sich auch ein Heer wider mich lagert, so fürchtet sich dennoch mein Herz nicht; wenn sich Krieg wider mich erhebt, so verlasse ich mich auf Ihn.

Die Schlacht bei Waterloo vom 18. Juni 1815 führte zur vernichtenden und endgültigen Niederlage von Napoleon Bonaparte. Die alliierten Truppen unter General Wellington und die mit ihnen verbündeten Preußen unter Feldmarschall Blücher beendeten Napoleons *Herrschaft der Hundert Tage* und führten mit dessen endgültiger Abdankung am 22. Juni zum Ende des Ersten Französischen Kaiserreichs. Die Dankbarkeit über die Nachricht von Blüchers und Wellingtons Sieg bei Waterloo war groß.

In der vertraulichen Atmosphäre der kleinen Salonrunde erzählte der Zar ganz offen von seinen bisherigen Erfahrungen und Leidenschaften. Auch von der Tatsache, dass er sich zu anderen Frauen hingezogen fühlte. Julie war sehr offen zu ihm und machte nie den Versuch, ihm zu schmeicheln. Laut Roxandra beherrschte Madame von Krüdener die Kunst, »die Wahrheit zu sagen, ohne zu verletzen.«[380] Die Gespräche dauerten meist bis weit nach Mitternacht.

Die »seltsamen Bibelstunden« in der schlichten Unterkunft am Neckar erregten zunehmend Aufsehen. In der Folgezeit wurde Julie von Besuchern überlaufen. Viele wollten durch sie auf den Zaren einwirken, durch sie seine Gunst erwirken oder durch den Besuch bei ihr hinter die politischen Pläne des russischen Monarchen kommen. Aber viele hochrangige Persönlichkeiten suchten die baltische Baronin auch für tief gehende Gespräche auf: Besonders Ioannis Kapodistrias war oft bei Julie anzutreffen. Er war gespannt darauf, die Mutter seines fähigen Legationssekretärs von Zürich kennenzulernen. Auch der preußische Beamte, Staatsmann und Reformer Reichsherr vom und zum Stein (1757-1831) gehörte zu den Besuchern am Neckar, genauso wie Julies Freundin Roxandra Sturdza, die Vertraute des Zarenpaars, und ihr Bruder Alexander Sturdza, der in der Zwischenzeit Privatsekretär von Kapodistrias geworden war.

Im Rückblick auf die Begegnungen mit der Baltin erinnerte

sich Alexander Sturdza später an Julies »Eloquenz der Herzen«[381]. Er bestätigte, dass sie viele wahre und berührende Dinge gesagt habe, war jedoch der Ansicht, dass es falsch von ihr gewesen sei, zu prophezeien.

Zum Reigen prominenter Besucher gesellte sich am 24. Juni schließlich auch die seit 1812 verwitwete Schwester des Zaren, die Großfürstin Katharina Pawlowna Romanowa. In Juliettes Tagebuch war über sie zu lesen: »(…) diese junge Prinzessin ist mithilfe von Mama mit viel Eifer in die Wege Christi eingetreten.«[382]

In Heidelberg dachte Julie wiederholt an die Gefangenen, die sie rund drei Jahre zuvor mit Essen und christlichen Schriften versorgt hatte. Julie entschied sich für einen erneuten Besuch. Diesmal wollte sie jedoch direkt mit den Gefangenen in Kontakt treten, nicht nur indirekt über das Aufseherehepaar. So machte sie sich mit der Bibel in der Hand auf den Weg zu den Gefangenen. Das Gefängnis in Heidelberg war heillos überfüllt. Die hohe Verbrecherrate gehörte unter anderem zu den negativen Auswirkungen der Kriegswirren.

> Der Krieg hatte eine große Anzahl des verderbtesten Gesindels in einzelnen Städten gehäuft: die Entsittlichung und die Verwilderung dieser Rotten war so groß, dass selbst bie Exekutoren der Gerechtigkeit und die Wächter der öffentlichen Sittlichkeit sich scheueten, mit diesen extravaganten Vagabunden sich einzulassen.[383]

Umso erstaunlicher erschien es Zeitzeugen, dass sich »eine schwache Frau (…), allein mit einem Predigtbuche bewaffnet«[384] unter die Gefangenen wagte. Wie viel der direkte Kontakt zu den Gefangenen Julie abverlangte, zeigt die Tatsache, dass sie ihren ersten Gefangenenbesuch bei einer offiziell bewilligten Besuchsdauer von zwei Stunden vorzeitig abbrach, wie sie ihrem Genfer Freund Empaytaz gestand:

> Ich habe unter Verbrechern gesessen, ich habe ihren Hohn über mich und über den, in dessen Namen ich kam, ausgießen hören müssen (…) Ich erkannte in den Tiefgefallenen nicht allein meine Brüder, sondern auch die Genossen meiner eigenen Sünde und Thorheit. Das war es was mich niederschmetterte, als ich den Kerker verließ, in den ich so hochmüthig und mit so großer Selbstzufriedenheit eingetreten war. Wie diese demüthigende Ueberzeugung mich befiel, verlor ich dergestalt den Muth, dass ich eilig auf den Rückzug dachte, und von den zwei Stunden, die ich dazubleiben mir

vorgenommen hatte und zu denen ich die Erlaubniss von der Behörde erhalten, nur eine Viertelstunde wirklich blieb. Als ich nach Hause gekommen war, schalt ich mich und sagte mir mit Verdruss, dass ich allzufrüh fortgeeilt sei, dass ich tapfer hätte Stand halten sollen dem Anblick nicht allein der fremden, sondern der eigenen Verwüstung. Morgen geh' ich demnach wieder hin.[385]

Der Besuch bei den Gefangenen erschütterte die 50-jährige Baltin zutiefst und war auch nicht ungefährlich. Julie beschrieb, wie ihr ein Gefangener ihre Bibel aus den Händen riss, ihr damit auf den Kopf schlug und ausrief:

Geh, Närrin, als Du noch jünger und hübscher warest, wirst Du ebenfalls nicht an Gott geglaubt haben, das sind Einfälle Deiner alten Tage und Deiner morschen Glieder. Ich wagte kein Wort zu erwiedern. – Ich zitterte sichtlich.[386]

Trotz dieser Erfahrungen kehrte sie zu den Gefangenen zurück und sah es als ihre Aufgabe an, ihnen beizustehen. Die wiederholten Gefängnisbesuche führten dazu, dass die Regierungen »auf die seltsame pilgernde Frau (...), die die Länder durchzog und ein öffentliches Werk der Barmherzigkeit zu predigen und zu üben begann« aufmerksam wurden.

Die religiösen Gespräche mit Zar Alexander I. fanden wenig später in Paris eine Fortsetzung. Der Zar musste zu Kriegsverhandlungen in die französische Metropole reisen und bat Julie und ihre Begleitung, ihm dorthin zu folgen.

Vor der Weiterreise nach Paris reisten Julie, Juliette und Empaytaz allerdings zurück nach Schluchtern. Dies hatte einen ganz bestimmten Grund. Eine Hochzeit stand bevor! Nach und nach trafen die Gäste ein, unter ihnen Antonie Armand, Philippe und Madame Empaytaz, Henri Louis' Mutter aus Genf. Am 2. Juli 1815 war es endlich so weit: Während einer schlichten, aber fröhlichen Feier in der Mühle zu Schluchtern gaben sich Franz Karl von Berckheim und Juliette von Krüdener das Jawort. Alle freuten sich von Herzen mit dem jungen Paar. Auch Zar Alexander I. hatte seine herzlichsten Glückwünsche übermittelt.

Kaum waren die Feierlichkeiten vorüber, wurden Vorbereitungen für die Abreise nach Paris getroffen. Seit den Tagen in Heilbronn hatte sich Julie nichts sehnlicher gewünscht, als ihre treue

Gesellschafterin und Freundin Antonie Armand wieder um sich zu haben. Zu Julies Freude willigte sie ein, zusammen mit Philippe nach Paris mitzureisen. So machte sich die baltische Baronin, begleitet von ihren engsten Vertrauten, umgehend auf den Weg.

Ein Pariser Salon im Ausnahmezustand, 1815

Am Abend des 4. Juli 1815 traf Julie mit ihrem Gefolge in der französischen Hauptstadt ein. Nachdem sie sich im *Hôtel de Mayence, rue Cordière* installiert hatten, wechselten sie wenige Tage später auf Wunsch von Zar Alexander I., der im Palast *Elysée Bourbon* logierte, in dessen Nähe, indem sie Räumlichkeiten des *Hôtel Montchenu, faubourg Saint-Honoré, 35* bezogen. Am 17. Juli wurde Zar Alexander I. zum ersten Mal in den gemieteten Räumlichkeiten des Hotels empfangen. Zur Zeit von Julies Aufenthalt beherbergte das Hotel Montchenu auch die Kanzlei der britischen Botschaft. Dies erklärte das besondere Interesse der Engländer an Julies Salon und wieso in englischen Blättern oft spöttisch über die Baltin berichtet wurde.

Kein anderer Salon, dem Julie im Laufe ihres Lebens als Salonnière vorstand, war für die Zeitgenossen so irritierend und faszinierend zugleich wie ihr religiöser Salon in Paris, dem sie sich vom 17. Juli bis 22. Oktober 1815 mit Hingabe widmete. In der französischen Metropole, die auch nach den Revolutionswirren eine Hochburg der europäischen Salongesellschaft war, konnte Julie an ihre frühere Salontätigkeit anknüpfen und alte Salonbeziehungen neu aufleben lassen.

Für Gesprächsstoff sorgte insbesondere die ungewohnt spartanische Saloneinrichtung der Baltin. Anfänglich hatte Julie noch beabsichtigt, die Räumlichkeiten ihrer Stellung entsprechend zu möblieren, wie sie es bisher stets zu tun gepflegt hatte. Doch dann war ihr plötzlich klar geworden, dass sie die Räume in dieser Einfachheit belassen sollte: Keine Spiegel, einige Strohstühle für die Besucher und ganz schlicht das Notwendigste. Dieser Verzicht auf jeglichen Luxus führte zu spannenden Reaktionen, die Julie in ihrer Entscheidung bestätigten. Sie erkannte, wie sehr man mitten in Paris überrascht davon war zu sehen, wie sie den Traditionen mutig die Stirn bot und sich nicht von ihnen versklaven ließ. Dadurch verstanden die Menschen, dass sie nicht mehr an Materiellem hing. Als die Herzogin von Duras Julies Salon zum ersten Mal sah, ohne Verzierungen und Spiegel, rief sie aus: »Ach! Sie haben das nicht nötig! Ihr Spiegel ist in Ihrem Herzen. Was für ein glückliches Leben!«[387]

Die anschaulichste Beschreibung von Julies religiösem Salon in Paris ist dem angesehenen französischen Staatsmann Charles-Maurice de Talleyrand-Périgord (1754-1838) zu verdanken.

Auf der Suche nach seinem Freund Nicolas Bergasse (1750-1832), einem bekannten Politiker, Anwalt und Mystiker, erfuhr Talleyrand, dass Bergasse ein Stammgast in Julies Salon sei und sich ebenda aufhalte. Man teilte ihm mit: »(…) es gebe eine große Galanacht in ihrem Haus und der Kaiser Alexander sei unter den Gästen!«[388] Talleyrand entschied spontan, ebenfalls dorthin zu gehen. Er hatte die Baronin zuletzt im Jahr 1804 gesehen. Bei seiner Ankunft fand er die Straße wegen der Vielzahl an Kutschen unpassierbar. Mit blumigen Worten schildert Talleyrand die Anstrengungen, sich auf der überfüllten Treppe einen Weg nach oben zu bahnen. Oben angelangt, kämpfte er sich durch sieben gedrängt volle Zimmer in einer langen Menschenschlange in Richtung »sanctorum« vor, wo Madame von Krüdener gleichsam einer »Gottheit der Stätte, eingehüllt in geheimnisvoller und geheiligter Zurückgezogenheit saß.«[389] Zugleich war er beeindruckt von der »überirdischen Stille, welche in der Versammlung herrschte.«[390] Selbst freundschaftliche Grüße gingen kaum über ein Flüstern hinaus. Der Raum, in dem Julie die Gäste empfing, lag am äußersten Ende der Wohnung. Talleyrand konstatiert, dass die Zimmer, die er bisher durchquert hatte, nur schwach beleuchtet gewesen waren. All dies schien ihm Teil einer perfekten Inszenierung zu sein. Der Blick fiel umso intensiver auf den einzigen hell erleuchteten Punkt: Julies weißes Kleid. Entlang einem »langen Spalier neugieriger Gaffer«[391] erreichte Talleyrand endlich die Gastgeberin. Zu seiner Überraschung hatte sie ihr früher mit Rosen umwundenes Podest aus Alabaster gegen ein schlichtes Podest aus bemalter Pappe eingetauscht. In einem langen weißen Kleid mit Silberrändern an den Ärmeln und einem silbernen

Gürtel lehnte sie sich auf einem niedrigen Diwan zurück, dessen Kissen aus purpurrotem Samt Julies hellen Teint und ihr weißes Kleid vorzüglich in Szene setzten. Auch wenn Julie mit ihren fünfzig Jahren einiges von ihrer jugendlichen Schönheit eingebüßt hatte, erschien sie Talleyrand, wenn auch sehr verändert, trotzdem noch anziehend. Besonders ihr langes gelocktes Haar war so schön wie früher. Die Baltin war sehr erfreut darüber, dass Talleyrand ihrer oft wiederholten Einladung endlich Folge leistete.

Neben Julie stand Zar Alexander I. in einem schwarzen Anzug, der einen starken Kontrast zu Julies weißem Kleid bildete. Zu Talleyrands großer Überraschung entdeckte er auf einem Stuhl neben der Baltin den König von Preußen. Schließlich sah Talleyrand auch seinen Freund Bergasse. Gemeinsam mit einem anderen Mann saß er auf einem Schemel zu Julies Füßen, offensichtlich damit beschäftigt, »die Worte, welche von ihren Lippen fielen«[392] aufzuschreiben. Nachdem Talleyrand bei Julie vorstellig geworden war, wollte er sich diskret zurückziehen, wie es seiner Vermutung nach der Etikette für gelegentliche Besucher entsprach. Doch er wurde von seinem Freund Bergasse zurückgehalten und zu einem der Stühle in der Ecke des Raumes geführt. Von dort aus beobachtete Talleyrand aufmerksam, was vor sich ging.

Wenig später erhob sich Julie langsam von ihrem Diwan, breitete ihre Arme aus und forderte die Anwesenden mit tiefer, feierlicher Stimme auf: »Lasst uns beten!« In jenem Moment nahm Talleyrand in allen umliegenden Räumen »diese besondere Unruhe und Geschäftigkeit wahr, welche dem Positionswechsel in Kirchen vorangeht«[393] und hörte Julie ausrufen: »Lasst uns beten; alle Sünder, die ihr seid, sinkt auf eure Knie und erbittet Vergebung vom Gott der Himmel!« Während sie selber mit erhobenen Armen stehen blieb, sanken »alle anwesenden Personen, von Alexander, dem Autokraten aller Russen, bis zu den Kellnern, welche der Gesellschaft Erfrischungen ausgeteilt hatten (…) auf ihre Knie und verneigten ihre Stirn bis auf den Boden.« In dieser Stellung verharrten sie, bis Julie ihr langes, ernstes und leidenschaftliches Gebet abgeschlossen hatte.

Anschließend hielt die Baltin mindestens eine Stunde lang ohne Unterbrechung in einem Zustand der Inspiration mit größter Eloquenz einen Vortrag über Alexander, den »weißen Engel des Nordens«, und sprach Talleyrand zufolge mit größter Selbstsicherheit Prophetien aus. In diesem Zustand blieb si bis zum Schlussgebet, während dem die Gesellschaft wiederum kniete und einige von ihnen sogar den Boden küssten. Nach dem Gebet erhoben sich die Anwesenden und nahmen ruhig wieder ihre Plätze ein, »in stiller Meditation, welche, von keinem Laut gestört, während einiger Minuten anhielt.«[394] Beim Verlassen des Raums sah Talleyrand Zar Alexander I. später in ein angeregtes Gespräch mit Julie vertieft, während sich der König von Preußen darum bemühte, kein Wort zu verpassen, das die beiden austauschten. Talleyrand verließ die Abendgesellschaft mit gemischten Gefühlen.

Talleyrands Aussagen zufolge waren bei Julies Soiree über 500 Personen anwesend. Jeder Raum der gemieteten Hotel-Etage war überfüllt. Damit erreichte Julies Salontätigkeit eine ganz neue Dimension. Doch längst nicht alle Salonabende verliefen derart wie der von Talleyrand beschriebene. So vielfältig wie die Zeugenberichte war auch die Gestaltung der religiösen Salonabende in Paris. Kleinster gemeinsamer Nenner war ein liturgischer Teil vor der versammelten Menge, der meist aus einem gemeinsamen Gebet und aus einer Andacht bestand, geleitet von Julie oder Empaytaz. Aber auch altbekannte Salontraditionen wie literarische Elemente oder künstlerische Darbietungen fanden weiterhin Platz.

Dass der Salon Krüdener um 1815 in Paris einen solchen Zulauf erfuhr und geradezu zu einer Sensation wurde, führten viele darauf zurück, dass Zar Alexander I. diese außergewöhnliche Frau täglich aufsuchte und lange Gespräche mit ihr führte. Zum engeren Kreis gesellte sich auch der in der Erzählung von Talleyrand bereits erwähnte Nicolas Bergasse. Dazu Bekannte und Salonfreunde aus früherer Zeit wie Norvins, Joseph Marie Degérando und Juliette Récamier, die einflussreiche und wunderschöne Pariser Salonnière. Durch Claire de Duras, eine weitere bedeutende Pariser Salonnière, wurde auch die alte Salonbeziehung zu deren Freund François-René de Chateaubriand wieder aufgefrischt. Während sich Chateaubriand in der Korrespondenz und in der direkten Begegnung mit Julie und ihrem Gefolge stets äußerst zuvorkommend gab, schrieb er in seinen Memoiren: »Frau von Krüdener war mir lieber gewesen als sie, von Blumen umringt und eine Bewohnerin dieser sündigen Erde, noch Romane schrieb.«[395] Chateaubriands Beispiel macht deutlich, dass nicht wenige Julie in erster Linie als Mittel zum politischen Zweck sahen. Man erhoffte sich, durch sie in Beziehung mit Zar Alexander I. zu treten oder zumindest Einfluss auf den russischen Zaren zu nehmen. Zu Julies Habitués gehörte auch »Ihre königliche Hoheit Marie Thérèse Charlotte de Bourbon«, die älteste Tochter von Louis XVI. mit ihrem Gefolge. Sie hatte als Kind den missglückten Fluchtversuch ihrer Familie während der Französischen Revolution miterlebt und schließlich als einziges Mitglied der königlichen Familie die Gefangenschaft überlebt.

Zu einer Vielzahl von Habitués gesellten sich zahlreiche Besucher, die Julie tagsüber zum persönlichen Gespräch aufsuchten oder abends im Salon auftauchten. Juliettes Tagebücher enthüllen unzählige Namen prominenter Besucher jener Zeit: Prinzessinnen und Prinzen, Fürsten und Fürstinnen, Gräfinnen und Grafen, Herzöge und Herzoginnen, bedeutende Salonnières, Staatsmänner und so weiter. Sogar die Brüder des Zaren, die Großfürsten Nikolaus (1796-1855)[396] und Michail (1798-1849), ließen sich hin und wieder in Julies Salon blicken. Auch Politiker, die sich mit der Ausarbeitung des *Zweiten Pariser Friedens* beschäftigten, tauchten gelegentlich im Salon auf. Dass sie dieses Mammutprogramm kräftemäßig durchstand, war für Julie ein Wunder. In einem Brief beschrieb sie ihren Alltag in Paris wie folgt: »Es ist ein einziges Ein- und Ausgehen ... Ich weiß fast nicht, ob ich esse und spreche ohne Unterbruch.«[397] In einem Nachtrag fügte sie an:

> Seit ich den Brief beendet habe, habe ich eine unglaubliche Menschenmenge gesehen, ich habe keine Zeit gehabt, ein Kleid anzuziehen. Die Herzogin d'Escars verlässt gerade das Haus: ein Engländer, welcher eine Weltreise gemacht hat namens Bruce, der junge de Staël, Sohn der Madame de Staël; Madame de Gérando; Ihre Prinzessin Bagration verlangen mich für eine Stunde.[398]

Aufwühlende Begegnungen in Paris, 1815

Unter der Vielzahl von Begegnungen in Paris gab es einige, die Julie aus unterschiedlichen Gründen mehr als andere beschäftigten. Zu diesen Begegnungen gehörten einmal mehr die mit Fontaines und Marie Kummer. Während sich Fontaine der Baronin bereits auf dem Weg nach Paris angeschlossen hatte, setzte er nun all seine Überredungskünste bei Julie ein, damit jene auch Marie Kummer nach Paris kommen ließ. In Julies Salon machten sich die beiden auf äußerst aufdringliche Weise mit dem russischen Monarchen bekannt. Ohne Alexanders Zustimmung ließ die Kummerin den Zaren Zeuge ihrer angeblichen Visionen werden. Da sich jener davon wenig beeindruckt zeigte, kam die vorgeblich so fromme Kummerin bald sehr direkt auf ihr eigentliches Anliegen zu sprechen, indem sie Zar Alexander I. um Gelder für den Rappenhof anbettelte. Der Zar war äußerst verägert und Julie musste ihre ganze Diplomatie aufwenden, um ihn wieder zu besänftigen. Auch ihr war die ganze Situation peinlich und sehr unangenehm. Fontaines und die Kummerin hatten Alexander I. so verärgert, dass sie auf seinen Befehl hin Paris umgehend verlassen mussten. Wie viele mit ihm konnte auch Alexander I. nicht verstehen, weshalb Julie so an diesen erbärmlichen Gestalten hing. Langsam beschlichen Julie erste Zweifel, ob sie in ihrer Naivität und Gutgläubigkeit tatsächlich auf Betrüger hereingefallen war, aber noch zog sie keine Konsequenzen.

Die Begegnungen mit ihrem Sohn Philippe waren für Julie immer aufwühlend. Einerseits weil sie so glücklich war, ihn zu sehen, andererseits weil Trauer und Schuldgefühle ihr fast das Herz zerrissen. Es war für Julie sehr schmerzhaft mitzuerleben, wie sich Philippe inmitten der gehobenen Gesellschaft von Paris seiner traurigen sozialen Stellung bewusst wurde. Es nagte am Selbstwertgefühl des attraktiven 17-Jährigen, dass er als Adoptivsohn einer Frau aus der dienenden Gesellschaftsklasse sozial so viel tiefer gestellt war als die Menschen, die ihn in Paris umgaben. Wie gerne hätte Julie ihm erzählt, dass er in Wahrheit der Sohn einer baltischen Baronin und eines französischen Schlossbesitzers und wohlhabenden Präfekten war. Aber das hätte ihn als außereheliches Kind entlarvt und seine soziale Stellung noch verschlimmert. Die alten Wunden wurden noch tiefer aufgerissen, als Philippes Vater Hippolyte Terray im Juli seinen Besuch ankündigte und in der französischen Metropole auftauchte. Plötzlich war die Familie für kurze Zeit vereint und Philippe wusste von nichts. Julie fühlte sich mit dieser Situation heillos überfordert und war fast erleichtert, als Hippolyte wieder abreiste. Am 27. Juli ersuchte Hippolyte seine frühere Geliebte in einem Brief inständig um ihre Fürsprache bei Zar Alexander I. für sein verwüstetes und von Truppen belagertes *Arrondissement de Nogent-sur-Seine*. Dank Julies Intervention erhielt Hippolyte umgehend die erwünschte Hilfe.

Eine Überraschung positiver Art war Julies Wiedersehen mit ihrem langjährigen Bekannten Benjamin Constant. Am 7. September 1815 begegneten sich die beiden im Rahmen einer Salongesellschaft. Benjamin Constant lauschte interessiert den Worten der Baronin. Am darauffolgenden Tag ließ Julie ihm ihre Schrift *Der Einsiedler* überbringen, mit der eindringlichen Bitte, das Manuskript seiner Freundin, der bekannten Pariser Salonnière Juliette de Récamier, auszuhändigen. Bei *Der Einsiedler* handelte es sich um ein vollständiges Kapitel aus ihrem unveröffentlichten Roman *Othilde*. Darin wurde die Bekehrung eines reumütigen Sünders geschildert. Dieser Romanauszug diente Julie als bevorzugte missionarische Schrift. Es ist auch das einzige Kapitel aus *Othilde*, das bis heute überlebt hat. Die Lektüre von Julies *Der Einsiedler* bewegte Constant so tief, dass er in Tränen ausbrach. Nicht etwa, weil es sich darin um grundlegend neue Wahrheiten gehandelt hätte, sondern weil er sich selbst darin wiederfand. Auch er hatte nirgendwo Frieden gefunden und sich »tausend Mal gesagt: sei wie die andern.«[399] Er bat seine Freundin darum, ihr den Text am nächsten Tag vorlesen zu dürfen. Inspiriert von Julies *Der Einsiedler* schrieb Benjamin Constant am 10. September 1815 sein bekanntes *Prière à Dieu* (Gebet an Gott). In seinem Tagebuch notierte er: »Habe ein Gebet geschrieben, das mich in Tränen ausbrechen ließ. Gott, wie hat mir Frau von Krüdener gut getan.«[400]

Eine weitere emotionale Begegnung war diejenige mit Königin Hortense. Es hatte Julie viel Kummer bereitet, ihrer Freundin im Jahr zuvor so schreckliche Dinge und noch mehr Leid voraussagen zu müssen. Sie hatte es Hortense nicht nachgetragen, dass sie deswegen verärgert gewesen war und sich der Kontakt nach der Begegnung in Baden-Baden merklich abgekühlt hatte. Doch nun trafen die beiden Frauen in Paris unter völlig veränderten Vorzeichen wieder aufeinander. Julies traurige Voraussagen hatten sich allesamt bewahrheitet. Aber sie war keineswegs stolz darauf, sondern litt mit der Freundin und ihrer treuen Vorleserin Louise Cochelet, die Hortense in dieser schwierigen Zeit eine große Stütze war. Das Jahr 1815 wurde in der Tat ein schreckliches Jahr für Hortense. Nach Napoleons Rückkehr von der Insel Elba, seiner erneuten Machtergreifung und der endgültigen Niederlage im Juni 1815, war Hortense der politischen Beihilfe beschuldigt worden, weil sie immer treu zu ihrem Stiefvater gehalten hatte. Zum Trennungsschmerz von ihrem Stiefvater und Schwager, der von der britischen Regierung auf die Insel St. Helena im Südatlantik verbannt worden war, kam hinzu, dass ihr ihr Königstitel aberkannt wurde und sie den Titel einer Herzogin von Saint Leu erhielt. Als ob dies alles nicht schon Strafe genug gewesen wäre, wurde auch noch ihre Verbannung aus Frankreich ausgesprochen. Verzweifelt wandte sich Hortense an ihre baltische Freundin, die versprach, ihr Möglichstes zu tun. Julies Intervention bei Alexander I. führte dazu, dass sich dieser für ein Exil der Herzogin von Saint Leu in der Schweiz einsetzte, wie es bei einer Sitzung am 17. August 1815 beschlossen wurde.

Doch allein dieser Beschluss verschaffte der entehrten Königin noch keine Unterkunft. Es war Julies Sohn Paul von Krüdener, der sich mit großem Elan hinter die nicht einfache Aufgabe machte, ein Schweizer Refugium für die Herzogin von Saint Leu zu finden. Zwischen Paul von Krüdener und Louise Cochelet entspann sich in dieser Sache ein reger und überaus freundlicher Briefkontakt. Die Suche gestaltete sich äußerst schwierig. Kein Schweizer Kanton zeigte sich gewillt, die Herzogin von Saint Leu aufzunehmen. Genau wie Julie im Jahr zuvor prophezeit hatte: »Sie werden nicht mehr wissen, wo Sie Ihren Kopf hinlegen können.« Paul versprach den Damen, dass er nicht ruhen werde, bis er eine Lösung gefunden habe. Julie war von Herzen dankbar für seinen selbstlosen Einsatz.

Imposante Heerparade in Vertus, September 1815

Zu den Kernthemen im Salon Krüdener gehörten politische Diskussionen über die laufenden Friedensverhandlungen in Paris. Die Situation blieb angespannt. Der Zar wurde mehrfach bedroht. Eines Tages erschien er mit der Nachricht im Salon, dass man versucht habe, ihn mit Wein zu vergiften. Julie wurde immer wieder vorgeworfen, Zar Alexander I. mit ihrer Friedenspolitik beeinflusst zu haben. So seien Milde und christliche Feindesliebe zur Maxime von Alexanders Politik Frankreich gegenüber geworden. Insbesondere die Deutschen waren aufgebracht über Julies wiederholten Aufruf zur Milde gegenüber Frankreich. Stein des Anstoßes war vor allem die Tatsache, dass laut Friedensvertrag das Elsass nicht an Deutschland abgetreten wurde. Arndt ereiferte sich über Julies

> Betstunden und Bußübungen mit dem Kaiser, deren Anfangs- und End-Wort war und blieb: Es ist wahr, die Franzosen sind gottvergessen und verrucht, (…) sie haben mit Recht die Züchtigung Gottes und der Menschen verdient; aber will man sie (…) für das Christenthum und die alte Herrschaft der Bourbons wiedergewinnen, so darf man nicht mit der Strenge der Gerechtigkeit mit ihnen handeln, man muss sie durch Milde und Großmuth allmälig wieder zum Bessern erziehen. Also das Stichwort war hier Gnade und immer Gnade, während man Deutschland sein Recht, sein versprochenes, sein feierlich versprochenes Recht weigerte.[401]

Es stimmte tatsächlich, dass sich Julie wann immer möglich für Frankreich einsetzte. Bereits bei ihrem ersten Treffen in Paris legte sie Zar Alexander I. Bittgesuche armer französischer Gemeinden vor, die sie auf ihrer Anreise passiert hatte. Der Zar schickte daraufhin reichlich Hilfe. Außerdem ließ Julie ihm in schriftlicher Form eine persönliche Fürbitte für Frankreich zukommen. Darin wies sie Alexander I. auf die geistlichen Aufbrüche im Land hin und machte deutlich, dass sich auch aus dieser Nation Menschen der erneuerten Kirche anschließen würden. Diejenigen, die Zar Alexander I. nahestanden, waren sich einig darin, dass der Einfluss der baltischen Baronin auf den russischen Monarchen sehr groß war. Am 28. Juli 1815 verkündete der Zar ein Memorandum an seine Alliierten mit folgendem Inhalt:

Man darf Frankreich nicht als Feind behandeln. Die Mächte dürfen ihr Recht der Eroberung nicht ausüben, denn das Entscheidende ist, indem man es mit Gerechtigkeit behandelt, dort die Macht des Königs herzustellen, die Rückkehr der Revolutionen zu vermeiden und den Frieden und das Glück der Völker sicherzustellen.[402]

Zu einer eindrücklichen Demonstration von Zar Alexanders Haltung zu Frankreich und zeitgleich zu einer besonderen Ehrerweisung gegenüber Julie von Krüdener kam es anlässlich einer großen Heerparade der russischen Armeen in Vertus, in den Ebenen von Châlons-en-Champagne, am 10. und 11. September 1815.

Am 10. September um vier Uhr morgens begannen sich die Truppen gegenüber des Mont-Aimé aufzustellen. Um acht Uhr nahmen die Herrscher, eskortiert von den Generalstäben der Koalitionsarmeen, ihren Platz auf dem planierten Gipfel des Mont-Aimé ein: In der Mitte der vordersten Reihe stand Zar Alexander I., zu seiner Rechten flankiert vom Kaiser von Österreich und vom preußischen König, zu seiner Linken von Fürst von Wrede, Herzog von Wellington und dem königlichen Prinz von Bayern. Hinter ihnen weitere Prinzen und Generäle. Eine riesige Menschenmenge aus Paris und den angrenzenden Departements versammelte sich am Fuße des Mont-Aimé. Auf das Signal von Zar Alexander I. begann die russische Armee ihre diversen Manöver und präsentierte eine Truppendemonstration von höchster Perfektion. Während für Julie vor allem der 11. September von Bedeutung werden sollte, kam ihr bereits am 10. September die Ehre zu, in Begleitung von Françoise de Lezay-Marnésia vom Mont-Aimé aus die Truppenparade zu bewundern. Wie Juliette in ihrem Tagebuch festhielt, sahen die beiden Frauen, die todmüde zurückkehrten, allerdings nicht viel mehr als eine Menge Staub.

Einen Tag später, am 11. September, ereignete sich im Rahmen derselben Heerschau eine von Zar Alexander I. organisierte religiöse Feier gigantischen Ausmaßes. Im Gegensatz zur militärischen Revue des Vortages, die politischen Absichten diente, handelte es sich bei der würdevollen orthodoxen Messe vom 11. September um eine christliche Handlung und einen symbolischen Dank an Gott. Für jenen Tag wurden in der weiten Ebene von Vertus sieben Altäre auf kleinen Anhöhen errichtet. Einer dieser Altäre befand sich auf einer Hochebene und war für die Herrscher und ihre Generalstäbe bestimmt. Der russische Kaiser hatte ausdrücklich Julies Anwesenheit gewünscht. Als Ehrengast wurde sie Zeugin des unvergesslichen Anblicks, als 150.000[403] Männer gleichzeitig auf die Knie fielen, um Gottes Segen für ihre Armee und für Alexander I. zu erbitten. Anschließend wurde um alle sieben Altäre gleichzeitig eine Zeremonie gefeiert.

Zurück in Paris wartete der Zar wenige Tage später schon ungeduldig und voller Freude auf Julie und ihre Begleiter. Nach deren Ankunft erschien er sofort mit seiner Bibel, um den Psalm zu lesen, den die russische Armee gesungen hatte. Gemäß Empaytaz' Aufzeichnungen bezeugte Alexander hinsichtlich des 11. Septembers 1815:

> Dieser Tag war der Schönste meines Lebens, ich werde ihn nie vergessen. Mein Herz war erfüllt mit Liebe für meine Feinde; ich konnte mit Inbrunst für sie alle beten, und indem ich zu den Füßen des Kreuzes Christi weinte, habe ich für das Heil von Frankreich gebetet.[404]

Julies Eindrücke standen ganz im Einklang mit denjenigen von Zar Alexander I., wie ihre Schrift *Le Camp de Vertus* (Das Heerlager von Vertus) vom 16. September zeigt. Mit einer Lobrede auf Alexander erinnerte die Baronin an diesen denkwürdigen Tag:

> An der Spitze der Armee sah ich den Mann, auf dem die großen Geschicke der Welt ruhten, den Mann, den das göttliche Walten seit Jahrhunderten und für die kommenden Jahrhunderte vorgesehen hat. Der Ewige hatte Alexander gerufen, und gehorsam hatte Alexander sich der Stimme des Ewigen gefügt.[405]

Die Fülle der Erlebnisse und der Wirbel um ihre Person zehrten zunehmend an Julies Kräften. Der Besucherauflauf, der im Laufe von Julies Pariser Aufenthalt stetig größer wurde, war kräftemäßig fast nicht mehr zu bewältigen. Am 18. September 1815 schrieb Juliette: »Heute kamen mehr Gäste als je. Mama wurde davon ganz erschöpft (…) Was Berckheim bekümmerte war die Menge von Mamas Beschäftigungen und die Sorge, dass man zu wenig mit Alexander über das Wichtige spreche.«[406] Damit meinte Baron von Berckheim die besondere Mission des russischen Monarchen und seine Führungsrolle an der Spitze der unsichtbaren Kirche.

Eine umstrittene *Heilige Allianz*

Der Zar freute sich riesig, als er am 19. September 1815 Julies Schrift *Le Camp de Vertus* frisch aus Chateaubriands Presse in den Händen hielt. Noch am selben Tag unternahm er den ersten konkreten Schritt auf dem Weg zur Abfassung einer *Heiligen Allianz*; eines Bündnisses, das die Grundsätze des Christentums zur obersten Maßregel im Verhalten der Völker untereinander erheben wollte. In einer geheimen Unterredung mit Kaiser Franz überreichte Zar Alexander I. dem Kaiser von Österreich den Entwurf mit der Bitte, den Text zu prüfen. Unmittelbar danach erhielt auch sein neuer Außenminister Kapodistrias den Vorschlag seines »mystischen Paktes« mit dem Auftrag, ihm den nötigen diplomatischen Schliff zu verleihen. Kapodistrias ging vom kaiserlichen Arbeitszimmer aus auf direktem Weg zu Alexander Sturdza, der den Text als Dritter zu Gesicht bekam. Am 21. September erhielt der Zar das Exemplar von Kaiser Franz mit den Korrekturen des österreichischen Außenministers Metternich zurück. Auch Alexander Sturdza hatte den Vorschlag intensiv überarbeitet.

Julie, die nichts von Zar Alexanders I. Bestrebungen, jedoch sehr wohl von seinen Plänen abzureisen wusste, war äußerst besorgt, wie Juliettes Tagebucheintrag vom 22. September zeigt: »Alexander reist am Samstag ab und nichts ist gemacht! (…) Mama spürt, dass noch viel für Frankreich zu tun ist, Alexander ist dabei, nach Russland zu reisen, und die Kirche ist ohne jegliche Hilfsmittel.«[407] Julie und ihr Gefolge hatten so darauf gehofft und dafür gebetet, dass der Zar doch ein sichtbares Zeichen für die Kirche setzen möge. Immer wieder hatte die Baronin ihn in Salongesprächen zu einem solchen Schritt ermutigt. Julies Freundin Louise Cochelet, die Vorleserin von Königin Hortense, bestätigte in ihren Memoiren:

> Eines Abends als ich bei ihr war und sie mir von den Themen ihrer Unterhaltungen mit dem Kaiser Alexander erzählte, teilte sie mir mit, dass sie ihn ermahne, das Banner Christi zur Schau zu tragen. »Die Herrschaft des Erlösers wird kommen, Eure Majestät, sagte sie ihm, (…) Bilden Sie eine heilige Allianz aus all denen, welche dem Glauben treu sind; damit sie in gegenseitigem Einvernehmen all diesen Neuerern, die die Religion schwächen wollen, abschwören und sie werden auf ewig mit ihr triumphieren«.[408]

Innerhalb kürzester Zeit überstürzten sich die Ereignisse; aus der Sicht von Julie und ihren Begleitern durchaus zum Positiven. Einerseits gab es Fortschritte bei den Friedensverhandlungen mit Frankreich und andererseits überbrachte der Zar Julie und ihren Vertrauten eines Abends folgende Nachricht:

> Ich werde Frankreich verlassen; aber vor meiner Abreise, will ich durch einen öffentlichen Akt Gott dem Vater, dem Sohn und dem Heiligen Geist Ehre erweisen, die wir ihm schulden für den Schutz, den er uns gewährt hat und die Völker auffordern, sich unter den Gehorsam des Evangeliums zu stellen. Ich bringe euch hier den Entwurf dieses Aktes, mit der Bitte, ihn aufmerksam zu prüfen, und wenn es einige Ausdrücke hat, die ihr nicht gutheißt, möchtet ihr mich diese wissen lassen. Ich wünsche, dass sich der Kaiser von Österreich und der König von Preußen mit mir in diesem Akt der Anbetung vereinigen, damit man uns, wie die drei Weisen aus dem Orient, die höchste Autorität Gottes, des Retters anerkennen sieht. Ihr werdet euch mit mir zusammenschließen, um Gott darum zu bitten, dass meine Verbündeten bereit sind, ihn zu unterschreiben.[409]

Zar Alexander I. verlängerte seinen Aufenthalt in Paris um einige Tage, um sein Werk zu vollenden. Julie und ihre Freunde waren tief beeindruckt von der Demut, mit der der russische Zar sämtliche Änderungsvorschläge annahm. Sogar Julies Überschrift »Sainte-Alliance«, »Heilige Allianz«, wurde vom Zar übernommen und zu dem Begriff, unter dem die Akte in die Geschichte einging.

Am 26. September 1815 wurde die Urkunde der *Heiligen Allianz* von Zar Alexander I. von Russland, König Friedrich Wilhelm III. von Preußen und Kaiser Franz I. von Österreich unterzeichnet. Die christlichen Werte *Friede, Gleichheit und Liebe*, die der Heiligen Allianz zugrunde lagen, bildeten gleichsam eine Antwort auf den Leitsatz der französischen Revolution *Freiheit, Gleichheit und Brüderlichkeit* und wiesen auf die Absicht der Allianz hin, moderne Staatspolitik auf das Evangelium zu gründen. Auf der Grundlage des christlichen Glaubens wollte man sich sowohl in der Innen- als auch in der Außenpolitik an christlichen Prinzipien wie Gerechtigkeit orientieren und für die Versöhnung zwischen den Völkern eintreten. Am Ende der Urkunde stand die Bitte an alle christlichen Fürsten Europas, der Heiligen Allianz beizutreten, falls sie die Meinung der Monarchen teilten. Der Unterzeichnung schlossen sich in den Folgejahren mit Ausnahme des Vatikans, der Türkei und England nach und nach die übrigen Herrscher Europas an. England reichte später seine schriftliche Zustimmung nach.

Die Diskussionen der Zeitzeugen über Entstehung, Sinn, Unsinn, Umsetzung und Wirkung der Heiligen Allianz hätten nicht kontroverser sein können. Vor allem die Frage nach Julies Anteil an der Heiligen Allianz erhitzte die Gemüter. Chiliastische Gruppen, die die Heilige Allianz als positiv würdigten, erhoben Julie neben Zar Alexander I. zur Heldin. Was Metternich als »laut-tönendes Nichts«[410] bezeichnete, war in den Augen der Chiliasten von kaum zu überschätzender Bedeutung. Die Baronin von Krüdener wurde aufgrund ihres entscheidenden Anteils an Alexanders Initiative als »Einigerin der christlichen Kirchen« und »göttliche Mutter des Heiligen Bundes« verehrt. Durch ihren Einfluss auf Alexander I. und auf die Heilige Allianz stand Julie in den Augen vieler auf der Höhe ihrer politisch-religiösen Laufbahn: »Für kurze Zeit war sie durch ihren Einfluss auf den Zaren zur mächtigsten Frau Europas geworden.«[411]

Doch genau diese Berufung auf die Religion wurde für viele zum Stein des Anstoßes. Letztlich ging es um die alte Auseinandersetzung über das Verhältnis von Religion und Politik, die seit jeher zu den spannungsvollsten Fragen der Geschichte gehört. Unter Historikern ist bis heute umstritten, welche Bedeutung die Heilige Allianz für die Entwicklung des modernen Europas besaß. Fest steht, dass dieser gesamteuropäische Friede – abgesehen von einer Reihe lokaler Kriege und Aufstände – immerhin ein ganzes Jahrhundert bis zum Beginn des 1. Weltkrieges Anfang August 1914 anhielt. Den Unruhen, die der Französischen Revolution folgten und ganz Europa erschütterten, wurde hiermit ein vertragliches Ende gesetzt. Als einer derjenigen, die der Heiligen Allianz positiv gegenüberstanden, schrieb Goethe in späteren Jahren:

> Die Heilige Allianz:
> nie ist etwas größeres
> und für die Menschheit
> wohltätigeres erfunden worden.[412]

Für Julie war die Heilige Allianz viel mehr als ein Stück Papier. Sie erkannte darin einen göttlichen Bundesschluss mit den Menschen und eine Erfüllung ihrer Vorahnungen. Als ob der von der Gesellschaft in Schluchtern feierlich begangene Dreikönigstag zum Leben erwacht wäre, wurde das Jahr 1815 für Julie zum Jahr »der drei Könige«. Die Unterzeichnung der überkonfessionellen Heiligen Allianz durch den griechisch-orthodoxen Zar Alexander I., den römisch-katholischen Kaiser Franz I. und den protestantischen König Friedrich Wilhelm III. bedeutete für Julie den Anfang eines neuen Zeitalters. Die drei Monarchen standen Julies Meinung nach symbolisch für die drei Weisen aus dem Morgenland, die vor dem König aller Könige ihre Kronen niederlegten. Der heilige Bund hatte laut Julie folgende vierfache Bestimmung: Er sollte 1. die Menschheit vom Verderben retten, 2. die wahre christliche Kirche auf Erden gründen, 3. das Kreuz Jesu Christi hoch über alle Weisheit der Welt erheben und 4. den seligmachenden Glauben zur Wiederkunft des Messias verbreiten. Auf der Grundlage dieses Bündnisses sah sich Julie dazu berufen, einer Mission der Heiligen Allianz vorzustehen, die sich in dem neu angebrochenen Zeitalter für die Umsetzung der christlichen Werte einsetzte. Darin erkannte sie nicht nur einen Auftrag, sondern ihre Bestimmung, wie Zeitzeugen bestätigten:

> Hier war es, wo die eigentliche Sonne ihres Lebens aufging, wozu alle frühern Zustände desselben nur als Vorbereitungen erschienen und wodurch sie allein Bedeutung erhielten, wo ihr unruhiges Sehnen, ihr planloses Wirken endlich noch volle Bestimmtheit in dem Entschlusse fand, eine Mission des Heiligen Bundes als Vorsteherin zu leiten, und dem herzlosen Zeitalter zu zeigen, was eine hochbegnadigte Frau zu seiner Erweckung vermochte.[413]

tee ein, »welche ihre erste christliche Anregung oder wenigstens den tieferen Ernst in ihrem Christenthum durch die Krüdener empfangen hatten.«[427] Indem es Julie gelang, »die bei Vielen verschütteten Liebesquellen wieder zu eröffnen, Herzen und Hände zum freudigen Geben willig zu machen und dadurch auch dem jungen Missionswerk die nöthigen Mittel des Unterhalts zuzuführen«, wurde ihr erwecklicher Einfluss während der eben beginnenden Hunger- und Notjahre für die junge Basler Gesellschaft von größter Bedeutung. Es war maßgeblich Julies Einsatz zu verdanken, dass sich die zunächst äußerst angespannte finanzielle Situation für das junge Werk zum Guten wandte.

> Es ist merkwürdig, in den Protokollen aus jener Zeit zu lesen, wie manches Schmuckkästchen mit Pretiosen aller Art, wie mancher lang verwahrte Schatz, wie manche reiche Geldspende dem Präsidenten oder Kassier der Gesellschaft damals übergeben ward. Dadurch wurde der Muth und Glaube der Komitee mächtig gestärkt, und als nach einiger Zeit durch Steinkopfs Vermittlung auch von England her reiche Gaben einliefen (…), da ward aller Herz fröhlich und getrost. Auch hatte die Gesellschaft in den schweren Theurungsjahren nicht nur keinen Mangel, sondern jährlich einen Ueberschuss in der Kasse.

Was den einen ein Segen war, erschien anderen wie ein Fluch. Wie die Basler Geistlichkeit war auch der Schweizer Politiker Peter Ochs ungehalten darüber, dass es eine Frau wagte, öffentlich als Predigerin aufzutreten. Er nahm kein Blatt vor den Mund und denunzierte Julie öffentlich als »geistliche Schauspielerin« und ihre Anhänger als »geistliche Theatergesellschaft«[428]. Dank seiner Amtsgewalt gelang es Peter Ochs schließlich, einen offiziellen Ausweisungsbefehl für die störenden Unruhestifter im *Wilden Mann* zu erwirken.

Grenzacher Hörnli, Aarau & Schloss Liebegg, 1816

Nach der Ausweisung aus Basel fanden Julie und ihre Mitarbeiter für mehrere Monate im Gasthaus *Waldhorn* in der heutigen Gemeinde Grenzach-Wyhlen im Großherzogtum Baden Zuflucht. Die damalige Ortsbezeichnung Grenzacher Horn wurde in der Schweizer Mundart zu Grenzacher *Hörnli*. Der Name leitete sich von einem Bergvorsprung ab und meinte den westlichen Teil von Grenzach an der Schweizer Grenze. So führte Julie ihre missionarischen Tätigkeiten mit ihrem Gefolge ab dem 24. Januar 1816 in unmittelbarer Nähe zur Schweiz fort. Die Räume des Gasthauses Waldhorn waren bald außerstande, die Menge der Besucher zu fassen. So wurde eine Treppe vor dem Gasthaus kurzerhand zur Kanzel, von der aus zur versammelten Menge gepredigt wurde.

Mit großer Hingabe investierte sich Julie in Notleidende und Suchende. Ihr sozialdiakonisches Wirken in der Schweiz stand in direkter Verbindung mit dem Elend der Hungerjahre 1815-1817. Die große Not jener Zeit stellte das Verhältnis von sozialdiakonischer Hilfe und evangelistischer Verkündigung in eine Zerreißprobe und spaltete eine ganze Nation. »Was die Bedürftigen aber noch mehr anzog als das Wort Gottes«, wurde vermutet, »war die Armenküche der Baronin, denn von jeher hatte sie sich nicht aufs Predigen beschränkt, sondern immer auch einen Blick für profane Notlagen gehabt.«[429] In einer solchen Notlage befand sich die von den Napoleonischen Kriegen ausgeblutete Schweiz:

> In einer Serie von nassen, kalten Sommern waren die Trauben verfault und das Getreide nicht gereift. Im Sommer 1816 führten sintflutartige Regenfälle zu Erdrutschen, der Bodensee trat über die Ufer, noch im Juli fiel Schnee. Hagelschlag und Stürme machten es den Leuten leicht, an den Weltuntergang zu glauben. Der Brotpreis wurde unerschwinglich, die Armen ernährten sich von Schnecken, Brennnesseln, Baumrinde, suchten im Wald nach Essbarem oder bettelten in den Schlachthöfen um das Blut frisch geschlachteter Tiere.

Die Hungersnot, die im Jahr 1816 infolge eines Totalausfalls sämtlicher Ernten ausbrach, brachte eine furchtbare Teuerung mit sich: »Menschen erlitten zu Hunderten den Hungertod, während die Überlebenden sich mit Kleie, Kräutern und Heu durchzubringen versuchten. Der *Schweizer-Bote* veröffentlichte Rezepte, wonach man aus Holz Brotmehl herstellen konnte.«[430] Viele Bauerngüter mussten versteigert werden und es kam zu einer allgemeinen Verschuldung. Die Teuerung verstärkte die Kriminalität und der *Schweizer-Bote* warnte vor »allzu großer Wohltätigkeitsliebe, da arbeitsscheues Gesindel in seinem Müßiggang bestärkt werde.«[431] Wer nicht arbeiten wolle, solle auch nichts essen, lautete die Regel der Vernunft. Verschiedene Kantonsregierungen – so zum Beispiel die aargauische – errichteten mit der Unterstützung privater Hilfsgesellschaften öffentliche Suppenanstalten in den Gemeinden. Julies Unterstützung der Armen wurde als Einmischung in das staatliche System verstanden und war der Schweizer Regierung ein Dorn im Auge. Doch die Baronin war der festen Überzeugung, dass persönliche Frömmigkeit und sozialethische Verantwortung untrennbar zusammengehörten und trat mutig dafür ein. In Basel und in Süddeutschland, wo die Hungersnot besonders schlimm wütete, organisierte Julie im Winter 1815/1816 zur Linderung der größten Not ein soziales Soforthilfeprogramm, indem sie ihre Diamanten im Wert von 30.000 Franken verkaufte und das Geld in die Notleidenden investierte: »Es wurde gepredigt und gebetet, es wurden Suppen gekocht und Decken vertheilt, alles unter der Verfolgung der staatlichen Gewalt.«[432] Von ihrem Beispiel angespornt, spendeten auch Freunde und Bekannte große Geldbeträge.

Im April 1816 begab sich ein Teil der Kolonie am Hörnli auf eine Reise in den Kanton Aargau. Mit dem Besuch der Kantonshauptstadt Aarau reagierte Julie auf eine Einladung von Johann Heinrich Pestalozzi (1746-1827), der sich mit ihr treffen wollte. Der große Schweizer Erzieher und Pädagoge hatte vor allem durch die Gründung seines Erziehungsinstitutes Berühmtheit erlangt, das im Jahr 1804 nach Yverdon-les-Bains verlegt worden war. Dort entwickelte er eigene Unterrichts- und Erziehungsmethoden. Anfang April quartierten sich Julie und ihre Begleiter im Gasthof *Ochsen* in Aarau ein. Hier warteten sie auf die Ankunft von Pestalozzi, der von Ende März bis Mitte April auf Reisen in der Deutschschweiz war. Ende März 1816 hatte Pestalozzi erwartungsvoll an einen Freund geschrieben: »Lieber Freund! Ich lange soeben in Baden an. Meine Reis wird wichtig. Frau Krüdener erregt große Hoffnungen. (…) Mein Herz ist voll. Krüdener ergreift die Menschen wie eine Heilige.«[433] Fromme Freunde des Sozialreformers setzten große Hoffnungen in Pestalozzis Begegnung mit der adligen Missionarin. Die Begegnung hinterließ auch tatsächlich einen tiefen ersten Eindruck bei Pestalozzi, wie er seinem Freund offenbarte:

Sintdem ich Krüdener gesehen, umschwebt mich der Gedanke an Religion und die Bedürfnisse des Glaubens mehr als je; ich werde mehr als je in mich selbst gehen und Erhebung des Herzens durch die Thatsach des Lebens, soviel an mir ist, zum Fundament des Religionsunterrichts zu legen suchen. Ich will über diesen Gesichtspunkt nicht weiter blind syn in meinem Haus. (…) Ihr Anblick hat eine Ruh in meine Seele gegossen, die ich seit Jahren nicht kandte.[434]

Julie ihrerseits schrieb am 20. April 1816 an ihre Freundin Louise Cochelet:

Als ich hierherkam, kannte ich keine Seele; einer der bemerkenswertesten Männer unserer Zeit, der geniale Pestalozzi, den seine Institute für die jungen Menschen berühmt gemacht haben, hatte mich gebeten, nach Aarau zu kommen. Pestalozzi kam von weit her, um mich zu sehen, ich hatte nur eine Tagesreise weit von Basel aus, ich bin gekommen und ich hatte das Glück (...), Pestalozzi zu sehen, welcher hier ein Engel der Wohltätigkeit ist, aber noch kein völlig überzeugter Christ (…).[435]

Obwohl Pestalozzis Respekt für Julies christlichen Eifer bestehen blieb, distanzierte er sich in den Folgemonaten von ihr, da ihm ihre Glaubensinnigkeit nicht ganz frei von Schwärmerei zu sein schien.

Das Einrichten öffentlicher Erbauungsstunden im Gasthof Ochsen war in Aarau wie anderswo der Verbindungspunkt zum Volk vor Ort. Die *Schweizerische Monathschronik* von 1816 berichtete im April unter dem Titel *Die öffentlichen Bethstunden der Frau von Krüdener* davon, dass sich der Ruf der Andachtsstunden schon in der ganzen Region verbreitet habe und vor allem aus der Gegend von Suhr zahlreiches Landvolk herbeiströme. »Diesen Leuten hält nun Frau von Krüdener in eigener Person des Vormittags Bethstunden und kleine Vorträge in deutscher Sprache«, so der Publizist, »während des Abends Herr Empeytas das gebildete Publicum (…) in Französischer Sprache zu unterhalten bemüht ist.« Die größte Zuhörermenge wurde bei schönem Wetter erreicht, weil Julie dann zum Fenster hinaus predigte, wie ein Augenzeuge berichtete:

(…) die Baronin von Krüdener, die vom Herrn gesandte Prophetin, war angekommen und hatte ihre Kanzel im ersten Stock des genannten Gasthauses errichtet und predigte bei gutem Wetter zum Fenster hinaus nach der Stadt zu, des Tags im Anfang etwa zweimal, später, als die Zahl ihrer Anhänger wuchs, drei- bis viermal; mitunter warf sie auch eine Hand voll bedruckter Zeddel zum Fenster hinaus, auf welchen Bibelsprüche, Ermahnungen zur Buße, Ankündigung eines neuen Erlösers (...) usw. abgedruckt waren. War das Wetter schlecht, so ließ sie die Leute in den ziemlich großen Saal eintreten.[436]

Auch in Aarau wurde Julie mit unbeschreiblichem Elend konfrontiert und sie wollte gerne noch praktischer helfen. Zu ihrem großen Bedauern wurde ihre Bitte um Erlaubnis für den Kartoffeleinkauf zur Gründung einer eigenen Suppenanstalt aus folgenden drei Gründen nicht bewilligt:

Erstens befürchtete der Bezirksamtmann, dass die Suppenausteilung mit dem Predigen verkoppelt, und zweitens, dass durch den Zusammenschluss vieler Fremder und Bettler, die politische Sicherheit gefährdet würde. Dazu bestände in der Gemeinde schon eine solche Institution, und es wäre der Baronin nicht verwehrt, diese mit Geldmitteln zu unterstützen.[437]

Julies Predigten versetzten halb Aarau in Aufruhr. Wie zuvor in Basel fühlten sich auch in Aarau zuallererst die braven Bürgertöchter angesprochen. Ihre Verwandlung war offensichtlich: Sie zogen sich von öffentlichen Vergnügungen zurück, opferten ihre Spargelder für die Armen und verzichteten auf kostspielige Auslagen für Äußerlichkeiten. Hatten die jungen Aaraurinnen vorher ihr Haar der Mode entsprechend auf der Stirn in Löckchen von einer Seite bis zur anderen herabfallen lassen, so wurde dieser Schmuck nun plötzlich als Ausdruck von Hochmut angesehen und abgeschnitten, so ein Zeitzeuge. »Ebenso verschwanden die bunten Bänder und Blumen von den Hüten, die farbigen Schuhnesterln, an deren Stelle schwarze Riemen traten. Von Sang und Tanz war keine Rede mehr. Solchen Einfluss übte Frau von Krüdener aus.«[438]

Das veränderte Verhalten der jungen Damen führte in vielen Familien zu Spannungen. In erster Linie fürchteten sich die Familienväter um das Ansehen ihrer Familien. Und sie waren ernsthaft besorgt darum, dass ihre Frauen, Töchter und Mägde durch all das Beten ihre Hausgeschäfte versäumen würden. Bei Kindern war die Ermahnung »Wie, wenn die Frau Krüdener jetzt Dich sähe!«[439] Motivation genug, dass sie gehorsam alles taten, was zu Hause von ihnen verlangt wurde.

In Basel hatte Julies Reise nach Aarau bereits im Vorfeld zu Diskussionen geführt, weil sich Johann Georg Kellner, der Sekretär der Basler Traktatgesellschaft, ungeachtet seiner vielen Verpflichtungen entschieden hatte, Julie zu begleiten. Die Verantwortlichen der Basler Gesellschaften registrierten dies ungern und mit einiger Sorge. Doch Kellner war begeistert von dem, was er erlebte. Nicht so seine Freunde in Basel. In einem langen Schreiben vom 20. April legte ihm das Vorstandsmitglied Lachenal im Namen des gesamten Komitees der Basler Mission die baldige Rückkehr und Wiederaufnahme seiner Tätigkeiten nahe. Doch Kellner machte keine Anstalten zurückzukehren:

> Ich erhalte täglich die überzeugendsten Beweise von dem hohen Beruf der Fr[au] v[on] Kr[üdener] und von dem großen Segen, den der Herr durch sie stiftet. Der Zulauf ist hier viel stärker als in Basel und der Segen noch ausgebreiteter; besonders strömen die Kinder und Landleute schaarenweis herbei. Wir werden nun auch aufs Land gehen in die Dörfer, wohin wir von den Leuten dringend eingeladen werden, und der Herr durch sein Wort uns auch zu gehen befiehlt. Die Regierung benimmt sich weiser und liberaler als die zu Basel; Nichts wird uns in den Weg gelegt. Die Sache mit den kleinen Schriften muss auch ins Große getrieben werden, und wir möchten reichlich ausstreuen. Es ist ein Heißhunger darnach bey Jung und Alt. Man kann nicht besser gegen Schulthess zu Felde ziehen, als wenn man Christum auf den Landstrassen predigt und die Schriften, die zu ihm weisen, auf diesem Wege unter die Leute bringt.[440]

Selbst die Intervention seines Chefs Christian Friedrich Spittler konnte Kellner nicht zur Rückkehr bewegen. Gott habe ihm gesagt, dass er noch zuwarten solle mit der Rückreise.

Unter Julies zahlreichen Zuhörern in Aarau befand sich auch das jüdische Sprachgenie Joseph Wolff (1796-1862). Als Sohn eines württembergischen Rabbi dazu ausersehen, später selbst Rabbi zu werden, beherrschte Wolff Hebräisch, Chaldäisch und Syrisch und hatte sich vertieften Studien des Alten Testamentes gewidmet. Wolffs Aufenthalt in Aarau war ein Zwischenstopp auf seiner Reise nach Rom. Widerhall fand die Begegnung mit Wolff durch ein Schreiben, das Julie für ihren jüdischen Freund in französischer Sprache abgefasst hatte. Selbst Papst Pius VII. war beeindruckt von der Wortgewandtheit des Textes, als Wolff ihm den Text wenig später in Rom übersetzte. So entfaltete Julies

Schreiben *An einen jungen Gelehrten von jüdischer Geburt* weit über die Zielperson hinaus große Breitenwirkung. Es war der leidenschaftliche Appell für eine kompromisslose Nachfolge Christi, selbstlose Hingabe und das Eintauchen in Gottes Liebe:

> Lernen Sie zu den Füßen des Kreuzes den umklammern, den die Himmel nicht umfassen (…). Werfen Sie sich oft anbetend nieder vor ihm, dringen Sie ein in das große und mächtige Geheimnis der Liebe, bitten Sie Ihn, dass Er Ihr Herz durchdringe und erfülle (…). Nur aus der Liebe zu Gott und Christo quillt Alles, was den Christen groß und glücklich macht. (…) So kann der Christ durch die Liebe Alles tragen, Alles dulden und Alles gewinnen. Der durch den Heiligen Geist erleuchtete Christ kann alle Geheimnisse verstehen. (…) Werden Sie ein solcher Christ! Keine engherzige Gesinnung, kein Sektengeist beseele Sie! Das Evangelium sei Ihre heilige Regel, das große Herz Christi. Sein Geist, der alle Dinge erforscht, sei der Brennpunkt all Ihres Thuns! Lernen Sie auf Alles verzichten! (…) Die ursprüngliche Bestimmung des Menschen und seine erste Pflicht ist, Gott zu lieben. Aus dieser Liebe quillt der Wunsch, Ihm wohlzugefallen, in Folge dessen auch der Dienst der heiligsten und reinsten Liebe. (…) Der Christ aber, der Christum gefunden hat und Ihn liebt (…) bedarf nichts; denn er ist glücklich. So lernt er zu Füßen Christi Liebe einhauchen und Liebe üben. (…) Heiligen Sie Ihre Talente und Ihre Sprachkenntniß oder lassen Sie vielmehr den Herrn dieselben heiligen. (…) Gott segne die herrlichen Anfänge Ihrer Bibelübersetzung! Verherrlichen Sie Christum, indem Sie die Stellen klar wiedergeben, (…) die Luther nicht deutlich genug übersetzt hat. Jesus Christus, das Leben der ganzen Bibel, der Kern und Stern der heiligen Schrift werde auch Ihr Leben.[441]

Joseph Wolff fand in Julies Versammlungen die Freisetzung, die ihm bisher gefehlt hatte. Von jenem Zeitpunkt an setzte er sein Leben mit großem Mut, Hingabe und Eifer als Missionar der Juden zur Verbreitung der christlichen Botschaft ein. Die entferntesten und gefährlichsten Reisen konnten seinen Eifer nicht bremsen.

Anders als die Basler Geistlichkeit, zeigte sich die Geistlichkeit von Aarau Julies Botschaft gegenüber äußerst empfänglich. Es entstanden Freundschaften zu Pfarrer Johann Heinrich Speisegger, Pfarrer Hunziker und Pfarrer Vogt. Die Pfarrer wurden in den Begegnungen mit der Baltin geistlich gestärkt und neu für ihren Dienst motiviert. Infolgedessen predigten sie mit neuer Leidenschaft und Stärke. Nach Julies Aufenthalt in Aarau bezeugten die Geistlichen dankbar, dass ihre Kirchen seit dem Aufenthalt der Baltin wieder besser besucht würden.

Tief beeindruckt von der adligen Missionarin und ihrer Botschaft lud Pfarrer Speisegger sie auf das Schloss Liebegg zu den Schwestern von Diesbach ein. Das reizende kleine Schloss thronte stolz über dem idyllischen Wynental, zwischen Gränichen und Teufenthal im Kanton Aargau. Die Reise zum Schloss, vorbei an saftig grünen Weiden und Wäldern erwärmte Julies Herz. Desgleichen die Begegnung mit den liebenswürdigen Schlossbesitzerinnen Katharina (1767-1817) und Margarita (1769-1849) von Diesbach. Was die missionarische Gruppe während ihres Aufenthaltes auf Schloss Liebegg erlebte, überstieg all ihre Vorstellungen. Laut Pfarrer Speiseggers Bericht in der *Schweizerischen Monatschronik* vom Juni 1816 nahmen täglich mehrere Tausend Besucher am Schloss-Gottesdienst teil: »Eine ungeheure Menge heilsbegieriger Seelen strömt herbei, um Theil zu nehmen an diesen gottesdienstlichen Unterhaltungen.«[442] Am Himmelfahrtstag zählte man »gegen 2'000 Menschen, die sich um diese liebenswürdige Frau versammelten und mit der gespanntesten Aufmerksamkeit das Wort des Lebens aus ihrem Munde hörten. Da die Schlossgemäuer zu klein waren, alle Gäste zu fassen, wich man auf eine riesige Scheune und einen Heuboden aus.«

Von Schloss Liebegg aus reisten Julie und ihre Begleiter nach Grenzach Horn zurück, wo sie am 1. Juni 1816 eintrafen. Die Folgemonate waren geprägt vom selbstlosen Dienst an unzähligen Menschen, die zum Grenzacher Hörnli pilgerten. Unter den Pilgern befanden sich viele Notleidende, aber auch Angehörige der höheren Stände, Freunde oder Interessierte. Eine besondere Freude war der Besuch von Ami Bost, der Julie und seinen ehemaligen Studienkollegen Empaytaz besuchen wollte. Am 29. August kam überrraschend der Quäker William Allen (1790-1843) zu Besuch. Seine Eindrücke schilderte er in einer Zeitschrift wie folgt:

> Die Baronin von Krüdener hauste in einer armseligen Hütte; ich fand sie beim Teekochen in einem kleinen Zimmer, in dem auch ihr Bett stand. (…) Sie trug ihr blaues, langes Kleid, das ihre Gestalt größer erscheinen läßt, als sie es in Wirklichkeit ist; ihre Bewegungen sind lebhaft, sie spricht französisch, übrigens sehr graziös. (…) Sie sagte, daß wir in außergewöhnlichen Zeiten leben, daß sie des-

halb noch gar nicht wisse, was sie weiter tun werde. Sie werde sich dabei allein von der Hand des Herrn leiten lassen. Im eigentlichen Gasthaus hält sie Gebetsversammlungen ab, die stark besucht sind; sie spricht mit Kraft und Besonnenheit. Ich hätte mich gern länger mit ihr unterhalten, aber es waren zu viele Menschen da, die auf sie warteten.[443]

In Grenzach Horn kam es zu vielen erwecklichen Aufbrüchen und geistlichen Sinnesänderungen als Reaktion auf die Bußpredigten der baltischen Missionarin. Kellner schilderte, wie viele Tausende leiblich und geistlich gespeist wurden: Er habe Pilger einkehren sehen, um ihre Beichte abzulegen, Fuhrleute ihre Wagen stehen lassen, um ihre Sünden zu bekennen. Er berichtete von Kranken, die auf das Gebet des Glaubens hin gesund wurden und deren Ärzte, die um die Unheilbarkeit der Krankheit wussten, sich daraufhin auch dem christlichen Glauben zuwandten.

> (…) ich sah Feinde, die sich umbringen wollten, sich versöhnen; Unglückliche, die die Absicht hatten, sich in den Rhein zu stürzen, zur Besinnung kommen – alles durch die Macht des Gebets und des Glaubens an den lebendigen Gott und Heiland.[444]

Kellner, Lachenal und Ganz

Die ungeklärte Situation mit Kellner sorgte in Basel für reichlich Unmut. Jetzt, wo Johann Georg Kellner wieder in der unmittelbaren Nähe war, erschien es seinen Basler Freunden umso unverständlicher, dass er nicht in sein früheres Tätigkeitsfeld zurückkehrte. Christian Friedrich Spittler war so ratlos, dass er Friedrich Adolf Steinkopf, seinen Vorgänger auf dem Posten des Sekretärs des Baslers Zentrums der Christentumsgesellschaft, seit einigen Jahren Pfarrer in London, zu Rate zog. Steinkopfs Antwort vom 6. Juli 1816 wies einen großen Konsens mit Spittlers Meinung auf:

> Unsern gemeinschaftlichen Bruder Kellner ehrt und liebt meine Seele (…). Aber Eins bitte ich ihn, dass er sich an Madame Krüdener nicht anschließen wolle. Ich kenne sie zu wenig, um ihren wahren Werth gehörig beurtheilen zu können; vielleicht wirkt sie in ihrem Kreise in großem Segen. Aber die Basler Gesellschaft sollte unabhängig ihren stillerhabenen Gang fortgehen. Sichtbar hat Gott ihr Wirken gesegnet, unsern Kellner zu ihr geführt und ihm unter ihr einen großen, schönen Wirkungskreis angewiesen. Diesen Wirkungskreis sollter er nicht ohne die wichtigsten Gründe verlassen.[445]

Es gelang Steinkopf nicht, die Angelegenheit einfach so ad acta zu legen, wie weitere Korrespondenzen bezeugen. Kellners Entscheidung fiel schließlich zugunsten einer weiteren Begleitung der Baronin von Krüdener. Steinkopf in London war sehr enttäuscht darüber, wie er in einem Schreiben vom 13. September 1816 unmissverständlich zum Ausdruck brachte:

> Ich gestehe es Ihnen redlich, mein Lieber, daß es mich gekränkt hat, Sie Ihren bisherigen höchstnützlichen und segensvollen Wirkungskreis bey der Basler Gesellschaft verlassen und sich in eine neue Verbindung einlassen zu sehen. Fern sey es von mir, dass ich mir über Madame Krüdner ein Urtheil erlauben sollte; ich habe unter Weibern sowohl als Männern so viele ausgezeichnete Personen kennen gelernt, dass ich keinen Augenblick zweifeln kann, dass Gott sich ersterer sowohl als lezterer zur Ausbreitung seines Reichs bedienen könne. Aber so viel ist mir klar, dass Ihr Posten bey der Basler Gesellschaft ein höchstwichtiger und segensvoller Posten war, dass Sie auf demselben sichtbar Gutes stifteten und immer mehr zu stiften Gelegenheit hatten, dass es für einen unverheuratheten Mann, wie Sie sind, nicht das Schiklichste ist, in Gesellschaft einer Dame im Lande umherzuziehen, dass vetrauter Umgang auch mit frommen Weibern immer etwas Gefährliches hat, dass Augustin schon die wichtige Regel ertheilte: „Pias foeminas vita!" [„Meide fromme Frauen!", D.S.], und dass die apostolische Regel noch gilt: „Prüfet Alles, und das Gute behaltet! Meidet allen bösen Schein!"[446]

Die Lücken, die Kellner in der Basler Missionsgesellschaft hinterließ, konnten nicht alle geschlossen werden. Das *Christliche Sonntagsblatt*, dessen Redaktor Kellner gewesen war, wurde im Dezember 1816 eingestellt. Dass Spittler auf dem Hintergrund dieser Ereignisse nicht so gut auf Julie zu sprechen war, ist nicht weiter verwunderlich. In einem Brief an seinen Freund Christian Heinrich Zeller (1779-1860), Schuldirektor in Zofingen, schrieb er:

> Die vielen Visionen, das Dringliche wegen naher Gerichte (...), will mir nicht einleuchten, ich stimme für das Ruhige, Stille, Geprüfte und Feste im Christengang und möchte neben den Gerichten auch das viele Gute rühmen, das der Herr an uns armen Sündern thut. Das beständige Jammern, Klagen, Beten, Fasten, Kreuzmachen (...) kann am Ende auch Gewohnheit werden.[447]

Spittlers Verhältnis zur Baronin von Krüdener blieb angespannt und distanziert. Kurze Zeit nach der Enttäuschung mit Kellner folgte der nächste Rückschlag: Mit Friedrich Lachenal (1772-1854) traf ein zweiter wichtiger Mitarbeiter von Spittler die Entscheidung, sich mit seiner Frau dem Gefolge der baltischen Missionarin anzuschließen. Während Kellners Entscheidung vor allem in seinem religiösen Umfeld Wellen geschlagen hatte, waren die Konsequenzen von Lachenals Entscheidung von ungleich größerem Ausmaß in der Schweizer Bevölkerung. Im Gegensatz zu Kellner, der unlängst aus Deutschland eingewandert war, handelte es sich bei Lachenal um einen hoch angesehenen und aus einem alten Basler Geschlecht stammenden Einheimischen. Lange bevor er im Jahr 1815 Mitglied des Komitees der Basler Missionsgesellschaft geworden war, hatte er sich als Kriminalrichter und bedeutender Basler Akademiker weit über die Stadtgrenzen hinaus großen Respekt erworben. Seit Juni 1816 war er nicht nur *Professor* der Logik und Metaphysik an der Universität Basel, sondern auch deren *Rektor*. Lachenals Lebenserinnerungen geben Aufschluss darüber, wie es Ende 1815, Anfang 1816 im Basler Gasthaus zum *Wilden Mann* zur Bekanntschaft mit Julie gekommen war:

> Zu der Bekanntschaft mit dieser Dame, die in einem hiesigen Gasthofe herbergte, wurden wir teils durch den allgemeinen Ruf, teils durch das Hinströmen mancher Gläubigen, teils neugieriger Weltleute, besonders aber durch das Zureden einer Schwägerin aus der Familie meiner Gattin, hingezogen, jedoch nicht ohne Widerwillen, weil wir damals nicht glauben konnten, dass eine Dame aus der vornehmen und hohen Welt uns etwas wahrhaft Erbauliches und Geistreiches vortragen könnte.[448]

Bereits im August 1816 hatte Lachenal seine Richtertätigkeit niedergelegt. Seine Entscheidung war einerseits auf Julies Einfluss zurückzuführen, andererseits auf eine bereits seit längerer Zeit bestehende Unzufriedenheit in seinen Ämtern und den Wunsch, Basel für einige Zeit zu verlassen. Nun – im Januar 1817 – trat er auch von seinem Amt als Rektor zurück und ließ sich als 45-Jähriger von seiner Professur entbinden. Gleichzeitig machte er die Entscheidung publik, dass er und seine Frau sich nach dem Verkauf ihres großen Anwesens[449] dauerhaft dem Missionszug der baltischen Baronin anschließen wollten. Der Brief eines Ostschweizer Pfarrers und ehemaligen Studenten von Lachenal vom 4. Februar 1817 an Spittler zeugte von der Bestürzung, die Lachenals Entschluss in der Schweizer Bevölkerung, speziell in akademischen Kreisen, auslöste:

Die Baronin war empört über die Dreistigkeit der Zeitungen »von Müssiggängern zu reden in einem Augenblick, wo niemand Arbeit hat, wo Tausende unter Klagen danach verlangen, wo alle Fabriken stillstehen.«[455] Und sie wies jegliche Versuche von Regierungen und Kirchen, sich ihrer sozialen Verpflichtung zu entziehen, vehement zurück. Zur Autorisierung ihrer diakonischen Tätigkeit berief sich Julie auf diverse Bibelstellen, die zu praktischer Nächstenliebe aufrufen. Beispielhaft zitierte sie Jesaja 58,7: *Brich dem Hungrigen dein Brot, und die im Elend ohne Obdach sind, führe ins Haus! Wenn du einen nackt siehst, so kleide ihn, und entzieh dich nicht deinem Fleisch und Blut!*

Abgesehen von den Vorwürfen hinsichtlich ihrer gut gemeinten Werke der Nächstenliebe wurde Julie auch wiederholt dafür getadelt, dass sie den Dienst eines Predigers wahrnahm. Im Brief an den badischen Innenminister verteidigte sie sich dafür, dass sie sich um die vielen Menschen bemüht hatte, die während ihres Aufenthaltes in Grenzach ihre Gegend durchzogen. »Ich habe sie ja nicht hergerufen, Gott allein gibt Gnade und Macht«[456], so Julie. Gott alleine könne »Wunder der Bekehrung wirken« und bediene sich dabei »verschiedener Werkzeuge nach seinem Wohlgefallen.« Er habe niemandem befohlen, Prediger zu werden, aber gesagt: *Will mir jemand nachfolgen, der verleugne sich selbst und nehme sein Kreuz auf sich und folge mir* (Matthäus 16,24). »Wer das thut«, fuhr Julie fort,

> der wird seinem göttlichen Meister Seelen zuführen, der wird die Salbung des heiligen Geistes und der lebendigen Kirche haben, der wird Wunder der Bekehrung sehen und Wunder aller Orten; er wird mit Vorwürfen, mit Lügen, mit Verläumdungen bedeckt, er wird von der Welt gehasst werden und für seine blinden Verfolger beten; dann wird er ein Prediger sein können, zuvor aber nicht. Darum hat schon Chrysostomus[457] gesagt: Jedes Kind Gottes ist ein Prediger, aber nicht jeder Prediger ein Kind Gottes.[458]

Auf den Vorwurf, dass sie mit ihrem Handeln die Grenzen der Weiblichkeit überschreite, entgegnete die Baronin: »Man mag demnach Anstoß daran nehmen oder nicht, dass der Herr große Dinge durch eine Frau vollbringt, man mag sie unendlich hassen oder sie dafür anklagen, dass sie zu sehr geliebt werde, all dies ist ganz egal.«[459] Der Herr habe seiner Schöpfung befohlen, ihm zu gehorchen. Und er selber werde erklären, »warum die schwache Stimme einer Frau vor den Völkern erklungen ist«,[460] warum auf ihre Einladung hin so viele ihre Knie vor dem Allmächtigen beugten, warum durch sie so mancher Bösewicht aufgehalten werden konnte, warum sie Hungrige speisen und in jener Gegend »wohl mehr als 25 Tausend Seelen« das unendliche Erbarmen Gottes ankündigen konnte. Jesus Christus habe eine Mutter gebraucht, »um sich um die Waisen zu kümmern und mit den Müttern zu weinen; eine Frau, erzogen in den Wohnsitzen des Luxus, um den Armen zu sagen, dass sie viel glücklicher sei, ihnen auf einer Holzbank zu dienen.« Er habe auch eine »mutige Frau« gebraucht, welche »nachdem sie auf Erden alles besessen hatte, selbst Königen sagen konnte, dass alles nichts sei.«[461] Julie war überzeugt davon, dass sie es in einem anderen Jahrhundert nicht nötig gehabt hätte, sich zu verteidigen: Selbst im Mittelalter, das von Philosophen belächelt und als so wenig aufgeklärt erachtet wurde, habe die italienische Mystikerin Katharina von Siena – mit welcher sie sich gewiss nicht vergleichen wolle – ungehindert ganzen Klöstern predigen können. Jene habe Unzählige sich bekehren und nach ihrem Gebet verlangen sehen, ohne dass sie sich verteidigen musste, geschweige denn verbannt wurde.

Doch gerade in der Verfolgung erkannte Julie, wie sie dem Innenminister schrieb, den »erhabensten Bürgen«[462] ihrer Mission. Sie erklärte: »Die heiligen Schriften sagen uns, dass sich der Herr stets der Frauen bediente, wenn es sich um die Befreiung eines Volkes handelte.«[463] Wenn man den Spuren Gottes nachgehe, könne man nur lieben und leiden.

Mit dem Leiden ging es nahtlos weiter. Im Februar 1817 kam es zu einer gewaltsamen Auflösung der Kolonie in Grenzach Horn, die mit den Verhaftungen von Berchkheim, Empaytaz und einigen anderen endete. Julie, Juliette und Kellner fanden bei Professor Lachenal Unterschlupf. So kam es zur Trennung der engsten Mitarbeiter. Empaytaz bedauerte sehr, Julie ohne Gegensteuer dem schwärmerischen Einfluss Kellners überlassen zu müssen. Wie die Folgezeit zeigte, sollte dies tatsächlich verheerende Auswirkungen haben.

Schon seit einiger Zeit war gegen Julie der Vorwurf erhoben worden, dass sie sozialrevolutionäre Ziele verfolge und die Armen gegen die Reichen aufwiegle. Keine drei Monate nach Julies Verteidigungsschreiben an den Innenminister erschienen zwei Schriften, die die Diskussion anheizten und den Vorwurf der sozialrevolutionären Tendenzen unwiderruflich zu bestätigen schienen: Die Schrift *An die Armen* und die *Zeitung für die Armen* vom 5. Mai 1817. Beide wurden der Baronin von Krüdener zugeschrieben. Die Schrift *An die Armen* goss Öl ins Feuer bezüglich diverser Vorwürfe, die seit geraumer Zeit gegen Julie vorgebracht wurden: Das Aufhetzen der Armen gegen die Reichen, Begünstigung des Müßiggangs und vieles mehr. Die Schrift beinhaltete tatsächlich beträchtliches Unruhepotenzial. Die Armen wurden das auserwählte und privilegierte Volk genannt und als »Retter der Reichen« bezeichnet. Die Schrift erschien selbst aufgeklärten Geistern jener Zeit als aufrührerische Unverschämtheit, als Gipfel der Verrücktheit und letzte Stufe neuerer Vermessenheiten von Julie und ihren Anhängern. Die Publikation brachte Julie zum großen Bedauern von Berckheim und Empaytaz in neue Schwierigkeiten. Europa hallte vor Entrüstung über den neuerlichen Coup der baltischen Baronin wider. Auch hinsichtlich der Meinungsbildung in der Schweiz spielte die Schrift *An die Armen* eine entscheidende Rolle.

Sorgfältige Recherchen ergeben, dass nicht Julie, sondern ihr Mitarbeiter Kellner der Verfasser beider Schriften war. Entrüstet über die gewaltsame Auflösung ihrer Mission in Grenzach Horn kündigte Kellner den Armen Gottes nahes Gericht und die baldige Erlösung von Armut und Traurigkeit an. Sogar kritische Zeitzeugen wie Johann Wilhelm Veith kamen nach entsprechenden Nachforschungen zu dem Schluss, dass die Baronin von Krüdener *nicht* die Verfasserin dieser Schriften sei. Allerdings seien sie »unter Ihrer Firma herausgegeben und nie von Ihr öffentlich missbilligt worden.«[464] Was Julie in mündlichen Gesprächen bestätigte, fand keinen Weg an die Öffentlichkeit. Auch wenn Julie schmerzlich unter der ganzen Situation litt, wollte sie ihren Mitarbeiter, an dem sie weiterhin festhielt, auf keinen Fall öffentlich maßregeln. Zudem war die Meinungsbildung bereits fortgeschritten. Nach der Freilassung der verhafteten Mitarbeiter raufte sich die Gruppe um Julie trotz zeitweiliger Konflikte wieder zusammen.

Dass Pfarrer Faesch in Basel in ebenjener Zeit in einer weiteren Predigt gegen die Baronin von Krüdener wetterte, war nur eine weitere Wolke am dicht bewölkten Himmel über der geprüften Kolonie in Grenzach. Faesch entrüstete sich über Julies Appell an die Reichen, mehr für die Armen zu tun und warnte die Armen seiner Kirchgemeinde vor ihrem »hirnlosen Rathe« zur Auswanderung. »Weiß sie nicht«, fragte Faesch, »dass sie ihre Wohlthätigkeit gewaltig beschränken, ihre vorgeblichen Wunder einstellen müsste, wenn sie nicht selbst von einigen gutmüthigen, reichen Baslern unterstützt würde?« Er fragte sich weiter, was die »von so vielen Leichtgläubigen gepriesene Schwärmerin« eigentlich beabsichtigte:

> Sollen wir die Armen ganz erhalten und in gepolsterte Sessel setzen? Sollen wir durch übertriebene Wohlthätigkeit die Trägheit und den Müßiggang befördern? Frömmeley und Heucheley begünstigen? Oder will sie die Herren zu Bettlern und die Bettler zu Herrn machen?[465]

Die angespannte Situation wurde nicht leichter durch die Nachrichten aus Genf, dass der 19-jährige Philippe aus vielerlei Gründen – auch aufgrund seiner schlechten sozialen Stellung – in eine tiefe seelische Krise gestürzt war. Um ihm einen ehrbareren Zivilstand zu ermöglichen, setzten Julie und Antonie alles daran, dass Philippe nun tatsächlich von dem angesehenen Genfer Industriellen Pierre Simon Gounouilhou adoptiert wurde, was am 23. Mai 1817 geschah. Dies ermöglichte es dem jungen Mann, seinem Nachnamen *Hauger* neu auch *Gounouilhou* beizufügen, was Philippes Stand erheblich verbesserte.

Odyssee mit Verschnaufpause bei Luzern, 1817

Da Julie und ihren Mitstreitern die Türen zum Kanton Basel endgültig verschlossen blieben, versuchten sie ihr Glück im Kanton Aargau, wo sie nahe der Grenze im Gasthof *Adler* in Möhlin vom 8. bis 13. Mai 1817 Unterkunft fanden. Doch auch hier erreichte sie schon bald ein Ausreisebefehl. Es war vor allem das Gedränge der Hungernden, das die staatlichen und geistlichen Verantwortlichen gleichermaßen beunruhigte. Die *Zeitung an die Armen*, deren Publikation erst wenige Tage zurücklag, trug das ihre dazu bei. Die Regierenden fürchteten den aufwieglerischen Einfluss der Russin, was zu zahlreichen Ausweisungen für Julie und ihr Gefolge führte. Je härter man allerdings gegen sie vorging, desto mehr stieg das Interesse an ihnen – sowohl der Befürworter als auch der Gegner. Julie war in vielen Teilen der Schweiz und bis weit über die Grenzen der Eidgenossenschaft hinaus *das* Thema. Sogar die *Gazetta di Firenze* berichtete mehrfach über die Baronin.

Der kleine Missionszug passierte verschiedene Zwischenstationen, unter anderem Laufenburg, Frick, Densbüren und Aarau, bis er am 16. Mai das solothurnische Dorf Erlinsbach erreichte.

Die Station Densbüren veranschaulicht beispielhaft, wie groß die Angst vor Julies Einfluss im Kanton Aargau war und wie viel es diejenigen kosten konnte, die sich öffentlich als Julies Freunde oder Anhänger zu erkennen gaben. In Densbüren lebte Pfarrer Rudolf Steinegger, der nach Julies Besuch in Aarau im April 1816 seinen Pfarrdienst umgestaltet hatte. Gemäß Julies Vorbild hatte er Bräuche wie »Kniebeugen, Singen der Kinder in der Kirche, sowie das Abhalten von Erbauungsstunden«[466] in seiner Kirchgemeinde eingeführt. Anfang Mai 1817 hatte der Gemeindeammann den gebürtigen Zofinger dazu aufgefordert, all diese eingeführten Bräuche umgehend einzustellen, da durch diese Handlungen »in mehreren Familien Zwietracht ausgebrochen [sei, D.S.], und einige Hausväter ihre Arbeit vernachlässigt hätten.« Doch Steinegger zeigte sich unnachgiebig: »Solange er in Densbüren die Kanzel besteigen werde, so lange werde er sich im Gebet niederwerfen, den Kindern das Singen in der Kirche gestatten und Erbauungsstunden halten.« Zudem frage er sich, »wie die Obrigkeit ihr Verhalten mit dem Inhalte des Heiligen Bundes, dem die Schweiz beigetreten sei, vereinbare?« Der feierliche Beitritt der Schweiz zur *Heiligen Allianz* lag zu jenem Zeitpunkt knapp vier Monate zurück. Paul von Krüdener war von Zar Alexander I. damit beauftragt worden, die Schweizer Regierung von dem Anschluss an das Bündnis zu überzeugen. Nachdem es zunächst einige Zweifel auszuräumen galt, ob dieser Beitritt nicht dem Prinzip der Neutralität widersprechen würde, zeigten sich die Schweizer bald überzeugt von den frommen Absichten der Heiligen Allianz, die ihnen Julies Sohn in seinem Amt als russischer Botschafter in Bern nahelegte. Es gehe schließlich darum, den Frieden langfristig zu sichern und dass sich alle Völker unter dem Banner des Kreuzes Christi versammelten. Insofern hatte die Argumentation von Pfarrer Steinegger durchaus ihre Berechtigung. Schließlich griff die Regierung ein: Am 8. Mai wurde Pfarrer Steinegger sämtlicher Aufgaben enthoben und unter Hausarrest gestellt, da man für die nächsten Tage Julies Ankunft in Densbüren erwartete. Wenig später wurde vom Kleinen Rat Steineggers Entlassung angeordnet. Als Pfarrer in Beatenberg fand er im Kanton Bern eine neue Anstellung. Kritiker hielten das rigorose Einschreiten der Regierung gegen den Pfarrer von Densbüren für absolut gerechtfertigt, da sich jener durch die Bekanntschaft mit Julie »zu Missgriffen in seinem Amt«[467] habe verleiten lassen und seine Lehren und Gottesdienstformen im Widerspruch zum »reformierten Lehrbegriff, der helvetischen Confession« stünden. Trotz dieses äußeren Drucks wagten es nicht wenige, Julie und ihre Mission öffentlich zu verteidigen.

Als Quartier diente ihnen im Kanton Solothurn das zwischen Erlinsbach und Lostorf gelegene Schloss Wartenfels, wie Julie in ihrem *Fragment an die Schweiz* schrieb:

> Das Schloß Wartenfels im Kanton Solothurm durch seine herrliche Lage bekannt, nahe dabei sind die Bäder von Loschdorf [Lostorf, D.S.],
> das Volk umlagerte dort Fr. v. Kr. (weil die Mission verfolgt wurde), von allen Seiten u auch von Arau strömte das christlich ge=
> sinte Volk dorthin, um sie zu sehen, u das Gebirge hörte
> die Gelübte der Liebe zu Christo dem Herrn u die Melodien
> der herrlichen Lieder der Mission.
> Die heil. Jungfrau als Sonnenweib ist als Beschützerin
> Solothurms in dem Wappen dieses Kantons dargestellt.[468]

Auch im Kanton Solothurn wollte man die Frau, von der man schon lange vor ihrer Ankunft schauerliche Geschichten gehört hatte, so schnell wie möglich loswerden. Es folgte ein notgedrungener Kurzaufenthalt im Kanton Bern, genauer gesagt in Wangen an der Aare. Auch in dem bekannten Bad strömten die Menschen zu ihr:

> Wangen ist ein Bad im Kanton Bern, wo während dem Aufenthalt der Fr. v. K. alles Volk hinwallte u Gebet u Gesang erfüllte die Gegend.

Nach der Abschiebung aus dem Kanton Bern in Murgenthal steuerte Julie via Zofingen die Gemeinde St. Urban im Kanton Luzern an. Auf dem Platz vor dem Meyerhof, direkt vor den Klostermauern, hielt sie Ende Mai 1817 eine öffentliche Rede. Die baltische Missionarin erklärte der versammelten Menge, dass sie eine Nachfolgerin Jesu Christi sei und dass sie »vom Geiste Gottes getrieben die Welt bereisen müsse, sie zur Buße und Bekehrung aufzumuntern, welchem Triebe sie nicht wiederstehen könne, wenn sie auch gemartert würde.«[469]

Über die Zeit in St. Urban wurde berichtet, dass Julie alle Armen, die ihre Rede anhörten, im Wirtshaus auf ihre Kosten bewirten ließ. Die Frage nach der Finanzierung dieses seltsamen Missionszuges beschäftigte die sparsamen Schweizer. Fleißig wurde mitgerechnet und festgestellt, dass die baltische Missionarin ein Vermögen ausgab. Geld für den Unterhalt ihres Gefolges, für Armenspeisungen und so weiter. Nicht selten bemühte sich Julie darum, Bedürftigen durch die Aufnahme in ihrem Gefolge eine Anstellung zu verschaffen, sei es als Kammerjungfer, Armenköchin, Wäscherin, als Sekretär oder anderes. Man rätselte darüber, woher die Baronin die dafür notwendigen Mittel nahm. Kosse war aufgrund von Julies wohltätigen Investitionen vor Ort nicht länger eine lukrative Einnahmequelle. Daher veräußerte die Baronin ihren Privatbesitz, wenn kein Bargeld zur Verfügung stand. So bezahlte sie in St. Urban mit versilbertem und vergoldetem Besteck. Mit derselben Großzügigkeit, wie sie früher das Geld für ihre eigenen Belange ausgegeben hatte, beschenkte sie jetzt die Armen, mit der Konsequenz, dass sie selber in sehr bescheidenen Verhältnissen lebte. In ihrer Großzügigkeit wurde sie nicht selten ausgenutzt. Julies Mission wurde aber auch immer wieder von vermögenden Gönnern unterstützt. Friedrich Lachenal half zum Beispiel nicht nur mit Finanzen, sondern schickte ganze Lebensmittelkonvois zu den entsprechenden Stationen. Auch zahlreiche vermögende Baslerinnen und Bernerinnen waren bereit, große Geldsummen zur Linderung der allgemeinen Not zu spenden, was Julie zahlreiche Feinde verschaffte. Die Baronin war sich zudem nicht zu schade dafür, mittels persönlicher Kontakte selbst Finanzen für ihre Mission zu akquirieren.

Am 2. Juni ging die Reise weiter nach Luzern. Der Kanton Luzern zeigte sich im Vergleich zu den übrigen Kantonen im Umgang mit der baltischen Wanderpredigerin gelassener und generöser. Die Regierung erlaubte ihr sogar den Aufenthalt in einem Horwer Landhaus. Bei dem Gut handelte es sich um den Biregghof von Herrn Belliger. Julie und ihre Mitarbeiter waren überglücklich. Ein Teil von Julies Gefolge wurde auf benachbarten Höfen untergebracht.

Abgesehen vom zeitaufwendigen Dienst an den Armen, die Julie auch hier zu Hunderten zuströmten, verbrachte Julie viel Zeit mit der Luzerner Geistlichkeit, deren Sympathien sie genoss. Das ganze Priesterseminar Luzern ersuchte um die Ehre eines Besuches bei der baltischen Missionarin. In Horw gab Julie ihren Besuchern aus dem Priesterseminar zu bedenken, dass sie nicht »durch Gelehrsamkeit, sondern durch die Stimme des Erzhirten gerufen und geleitet«[470] würden. Die Baronin wünschte ihren Zuhörern, dass sie als zukünftige Priester doch hören mögen, was Jesus dem Jüngling sagte: *Verkaufe alles, was du hast, und folge mir nach* gemäß Matthäus 19,1 oder *Verleugne dich selbst, und nimm dein Kreuz auf dich* nach Matthäus 16,24. Sie erinnerte an Tauler, den berühmten Prediger des 14. Jahrhunderts, dessen ganze Weisheit und Redekunst nichts bewirkt hatte, bis er unter dem Kreuz lieben und leiden lernte. »Tauler wurde überzeugt«, so Julie, »dass keine Menschenkunst, keine Kenntnis, kein Studium auf Seelen wirke, sondern einzig die Gnade, die Kraft des heiligen Geistes, die Kraft Christi, die im Blute der Versöhnung den Sündern vorgetragen wird.«[471] Auf diese Weise sei »das Kreuz Jesu Christi«, das sie als »große Bibliothek« bezeichnete, auch Taulers Kanzel geworden. Damit wollte Julie keineswegs die Bedeutung der Gelehrsamkeit infrage stellen:

> Ich sage darum nicht, dass wir nicht Sprachen lernen sollen, um die heiligen Urkunden, die uns so wichtig seyn müssen, in der Grundsprache zu lesen. Wichtig ist uns allerdings auch die Kenntniß der Kirchengeschichte, höchst wichtig die Tradition (...)[472]

Doch viel wichtiger als alles menschliche Wissen sei die Durchdringung mit dem Geist der Heiligen Schrift, da nur der Heilige Geist, der die Schrift diktierte, sie dem Menschen auch erklären könne. Voller Eifer wandte sie sich gegen die zur damaligen Zeit in der katholischen Kirche vorherrschende Phänomenologie, bei der die Worthülse zwar noch vorhanden, aber nicht mehr mit Geist und Leben gefüllt war. Reiner Wissensglaube und Worthülsen stellten ihrer Meinung nach ein totes Bild dar, das keinerlei Veränderung zu bewirken vermochte. Allein der Heilige Geist konnte ihrer Meinung nach das Bild beleben und göttliche Offenbarungen schenken.

In einer privaten Unterredung mit dem Seminarprofessor Gügler über die Krüdener'sche Mission kritisierte dieser Julies Wanderkirche mit der Begründung, dass Christus doch eine *Kirche* gegründet habe. Julie erwiderte: »Gott ist an keine Gesetze, an keine Kirche gebunden. Der Geist Gottes weht, wo er will, und ist gewohnt, schwache Geschöpfe auszuwählen und Mächtige, Stolze zu besiegen.«[473] Sie betonte aber auch, dass die Menschen auf die Kirche hören sollten und es keinem gestattet sei, »sich über die Kirche zu erheben, außer wenn Gott selbst einen Menschen darüber erhebt.« Auf ihr Lehramt als Frau angesprochen, argumentierte Julie laut Gügler folgendermaßen:

> Zur Erreichung außerordentlicher Zwecke benützt Gott auch außerordentliche Mittel. Und zwar bedient Gott sich zu dieser Zeit a. eines Weibes, b. und zwar eines solchen wie der Krudener und c. eines Weibes aus dem lutherischen Bekenntnisse. Gott bedient sich eines Weibes. (...) Was die Männer Kaisern und Königen gegenüber zu sagen nicht wagten, oder umsonst gesagt hätten, das Gleiche hören sie ruhig und nicht ohne Eindruck aus dem Munde einer Frau, was ich selbst des öftern erfahren habe. (...) Auch eines lutherischen Weibes bedient sich Gott, weil die katholische Frau von Anfang an von der Kirche geknechtet wäre, wie es der Fall war bei der Frau Gujon, Theresia und anderen. Einzig die lutherische Frau geniesst der zu diesem Werke notwendigen Freiheit.[474]

Von morgens bis abends diente Julie den unterschiedlichsten Menschen. In allem erlebte sie Gottes Hilfe und eindrückliche Wunder. Die Fortsetzung von Julies Gedicht *Fragment an die Schweiz* erinnert an die Zeit in Horw:

> Unweit Luzern steht der Berg Pilatus,
> man hatte für Fr. v Krüdener, ohne daß sie
> es wußte, dort eine hübsche Wohnung gemiethet,
> zwischen dem hohen Pilatus und dem Rigis,
> täglich kamen, während ihres Aufenthalts an
> drei Tausend Menschen, die da gespeist wurden,
> und die entzückende Gegend des Vierwaldstädter See,
> so berühmt weil dort Tell den Schweizerbund
> schloß, und für politische Freiheit so muthig
> kämpfte, waren nun Zeugen der großen
> Verkündigung des heiligen Bundes, und hörten
> das große Huldigungslied, das so oft durch
> das Gebirg der Schweiz und bis an den Strand
> der Ostsee erschallte: Jesus Christus herrscht als
> König, alles wird Ihm unterthänig, alles legt
> Ihm Gott zu Fuß – alle Zeugen soll'n bekennen,
> Jesus seÿ der Herr zu nennen, dem man Ehre geben muß.
> Aus den umliegenden Gegenden strömten Geistliche
> und Menschen aus allen Ständen um dem Gebete
> beizuwohnen, das im Tage so oft gehalten wurde,
> bis 40 mal um alle daran theil nehmen zu lassen, die
> zu verschiedenen Zeiten kamen.

Mit ihrem Wirken polarisierte Julie jedoch auch in Luzern. Gemäß den Aufzeichnungen von Chorherr und Theologe Franz Geiger war die Stadt dreigeteilt: »Die einten sind neutral, wissen nicht, was sie von der Sache halten sollen. Die andern sind für sie, worunter auch Leute von Bedeutenheit. Die dritten sind wider sie.«[475] Vor allem die immer neuen Scharen von Obdachlosen in Horw veranlassten die Kantonsbehörden von Luzern schließlich dazu, einzugreifen. Am 2. Juli 1817 riss dem Großen Rat der Geduldsfaden. Empört »über die anhaltende Unfolgsamkeit«[476], beschloss er »die gewaltsame Fortschaffung dieser Ausländerin samt ihrem Gefolge, und zwar in Mitte der folgenden Nacht.« Wie das Großratsprotokoll aufzeigt, wurde die Ausweisung generalstabsmäßig und minutiös in zwölf Punkten geplant. Bei Nacht und Nebel mussten Julie und ihr Gefolge ihre Sachen zusammenpacken. Julies ergreifende nächtliche Abschiedspredigt am Vierwaldstättersee blieb den Augenzeugen unvergessen. Trotz der erneuten Ausweisung waren Julie und ihre engsten Mitarbeiter dankbar dafür, dass sie in Horw einen ganzen Monat lang das Privileg eines festen Wohnsitzes hatten genießen dürfen.

Während der Amtsschreiber von St. Urban bei Julies Ankunft dort Ende Mai 1817 noch von 10 Begleitpersonen gesprochen hatte, wurde dem Oberamtmann in Knonau nach der Ausweisung der Kolonie aus Horw Anfang Juli bereits ein 60-köpfiges Gefolge übergeben. Die Menge der Dauergäste in Horw hatte bis zu 400 Personen betragen.

Zwei Tage fanden Julie und ihre Gefolgschaft in Zürich Unterschlupf. Dort hielt die Baronin am Nachmittag des 4. Juli eine kurze Predigt, die anschließend in der *Schweizerischen Monatschronik* publiziert wurde.[477] Julie sprach über das nahende Weltende und die Notwendigkeit, sich Gott zuzuwenden. Als Beweis für ihre göttliche Sendung verwies sie auf Wunder, die sie kurz zuvor im Kanton Luzern erlebt hatte:

> Zu Luzern speiste ich 900 Menschen mit neunzehn Broten, und ein wenig Grüze und Butter (…). Würde ich mich auf den Rigi stellen, und dem einen das Weib seines Herzens, dem andern irrdische Güter, dem dritten Geld austheilen, so würde halb Europa zusammenlaufen, um von meiner Hand den Segen zu empfangen; allein so kommen nur die zu mir, die hungern und dürsten nach dem Geist der Erkenntniß, und dieser sind sehr wenige unter dem christlichen Volke; hingegen ganze heidnische Nationen wenden sich zu dem Dreieinigen, thun Buße und bekennen ihre Sünden. Zwar ist es gleich, ob du ein Katholik, Lutheraner, Calvinist, Protestant, Pietist, Herrenhuther, Quäker, oder von welcher Konfeßion du seyst: der rechte Glaube wird dem Dreieinigen, Allerhöchsten Gotte den Weg bahnen. Von vielen Seiten strömten in ganzen Schaaren Studenten zu mir, (vielleicht sind auch hier), um das Wort Gottes zu hören, oder um mich zu widerlegen (…).

Auch die Zürcher Regierung wollte die »fremde Prophetin« loswerden, da sie »eine gefährliche Lehre verbreite, nicht unähnlich der des Mönches Savonarola, der auch den Frauen eingeredet habe, ihren Schmuck zu veräußern, dem weltlichen Leben zu entsagen und alle die Begriffe aufzugeben, die bisher als gutbürgerlich in Zürich gegolten hätten.«[478] Sie wies sie aus. An dieser Entscheidung konnte selbst die Fürsprache von Johann Jakob

Hess (1741-1828) nichts ändern. Jener war ein Freund des verstorbenen Lavaters gewesen und gehörte zu den angesehensten Männern in Zürich. Als Antistes hatte er das höchste Amt der Schweizer reformierten Kirchen inne. Julie nannte Antistes Hess »die Säule der schweizerischen Kirche«.[479] Sie und ihre Anhänger lasen mit großer Achtung seine Bücher. Wenn der Antistes und Gründer der Zürcher Bibelgesellschaft auch nicht in allen Lehrfragen mit Julie übereinstimmte (er sprach sich zum Beispiel gegen das Kniebeugen beim Gebet aus), so schätzte er die Baronin trotzdem und war überzeugt, dass ihr Auftreten »viel dazu beitrage, der neuen inneren Kirche, die an der Geburt sei, eine Gestalt zu geben.«

Heftige Diskussionen in und um Schaffhausen

Von Zürich aus wurden Julie und einige Mitarbeiter über Eglisau und Marthalen nach Lottstetten geführt, einen badischen Ort in der Nähe von Schaffhausen. Hier fanden sie im Juli 1817 für rund zehn Tage in einem Wirtshaus Unterschlupf, während Julies Gefolge auf mehrere umliegende Ortschaften verteilt wurde.

Über Julies Aufenthalt in Lottstetten wurde berichtet, wie sich am Tag nach ihrer Ankunft achtzehn Kutschen, viele Reiter und noch mehr Fußgänger in dem Wirtshaus, in dem Julie lehrte und Gottesdienst hielt, zusammenfanden: »Es war ein unbeschreibliches Hin- und Herlaufen, Drängen und Gewirr, wie in einem Fassnachtspiel. Man predigte, betete, sang, lag auf den Knieen, Einige aus Andacht, Andre bei Spott, auch Manche in Aerger.«[480]

Kaum war die Baronin in der Ostschweiz eingetroffen, entbrannte unter Männern der Oberschicht eine Diskussion für und wider sie, die ihresgleichen suchte. Vor allem Geistliche kämpften an vorderster Front. Julies größter Kritiker in der Schweiz war unbestritten Friedrich Emanuel Hurter, zu jener Zeit Pfarrer in Löhningen. Sein umfangreiches Werk mit dem Titel *Frau von Krudener in der Schweiz* übte umfassende Kritik an Julie. Im Vorwort schrieb der engagierte reformierte Pfarrer: »Der Verfasser dieser Blätter ist entschieden gegen Frau v. Krudener und ihr geistliches Wesen; nicht gegen die Lehren, welche sie vorbringt.«[481] Das große Interesse an der baltischen Missionarin schrieb er dem Umstand zu, dass »ein predigendes Weib etwas Neues ist.«[482] Seine Hauptkritikpunkte waren ähnlich wie diejenigen von Pfarrer Faesch in Basel: Hurter schalt Julie öffentlich für ihre Rollenüberschreitungen als Frau und war empört über ihre »fahrende Kirche« und die »kirchlichen Wirtshausversammlungen«:

> Ueberhaupt, wie reimt sich der Bierschild mit dem Gebetbuch, die Kneipe mit Gottes Haus, die Predigt des Evangeliums mit der lustigen Trinkstube? Wir wissen wohl, der Allerhöchste wohnt nicht blos in Tempeln mit Menschenhänden gemacht; aber es soll doch ein Unterschied seyn zwischen der Stätte, da man ihn verehrt, und dem Orte dahin man um zeitlichen Vergnügens willen kommt. Der Mensch heiligt wohl den Ort, aber eben so gut auch der Ort den Menschen.[483]

Die Geistlichkeit von Schaffhausen dürfe nichts unversucht lassen, »gegen diese Apostolin und ihr Lehrwesen« aufzutreten. Das Wirtsehepaar zu Lottstetten stellte der reisenden Missionsgesellschaft den besten Leumund aus. Der Wirt wollte sogar am liebsten Julies Kritiker Hurter ausprügeln »für die Lügen, die er gegen diese vortrefflichen Leute«[484] in seiner Zeitung verbreitete. Zu den gemäßigteren Kritikern gehörte der Schaffhauser Münsterpfarrer Johann Wilhelm Veith.

Weder Faesch in Basel noch Hurter oder Veith in der Ostschweiz hatten sich die Mühe gemacht, die Frau persönlich kennenzulernen, die sie so scharf kritisierten. Hurter informierte im Vorwort seiner Warnschrift, dass »seine Stellung und Verhältnisse als Mitglied des Clerus«[485] solches nicht erlaubt hätten. Auch Veith betonte im Vorwort seiner Schrift, dass er »keinen Beruf« in sich fühlte, Frau von Krüdener aufzusuchen und sich seine Ausführungen daher einerseits auf Schrifterzeugnisse derselben gründen (darunter die ihr zu Unrecht zugeschriebene Schrift *An die Armen*) und andererseits auf Berichte und Zeugnisse von Freunden. Im Gegensatz zu den gegnerischen Stimmen gründeten die Aussagen der Schweizer Verteidiger auf einer persönlichen Begegnung mit Julie im Rahmen einer Versammlung oder auf der Grundlage privater Unterredungen mit der Baltin.

Als eigentliche Antwort auf Hurters Schrift veröffentlichte Friedrich von Dillenburg seine fast 200-seitige *Freimüthige Wi-*

derlegung. Er rügte den Umstand, dass Julie ungehört und ungeprüft verdammt worden sei, bevor sie die jeweiligen Kantone überhaupt betreten habe. Er beschrieb, wie er selber einer großen Versammlung beigewohnt hatte, in der Julie in einer vierstündigen Rede »den Kindern die Pflichten gegen die Eltern, den Eltern gegen die Kinder, der Eheleute gegenseitig, und der Dienstboten gegen ihre Herrschaften«[486] erläutert habe. Diese Rede habe unendlich viel Gutes gewirkt, so von Dillenburg. Sehr ausführlich verteidigte er auch Julies Dienst als Frau, ihr öffentliches Auftreten, wobei sie jeder prüfen könne, und ihren selbstlosen Einsatz für die Armen.

Zu den ausführlichsten Zeitzeugenberichten über Julies Wirken in Schaffhausen gehörte derjenige von Johann Conrad Maurer, Pfarrer und Professor der Rhetorik in Schaffhausen. Im Anhang seiner *Erinnerungen* findet sich eine ausführliche Beschreibung seiner Begegnung mit Frau von Krüdener am 10. Juli 1817 in Lottstetten. Die äußere Erscheinung der 53-Jährigen beschrieb er wie folgt:

> Sie ist eine sehr schöne Frau. Ihre Physiognomie eine der schönsten, die man sich denken kann. Das herrlichste Ebenmaass in allen Theilen des Gesichts. Leidenschaftslose Ruhe, nach langen und schweren Kämpfen, spricht sich in der ganzen Physiognomie aus. Glauben, Liebe und Hoffnung strahlen sanft aus dem ernsten, aber meistens freundlichen blauen Auge. Die Gestalt edel. Jede Bewegung des Körpers voll Grazie, besonders in den Bewegungen der unvergleichlich schönen Hände unnennbarer Ausdruck. Der Anzug einfach und fein. Es ist eine vergeistigte körperliche Gestalt (…). Ihre Stimme hat einen zum Herzen dringenden Wohlklang, und *ihre Sprache ist so, dass gewiss Jeder, der sie hört, glaubt, sie spreche seinen Dialekt.*[487]

Pfarrer Maurer bedauerte zutiefst, dass die Diskussionen um die baltische Missionarin meist auf bestimmte religiöse Praktiken beschränkt blieben, mit denen man nicht einverstanden war. So stand zum Beispiel Julies Gewohnheit, sich dauernd zu bekreuzigen, im Kreuzfeuer der Streitgespräche. Während viele Zeitgenossen darin eine Sympathiebekundung zum Katholizismus sahen, war dies vielmehr auf Julies orthodoxen Hintergrund zurückzuführen, wo das Kreuzzeichen einer gängigen Praxis entsprach. Äußerst umstritten war ferner Julies Betonung und Praxis des Niederkniens, was Julie als unmissverständlich von der

Bibel gefordert erachtete (zum Beispiel in Philipper 2,10). Julie hielt das Niederknien für ein Zeichen der inneren Demütigung vor Gott. Für weiteren Zündstoff sorgte Julies Eigenart, sich am Anfang oder Schluss eines Gebetes an die »Jungfrau Maria« als Fürsprecherin zu wenden, wobei sie dies strikt von einer Anbetung der Maria trennte, von der sie sich klar distanzierte. All diese Debatten standen zu Pfarrer Mauers Bedauern viel zu sehr im Vordergrund.

> Sie halten sich *Alle* an dem Aeußerlichen, und beschäftigen damit ihre Aufmerksamkeit so ausschließend, dass das Innere ganz leer ausgeht. Ich möchte nun Jedem, der etwa noch zu Frau v. K. hingehen wird, zurufen: Ob Frau v. K. eine außerordentliche göttliche Mission an's gegenwärtige Geschlecht auch in unserm Vaterlande habe – darum bekümmere du dich nicht! Ob sie diese Mission durch Wunder, durch Visionen von zukünftigen Dingen, durch Weissagung derselben legitimiere – das sey dir einerlei! Frage du *dein Herz,* ob sie eine göttliche Mission an dich gehabt habe? Frage es, das Evangelium *Jesu Christo* in der Hand, und – es wird dir befriedigend antworten! Und, wenn seine Antwort *ja* ist, so danke dem Herrn für dies Erweckungsmittel, wie für jedes andere, welches er dir angeboten hat, hierin darbietet, und auf manche Weise noch darbieten wird, und – *zeige deinen Glauben mit deinen Werken!*[488]

Wegen Julie entbrannte in der Theologenschaft und dem Klerus in und um Schaffhausen ein so heftiger Konflikt, dass der Fall Krüdener sogar beim Pfarrkonvent der Schaffhauser Pfarrerschaft am 27. August 1817 auf die Tagesordnung gesetzt werden musste. Dort wurde die Angelegenheit laut Veith auf »brüderliche Weise«[489] geklärt.

Einige hielten Julies Einfluss für so gefährlich, dass sie sich mit größter Vehemenz dem Kampf gegen sie verschrieben. Infolgedessen wurden Verleumdungen aller Art verbreitet. In der ländlichen Umgebung von Schaffhausen grassierten die abstrusesten Gerüchte, die die Landbewohner von einer Begegnung mit Julie abhalten sollten. So zum Beispiel, dass Frau von Krüdener eine Hexe sei oder dass jeder, der Geld von ihr empfange, sich mit seinem eigenen Blut in ein Buch eintragen müsse. Viele ließen sich nicht ausreden, dass sie Ziegenfüße habe, und andere setzten sie in nahe Verbindung mit dem Antichristen.

Andere hatten die Ankunft der Baronin schon sehnsüchtig erwartet. Zu diesen gehörte die junge Helena Maurer. Die 22-Jährige lud Julie in das »Generalengut« im Mühlental vor Schaffhausen, den Wohnsitz ihrer Familie, ein. Zur Freude der ganzen Familie leistete Julie der Einladung vom 19. bis 24. Juli 1817 Folge. Von diesem Zeitpunkt an war das Schicksal der Familie Maurer untrennbar mit dem der baltischen Missionarin verbunden. Helena, die Älteste von elf Kindern, war von 1807 bis 1811 in Pestalozzis Töchterinstitut in Yverdon ausgebildet worden. Nachdem der Familienvater aufgrund eines seelischen Leidens nicht mehr für die Familie sorgen konnte, musste ihre Mutter, Margareta Maurer, die volle Verantwortung für das Landgut, den Lebensunterhalt und die Erziehung ihrer Kinder übernehmen. Unterstützung erfuhr sie in ihrer schwierigen Situation von Heinrich Pestalozzi und seiner Frau, von Stadtarzt Dr. Stokar und schließlich von Julie. Noch im Generalengut bot die Baronin der 22-jährigen Helena den Posten als ihre deutschsprachige Sekretärin an. In dieser Funktion trat jene ab sofort in die Dienste der Baltin. Während Empaytaz die französische Korrespondenz erledigte, kümmerte sich Helena Maurer um die deutsche. Sie stellte sich voll und ganz in den Dienst der Krüdener'schen Mission.

Eigenartig war, dass die Maßnahmen, die gegen Julie und ihr Gefolge ergriffen wurden, in der zweiten Hälfte des Jahres 1817 seltsam überdimensioniert wirkten und in keinem Verhältnis zum Wirken der Baronin standen. Die Akte Krüdener wurde zur Staatsangelegenheit und Julie wie eine Staatsfeindin behandelt.

Was Julie und ihre Mitarbeiter nicht wussten, war, dass der österreichische Außenminister Metternich am 12. August 1817 ein Rundschreiben in Umlauf gebracht hatte. Das Schreiben richtete sich an die österreichischen Botschaften in Bern, München, Stuttgart und Karlsruhe mit der Weisung, Frau von Krüdener die Einreise zu verweigern. Schon länger war es Metternich ein besonderes Anliegen, Zar Alexander I. von der Gefährlichkeit der Baltin, die ihm seit Paris ein Dorn im Auge war, zu überzeugen. Vehement ging er gegen jegliche Form des Sektenwesens vor und bezeichnete Julie als »gefährlichste unter diesen heiligen Störefrieden.«[490] Bereits am 28. Juni 1817 hatte Metternich seinen Botschafter Lebzeltern in Sankt Petersburg mit einem ausführlichen

Schreiben vor Julies Wirken in der Schweiz und in Süddeutschland gewarnt: »Die Absicht dieser Frau ist gefährlicher als alle anderen, denn ihre Predigten haben alle nur das eine Ziel, die besitzlosen Klassen gegen die Besitzenden aufzuwiegeln.«[491] Die Warnung vor der gefährlichen Frau hatte sich von da an wie ein Lauffeuer verbreitet. Zum offenen Widerstand der kirchlichen Obrigkeiten und der Angst vor Unruhen angesichts der großen Menschenansammlungen gesellte sich nun auch noch Metternichs öffentliche Polemik hinzu.

Doch all dies trat zurück hinter dem namenlosen Elend, das Julie in der Ostschweiz antraf. Obwohl sie von Ort zu Ort abgeschoben wurde, bemühte sich die baltische Baronin darum, nach ihren Möglichkeiten die schlimmste Not zu lindern.

Unbeschreibliches Elend in der Ostschweiz, 1817

Während Julies Kritiker die vorbildliche Wohltätigkeit der Schweizer nicht selten in den schönsten Farben schilderten, baten Julie und ihre Verteidiger, allen voran die Mitarbeiter Kellner und von Dillenburg darum, die wahren Zustände aufzudecken. Um das tatsächliche Ausmaß des Elends infolge der Hungersnot zu leugnen, hätten Hurter und andere wichtige Dokumente unterschlagen. Pfarrer Hurter hielt es gar für eine Unmöglichkeit, »dass in christlichen Freistaaten, angesichts der Reichen, Leute des Hungertodes starben, oder durch unnatürliche Mittel und Nahrung das kümmerliche Leben fristen müssen.«[492]

Zeugenberichte enthüllten entsetzliche Zustände. Julie sollten noch Monate später die Tränen kommen, wenn sie von der Not in der Schweiz erzählte. Während Reiche ihre Hunde und Pferde fütterten, beobachteten sie ungerührt, wie ihr armer Nachbar vor Hunger starb. Wandelnde Skelette, »Schattenbilder mit großen Bäuchen und geschwollenen Händen, Füßen und Köpfen«[493] warteten auf den Tod oder aßen begierig die Nachgeburt einer Kuh, die frisch gekalbt hatte. Berichte von Verhungernden ohne Nahrung und Kleidung, die Hunde und Katzen töteten, um etwas Essbares zu haben, offenbarten unbeschreibliches Elend. Kellner bat einen Professor eindringlich:

Decken Sie doch kühn das Elend der Schweiz auf und zeigen Sie den widerchristlichen Geist der Regierungen, der sich v. a. darin zeigt, dass man Frau v. Krüdener überall verfolgt, da sie doch aus allen Kräften sich der Armen und Unglücklichen in der Schweiz annimmt.[494]

Von Dillenburg stellte im Hinblick auf das Anliegen der baltischen Missionarin richtig: »Sie deklamirt nicht gegen die Reichen, aber sie sucht nur die Hartherzigkeit zur Wohlthätigkeit zu bewegen. Dieses ist ganz im Geist des Evangeliums, und das Evangelium spricht selbst viel von hartherzigen Reichen.«[495] Bereits Jesus, die Apostel, seine Jünger, die ersten Christen und die Kirchenväter hätten die Hartherzigkeit der Reichen in aller Schärfe angeprangert. Zu allen Zeiten sei dies »jederzeit von allen christlichen Kanzeln gepredigt«[496] worden, schreibt von Dillenburg und fragt sich, wieso man ausgerechnet jetzt so einen Aufstand mache, wenn den Reichen diese Lehren laut und öffentlich ans Herz gelegt würden. Es sei nicht zu vergessen, dass es auch sehr viele »edle menschenfreundliche Reiche« gebe, »so wohl in der Schweitz als in andern Ländern«,[497] aber hieraus folge nicht, »dass man den Hartherzigen nicht Wohlthätigkeit predigen dürfte.«

Nach der Ausweisung aus dem Kanton Schaffhausen Ende Juli kam es zu Kurzaufenthalten in Diessenhofen im Kanton Thurgau, in Gailingen, auf Schloss Randegg, in Radolfzell, Konstanz, Kreuzlingen, Münsterlingen, Güttingen und Kesswil. Teilweise wurden Julie und ihr Gefolge bereits mit einem Ausreisebefehl empfangen. Ein neues Zuhause fanden sie schließlich in Hub bei Romanshorn im Kanton Thurgau. Am 1. August bezogen sie in der Wirtschaft *Zur Krone* Quartier.

Kaum war Julies Ankunft in Hub bekannt geworden, sahen sich die Baltin und ihre Begleiter schon von Armen umringt. Den ganzen Tag belagerten sie ihr Haus, mit eingefallenen Gesichtern und Körpern. Viele kamen aus den Kantonen Zug, Schwyz, Glarus und Unterwalden. Ein Zimmer wurde zur Notküche umfunktioniert, um Suppe zu kochen. Ungefähr 400 Hungernde belagerten die Hauptstraße und jeder erhielt der Reihe nach seine Ration. Einige Menschen waren so stark vom Hunger gezeichnet, dass sie nicht nur zu Skeletten abgemagert waren, sondern auch die Haare verloren hatten und nicht mehr sprechen konnten.

Noch schlimmer als im Kanton Thurgau waren die Zustände im schrecklich verwüsteten Kanton Appenzell und in St.Gallen. Die Hungersnot hatte Menschen in wilde Tiere verwandelt. Bettler, die sich außerhalb ihrer Gemeinden bewegten, wurden mit Stockschlägen zurückgejagt. Über Bauern, die sich erweichen ließen und Hungernden Almosen gaben, wurde eine Geldstrafe verhängt. Arme wurden gezwungen, in der Isolation ihrer eigenen Häuser zu verhungern. Mehr als 4.000 arme Bewohner von St.Gallen schlichen auf die Felder, um Kräuter und Wurzeln zu stehlen. Neben dem Hunger brachten auch bakterielle Infektionen eine hohe Sterblichkeitsrate mit sich.

Tausende von Besuchern drängten sich um Julie. Darunter auch Geistliche, die von dem Wunsch beseelt waren, von dieser Frau zu lernen, die in ihren Augen die »lebendige Praxis des Evangeliums«[498] verkörperte. Von dieser Frau, die sich auch im größten Elend und trotz Widerstand mit selbstloser Hingabe den Ärmsten widmete. Mit eindringlichen Worten mahnte Julie die Zuhörer vor Geiz, der ihrer Meinung nach das »größte Verbrechen in dieser Zeit des Elends«[499] war. Sie warnte nachdrücklich davor, diesen teuflischen Gesetzen zu gehorchen, die es verboten, arme Fremde aufzunehmen und Almosen zu geben. Ein anderes Verhalten vorzuleben und zu proklamieren, darin sah Julie den Grund, weshalb Gott sie und ihre Begleiter in die Schweiz geschickt hatte. So erschien Julie »den Armen im Hungerjahre 1817 wie ein Engel vom Himmel (...), da sie nicht nur das Evangelium der Liebe in glänzenden Worten verkündete, sondern selbst reichlich Brot spendete.«[500]

Am 4. August 1817, mitten in den Herausforderungen von Hub, erhielten Julie und ihre Mitarbeiter die langersehnte Neuigkeit, dass Zar Alexander I. die russischen Grenzen für die Schweizer und Württembergischen Auswanderer geöffnet hatte. Der Zar selbst kündigte die Absicht an, nach Odessa zu reisen, um dort die Ansiedlung der Kolonisten zu überwachen. Seit der ersten Begegnung mit dem Zar in Heilbronn hatte sich Julie – und mit ihr andere – bei Alexander I. dafür eingesetzt, den Auswanderungswilligen (darunter auch Chiliasten) ein Asyl zu öffnen. Wenige Woche vor dieser Mitteilung hatte Julie an ihre Stieftochter Sophie in Bern geschrieben: »Es wird nötig sein, dass unser lieber Alexander sich äußert; die Zeiten sind da.«[501] Trotz dieser langersehnten Nachricht beschlich Julie die Vorahnung, dass es bald zu einem endgültigen Bruch mit der Schweiz kommen sollte. Immer deutlicher stand sie zu ihrer Meinung, dass solche Regierungen wie die Schweizer kein Recht hätten zu regieren und dass sie dafür bezahlen müssten.

Die Auswanderungsthematik und Julies Rolle in dieser Sache wurde in der Ostschweiz kontrovers diskutiert. Tatsache war, dass die Auswanderungen nur selten allein religiös motiviert waren. Vielmehr gaben äußere Umstände wie politische Unfreiheit, hohe steuerliche Belastungen, Landmangel sowie die schreckliche Hungersnot verbunden mit der Teuerung und Armut den entscheidenden Anstoß für diese folgenschwere Entscheidung. In der katastrophalen Situation, in der sich die Ostschweiz zu jenem Zeitpunkt befand, war der Gedanke an eine Auswanderung für viele verarmte Bürger der einzige Hoffnungsschimmer, der sich ihnen und ihren Familien im Hinblick auf die Zukunft bot. Während sie in der Schweiz oder in Süddeutschland keine Zukunftsperspektive zu haben schienen, versprach Zar Alexander I. den Kolonisten, sie in seinem Reich mit diversen Privilegien auszustatten: Garantierte Glaubensfreiheit, Steuerfreiheit für zehn Jahre, Bereitstellung von Land und Anfangskapital und vieles mehr. Julies Botschaft vom nahen Weltende und einem Zufluchtsort im Kaukasus war für viele Verzweifelte schließlich das Zünglein an der Waage, den Aufbruch ins Unbekannte zu wagen. Auf den Vorwurf, »sie hätte mit der Hoffnung des nahen Auswanderns an einen Bergungsort manchen von seiner Arbeit und seinem Beruf weggezogen und aufs Herumziehen gebracht«[502] entgegnete Julie:

> Ich habe zu keinem einzigen gesagt, dass er auswandern oder seinen Beruf aufgeben soll. Lachenal und Doctor Staub kamen unaufgefordert zu uns und schlossen sich an uns an, und jene Armen, die sich zur Auswanderung anschickten, bezeugten uns alle, dass sie nirgend keine Arbeit mehr bekämen. Ich weise alle, die Arbeit haben, zur stillen Ausübung häuslicher Pflicht.[503]

Auch der Schaffhauser Theologe Johann Georg Müller (1759-1819) war sehr verunsichert über Julies Anteil an vielen Familienschicksalen, als ein verzweifeltes Ehepaar aus Brittnau in seiner großen Not Hilfe bei ihm suchte. Samuel Zimmerli – dessen Ehefrau mit dem 7. Kind schwanger war – schilderte ihm, wie er in Grenzach von der Baronin von Krüdener aufgefordert worden sei, alles zu verkaufen und zu verlassen und mit ihr nach Asien zu ziehen. Mittellos und verzweifelt klagten sie Müller ihr Elend. Jener war empört und ging der Sache auf den Grund. Die Geschichte endete damit, dass Zimmerli als Lügner entlarvt wurde und sich unter Tränen bei der baltischen Missionarin entschuldigte. Als Grund für die Verleumdung gab er an, dass er von jemandem dazu verleitet worden sei. Auf der Grundlage mehrerer Zeugenaussagen bilanzierte der Schaffhauser Theologe in seinem Tagebuch:

> Sie hat (…) die Landsleute aus der Schweiz, die Ausgewanderten, nicht eigentlich dazu aufgefordert oder ermahnt. Viele drangen sich selbst auf oder boten sich an. Dies war aber ganz natürlich, da sie so schwere Strafgerichte über die Schweiz drohte und Asien als den sichersten Zufluchtsort anpries. Dadurch gerieten allerdings mehrere dieser Wanderer in Armuth. Dass sie aber überhaupt an die nahe Ankunft des Herrn glaubt, möchte ich ihr darum nicht zur Schwärmerei anrechnen, weil ja die Apostel selbst – und wie viele andere gute Christen nach ihnen! – diese Erwartung hatten.[504]

Als die Reise am 7. August 1817 in Richtung Arbon weiterging, brach die missionarische Reisegruppe frühmorgens auf, um größere Menschenansammlungen zu vermeiden. Doch schon wenig später wurden sie erkannt, woraufhin sich in Kürze 700-800 Personen um die baltische Missionarin versammelten. Es musste ein Halt eingelegt werden, damit Julie unter einem Baum stehend eine Rede an die Versammelten richten konnte.

Über das Wirken in Arbon liegen mehrere Zeugenberichte vor. Während sich bereits am Vormittag ungefähr 400 Personen im großen Saal des Gasthofs zum Morgengottesdienst zusammenfanden, versammelten sich im Laufe desselben Tages über 2000 Menschen in und um den *Ochsen*, wo Julie in Arbon Quartier bezogen hatte. Das Gedränge im Städtchen war laut Augenzeugenberichten unbeschreiblich und ein Jahrmarkt nichts dagegen. Den ganzen Tag über sei es »mit Reitenden, Fahrenden und Fußgängern, von St.Gallen, Appenzellerland, Rheintal«[505] zugegangen wie in einer großen Stadt, »dabei eine Wallfahrt von Hallunken und Bettlern, die 5-6 Stunden weit her sich hier versammelten.« Das Wirtshaus platzte aus allen Nähten. In den Zimmern und im großen Saal wurden verschiedene Vorträge gehalten. Alle wollten mit der »gnädigen Frau«, wie sie von ihren Anhängern genannt wurde, sprechen. Die Menge verlor sich nicht eher, »als bis Frau v. Krüdener am Fenster erschien und das Volk anredete. Dieses hörte den Ermahnungen mit aller Aufmerksamkeit zu. Es wurden dann einige Liederverse gesungen, wobey das Volk andächtig zuhörte.«[506] Die Menschenmenge, die die baltische Missionarin auf diese Weise erreichte, war beeindruckend. Innerhalb weniger Wochen waren es an die 25.000 Menschen, die sich um Julie geschart hatten.

Abschied von der Schweiz

Am 12. August 1817 wurde Julie aus Arbon ausgewiesen. Die Tage nach der Ausweisung glichen einer Irrfahrt sondergleichen. Die Baltin wurde an der Grenze zu St.Gallen sowie an der österreichischen Grenze zurückgewiesen. Es folgten Notunterkünfte und Kurzaufenthalte in Hub, Rorschach, Lömmenschwil und Arbon. Das Gefolge wurde getrennt. In Konstanz abgewiesen, erreichte Julie zu Fuß Gottlieben. Am 20. August wurden Julie und ihr Gefolge über Steckborn nach Diessenhofen geführt. Feuerthalen, Uhwiesen, Marthalen, Laufen, Rafz und Neuhausen gehörten zu den letzten Stationen auf dem Weg zur endgültigen Ausweisung aus der Schweiz. Von Neuhausen aus besuchte Julie den Rheinfall. Tief bewegt von den imposanten Wassermassen und von dem Elend, mit dem sie in den vergangenen Wochen konfrontiert worden war, ließ die baltische Missionarin durch Kellner folgenden Eintrag im Fremdenbuch machen:

> Den 26. August besah Frau von Krudener, als sie den Verfall der Religion Jesu Christi verkündigte, und deshalb in der Schweiz vefolgt wurde, den Rheinfall, und erflehte das Erbarmen Gottes, unsers Heilandes, für die verblendeten Menschen.[507]

Danach hieß es für immer Abschied nehmen von der Schweiz. Julie wusste, dass keine Rückkehr mehr möglich war. Dieser Gedanke brach ihr fast das Herz. Nicht zuletzt wegen Philippe und Antonie, die weiterhin in Genf weilten.

Während viele erleichtert darüber waren, die Unruhestifterin endlich los zu sein und sie ihr nichts anderes als Aufwiegelungen, Streitigkeiten, Auflehnung gegen die Staatsgewalt und vieles mehr zuschrieben, bezeugten andere, dass das Wirken der baltischen Missionarin nachhaltigen Einfluss hinterlassen habe. In keiner anderen Region der Schweiz waren die Auswirkungen so offensichtlich wie in Schaffhausen und Umgebung. Das Erscheinen und Wirken der baltischen Evangelistin war im Jahr 1817 *das* große Ereignis für Schaffhausen. Der Schaffhauser Lehrer und Musiker Alexander Beck (1780-1856) bestätigte, dass seit Julies Erscheinen »allhier einige sehr wichtige Familien sich zum Herrn bekehrt haben.«[508] Beck war Gründer und Sekretär der Schaffhauser Bibelgesellschaft und befreundet mit Spittler, Spleiss und anderen. Er berichtete ausführlich von Erweckungen, die sich im Anschluss an das Wirken der baltischen Missionarin in Schaffhausen und Umgebung einstellten.

Maurer hielt fest, dass sich nicht verneinen lasse, dass »der Aufenthalt der Frau von Krüdener (...) in Lottstetten und im hiesigen Mühlental von bis Dato sich äußerndem, bleibendem Einflusse auf einzelne Personen in Schaffhausen«[509] gewesen sei. Beispielhaft erwähnte er die Entstehung von Zusammenkünften, die auf die Krüdener'sche Mission zurückgingen.

Eine solche stand im Zusammenhang mit David Spleiss (1786-1854), Professor für Physik und Mathematik in Schaffhausen und zugleich Pfarrer von Buch bei Ramsen. Spleiss war tief beeindruckt von Julies erwecklichem Wirken in der Ostschweiz und predigte seit der Begegnung mit ihr mit »immer größerer Inbrunst und Geistesmacht.«[510] Als Folge davon brach nach seiner Predigt vom 23. April 1818 in Buch eine »Erweckung« aus: Viele Gemeindeglieder wurden »von einem überwältigenden Gefühl ihrer Unwürdigkeit vor Gott und zugleich von einer beseligenden Gewissheit der rettenden Gnade erfasst.« Sie schlossen sich in Gebetsgemeinschaften zusammen und waren bestrebt, ein heiligeres Leben als bisher zu führen. Spleiss bemühte sich darum, die Bewegung in ruhigen Bahnen zu halten. Trotzdem setzte wenig später »aus dem ganzen Kanton ein Wallfahren zu den Gottesdiensten in Buch ein« und aus den Kreisen der Schaffhauser Geistlichkeit wurde Kritik an dem »neu entstandenen Schwärmertum« laut. Ein Einschreiten der Regierung wurde schwierig, weil die Erweckung bereits auf umliegende Dörfer übergesprungen war.

Die durch Julie und David Spleiss hervorgerufenen erwecklichen Aufbrüche in den Jahren 1817 und 1818 wurden weiterhin zum entscheidenden Erlebnis für Johann Jakob Lang (1797-1869) aus Schaffhausen, der nach einer Ausbildungszeit im Basler Missionshaus in die Länder des Kaukasus ausgesandt wurde und 16 Jahre lang in Südrussland für die Ausbreitung des Evangeliums kämpfte.

Professor Scheitlin zog in seinen St. Galler Vorlesungen im Hinblick auf die Auswirkungen von Julies Auftreten auf die Schweizer Bevölkerung folgende Bilanz:

> Noch lange blieb sie das Tagesgespräch, und über ihr hatte man sogar den Hunger, den großen Zeittext, vergessen. (…) Vielen nützte sie durch ihr Brot. Einzelnen durch ihr Wort. Manchen schadete sie durch Verdrehung des Kopfes. Im Ganzen würkte sie wie der Hunger – vorübergehend. Die Folge ihres Besuches war an mehreren Orten die Entstehung von Gemeinschaften, die warme Gefühle in dunkeln Worten liebten, und Krüdnerisch und Krüdenianer galt beym Volk eine Zeitlang als Sektenwort. Noch jetzt lebt sie in manchen Gemüthern.[511]

Ein anonymer Verfasser aus Schaffhausen kam in seiner Schrift *Wer ist die Madam von Krudener? Und was will dieselbe in der östlichen Schweiz?* zum Schluss:

> Hätte sie mehr von Gottes Barmherzigkeit, als von nahen Straf-Gerichten Gottes gesprochen, sie würde im Laufe dieses Jahrs die Beweise besser gemacht haben. (…) Hätte sie endlich keine Rappelköpfe, keine Taugenichtse, überhaupt kein Gesindel, um sich gesammelt, nicht Obrigkeiten, Beamte und Seelsorger geäffet, wahrscheinlich sie würde vielleicht als eine sehr geachtete Dame, froh unter uns fröhlichen, aber ernsten Schweizern gewandelt seyn; nun wird sie bald, missvergnügt und gegen ihren Willen unsern Schweizerboden verlassen.[512]

Kapitel 7

Exil & neues Missionsfeld

1817-1824

»Um Christi willen habe ich das alles verlassen und Schmach und Verfolgung erduldet. Ihr sollt nicht gerade dasselbe thun; aber in eurem Beruf und Stande sollt ihr kein Opfer scheuen, wenn Gott es von euch fordert.«[513]

Julie im Alter von 53 Jahren

Das Gefolge wird aufgelöst

Nachdem die Baronin von Krüdener die Schweizer Grenze hinter sich gelassen hatte, reiste sie am 29. August 1817 nach Tiengen. Von dort aus führte die Reise weiter nach Dogern, wo es zu einem rund zehntägigen Aufenthalt kam. Hier strömten der baltischen Missionarin zahlreiche Besucher aus Waldshut und Zurzach zu, darunter viele Geistliche aus der Umgebung. Die Weiterreise wurde verschoben, weil sich der Vogt von Waldshut sehr für Julie interessierte.

Die Verfolgungen, Widerstände und Ausweisungen führte die Baltin auf den beklagenswerten Zustand der Christenheit zurück. Ohne innere Erneuerung werde es keine Veränderung geben, predigte Julie am 4. September 1817 in Dogern einer versammelten Menge von Geistlichen. Mehr denn je sei es vonnöten, sich Jesus Christus von Herzen zuzuwenden und seinen Willen zu tun, »um der Welt zu zeigen, dass wir wahrhaftig seine Jünger sind.«[514]

Auf ihrem Zug durch Süddeutschland wurde Julie nicht nur von ihrem großen Gefolge begleitet, sondern auch von einer Schar von Armen. Das badische Bezirksamt Lörrach erstattete der Zentralpolizeidirektion in Basel am 16. September 1817 folgenden Bericht:

> Die Frau Gräfin von Krüdener ist mit einem großen Gefolg Lumpen Gesindel und Bettlern wieder in das diesseitige Land gekomen; wir weisen nun diejenigen Individuen sämtlich in ihre Heimath zurück, welche aus der Schweiz gebürtig sind, so wie wir die übrigen gleichfalls in ihre Heimath transportieren lassen. Wir setzen das Verzeichnis[515] der Vaganten und Bettler hiebey.[516]

Die Menge der Armen wurde in der Folge gewaltsam von der Baltin getrennt. Wer einem Begleiter der Baronin Aufnahme gewährte, musste mit einer Buße von 10 Talern rechnen. Ähnlich erging es Julies Gefolge, das in den ersten beiden Monaten der Verbannung zerstreut wurde. Auch die engsten Mitarbeiter blieben nicht verschont, wie das Beispiel Friedrich Lachenal zeigt. Auf Befehl der Basler Behörden wurde Lachenal im September 1817 in Schopfheim verhaftet und zusammen mit seiner Frau zur Rückkehr nach Basel genötigt. Rückblickend schrieb er über Julies Wirken:

> Die Mission der *Krüdener* hat guten Samen ausgestreut; diesen muss man fleißig begießen, und Gott wird sein Gedeihen dazu geben. Es sind Missgriffe geschehen, Missbräuche vorgefallen, man muss ihren Folgen mit Liebe und Ernst vorbeugen, man muss wieder einleiten helfen, wo abgeirrt wurde; - man muss die Herumirrenden in ihre Heimath weisen und zur Arbeit aufmuntern. (…) Wir sagen Allen: ›Frau Krüdener war nur *Weckstimme* in der Christenheit; sie kann nicht an einem Orte bleiben, sie muss umher reisen; es kommt auch die Zeit, wo sie schweigen muss. Haltet euch nicht zu fest an das Werkzeug – leset selbst das Evangelium und thut darnach.‹[517]

Trotz dieser gewaltsamen Restriktionen wurde die Anzahl von Julies Begleitpersonen am 22. September 1817 bei der Ankunft in Badenweiler in einem Bericht der *Frankfurter OberPostamts Zeitung* noch auf 80 Personen beziffert.

Nach der endgültigen Ausweisung von Julies Mission aus der Schweiz, der Ablehnung in Deutschland, der Zwangsrückführung ihrer Armen, der Auflösung ihres Gefolges und der völligen Ungewissheit bezüglich der Zukunft schien die Krüdener'sche Mission an einem Tiefpunkt angelangt zu sein. Im Dienst für ihre Mission hatte sich die Baronin bis zum Äußersten aufgeopfert und sowohl gesundheitlich als auch finanziell ruiniert. Wer sich angesichts dieser Tatsachen auf die Begegnung mit einer zermürbten, verbitterten und desillusionierten 53-Jährigen gefasst machte, erlebte allerdings eine große Überraschung. Julie war unverändert von derselben Mission beseelt, der sie sich mit ihrem ganzen Sein verschrieben hatte. Im Gespräch mit dem Präfekten von Colmar, wo sie sich vom 3. bis 6. Oktober 1817 aufhielt, zeigte sich Julie weit davon entfernt, klein beizugeben, wie Juliette in ihrem Tagebuch bestätigte:

> Mama sprach über ihre Stellung, über ihre Beziehung zu den Armen, über ihre Entschlossenheit, den Posten, den Gott ihr anvertraut hatte, nicht zu verlassen, genauso wenig wie ein tapferer Soldat oder ein General den Seinen verlassen würde. (…) Mama sprach über ihre Mission der Heiligen Allianz, sagte dass sie bereit wäre, dem König zu schreiben, um ihn um Erlaubnis für die Durchreise ihrer Armen zu bitten, und dass er es ihr nicht abschlagen würde.[518]

Wenig später mussten sie auf Geheiß der Regierung das Elsass verlassen. Trotz dieses erneuten Rückschlags freute sich Julie darüber, dass sich wenigstens ihre Tochter und ihr Schwiegersohn überall dort, wo ihr die Grenzen verschlossen blieben, frei bewegen durften. Franz Karl von Berckheim war nämlich von Zar Alexander I. in den russischen Staatsdienst berufen worden. In der Funktion eines *Kommissars für Einwanderung* nahm der Baron eine Mittlerrolle zwischen den Emigranten und der russischen Regierung ein. Als Ministerialrat mit Sitz in Sankt Petersburg überführte er die vorwiegend süddeutschen und schweizerischen Auswanderer in die von Zar Alexander geöffneten Gebiete um Odessa, auf der Krim und in Kaukasien. Auch wenn die neue Aufgabe von Franz Karl eine räumliche Trennung nach sich zog, freute sich Julie von Herzen über die kaiserliche Berufung ihres Schwiegersohns. In dem Umstand, dass ihr Schwiegersohn mit der Zustimmung des russischen Zaren das Anliegen ihrer Mission vorantreiben konnte, erkannte sie eine klare Führung Gottes.

Aus dem Elsass ausgewiesen, erreichte die Wanderkirche im Oktober die Stadt Freiburg im Breisgau, wo ihnen im renommierten *Zähringer Hof* Unterkunft gewährt wurde. Mit großer Hingabe, unveränderter Leidenschaft und unter vollem Einsatz ihrer Kräfte hatte Julie in den Ortschaften, die sie unterwegs passierte, die Botschaft der Liebe Gottes verkündigt und zu einer hingegebenen und praktischen Jesus-Nachfolge aufgefordert.

In Freiburg wurde dem Missionstrupp schließlich der mit den

umliegenden Regierungen abgesprochene Beschluss der badischen Regierung in Karlsruhe übermittelt: Einerseits der Befehl zur sofortigen Auflösung des verbliebenen Gefolges und andererseits Julies Abschiebung nach Russland. Nur maximal zwei bis drei Freunden sei es erlaubt, die Baronin beim Grenzübertritt nach Russland zu begleiten.

Hinsichtlich ihres jungen Genfer Freundes Henri-Louis Empaytaz zögerte die Baronin, weil sie daran zweifelte, dass es die richtige Entscheidung für seine Zukunft war, sie nach Russland zu begleiten. In den vorangegangenen Monaten waren ihm verschiedene Stellen angeboten worden, darunter Pfarrstellen in Frankreich oder durch Zar Alexander I. eine Pfarrstelle in Sankt Petersburg, die er allesamt abgelehnt hatte. Mitten in dieser schwierigen Entscheidungssituation erhielt Julie überraschend einen Brief des Genfer Geistlichen François Guers, der sie herzlich bat, Empaytaz nicht länger von der Genfer Kirche fernzuhalten, welche seine Dienste erbitte. Tatsächlich hatte sich die Situation in Genf in der Zeit nach Julies Aufenthalt dort sehr verändert. Prägende religiöse Gestalten wie Robert Haldane oder Henry Drummond hatten das Ihre dazu beigetragen. Mit vereinten Kräften hatten Guers, Gonthier und Pyt im August 1817 eine von der Genfer Kirche unabhängige Gemeinde gegründet. Empaytaz sollte das junge Pfarrteam ergänzen. Da Empaytaz sich dies gut vorstellen konnte, kam es zum bewegenden Abschied von der baltischen Missionarin. Auch Jakob Ganz musste sich auf die Rückreise in die Schweiz vorbereiten.

Selbst in dieser Zerstreuung erkannten Julie und ihre Mitarbeiter eine göttliche Führung und einen Hinweis darauf, dass Gott am Werk war in Bezug auf eine Reformation der Liebe, die sie sich so sehr wünschten: 300 Jahre nach der Reformation kehrten drei von Julies engsten Mitarbeitern – Reformern gleich – in drei bedeutende Schweizer Städte zurück: Lachenal nach Basel, Empaytaz nach Genf und Ganz nach Zürich.

Über Offenburg, Rastatt, Ettlingen, Würzburg, Meiningen, Schmalkalden und Gotha führte die Reise in die Herrnhuter Niederlassung Neudietendorf, wo Julie und ihren Begleitern ein Aufenthalt gewährt wurde. Das Gefolge war in der Zwischenzeit auf knapp 20 Begleitpersonen geschrumpft: Zusätzlich zu den engsten Mitarbeitern begleiteten Julie ein junger Elsässer in der Funktion eines Finanzchefs und Sekretärs, ein Kosak als Leibwächter, Dr. Sigrist als Julies Privatarzt, ein Medizinstudent, eine Engländerin, ein Russe und ein junges Mädchen, das unter Julies besonderem Schutz stand. Sie alle hatten abenteuerliche Schicksale hinter sich und fanden bei Frau von Krüdener Asyl und finanzielle Unterstützung. Das dienende Gefolge stammte fast vollständig aus der Schweiz: Drei Dienstmädchen, ein Kammerdiener, eine Wäscherin, der Kutscher und einige weitere Bedienstete.

So zog die Baronin von Krüdener im November 1817 predigend und hoch erhobenen Hauptes durch die Königreiche Württemberg und Bayern ins Königreich Sachsen, obgleich sie und ihr Gefolge vielerorts wie Staatsgefangene behandelt wurden. Während spätere Autoren Julies Missionsreise durch Deutschland mit einem Kreuzzug oder einer Irrfahrt verglichen, schrieb der zeitgenössische *Schwäbische Merkur* im November 1817: »Ihre Reise durch Deutschland glich einem Triumphzug«.

Begegnungen in der Universitätsstadt Leipzig, 1817/1818

Am 12. Dezember 1817 traf die kleine Gruppe in der Universitätsstadt Leipzig ein. Trotz warnender Polizeiberichte verhielt sich der König von Sachsen der baltischen Baronin und ihren Begleitern gegenüber äußerst großzügig und gewährte ihnen über einen Monat lang Redefreiheit in ihrem Quartier, dem *Hôtel de Saxe*. In ihren privaten Räumen empfing Julie zahlreiche Besucher. Der Andrang war so groß, dass ihre Räumlichkeiten von Polizisten bewacht werden mussten und niemand ohne schriftliche Genehmigung der Behörden Zugang zur baltischen Missionarin erhielt.

Zu den Prominenten, die damals in Leipzig mit Julie verkehrten und ihre Eindrücke festhielten, gehörten die beiden Leipziger Professoren Wilhelm Traugott Krug und Johann Christian August Heinroth. Während es sich bei Professor Krug um einen berühmten »Schüler und Nachfolger Kants auf seinem Lehrstuhl in

Königsberg«[519] handelte, war Professor Heinroth Psychiater und auf dem Gebiet der psychischen Heilkunde auch als Schriftsteller bekannt. In einer Vorlesung über Physiologie nahm er Bezug auf Julie, indem er sagte:

> Wir betrachten die Frau von Krüdener (…) als höchste Potenz des Lebens, denn wir sehen in Frau von Krüdener die Tendenz, die höchste des Menschengeschlechts, die Gottheit Christum in sich aufzunehmen, bildend in sich darzustellen und aus sich heraus wirken zu lassen – es ist uns dies die wahre Lebensvirtuosität, Christi Leben nämlich in sich wieder nachzuleben. Darum betrachten wir das Leben und Wesen der Frau von Krüdener als das Leben einer Heiligen![520]

Im Gegensatz zu Professor Heinroth zeigte sich sein Berufskollege Traugott Krug wesentlich kritischer. Der Universitätsprofessor Krug veröffentlichte den Inhalt ihrer gemeinsamen Unterredung in der Schrift *Gespräch unter vier Augen mit Frau von Krüdener gehalten und als Neujahrsgeschenk für gläubige und ungläubige Seelen mitgetheilt vom Professor Krug* (1818). Auslöser für seinen Besuch bei der umstrittenen Predigerin war einerseits der Wunsch gewesen, »eine anziehende Erscheinung über die seit langer Zeit so viel widersprechende Berichte und Urtheile umlaufen, durch Selbsicht würdigen zu lernen« und andererseits die Hoffnung, »zugleich über eine andre mir sehr am Herzen liegende Sache nähern Aufschluss zu erhalten.«[521] Bei dieser Herzensangelegenheit handelte es sich um die *Heilige Allianz*, insbesondere um die Frage nach der Urheberschaft derselben. Julie äußerte sich anerkennend zu Krugs Schrift *Über den heiligen Bund*, wies Krug jedoch darauf hin, dass er das Wesen des Bündnisses noch nicht ganz begriffen habe. Auf seine Bitte hin entfaltete sie ihm daraufhin die universale Bedeutung des »heiligen Bundes«, als eines unmittelbaren Werkes Gottes:

> Die Mission des heiligen Bundes ist an alle Menschen gerichtet. Sie sollen dadurch lernen, daß Jesus Christus allein der Herr ist, dem alle Gewalt im Himmel und auf Erden gegeben. Sie sollen dadurch gerettet werden vom Verderben, in das sie versunken, damit die Strafgerichte Gottes, deren Zeichen schon da sind, sie nicht ergreifen.[522]

Ihr ganzes Leben lang – so die Baronin – sei sie von Gott auf diese Mission vorbereitet worden: »Er, der Gott der Liebe, hat mich aus der Welt heraus geliebt, damit ich Schwache ein starkes Werkzeug seiner Gnade würde.«[523] Krug präzisierte:

> Die Leiden der Menschheit (sie erwähnte hier besonders das harte, nun durch den edlen russischen Kaiser gemilderte, Loos der Leibeignen in ihrem Vaterlande) hätten sie schon früh gerührt. Sie hätte, wie eine *Jeanne d'Arc,* das Schwerdt in die Hand nehmen und die kleinen und großen Tyrannen bekämpfen mögen. In Italien unter den Ruinen der alten heidnischen Welt, an den Altären und in den Klöstern der neuen christlichen Welt sei ihr zuerst ein höheres Licht aufgegangen, habe ihr Herz zuerst sich mehr zu Gott geneigt. Aber es sei noch nicht ganz von ihm und seiner Liebe ergriffen und durchdrungen gewesen. Erst später, als sie auch Frankreich und dessen Gräuel gesehen, habe sie aller Lust und Herrlichkeit der Welt entsagt, um in Jesus Christus allein ihr Heil zu suchen, habe sie sich ganz dem Glauben an seine Verheißungen und dem Gebote der göttlichen Liebe ergeben, um auch Andre desselben Weges zu führen.[524]

Die Gespräche über die Heilige Allianz hatten Julie an Zar Alexander I. erinnert, woraufhin sie ihm am 23. Dezember 1817 von Leipzig aus einen langen Brief schrieb. Sie berichtete ihm, dass sie überall die Sache der Unterdrückten verteidigt hätten und deswegen verfolgt worden seien. Aber überall formiere sich das Volk Gottes. Julie schloss den Brief mit den Worten:

> Ich weiß nicht, wo ich hingehe. Wenn man mich nach Russland abschiebt, wenn dies der Wille des Herrn ist, werde ich gerne eine friedliche Zeit, wenn es Gott gefällt, unter meinen Bauern oder anderswo verbringen. Ich hoffe, Ihre Majestät, dass Sie den Personen, die mich begleiten, erlauben, nach Russland einzureisen (…) Oh! Wie können die Russen glücklich sein, einen Christen als Herrscher zu haben! Wenn Sie eine Idee hätten von den barbarischen Gesetzen dieser Regierungen, würden Sie darüber stöhnen. Ich musste diese Schrecken kennen lernen, dies war der Weg des Herrn, und die Gewissheit, dass die Heilige Allianz die große und einzige Zuflucht der Völker ist. Möge der Herr Sie segnen, werter Kaiser![525]

Was die Umsetzung der Heiligen Allianz betraf, hatte Russland im Rahmen der europäischen Mächte eine Sonderstellung eingenommen. Voller Enthusiasmus war Zar Alexander I. nach der Abfassung der Heiligen Allianz in seine Heimat zurückgekehrt. Im *Weihnachtsmanifest* von 1815 sowie in einem nachfolgenden

Gnadenmanifest hatte der Zar seinem Volk die »geschichtliche Bedeutung des Heiligen Bundes«[526] dargestellt. Zar Alexanders Plan beruhte auf einer »religiösen Zusammenfassung des ganzen russischen Volkes (...), in der sich eine Evangelisation größten Stils und eine einheitlich geleitete Volksaufklärung miteinander verbinden sollten.«[527] Neben der russisch-orthodoxen Kirche wurden auch die übrigen Konfessionen in den Rang einer Staatskirche erhoben. Religiöse Toleranz wurde unter Zar Alexander I. zum unumstößlichen Regierungsprinzip.

In Leipzig schloss Julie auch Bekanntschaft mit der erfolgreichen Porträtmalerin Caroline Bardua (1781-1864). Caroline war eine Schülerin des berühmten Malers Gerhard von Kügelgen. In dessen Dresdner Salon war Julie oft ein- und ausgegangen, nicht zuletzt weil die Hausherrin, Helene von Kügelgen, eine baltische Jugendfreundin war. In Leipzig erhielt die Malerin den Auftrag, ein Porträt von Julie und Juliette zu malen. Caroline nutzte die Modellsitzungen, um sich mit Julie »über Fragen des Glaubens und der Verkündigung des Evangeliums«[528] zu unterhalten. Tief beeindruckt von der Ausstrahlung und Ruhe der Baronin schrieb sie an Helene von Kügelgen:

> Ich habe jetzt die Frau v. Krüdener zweimal gemalt. Diese Frau und ihre Tochter sind und bleiben mir höchst liebe Erscheinungen, was auch die Welt von ihnen und über sie sagen mag. Sie ist nun abgereist, doch ist der Klang ihrer gotterfüllten Rede in gläubigen und ungläubigen Seelen geblieben. Ersteren ist sie eine freudige Erscheinung und letzteren hat sie wenigstens nachzudenken gegeben, und allen ist es eine Stimme, die jeden an die wahre Heimat erinnert, und wenn er auch noch so weit davon entfernt ist.[529]

Frau von Kügelgen meinte daraufhin ganz erstaunt zu ihrer Schwester: »Wenn Du nun diese wilde, von aller Schwärmerei so ganz entfernte Bardua kenntest, Du würdest erstaunt sein wie ich über diese Worte.« Julie und Caroline Bardua blieben auch nach der Begegnung in Leipzig auf dem Weg der Korrespondenz miteinander in Verbindung.

Nachhaltigen Einfluss übte die Baronin in Leipzig auch auf die angehenden Geistlichen Karl Gustav Küchler (1796-1853) und Immanuel Friedrich Sander (1797-1859) aus. Küchler berichtete ausführlich, wie er und sein Freund Sander nach der Kunde von der Ankunft der berühmten »Frau Baronin (...) sehnlichst wünschten (...) die Krüdener möchte« auch sie »ihres Besuches würdig erachten.«[530] Kaum hatte Julie im *Hôtel de Saxe* Quartier bezogen, eilten die damals 20- und 21-jährigen Freunde umgehend zu ihr. Schon bei dem ersten Zusammentreffen mit der Baltin waren sie tief beeindruckt von dieser »in hohem Masse geistreichen und von der Liebe Christi ganz durchdrungenen Dame«. Es folgten viele weitere Besuche. Küchler berichtete:

> Je öfter wir die Krüdener, die auch uns liebgewonnen zu haben schien, sprechen hörten, um so mehr wurden wir zur heil. Schrift, und insonderheit zur Centralsonne derselben, zu Jesu Christo hingezogen. Auch die Gespräche, welche die Krüdener mit Andern führte, bestärkten uns immer mehr in der Ueberzeugung, dass es nur die heil. Schrift sei, und keine menschliche Weisheit, die den Weg zum Heile zeige.

Die Begegnungen mit Julie führten dazu, dass Küchler und Sander völlig davon überzeugt wurden, »dass der Kern und Stern der heil. Schrift (...) Christus sei.«[531] Küchler dokumentierte: »Die Liebe zum Herrn erfüllte je länger je mehr unser ganzes Herz. (...) Die Krüdener hielt täglich Betstunden; wir besuchten sie, und wohnten ihnen niemals bei, ohne einen reichen Segen mit uns heimzunehmen«. Als die Behörden versuchten, die Versammlungen der adligen Missionarin zu verbieten, setzten die jungen Freunde alles daran, die Erlaubnis zu erhalten, weiterhin daran teilzunehmen: »(...) unsre Freude, den gesegneten Verkehr mit der schriftkundigen und an geistlicher Erfahrung so reichen Christin fortsetzen zu dürfen, war unbeschreiblich«[532], erinnerte sich Küchler. Aber nicht nur Küchler, der spätere Pfarrer und Professor, hielt seine Jugenderinnerungen an die Baltin fest, auch Sander dachte in seiner Predigt zum 25. Amtsjahr an Frau von Krüdener zurück:

> Sie und ihre Angehörigen hatten viele Schmach zu erdulden. Ohne obrigkeitliche Erlaubniß durfte ihnen, (als wären sie Aussätzige und Pariahs[533]) niemand nahen. In dem Allen aber jubelten sie. So etwas war mir ganz neu. Dazu waltete unter dem kleinen Häuflein von etwa 20 Personen eine solche Liebe, wie ich sie auch noch niemals gesehen hatte. Die großen Thaten Gottes in den fernen Heidenländern, die Bekehrung der Tahiter und dergleichen mehr vernahm ich da zum erstenmal. (...) Was mir noch besonders zur Stärkung des

Glaubens gereichte, war dies: ich sah wie hohe und gelehrte Leute, zu deren Füßen ich voll Verehrung ihrer Weisheit gesessen hatte, vor dem Worte Gottes in dem Munde dieser Frau sich bücken mussten.[534]

Mit neuem Eifer gab sich Sander nach den Begegnungen mit Julie dem Studium der Heiligen Schrift, aber auch den Schriften der Kirchenväter und Reformatoren hin. Er behielt die baltische Missionarin lebenslang in dankbarer Erinnerung.

Auch wenn das Gefolge der Baronin immer kleiner wurde und der Druck stetig stieg, blieb der Eifer der Baltin – so viele Menschen wie möglich für den lebendigen Glauben an Jesus Christus zu gewinnen – unverändert. Am 6. Januar schrieb Julies junge Sekretärin Helena Maurer in einem Brief:

> Die Mission wird nun in den Augen der Welt als aufgelöst angesehen, weil die Verfolgung sie nach Norden treibt (…) Wir mussten die Gebrechen und Verbrechen aller Staaten kennen lernen (…) Ueberall legitimierte der Herr sein Werk durch Bekehrungen aller Art (…). Des Herrn Werk kann nicht zu Grunde gehen.[535]

Mit der Zeit wurde dem Leipziger Polizeipräsidenten von Rackel das Gedränge um die baltische Baronin zu bunt. Da ihr Aufenthalt vom König von Sachsen genehmigt worden war, überlegte er sich andere Wege, wie er sie loswerden könnte. So unternahm er zum Beispiel den Versuch, Madame von Krüdener durch ihren Schwiegersohn zur Abreise zu bewegen und bat jenen um Hilfe. Berckheim verweigerte jegliche Intervention und stellte klar,

> dass seine Schwiegermutter und er, beide unabhängig von einander, erstere ihrer bestimmten Mission, er der seinigen folge, die sich auf die Erleichterung des Schicksals der in Russland bereits angekommenen, aber in noch weit größerer Anzahl künftig noch ankommenden deutschen und schweizerischen Emigranten beziehe.[536]

Nach einem Aufenthalt von fast sechs Wochen verließ der Missionstrupp die Universitätsstadt Leipzig. Es hatte sich eine große Bevölkerungsmenge versammelt. Auf dem Weg zur Kutsche hielt Julie noch eine Rede an die sie umdrängende Menge und segnete sie vom Wagen aus.

Im Königreich Preußen, 1818
Um sicherzustellen, dass die anstrengende Reisegesellschaft das Königreich Sachsen auch tatsächlich hinter sich ließ, begleitete der Leipziger Polizeipräsident von Rackel die Baronin und ihre verbliebenen Begleiter über Eilenburg, Lübben, Torgau und Luckau höchstpersönlich zur preußische Grenze, die sie am 20. Januar 1818 in Beeskow an der Spree erreichten. Zu Julies großer Freude wurde ihr bei ihrer Ankunft in Beeskow gestattet, unter freiem Himmel vor der dort versammelten Menge zu predigen. Im Anschluss daran wurde sie vom preußischen Polizeibeamten Rittmeister von Hellwig und zwei Gendarmen übernommen und weitergeführt. Der preußische König Friedrich Wilhelm III., Gatte der verstorbenen Königin Luise, hatte der Baronin die Durchreise durch die preußischen Staaten gestattet, jedoch verboten, dass sie nach Berlin, Potsdam oder Charlottenburg kam.

Eine Woche später, am 27. Januar, durfte Julie erneut eine Rede an das Volk richten. Ihre Abschiedsrede wurde schriftlich festgehalten und als *Treu niedergeschriebene Rede, welche Frau von Krüdener in einer Versammlung zu Beeskow, am 27sten Januar 1818, gehalten hat* publiziert. Unter Julies Zuhörern befand sich eine beachtliche Anzahl Soldaten der preußischen Armee. Sie sei stolz darauf, um Jesu willen Verfolgung zu erdulden, verkündete die baltische Missionarin und verwies die Zuhörer auf ihre göttliche Sendung:

> Sein Wort, sein heiliges Evangelium verkünde ich laut und überall, nicht blos aus eigenem Antriebe, sondern weil Gott selbst es mir aufgetragen hat, es zu thun. Er erwählte ein Weib zu diesem Berufe, weil er es besser dazu gebrauchen konnte, als einen Mann. – Ich erfülle diese göttliche Mission gern und nach meinen Kräften, überzeugt, dass die Welt, besonders jetzt, am Ziele ihrer Verderbtheit, einer unmittelbaren Sendung des großen ewigen Gottes höchstnothwendig bedarf.[537]

Dass der Kaiser von Russland sie jetzt zurückfordere, wie man behaupte, sei eine Lüge: »Der Kaiser selbst kennt meine göttliche Sendung, und Ersterer steht an der Spitze der Mission, welche der Heilige Bund genannt wird.«[538] Im Blick auf die Bedeutung dieses Bundes ergänzte sie: »Ohne diesen Bund würde die Welt in Trümmern gehen und Deutschland wäre nicht gerettet worden, wenn die Fürsten nicht vor Bekämpfung des allgemeinen Feindes bereits denselben beschworen gehabt hätten.« An die anwesenden preußischen Soldaten gerichtet, fuhr Julie fort:

> Das eiserne Kreuz, meine Herren Militärs, welches Sie auf Ihrer Brust tragen, ist nicht dasjenige Kreuz, welches die Feinde schlug. Es ziert Ihre Brust, um Sie zu erinnern, dass blos durch die Gnade des Kreuzes, an welchem Christus der Herr litt und starb, der Sieg erfochten wurde. Ihr eisernes Kreuz ist nicht das wahre Kreuz der Ehre; dieses trägt vielmehr jeder Christ in seinem Herzen, worin er es heilig bewahren soll und muss, wenn er die Früchte des glorreich beendigten Kampfes genießen will.[539]

Sie äußerte dies sozusagen als eine von ihnen, indem sie sich den preußischen Offizieren als Urenkelin des berühmten Feldmarschalls und Türkensiegers Burchard Christoph Graf von Münnich vorstellte. Mit der Prophetie, dass wieder ein harter Kampf mit den Türken bevorstehe, beschloss die Baltin ihre Rede.

Die Weiterreise führte nordwärts nach Frankfurt an der Oder, wo sich die Gruppe vom 27. bis zum 30. Januar 1818 aufhielt. Hier strömten bereits frühmorgens 400 Menschen zusammen und die Baronin führte den ganzen Tag ein Gespräch nach dem anderen: »Eine équipage um die andere fuhr an«[540], berichtete Kellner. Auch »vortreffliche Prediger« seien gekommen und hätten »die Gültigkeit der Mission« anerkannt. Wie gewohnt, verliefen die Tage von Julie und ihren Begleitern sehr strukturiert. Neben dem Morgen- und Abendgebet gab es Andachten sowie abends um 18:00 eine Salonrunde für die gehobene Gesellschaft. All dies durfte während des kurzen Aufenthalts in Frankfurt in großer Freiheit umgesetzt werden.

Zu den regelmäßigen Besuchern zählten auch Friedrich Brescius (1766-1842) und sein Freund Christian Wilhelm Spieker (1780-1858). Während Brescius als Generalsuperintendent und Konsistorialrat führende Ämter in der evangelischen Kirche innehatte, wirkte Spieker als Theologieprofessor und begeisterter Prediger. In ihrer gemeinsamen Schrift *Beiträge zu einer Charakteristik der Frau Baronesse von Krüdener* hielten sie ihre Beobachtungen rund um Julies Aufenthalt in Frankfurt an der Oder fest. »Eine Prophetin aus den höhern Ständen« sei »eine viel zu auffallende Erscheinung« gab Brescius zu bedenken, »als dass sie nicht zu Betrachtungen Anlass geben sollte.«[541] Was Julies Äußeres betraf, beschrieb Brescius ihre »auffallende Erscheinung« folgendermaßen:

> Die Frau von Krüdener scheint bereits ihr sechzigstes Lebensjahr überschritten zu haben; sie ist von mittlerer Grösse und ihre Züge, in welchen sich Ruhe der Seele und fromme Ergebung ausdrücken, zeigen noch die Spuren früherer Schönheit und Anmuth. Ihr Anzug verräth kein phantastisches Streben nach Auszeichnung, nur den Schleier, in welchem sie sich beständig blicken lässt, scheint sie nach einem berühmten Madonnenbilde absichtlich zu ordnen.[542]

Entweder sah die Baronin tatsächlich älter aus als ihre 53 Jahre oder es gehörte nicht zu Brescius' Stärken, das Alter einer Frau richtig einzuschätzen. Spiker nahm zusätzlich zur Beschreibung seines Freundes auch Bezug auf Julies blauseidenes Kleid, ihren weißen Schleier und ihren roten Schal. Seiner Meinung nach hing der große Widerhall der Menge damit zusammen, dass »die ganze Erscheinung der nährenden und segnenden Frau aus dem fernen Norden wie ein Wunder«[543] aussah.

Julie selbst erklärte in mehreren Gesprächen, dass es sich bei dem blauseidenen Kleid um das Geschenk eines preußischen Offiziers handle, bei dem Schleier um ein kostbares Andenken an die Königin von Holland und bei dem Tuch um das »Almosen einer frommen Seele.«[544] Spiker nahm Bezug auf einen Besucher in Frankfurt an der Oder, der ihm erzählt hatte, wie ihm die Baronin »etliche Nächte vor ihrer Ankunft in Frankfurth im Traume erschienen sei, und zwar in dem blauen Kleide, in dem rothen Shawl und weißen Schleier, wie sie jetzt vor ihm stehe, ohne dass er sie je im Leben gesehen habe.«[545] Julie war keineswegs überrascht und erzählte, dass ihr dies schon von Tausenden gesagt worden sei.

Wie bereits andere vor ihm, bekräftigte auch Brescius, dass die Baltin »gern und viel«[546] sprach, wobei ihre Rede ihre adlige Herkunft und Bildung widerspiegelte:

> Ihr Vortrag ist eben so einfach und anspruchslos, als in einem hohen Grade richtig und edel; selten nur begegnet es, dass ihr das deutsche Wort nicht beifällt, wo sie dann umschreibt oder den französischen Ausdruck nennt. Ueberhaupt verleugnet sie nie die Gewandtheit, die vielseitige äußere Bildung, die Abgeschliffenheit und Feinheit

der Sitten im Umgange mit Menschen aus allerlei Classen, welche meistens nur das Vorrecht der höhern Stände und ihrer glücklichen Verhältnisse sind.[547]

Dies zeigte sich laut Brescius in ihrer Fähigkeit,

> mit Menschen, die ihr noch so fremd und unbekannt sind, augenblicklich und zwanglos Gespräche anzuknüpfen und sich stundenlang zu unterhalten, wie es der Grad der Bildung, der Stand und das Geschlecht des Zuhörers eben erfordert.[548]

»Es giebt vielleicht nur wenig Frauen, die ihr an geistiger Bildung gleich kommen«[549], ließ Brescius verlauten und konkretisierte:

> Von den Europäischen Sprachen ist ihr keine fremd, sie versichert die Hauptwerke in jeder derselben gelesen zu haben und das heilige Buch der Christen sogar in seinen Ursprachen zu verstehen. Dass sie auf ihren Reisen durch Deutschland, durch die Schweiz, durch Frankreich und Italien eine große Masse von Kenntnissen eingesammelt habe und den Vorrath derselben zu beherrschen wisse, zeigt sich überall in ihren Gesprächen, und ein junger Künstler, der hier in Frankfurth ihr Bildniß zu zeichnen sich von ihr erbeten hatte, spricht mit ausnehmender Achtung von ihrem Kunstsinne und von ihren artistischen Einsichten.

Über den Inhalt von Julies erwecklichen Predigten ließ Brescius im Widerspruch zu vielen Schweizer Berichten verlauten, dass die Baronin »lauter Gehorsam gegen die bestehenden Gesetze und Verfassungen«[550] predige. In großer Ausführlichkeit werde auch die Mission der Heiligen Allianz immer wieder thematisiert, welche für Julie zum Schmelzpunkt aller vorangegangenen göttlichen Führungen und zum Inhalt ihrer Mission geworden war. Brescius bezweifelte zwar, dass Julie mit ihrem hohen Ziel, »eine Mission des Heiligen Bundes als Vorsteherin zu leiten und dem herzlosen Zeitalter zu zeigen, was eine hochbegnadigte Frau zu seiner Erweckung vermochte«[551], in die Geschichte ihrer Zeit einwirken werde. »Aber«, ergänzte er, »sie wird sich auch nicht ganz vergebens der Sache, welcher sie dient, zum Märtyrerthume geweiht haben.«[552] Wie viele andere kritisierte auch Konsistorialrat Brescius Julies Grenzüberschreitung als Frau und ihre Einmischung in die Politik.

Professor Spieker vermisste die Ordnung in Julies Reden. »Ein eigentliches System hat sie nicht«, stellte er fest, »und ihren Ideen gebricht es an Licht und Klarheit. So herrscht auch kein Zusammenhang in ihren Vorträgen, und sie springt schnell von einem Gegenstande zum andern über.«[553]

Der Kern ihrer Botschaft war immer Christus. Ihn zu lieben, hielt Julie für »besser als alles Wissen.«[554] Dieser Liebe entsprang die innere Stärke, die sie für ihren selbstlosen Dienst brauchte, wie sie in einer Predigt erklärte:

> Mein ganzes Leben ist Liebe. Vorher liebte ich die Welt und ihre Eitelkeit (…). Seitdem ich Christum liebe, liebe ich auch meine Mitmenschen. Vorher habe ich sie nicht geliebt. (…) wenn mir jetzt jemand den Dolch in die Brust stäche, ich würde ihn an das Herz drücken, das er durchbohrt, und sterbend für ihn beten. Das habe ich von meinem Heiland gelernt. Jetzt erst verstehe ich das große Wort: *Liebe*. Sie hält die Welten zusammen und verbindet den Himmel mit der Erde. Gottes Liebe ist die große Centralsonne, von der die anderen Sonnen ihr Licht bekommen, die es dann ihren Planeten mittheilen.[555]

Um dem Auftrag Jesu treu zu sein, habe sie alles verlassen und »Schmach und Verfolgung erduldet.«[556] Dabei erwartete sie von ihren Zuhörern nicht, es ihr gleichzutun:

> Ihr sollt nicht gerade dasselbe thun; aber in eurem Beruf und Stande sollt ihr kein Opfer scheuen, wenn Gott es von euch fordert. Ihr meint, wenn ihr nur eurer Wirtschaft wohl vorsteht, vor groben Ausschweifungen euch hütet, einmal die Kirche besucht und eure Kinder nach eurer Weise aufzieht, so hättet ihr eure Christenpflicht erfüllt. Aber dazu hätte Gott nicht nöthig gehabt, seinen Sohn zu senden; dazu hätte es nicht einmal der Sendung eines Engels bedurft.[557]

Eindringlich wandte sie sich an ihr weibliches Publikum:

> Ich sehe hier viele schöngeschmückte Frauen; ist aber ihr Inneres auch so schön geschmückt, dass Christus darin wohnen kann? oder ist das Herz voll Eitelkeit und Thorheit und sinnlicher Lust? Es ist nicht genug, dass ihr eure Männer liebt und die Haushaltung besorgt. Erweiset die wahre weibliche Würde durch Gehorsam gegen Christum, und liebet sie nicht ihretwillen, sondern um Christi willen; so werdet ihr das Sakrament der Ehe begreifen. (…) Wundert euch nicht, dass ein Weib so zu euch redet und sich als Gottgesandte und Prophetin ankündigt. Durch ein Weib ist die Sünde in die Welt gekommen, durch ein Weib ist auch der Heiland der Welt geboren. Durch das schwache Weib soll Christus verherrlicht und das große Gebot der Liebe recht anschaulich gemacht werden. Ich selbst bin

und vermag nichts. Christus ist und wirkt alles in mir. Er beherrscht mein ganzes Wesen, er stärkt, erleuchtet und erfreuet mich.[558]

Abgesehen davon, dass sich auch Spieker daran störte, dass eine Frau so offen vor dem versammelten Volk sprach, waren ihm vor allem ihre Wundererzählungen ein Dorn im Auge. Immer wieder schilderte die Baronin die Wunder, die sie erlebt hatte und die durch sie gewirkt worden waren, wie zum Beispiel eine Speisung von 1.300 Menschen mit neun Broten. Als Julie nicht aufhörte »dergleichen Wunderthaten mit sichtbarem Wohlgefallen zu erzählen«[559] verwies Spieker Julie auf Jesus, welcher »keinen solchen Werth auf seine Wunder legte« und sogar erzürnt war über das Volk, »das nur Zeichen und Wunder sehen wollte.«[560] Spieker folgerte, dass er auch an Jesus glauben würde, wenn er keine Wunder getan hätte. Julie stimmte ihm vollumfänglich zu, gab aber zu bedenken: »Christus bedurfte keiner Wunder, um seine göttliche Sendung zu dokumentieren. Er trug das Gepräge seiner Göttlichkeit in sich und an sich. Er war ein Abglanz der ewigen Herrlichkeit des Vaters.« Solle man nun aber ihr als »schwachem Weibe« glauben, so bedürfe sie »eines göttlichen Kreditivs«, und dies habe ihr »der Herr durch die Wunderkraft gegeben.«

Unterwegs zur russischen Grenze, 1818

Von Frankfurt an der Oder ging die Reise durch das Königreich Preußen am 31. Januar 1818 nordwärts weiter nach Neuenburg an der Weichsel. Von schweren Überschwemmungen aufgehalten, nutzte Julie die zwei Wochen in Neuenburg (heute *Nowe* in Polen) für die Durchführung zahlreicher Versammlungen.

Am 13. Februar ging es weiter in die westpreußische Kreisstadt Marienwerder (heute *Kwidzyn* in Polen). Hier war der Massenandrang so groß, dass Julie und ihre Begleiter oft drei bis vier Versammlungen täglich »mit mehreren Hunderten«[561] durchführten. Kellner berichtete von zwei kranken Kindern, die auf das Gebet hin gesund wurden: »Das eine, vom Fieber ganz bleich und entstellt, trat am folgenden Tage gesund und roth vor uns, so dass wir es kaum wieder erkannten; das andere, an der Wassersucht krank, verlor die Geschwulst.«[562] Eine Woche später setzten sich Julie und ihre Begleiter wieder in Bewegung.

Am 25. Februar 1818 erreichten sie Königsberg. Sie bezogen beim Gastwirt Gregoire im *Deutschen Haus* Quartier. Die Nachricht von der Anwesenheit »dieser sonderbaren Reisegesellschaft«[563] verbreitete sich in Windeseile. Die *Königl. Preuss. Staats-, Kriegs- und Friedenszeitung* vom 28. Februar 1818 wusste zu berichten, dass Julie am Tag nach ihrer Ankunft »nur wenig Besuch angenommen und den größten Teil des Tages dem Briefschreiben gewidmet habe.« Aufgrund des großen Besucherandrangs führte Julie in Königsberg ab dem zweiten Tag ihres Aufenthaltes zwei Andachten pro Tag durch. Schließlich musste die Polizei sogar Beamte vor dem Gasthof postieren. Der Zutritt zur Baltin wurde ausschließlich »mit besonderen Einlasskarten« geregelt, »von denen täglich nur eine bestimmte Zahl ausgegeben« wurde. Laut Behördenberichten waren unter Julies Gästen auch »Mitglieder der besten Gesellschaft«, von denen sie nicht wenige als neue Freunde gewann. Dies bestätigte ein Brief »der Frau Kanzler Schrötter an den Regierungspräsidenten Nicolovius«[564], in dem sich die Schreiberin sehr für Frau von Krüdener einsetzte und um eine Verlängerung der Aufenthaltserlaubnis in Königsberg für sie bat.

In Königsberg kam es auch zu einem Wiedersehen mit Julies langjährigem Freund Borowski und seiner Familie. Ludwig Ernst von Borowski war in der Zwischenzeit als Oberhofprediger an die Schlosskirche von Königsberg berufen und zum Bischof der Evangelischen Kirche Preußens ernannt worden. Kurz vor dem Wiedersehen hatte Borowski einer Bekannten folgende Zeilen über Julies Wirken in Königsberg geschrieben:

> Sie versammelt, ohne irgend Jemanden einzuladen oder zu zwingen, in den Morgen- und Abendstunden, um sich und hält mit denen, die zu ihr kommen, nach Gesang und Gebet – Unterredungen über geistliche und religiöse Sachen. Laudatur ab his, culpatur ab illis! [Von den einen wird sie gelobt, von den anderen angeklagt., D.S.] (…) Noch habe ich sie nicht gesprochen, aber ich hoffe, dass sie mich besuchen wird. (…) Ich weiß also bis jetzt nur, was sie war, aber ich kann heute noch nicht darüber entscheidend urteilen, was sie ist.[565]

Von Königsberg aus, das sie am 12. März 1818 hinter sich ließen, steuerten sie die ostpreußische Stadt Memel an, heute bekannt als litauische Hafenstadt *Klaipėda*. Der Weg dorthin führte über eine »schmale Erdzunge«[566], die *Kurische Nehrung*. Es handelt sich dabei um einen 98 km langen Landstreifen zwischen dem Kurischen Haff und der Ostsee. Die sandige, waldige und sumpfige Landzunge mit den größten Dünen Europas ist an der breitesten Stelle 3,8 km breit, an der schmalsten Stelle 380 m, und eine der eindruckvollsten und ungewöhnlichsten Naturerscheinungen Europas. Von der Kutsche aus sahen Julie und ihre Begleiter oft nichts als Sand, Meer und Himmel. Am 18. März schrieb sie von Memel aus an eine Freundin in Preußen: »Wir machten eine herrliche Reise (…); das große Meer freute uns Alle.«[567] Unterwegs auf dem langen Landstreifen brachte der kleine Reisetrupp einen Sonntag in einem idyllischen Fischerdorf zu, »wo alle Bewohner, größtentheils Fischer«[568], so Kellner, »mit vieler Rührung unsern Andachten beywohnten.« Hier wurde Kellner klar, wieso Jesus »meistentheils Fischer zu seinen Jüngern erwählte.«[569] »Diese Leute«, erzählte er, »bedachten sich keinen Augenblick, ihre Kniee zu beugen, als sie uns solches thun sahen. Das Gefühl der Ehrfurcht vor dem göttlichen Erlöser war gottlob! bey ihnen noch nicht durch Verstandesoperationen stumpf geworden.«

Nach einem kurzen Aufenthalt in Memel erreichte Julie gegen Ende März 1818 die Stadt Polangen an der russischen Grenze, wo sie im Gasthaus eines Juden abstieg. Noch am Abend ihrer Ankunft in Polangen führte die Baronin eine öffentliche Andachtsstunde im Gasthof durch. Am folgenden Tag besuchte sie die katholische Kirche in Polangen und den Ostseestrand, wo sie sich an der herrlichen Natur freute.

Julies bevorstehende Rückkehr war den russischen Behörden schon lange vorher signalisiert worden, woraufhin der Generalgouverneur Marquis Filippo Paulucci entsprechende Vorkehrungen getroffen hatte. Wichtig war ihm, dass sie »mit möglichst wenig Geräusch ihren Weg auf ihr livländisches Landgut«[570] machte. Es sollte ihr keine Gelegenheit geboten werden, zu Versammlungen zu sprechen oder »als Prophetin der heiligen Allianz« aufzutreten. Auf Anordnung der Behörden musste das sichtlich dezimierte Gefolge der Baronin vor dem Übertritt nach Russland noch ein letztes Mal verringert werden. Von ihren engsten Mitarbeitern blieben schlussendlich nur noch Johann Georg Kellner und Helena Maurer übrig, dazu eine Handvoll weitere Begleiter und Angestellte.

Kellner war zweifellos stets der Umstrittenste von Julies engsten Mitarbeitern gewesen. Nach Berckheims Berufung in sein neues Amt als Kommissar für Einwanderung und der Trennung von Empaytaz, Lachenal und Ganz war Kellners Hilfe unentbehrlich für Julie geworden. Er führte ihre Geschäfte, besorgte ihre Korrespondenz und leitete die Andachten. Die Baronin war zutiefst dankbar dafür, dass sich Kellner dafür entschied, ihr nach Russland zu folgen.

Einreise-Schikanen in Mitau, 1818

Nachdem sie die russische Grenze in Polangen ohne größere Probleme überschritten hatten, ließen Julie und ihre Begleiter mehrere kurländische Dörfer und Städte hinter sich, bevor sie im April 1818 die kurländische Hauptstadt Mitau erreichten. Fast 36 Jahre waren vergangen, seit die frischvermählte Julie an der Seite von Alexis als Botschaftergattin in der russischen Botschaft in Mitau Einzug gehalten hatte. Wie viel hatte sich seit damals verändert!

Trotz polizeilicher Maßnahmen gelang es in Mitau vielen, Zutritt zur Baronin zu erlangen. Unter ihnen war auch der Dichter Ulrich Freiherr von Schlippenbach, ein alter Bekannter, der seine Begegnungen mit der baltischen Missionarin in Mitau ausführlich dokumentierte. Der kurländische Gouverneur Stanecke, der von Marquis Paulucci strikte Anweisungen erhalten hatte, jegliche Menschenansammlungen und Zusammenkünfte bei der Baltin zu verhindern, war ratlos. »Die Besuche bei der Frau Geheimen Räthin (...) welche selbst die gebildetsten Stände bei ihr abstatten« – so informierte er seine Vorgesetzten – »werden von Tag zu Tag frequenter.«[571] Da es Stanecke nicht gelang, die Versammlungen zu unterbinden, schritt Marquis Paulucci ein.

Unter dem Vorwand, dass die Pässe ihrer Begleiter nicht in Ordnung seien, erteilte Paulucci Julies nichtrussischem Gefolge den sofortigen Ausweisungsbefehl. Johann Georg Kellner, Helena Maurer und sieben weitere Begleitpersonen wurden aus Mitau ausgewiesen und nach Deutschland verwiesen. Das Vorhaben, gemeinsam nach Kosse weiterzureisen, wurde dadurch unmöglich gemacht. In ihrer Not wandte sich Julie an Zar Alexander I. Im Laufe des rund einmonatigen Aufenthalts in Mitau schrieb sie zwei Briefe an den Monarchen. Dem zweiten Brief, abgefasst am 6. Mai 1818, legte sie sämtliche an sie adressierte Briefe aus der Hand Alexanders I. und weitere persönliche Unterlagen bei. Julie erklärte:

> Ich überreiche Ihrer Majestät, unter dem Siegel des Bekenntnisses, diese Papiere: So viele Personen sind daran interessiert, und diese Briefe, welche Sie die Güte hatten mir zu schreiben, ebenso wie die Tagebücher und Kopien meiner Briefe, befinden sich darin. Wenn ich lebe, wenn es dem Herrn gefällt, wird der Auserwählte des Herrn mir diese Papiere wieder zurückgeben. Wenn ich sterbe, möchten Sie, Ihre Majestät, sie meiner Tochter aushändigen (...). Ihre Majestät, beten Sie für mich, dass ich meiner großen Berufung treu bin. Mein Leben war Ihnen ergeben, und ich habe Sie unter Völkern und Staaten als Auserwählter des Herrn und Diener unseres dreieinigen Gottes verkündigt. (...) Bis zu meinem letzten Atemzug werde ich Ihnen sagen:»Ihre Majestät, seien Sie ihrer großen Berufung treu und bekennen Sie unseren Gott, den Erlöser!«[572]

Nur wenige Tage später hielt Paulucci eine handschriftliche Intervention seines Monarchen in Händen. Als Alexander I. von den Schikanen erfuhr, die die russische Administration Julie auferlegte, intervenierte er höchstpersönlich und forderte Paulucci dazu auf, die Baronin von Krüdener und ihre Begleiter in Ruhe zu lassen. In seinem Schreiben fragte der Zar:

> Wozu die Ruhe von Personen stören, welche sich nur mit Gebeten zu dem Ewigen beschäftigen und Niemandem etwas Böses anthun? Warum haben Sie Diejenigen beunruhigt, welche ihr gefolgt sind? Je mehr in solchen Fällen Untersuchungen und polizeiliche Aufsicht stattfinden, um so mehr gewinnen sie in den Augen von Maulaffen an Wichtigkeit. (...) Und so schreibe ich Ihnen, General, vor, die preußischen Autoritäten, mit denen Sie gewöhnlich correspondiren, davon in Kenntniss zu setzen, dass Sie die Genehmigung der Regierung zum Eintritt der bezeichneten Personen in unsere Grenzen erhalten haben (...). Dann lassen Sie Frau v. Krüdener und die Anderen sich *völliger Ruhe* erfreuen; was geht es Sie an, wie Jemand zu Gott betet? Jeder verantwortet das vor seinem Gewissen. Es ist

besser, dass man überhaupt auf irgend eine Weise betet, als dass man gar nicht betet.[573]

Mit diesen Zeilen ergriff Zar Alexander I. öffentlich Partei für Julie. Dabei war er von verschiedenen Seiten dazu gedrängt worden, sich von der Baronin zu lösen. Metternich hatte seine ganze Überzeugungskraft dafür aufgewandt, ihm die Gefährlichkeit dieser Frau vor Augen zu malen. Von Julies Wirken in Süddeutschland und der Schweiz war dem russischen Zaren auf wenig schmeichelhafte Weise berichtet worden. Trotz kritischer Anfragen blieb sein Respekt jedoch ungebrochen und wenn andere öffentlich negativ über die baltische Missionarin sprachen, wurde er zu ihrem Verteidiger. Ein Zeitzeuge wusste im Februar 1818 zu berichten:

> Der Kaiser spricht immer mit großer Achtung von ihr. Eine Fr. v. B…, versicherte mir, sie habe eines Tages den Kaiser sagen hören, als die Rede auf ihre Mission kam, »man müsse sich wohl hüten, eine Person, wie die Frau von Krüdener, vorschnell zu beurtheilen, da es Menschen gebe, die auf besondere Weise vom Herrn geführt würden«.[574]

In Namen des Kaisers richtete Golizyn, der Minister der Volksaufklärung, am 24. Mai 1818 eine schriftliche Entschuldigung an Julie, in der Zar Alexander I. sein aufrichtiges Bedauern für diese Unannehmlichkeiten beteuerte. »Die Rückkehr der fortgeschickten Personen ihres Gefolges sei wünschenswert«, da Europa daran erkennen würde, »dass nicht der Kaiser, sondern der General-Gouverneur sie fortgesandt hat.«[575] Damit wandte sich Alexander I. gegen Gerüchte, dass er selbst hinter der Ausweisung von Julies Gefolge stehe. Da die Wiederkehr ihrer Freunde jedoch einige Zeit in Anspruch nehmen würde, entschied sich Julie Mitte Mai dafür, dem angespannten Klima in Mitau zu entfliehen und ihre Reise vorerst allein fortzusetzen.

Sie machte sich auf den Weg zum Jungfernhof, dem stolzen Gutshof ihres Bruders Christoph Burchard von Vietinghoff. Der Hof lag an der Düna, etwa 3-4 km von Riga entfernt. In Begleitung ihres Bruders erreichte Julie Ende Mai nach langer Odyssee und fast 13 Jahren Abwesenheit endlich tief bewegt ihre livländischen Ländereien in Kosse.

Im Juni verließ die Baronin ihre Ländereien allerdings nochmals für kurze Zeit. Sie brach in Richtung Riga auf, um dort ihre Reisebegleiter abzuholen. Unterwegs machte sie gemeinsam mit ihrem Bruder einige Tage auf Schloss Marienburg Station, dem bevorzugten Familiensitz ihrer Jugendzeit. Unter Christoph Burchard von Vietinghoff war Schloss Marienburg zum reichsten und prächtigsten Landsitz von Livland geworden. Aus ganz Livland strömten Besucher herbei, um die prächtige Gartenanlage zu bewundern. Julie genoss jeden einzelnen Tag auf den Ländereien ihrer Vorfahren. Die geschichtsträchtige Gegend machte sie jedoch auch nachdenklich, erinnerte sie an ihren Auftrag und bot schließlich eine würdige Kulisse für das Abfassen einer 95-seitigen Denkschrift über die Bedeutung der Heiligen Allianz für die Könige und die Völker. Das Memorandum mit Datierung auf den 26. Juni 1818 war ihren Freunden Fürst Golizyn und Zar Alexander I. gewidmet. Es enthielt im Kern die ganze Krüdener'sche Theologie und machte unmissverständlich klar, dass die Baronin auch in ihren letzten Lebensjahren unverändert an der Vision der Heiligen Allianz und an Alexanders besonderer Berufung festhielt. Sie sah in ihm einen Auserwählten Gottes, welcher kraft der Heiligen Allianz Gottes Absichten in den Völkern durchsetzen sollte.

Mit dieser Überzeugung stand Julie keineswegs allein da. Die vielen geistlichen Aufbrüche in Russland waren auch anderen ein Hinweis darauf, dass die Heilige Allianz sichtbare Früchte trug. In ihrem jüngeren Bruder, der an Fürst Golizyns Seite zum Vorstand der Russischen Bibelgesellschaft gehörte, fand Julie einen interessanten Gesprächspartner. Christoph Burchard war ferner Präsident der *Russischen Wohltätigkeitsgesellschaft*, einer Tochtergesellschaft der Russischen Bibelgesellschaft. In seinem Haus gingen die führenden Mitarbeiter der europäischen Bibelgesellschaften ein und aus. Dazu gehörte neben Steinkopf in London auch der Schotte Robert Pinkerton (1780-1859). Einige Monate vor dem Wiedersehen der Geschwister hatte ein Bekannter Julies Bruder in seinem Sankt Petersburger Palais zeitgleich mit Robert Pinkerton einen Besuch abgestattet. In seinem Tagebuch hatte der Reisende festgehalten:

Heute (15. Sept.) fuhren wir zu dem *Herrn von Vietinghoff*, einem, in mehr als einer Beziehung, vortrefflichem Manne. Unter den interessanten Männern, deren Bekanntschaft ich am Tische des Hrn. v. V. machte, war mir vor allen Hr. von Pinkerton, ein Engländer, merkwürdig. Er hat als Missionär Afrika und Asien durchwandert, spricht fast alle orientalischen Sprachen, und widmet jetzt seine Kenntnisse der russischen Bibelgesellschaft, deren Vorstand der *Fürst Galizin* ist. Die Bibel verbreitet sich mit unglaublicher Raschheit durch alle Theile des weiten russischen Reiches, und außer seinen Grenzen durch ganz Asien. Die Kalmucken haben Filial-Anstalten der Bibelgesellschaft unter sich, und Pomara[576], der christliche Fürst von Ota-Hayty[577], steht mit der Petersburger Bibelgesellschaft in unmittelbarer Verbindung. Es ist der Geist der Religiosität, und ein hoher, lebendiger Glauben in vielen Großen und Staatsbeamten des russischen Reiches: der tiefe Sinn des heiligen Bundes wird nur hier verstanden.[578]

Ende Juni 1818 erreichte Julie Riga, wo sie ungeduldig die Ankunft von Helena Maurer und Johann Georg Kellner erwartete.

Ankunft in Kosse & Treffen mit Zar Alexander I., 1818

In Begleitung ihrer Mitarbeiter kehrte Julie im Juli 1818 auf ihr livländisches Gut Kosse in der Nähe von Werro zurück, wo sie ihre Mission auf vielfältige Weise mit unverminderter Leidenschaft weiterführte. Dass der baltischen Missionarin von Behördenseite unverminderte Aufmerksamkeit zuteilwurde, beweist der Umstand, dass der »Werro'sche Ordnungsrichter« die Instruktion erhielt,

> von dieser durch ihre besondere Frömmigkeit so ausgezeichneten Dame alles zu entfernen, was dem noch nicht hinlänglich gebildeten Stande der Dienstboten aller Art und den Bauern zu Missverständnissen und Unordnungen Anlass geben könnte und ein wachsames Auge darauf zu haben, dass sich keine Versammlungen und Zusammenläufe bei oder durch gedachte Frau Geheimräthin bilden, und überhaupt dafür zu sorgen, dass die Einsamkeit, in welche dieselbe sich zurückgezogen hat, durch nichts gestört werde, jedoch aber die Mittel zur Erfüllung dieser Vorschriften so zu wählen, dass kein besonderes Verbot hervorscheint, indem gerade vielleicht Verbote und Behinderungen die Neugier und Theilnahme der Menge noch mehr aufregen würden, woher ich Sie denn auch verpflichte, diese meine Vorschrift gegen Jedermann geheim zu halten und überhaupt sich nichts von einem Ihnen in dieser Beziehung von mir ertheilten Auftrage merken zu lassen.[579]

Die Inspektion und Berichterstattung über die Vorkommnisse auf Kosse nahmen den Ordnungsrichter[580] von Werro voll in Beschlag. Am 12. August 1818 schrieb er in einem ersten Bericht, dass die »Frau Geheimräthin« an zwei Tagen in der Woche »auf ihrem Gute für die niedere Klasse öffentliche religiöse Vorlesungen« halte, welche durch Dolmetscher ins Lettische und Estnische übersetzt oder erklärt würden. Nach dem Gottesdienst erhalte der ärmere Teil der Zuhörer eine Mahlzeit. Der Berichterstatter erwähnte auch die geistlichen Lieder, die in den Krüdener'schen Zusammenkünften gesungen wurden, und wies darauf hin, dass diese Lieder »nächstens (...) in estnischer und lettischer Sprache vertheilt werden« sollten. Es war auch die Rede von einigen »Werro'schen Bürgern«, die wiederholt in Kosse waren, den »Bekehrungsvorlesungen zugehört« hatten und von »denselben sehr eingenommen zu sein«[581] schienen. Ein zweiter Bericht vom 2. September 1818 zeigt auf, wie sich die Dinge in Kosse weiterentwickelten. Es ist davon die Rede, dass »die Volksversammlungen auf dem Gute Kosse (...) mit jedem Sonntage« merklich zunahmen:

> Nun wallfahrten auch schon aus den angrenzenden Kirchspielen viele Menschen nach Kosse, so dass dort eine Versammlung von 3-500 Menschen zu finden ist. Die Predigten der Frau Geheimräthin mahnen zu Gottesfurcht und Liebe. Sie sei von Gott gesandt und auf sein allmächtiges Geheiß die für das Jahr 1818 verheißene Prophetin. Ihr Hauptthema ist dass der jüngste Tag und die Auferstehung demnächst erfolgen werden. Auch fängt die Frau Geheimräthin an, Gichtbrüchige und Aussätzige zu heilen, und zwar durch heiße Gebete.[582]

Der Ordnungsrichter von Werro brachte zudem in Erfahrung, »dass die Frau Geheimräthin eine weitläufige Correspondenz mit dem Auslande, St. Petersburg und Moskau hat, besonders mit einem Fürsten Golicyn steht sie in ununterbrochenem Schriftwechsel.« An jenen habe sie sich sogar mit der Bitte gewandt, eine griechisch-orthodoxe Kirche in Kosse errichten zu dürfen, was ihr jedoch aus verschiedenen Gründen nicht gestattet wurde.

Wenige Wochen nach Julies Rückkehr auf ihre Ländereien kam es am 21. September 1818 im Kloster von Petschur, in der näheren Umgebung von Kosse, zu einem geheimen Treffen mit Zar

Alexander I. Während die Baronin in klösterlicher Abgeschiedenheit auf Alexander wartete, schrieb sie einen Brief an den Monarchen, in dem sie bewegt auf die Gründung der Heiligen Allianz vor rund drei Jahren zurückblickte und auf die Dringlichkeit des bevorstehenden Gesprächs hinwies:

> Die Zeit ist gekommen, Ihre Majestät, wo ich mit Ihnen sprechen muss, und die großen Ereignisse, die bevorstehen, machen das Treffen, das Sie die Güte haben mir zu gewähren, von größter Bedeutung. Der Schleier der Missverständnisse und der falschen Meinungen, welcher mich vor Ihren Augen verbirgt, wird zerreissen. (…) Aber es geht keineswegs um mich (…) ich habe Ihnen Dinge von höchster Bedeutung zu sagen, Ihre Majestät, in Bezug auf Preußen. (…) Ich weiß, Ihre Majestät, dass ich Ihnen zur Last falle, dass ich Sie vielleicht kränke, aber Sie sind Christ: Soll ich mich gegen Gott versündigen? Muss es nicht sein, dass ich gehorche und Ihnen das sage, was Sie in dem Moment, wo alle Gefahren drängen, wissen müssen? Mein Gewissen wird ruhig sein.[583]

Mit ihren Prophezeiungen traf die baltische Missionarin ins Schwarze. Nach einem »guten Gespräch mit dem Zaren«[584] schrieb Julie am darauffolgenden Tag an Juliette, die sich zu jenem Zeitpunkt in der Schweiz und in Baden um Auswanderungswillige kümmerte: »Der junge Held hat mir viele Dinge mit dem größten Respekt gesagt. In meinem Herzen sind Hoffnungen aufgekeimt. Er sagte mir, wie sehr die Dinge, die ich soeben erwähnte, Deutschland getroffen hätten.«[585] Sie war bestürzt darüber, als der Zar ihr von den Attentaten auf den preußischen König erzählte. Julie berichtete weiter: »Er sagt, wie die Mission auf erstaunliche Weise gewirkt hat und wie viele Menschen sie mit Sehnsucht erwarteten und erhofften (…) Die großen Zeiten sind da.«[586]

Bewegt von dem Wiedersehen mit Zar Alexander I. unternahm Julie am Michaelistag, dem 29. September 1818, einen ausgedehnten Spaziergang durch Altkosse, den »Wohnsitz der Alten Vietinghofs«[587]. Wieder zurück auf ihrem Gutshof, brachte sie ihre Gedanken und Gefühle in Gestalt eines deutschen Gedichtes auf Papier. Der Blick in die Vergangenheit brachte sie zurück in die Gegenwart und zum Wunsch, ihrem göttlichen Auftrag auch in Zukunft treu zu bleiben, wie folgende Strophen veranschaulichen:

(...)

Leb wohl mein Jugendland, Land meiner Ahnen!
Es rufet mich der fromme Heldenchor –
Es leuchtet mir auf hohen kühnen Bahnen
Der Kindheit goldne Träume vor! (...)

Ist an mich nicht der hohe Ruf ergangen,
Du sollst das Brautvolk sammeln mir,
Durchdrang mich nicht das brennende Verlangen,
Oh Liebe, mich zu opfern dir!

Wars nicht auf Frankreichs blühenden Gefilden,
In der Vogesen tiefer Einsamkeit,
Daß Engel mußten mich für Zeiten bilden
Die noch umhüllt die Nacht der Dunkelheit.

Und späterhin war's nicht auf Frankreichs gränze
Daß mich der Herr zu dem Erwählten sandt'
Und als umweht von der Verkündigung Lenze,
Des Glaubens Lorbeer seine Stirne umwandt.

Verheißen war der Sieg Ihm, und Er siegte:
Und wie ein Schatten floh der Treiber weg,
Und der die Völker Jahrelang bekriegte,
Dem blieben Meere nur zum Steg.

Drum laß, oh Herr! mich noch die Schläfer wecken,
Laß unerschrocken mich vor Frevler steh'n!
Dein starker Arm, mein Gott wird mich bedecken,
Es kann die Liebe nimmer untergeh'n! (...)

Ich folge dir! wer könnte mich noch halten!
Sind's Herrscher? Ist's der Feinde Grimm?
Es haben mich geächtet die Gewalten
Ich aber hörte nur der Liebe Stimm!

Als ich verkündigte den Bund der Gnaden,
Des Königs aller Könige Manifest –
Da drängte Erdenbunde meine Pfade:
Die Fürsten bannten mich; ich aber glaubte fest. –

Ich glaubte fest! wer kann mich länger halten!
Gebt mir das Kreuz das Könige bedräut;
Die Liebe überwindet die Gewalten,
Mein Heiland ziehet mit mir in den Streit. (...)[588]

Julies Blick in die Vergangenheit war auch stets mit Erinnerungen an ihre Kinder verbunden. Besonders oft weilte sie in dieser Zeit in Gedanken bei Philippe. Jener hatte ein schweres Jahr durchlebt. Da er es in Genf nicht mehr ausgehalten hatte, war er nach Montpellier gezogen, wo er sich an der medizinischen Fakultät einschrieb. Aber die Trennung und Einsamkeit von seinem vertrauten Umfeld hatten ihm nicht gutgetan und so war er im Laufe des Jahres 1818 wieder in das Heim seiner Adoptivmutter zurückgekehrt, moralisch und körperlich entkräftet. Diese Neuigkeiten machten Julie sehr betroffen. Am 14. Oktober schrieb sie von Kosse aus an Juliette, dass sie von Herzen hoffe, dass es Philippe durch Gottes Barmherzigkeit bald wieder besser gehen werde. Einige Monate später – im Februar 1819 – wurde Philippe 21-jährig und damit volljährig. Sozusagen als Geschenk zu seiner Volljährigkeit gab sich Claude-Hippolyte Terray seinem Sohn als leiblicher Vater zu erkennen. Es war Terray ein großes Anliegen, seinem Sohn materielle Unabhängigkeit zu ermöglichen. Daher stellte er ihm eine Summe von 76.000 Francs zur Verfügung, welche auf einer Genfer Bank deponiert wurden. Zudem sollte ihm lebenslänglich eine Leibrente ausgezahlt werden. Philippe war überwältigt. In der Folgezeit geriet er deswegen mit seinem Genfer Adoptivvater Gounouilhou aneinander, der die Summe für seine eigenen Geschäfte gewinnbringend einsetzen wollte. Antonie Armand versuchte zu vermitteln und geriet in die Schusslinie der beiden.

Wirken in Kosse, 1818-1820

Auf ihrem Gut sowie in dessen Umgebung, zum Beispiel auf den Hügeln von Meegomäe, hielt Julie mit der Zeit mehrere Male pro Woche Andachtsstunden ab, zu denen die Bauern ihres Gutes sowie aus der Nachbarschaft Alt-Laitzen (*Veclaicene*) kamen. Der livländische Generalsuperintendent Karl Gottlob Sonntag (1765-1827), der Julie aus dem Jahr 1811 kannte, war seit Julies Rückkehr äußerst besorgt um die Orthodoxie der lutherischen Lehre in der Region. Deswegen hatte er den lutherischen Pfarrer Georg Gottfried Marpurg (1755-1835) damit beauftragt, ausführlich über Julies Wirken zu berichten. Dies lag nahe, weil Marpurg für das Kirchspiel Rauge verantwortlich war, den Pfarrbezirk also, dem auch Kosse angehörte. Dies brachte den Pfarrer in nicht geringe Verlegenheit, da seine Haltung der eigenwilligen Baronin gegenüber von großem Respekt geprägt war. Auch die religiösen Schriftsteller und Geistlichen Otto Reinhold von Holtz (1757-1828) und Heinrich Georg von Jannau (1789-1869) waren der adligen Missionarin, die sie im Sommer 1818 besuchten, wohlgesinnt. Marpurgs Rapporte an Generalsuperintendent Sonntag wurden zu einer Mischung aus kritischen Äußerungen einerseits und einem Plädoyer für Julies Wirken und Verhalten andererseits. Zuwider war ihm von Anfang an,

> dass sie die Kossischen Bauern, zu welchen sich aber auch andere benachbarte einfanden, an den Sonntagen zu sich kommen ließ, mit ihnen sang und betete, und sie durch den ersten besten Dolmetscher zur Religion ermahnen ließ, darnach ihnen zu essen und zu trinken gab![589]

Zu Julies Verteidigung ergänzte er in seinem langen Bericht vom 2. November 1818, dass die »sonntäglichen Gottesverehrungen« seiner Kirche durch die Krüdeners'chen »Bauernversammlungen«[590] nicht geschwächt worden seien. Dies führte er nicht zuletzt darauf zurück, dass Julie selbst »die Leute jedesmal ermahnt, fleißig zur Kirche zu gehen«. Aber auch darauf, dass er sich seit ihrem Hiersein »mit größerer Anstrengung und aus allen Kräften bestrebte«, in seinen »religiösen Vorträgen die Wahrheiten unserer heiligsten evangelischen Religion mit allem Nachdruck für Verstand und Herz, in Predigten, Altarreden und Katechisationen der Gemeinde vorzutragen.« Und zwar aus dem Grund, »damit die Leute nicht etwa sagen könnten, auf Kosse von der Frau v. Krüdener und ihrem Dolmetscher etwas Schöneres und Besseres gehört zu haben«.

Seit Julies Ankunft in Kosse sei er bis jetzt viermal privat bei ihr zu Besuch gewesen. »Würde diese sonst in jedem Betracht vortreffliche Frau«[591], schrieb Marpurg, »ihr edles Sein und Thun und liebenswürdige Religiosität nur privatim ausüben, ohne eine Missionarin und Wunderthäterin sein zu wollen, so würde sie ungleich viel reelles Gute stiften zum Seelenheile vieler Menschen.«

Julies »Missionswesen«, wie es Marpurg zu nennen pflegte, sowie die Tatsache, dass die Frau Baronin »Kranke bloß durch ihr und ihrer Umgebung Gebet, ohne Arzneimittel heilen« wolle, gefalle sogar den Bauern nicht.

Ein weiterer Teil des Schreibens widmete sich einer Konfirmation, mit der Marpurg das Missfallen des Generalsuperintendenten auf sich gezogen hatte. Marpurg war bereit gewesen, Carl von Klugen, ein Mitglied von Julies Gefolge, im Alter von 22 Jahren noch als Konfirmand aufzunehmen und in Anwesenheit des gesamten Krüdener'schen Gefolges in der Kirche von Rauge öffentlich zu konfirmieren. In seinem Rapport verteidigte sich Marpurg bezüglich der Konfirmation. Weiterhin verteidigte er die Anwesenheit und das Verhalten von Julie und ihrem Gefolge in der Kirche, indem er sich auf ein früheres Schreiben des Generalsuperintendenten Sonntag bezog:

> (…) zu einer Zeit, wo schon an sehr vielen Orten Reformirte, Lutheraner und auch Katholiken in einer Kirche zusammen gottesdienstliche Verehrungen halten, legen Ew. Magnificenz es dem Krüdnerischen Gefolge für eine *Frechheit* aus, dass sich die Personen bei der feierlichen Confirmation eines ihres lutherischen Mitglieds dem Altar in der Rauge'schen Kirche in religiöser Ehrfurcht nahten, andachtsvoll die Rede mit anhörten und dann bei der Consecration niederknieten, und schreiben mir verweislich: dass ich deren Zudringlichkeit durch einen ernsten wegweisenden Blick von mir hätte abwehren sollen!! Ich sprach von der Liebe unseres für alle Menschen gestorbenen Erlösers und sollte einen ernsten, wegweisenden Wink vom Altare her auf Mitchristen thun, welche bei dem hohen Gedächtnismahle von der starken Liebe Jesu Christi andächtig zuzuhören gekommen und mit tiefster Ehrfurcht vor Ihm niederknieten und mitbeteten! Wie könnte ich das thun? Womit wollen es Ew. Magnificenz beweisen wider mich, dass dadurch die Rauge'sche Kirche entweiht sei? und dies durch meine Schuld? Weil ich den ernsten, wegweisenden Wink von mir aus und vom Altare her nicht auf die Betenden geworfen habe![592]

Ebenso wenig könne die Rauge'sche Kirche dadurch entweiht worden sein, »dass diese Personen nach dem Schlussgebete und Gesang ein Lied (…) auf den Knieen gesungen haben, und dass dies alle Schranken staatsbürgerlich-kirchlicher Ordnung überschreite.« Zur Verteidigung dessen, was Sonntag als »schauspielerisches Improviso« bezeichnete, schrieb Marpurg:

Welche Behörde im russischen Reiche, wo überall die echtchristlichen toleranten Russen in lutherischen Kirchen kommen und während des Gottesdienstes, wie auch hier oft geschieht, vor dem Altar auf ihre Knie niederfallen, sich unter Verrichtung ihres Gebets kreuzigen, würde dies so auslegen, dass dadurch die heilige Stätte entweiht und ich daran schuld wäre? Oder soll ich von nun an die guten Russen, welche in der Rauge'schen Kirche sich kreuzigen und ihr Gebet verrichten wollen, mit einem ernsten, wegweisenden Wink daran hindern? Es sind manchmal zu zehn und mehr Russen in die Rauge'sche Kirche gekommen während des Gottesdienstes und haben vor dem Altar knieend und betend sich gekreuziget – kann man das auch ein schauspielerisches Improviso nennen? – Was das (...) Lied betrifft, welches die benannten Personen an heiliger Stätte gesungen haben, so ist dadurch diese nicht entweiht worden, denn es handelt doch von der Barmherzigkeit Gottes gegen Sünder.[593]

Julies junge Sekretärin Helena Maurer beschrieb in einem Brief vom 8. September 1819 an Pestalozzi das erweckliche und wohltätige Wirken an den Armen und Hilfsbedürftigen in Kosse, denen Julie ihre ganze Kraft und ihren Besitz zur Verfügung stellte. Dabei handelte es sich vorrangig um die Bauern auf dem weitläufigen Gebiet ihrer eigenen Ländereien, aber auch aus benachbarten Regionen. Helena Maurer erwähnte, dass Julies ausgedehnte Güter um Kosse beim Peipussee größer waren als ihr Heimatkanton Schaffhausen in der Schweiz. Obwohl Julie ihren Bauern voller Freude die Freiheit geschenkt hatte, blieben sie auf dem Grund ihrer Herrin. Das Gut zu verlassen, wäre einer Strafe gleichgekommen. Helena berichtete weiter davon, wie »rauhe Soldaten auf dem Gut verpflegt und einer christlichen Gesinnung zugeführt«[594] wurden und schließlich von der Entwicklung der Schule:

> (...) ehe Fr.v.Kr. hier war, konnte man mit Mühe des Winters 9 Kinder in die Schule bekommen, weil ihnen die Eltern von so weitem hätten sollen Essen schicken, od. die Kinder nur trocken Brot essen, das konnte ihr Herz voll Liebe nicht sehen, letzten Winter wurden alle hier gastiert u. es waren mehr wie 50 Kinder.[595]

In Kosse erkannte die junge Helena den Wert einer völlig christlich geprägten Erziehung. »Wie würde es Sie rühren, theurer Vater Pestalozzi«, schrieb sie als ehemaliger Zögling von Pestalozzi, »wenn Sie des Sonntags diese Kinderschar sähen, die von sehr weitem kommen, um zu beten (...) die kleinsten Kinder so bald sie Fr.v.Kr. sehen, falten sie ihre Händchen, weil alle wissen, dass sie von Gott spricht.«[596] Sie brachte ihren Wunsch zum Ausdruck, dass auch in Yverdon eine christliche Erziehung intensiver angestrebt würde. In Kosse, wo eine freie Bauernbevölkerung lebte, ungebrochene Sitten herrschten, die Mütter »ihre Kinder selber bis in ein gewisses Alter lesen, beten u. singen« lehrten, schien ihr die ideale Voraussetzung für Pestalozzis Institut zu liegen. Gemeinsam mit Julie versuchte Helena den herzlich verehrten Pestalozzi dazu zu bewegen, seine Anstalt von Yverdon nach Kosse zu verpflanzen, was jener dankend ablehnte.

Einer Depesche des französischen Botschafters Graf de la Ferronays in Sankt Petersburg zufolge kam es ein Jahr nach dem ersten geheimen Treffen zwischen der Baronin und Zar Alexander I. zu einem erneuten Wiedersehen. Unterwegs nach Warschau habe der Zar im September 1819 einen Umweg gemacht, »um während 24 Stunden Gespräche mit Madame von Krüdener, zurückgezogen in der Umgebung von Riga, zu genießen.«[597]

In der Folgezeit geriet Zar Alexander I. zunehmend in Bedrängnis. Der heftige Widerstand der orthodoxen Geistlichkeit zwang ihn, seine Ambition nach und nach aufzugeben, die Prinzipien des reinen Christentums in der Politik zu verwirklichen. So unterschrieb er unter dem Druck der Orthodoxen am 13. Februar 1820 einen Befehl zur Ausweisung der Jesuiten. Dies führte zu wachsendem Druck auf alle Nicht-Orthodoxen.

Julie konzentrierte sich indessen auf ihre Versammlungen und die wohltätige Arbeit auf ihrem Gutshof. Ansonsten spielte sich das Leben auf Kosse in altbewährter Manier als Salon-Lebensgemeinschaft ab. Julies Gefolge war in der Zwischenzeit wieder auf 40 Personen angewachsen, von denen, gemäß einem Rapport des Ordnungsrichters vom 16. März 1820, mindestens ein Drittel täglich von ihr verköstigt wurde. Zusammen mit ihren großzügigen Spenden an die Armen wirkte sich dies nicht gerade vorteilhaft auf ihre finanzielle Situation aus. Daneben reisten auch immer wieder fromme oder interessierte Gäste an, die gewöhnlich einige Wochen auf Kosse verweilten.

Ein Schreiben von Schwiegersohn Berckheim gibt Aufschluss darüber, dass sich Julie im Frühling 1820 zu dem Entschluss durchrang, öffentlich Zeugnis von den Fehlern ihres Lebens zu geben. Dies hatte zur Folge, dass der Strom von lettischen Besuchern nicht mehr abriss und die Gärten von Kosse zu einem Beichtstuhl wurden. Helena schrieb am 12. Juli 1820, dass »bis 200 Menschen«[598] Julies täglichen Versammlungen beiwohnten. »Man sieht«, so Helena, »wie alles wieder an die erste Kirche anknüpft. Wer kommt, beichtet seine Sünden (…). So bildet sich der Herr eine neue Kirche.«

Ende September 1820 gesellten sich auch Helena Maurers Mutter und einige von Helenas Geschwistern zu Julies Gefolge. Nach der Ankunft in Kosse hatte Julie entschieden, der Mutter ihrer tüchtigen Sekretärin in ihrer finanziellen Not beizustehen und sie mit all ihren Kindern nach Kosse einzuladen. Margareta Maurers engste Freunde, die um die finanzielle Not der Familie wussten, legten ihr ans Herz, das Angebot der Baronin anzunehmen. So verkaufte sie ihr Gut im Mühlental bei Schaffhausen und erreichte im Herbst 1820 mit der Mehrzahl ihrer Kinder Kosse, wo sie als Hausbeamtin in Julies Dienste trat. Die Freude über das Wiedersehen mit ihrer ältesten Tochter Helena war groß. Das livländische Gut Kosse präsentierte sich bei Margaretas Ankunft mit spätsommerlichen Temperaturen von seiner schönsten Seite. Der Herbst hatte Einzug gehalten und verwandelte die livländischen Wälder in eine grün-rot-gelbe Farbenpracht. Die Obstbäume und Felder präsentierten stolz und farbenreich ihre Fruchtbarkeit. Die ersten Zugvögel sammelten sich für ihren langen Flug in den Süden. Margareta war begeistert von der landschaftlichen Perle Kosse in der Nähe des Peipussees. Begeistert schrieb sie in einem Brief vom 28. September 1820 von ihrem Glück,

> bey schönem warmem Wetter mit der lieben Frau von Krüdener auf der neuen Anlage zu spazieren, wo man eine prächtige Aussicht hat auf See und Berg, auf kleine Inseln und auf schöne Fruchtsaat, wo die Birchen, Forren und Tannen einen lieblichen Duft verbreiten.[599]

Aber nicht nur die Landschaft begeisterte Margareta, sondern auch Julies selbstloser und engagierter Dienst an den Armen und Notleidenden. Julie prophezeite der neuen Mitarbeiterin, dass sie einst mit noch größeren Gütern gesegnet werde als im Mühlental. Sie sollte recht behalten.

Schriftstellerei auf Kosse, 1818-1820

Trotz der religiösen Versammlungen und wohltätigen Arbeit fand Julie auf ihrem Gut die ersehnte Ruhe, um ihrer literarischen Leidenschaft wieder mehr Raum zu geben. In den Turbulenzen der Vorjahre war Julies schriftstellerische Tätigkeit in den Hintergrund gerückt. Die wenige Zeit, die der Baronin geblieben war, hatte sie in die umfangreiche Korrespondenz investiert, der sie nur noch dank der Unterstützung von Empaytaz, Helena Maurer und Johann Georg Kellner Herr wurde.

Auch jetzt, nachdem ihr Leben wieder etwas in ruhigeren Bahnen verlief, pflegte Julie regen Briefkontakt zu verschiedensten Persönlichkeiten in ganz Europa, beseelt von dem Anliegen, ihren göttlichen Auftrag zu erfüllen. Besonders intensiv gestaltete sich der Schriftwechsel mit Fürst Golizyn. Viele Briefe richteten sich auch an Zar Alexander I. Obwohl Golizyn und Julie beide russische Staatsangehörige waren, schrieben sie sich in der Regel auf Französisch. Nur vereinzelt gab es deutsche Briefwechsel.

Über die Briefe hinaus entstanden in den letzten Lebensjahren der Baltin jedoch auch Werke, in denen sich die Missionarin in einer Intensität wie nie zuvor mit theologischen Themen auseinandersetzte. Auch hierbei favorisierte Julie – wie viele andere russische Schriftstellerinnen ihrer Zeit – die französische Sprache als internationales Kommunikationsmittel. Ihre geistlichen Schriften sollten eine erbauliche Botschaft zu einem breiten Publikum tragen. Die französische Sprache ermöglichte es ihr, sich an ganz Europa zu richten. Einige Werke wurden aber auch parallel in Französisch und in Deutsch abgefasst.

Zwei Schriften aus den Jahren 1819 und 1820 charakterisieren Julies gefestigte Glaubensüberzeugungen und ihr theologisches Denksystem gegen Ende ihres Lebens ganz besonders: Ihr *Lettre à Heller* (Brief an Heller) sowie ihre Abhandlung *Sur l'éducation des Princes* (Über die Erziehung der Prinzen). Ein Vergleich dieser beiden Schriften zeigt, dass Julies Theologie stets eng mit politischen Themen verwoben war.

Nachforschungen legen nahe, dass es sich bei dem vermeintlichen Adressaten des Briefes an Heller nicht um eine fiktive Person handelte, sondern um Johann Friedrich Heller (1786-1849), einen jungen evangelischen Pfarrer aus Julies livländischer Umgebung, der sich zeitweilig in Schmalkalden aufhielt. Der ursprünglich in Deutsch abgefasste *Brief an Hell*er war in einer französischen Variante überschrieben mit dem Titel: *Brief von Mme von Krüdener an Heller in Schmalkalden, übersetzt von ihr selbst aus dem Deutschen.*[600] Die Ortsangabe *Schmalkalden* lässt eine Symbolik vermuten. In Schmalkalden war es im Jahr 1537 zur historischen Unterzeichnung der *Schmalkaldischen Artikel*[601] des Reformators Martin Luther gekommen, einer Bekenntnisschrift aus Luthers Feder. Julies *Brief an Heller* erinnert vom Aufbau her an die *Schmalkaldischen Artikel* und berührt verschiedene theologische Themen. Dazu gehören die Rückkehr zur Urkirche, Gedanken zur Endzeit sowie eine Rückblende in die Kirchengeschichte. Julie wünschte sich jedoch keine neue Reformation, sondern eine viel grundlegendere Erneuerung und entfaltete im *Brief an Heller* die dazu notwendigen religiösen Grundlagen. Christsein bedeutete für sie keineswegs, sich von der Welt abzuwenden, sondern vielmehr, jene in der Kraft des Evangeliums zu verändern.

Die in Kosse abgefasste Schrift *Über die Erziehung der Prinzen* entstand anlässlich der Geburt des Herzogs von Bordeaux am 4. November 1820. Dabei handelte es sich um den Sohn von Charles Ferdinand von Bourbon, Herzog von Berry, der im Februar 1820 in Paris von einem Attentäter ermordet worden war. Der kleine Henri de Bourbon-Artois kam folglich sieben Monate nach der Ermordung seines Vaters zur Welt. Der posthum geborene Thronerbe wurde als Wunderkind gefeiert. *Über die Erziehung der Prinzen* zeigt, dass Julie auch im russischen Exil aktiv und interessiert das weltpolitische Geschehen – in diesem Fall die Geschehnisse in Frankreich – verfolgte. Die Schrift war durchdrungen von Julies unverändertem, leidenschaftlichem Anliegen, dass es tatsächlich zur Umsetzung christlicher Prinzipien in der Politik auf der Grundlage der Heiligen Allianz von 1815 kam. Zur Bekräftigung ihres Anliegens führte sie Beispiele aus der Kirchengeschichte an, indem sie unter anderem auf Kaiser Konstantin, Basilius oder Ambrosius verwies.

An die Königin Karoline, so lautet der Titel eines deutschen Gedichtes, das Julie am 2. Oktober 1820 schrieb. Das Gedicht ist

Teil einer bisher nicht erschlossenen deutschen Gedichtsammlung aus den Jahren 1818-1822. Der Zusammenhang legt nahe, dass es sich bei der Adressatin um Caroline Amalie Elisabeth von Braunschweig-Wolfenbüttel (1768-1821) handelte. Carolines Ehe mit ihrem Cousin, dem Prinz von Wales, verlief von Anfang an äußerst unglücklich. Nach vielen Jahren, in denen das Königspaar getrennte Wege ging, bestieg Carolines Ehemann im Jahr 1820 als Georg IV. den Thron von England. Er fordert von seiner Frau, sich künftig des Namens und der Rechte einer Königin von England zu enthalten und nie nach England zurückzukehren. Caroline jedoch zog am 6. Juni unter dem Jubel des Volkes in London ein. In den Folgemonaten wurde sie von einem Lord im Parlament des Ehebruchs angeklagt. Diese Anklage wurde zum Beginn eines skandalösen Prozesses. Die Öffentlichkeit stand jedoch so klar hinter seiner Königin, dass die Anklage im November 1820 fallen gelassen werden musste. Julies Gedicht *An die Königin Karoline* fällt in die Zeit des Prozesses. Die Baltin machte der Königin deutscher Abstammung Mut, zu ihrer Schuld zu stehen:

> Was will man von dir Königin / in deinem Engelland
> und stellt dich vor die Britten hin / und prüft dein Eheband!
>
> Sey muthig deutsche Königin / und scheue nicht das Licht!
> Erscheine nur als Sünderin / die Engel richten nicht.
>
> Doch kommst du nicht als Sünderin / denn ists um dich gethan!
> O tugendhafte Königin, / dann klagt dich alles an![602]

Die Baronin von Krüdener forderte die Königin von England dazu auf, ihre Schuld ins Reine zu bringen und die erfahrene Barmherzigkeit »im großen heiligen Bund«[603] zu bezeugen. Das Gedicht dokumentiert, dass neben Julies Hingabe an die Armen nach wie vor auch Mächtige und Herrscher mit großen Einflussmöglichkeiten im Fokus von Julies Aufmerksamkeit standen. Sie sah es als ihren Auftrag an, jene auf den rechten Weg zu bringen. Sie wünschte sich von Herzen, dass sich Herrschende Gott aufrichtig zuwandten und dadurch auch ihre Untertanen mit dem christlichen Glauben in Berührung kamen.

Parallel zum Versuch ihrer Einflussnahme auf den Hochadel

setzte sich Julie für eine christliche Erneuerung der Gesellschaft von unten, von den Ärmsten her, ein. Für ihre Bauernbevölkerung schrieb sie mithilfe eines Dolmetschers estnische Schriften mit religiösem Inhalt.

Neben vielen weiteren Schriften und theologischen Abhandlungen nahm sich Julie viel Zeit, auf ihr Leben zurückzublicken. So brachte sie in Kosse ihre Kindheits- und Jugenderinnerungen auf Papier. Andere Erinnerungen verarbeitete sie in Gedichten.

Des Weiteren plante Julie einen neuen religiösen Roman. Es handelte sich um eine Verteidigung der christlichen Religion, eingebettet in die Bekehrungs- und Liebesgeschichte des Juden Joel und der Jüdin Esther. Umfangreiche, aber unvollständige Manuskripte liegen sowohl in Deutsch als auch in Französisch vor. In der deutschen Rohfassung ist nicht zu übersehen, wie intensiv sich Julie mit dem jüdischen Glauben auseinandergesetzt hatte. Dies wohl nicht zuletzt deshalb, weil sie den Juden als dem Volk Gottes – speziell in endzeitlicher Hinsicht – eine bedeutende Rolle zumaß. Überraschend sind die vielen Ergänzungen in hebräischer Schrift, anhand welcher einzelne Begriffe oder ganze Bibelstellen vom Urtext her entfaltet wurden. Selbst wenn es sich dabei nicht um Julies Handschrift handelt, kann auf der Grundlage verschiedener Zeugenaussagen davon ausgegangen werden, dass Julie der biblischen Ursprachen Hebräisch und Griechisch mächtig war.

Zu keinem anderen Zeitpunkt brachte Julie ihre theologischen Überzeugungen so klar und bestimmt auf den Punkt wie in jenen Jahren. Durch intensives Bibel- und Literaturstudium war sie stets darum bemüht, ihren Wissenshorizont zu erweitern.

Zu Besuch in Sankt Petersburg, 1821

Eine schwere Erkrankung ihres Schwiegersohns Franz Karl von Berckheim, an der auch der russische Kaiser starken Anteil nahm, veranlasste Julie im Januar 1821 dazu, nach Sankt Petersburg aufzubrechen, um ihn zu besuchen. Ihr Schwiegersohn hatte wiederholt ausdrücklich nach ihrer Gegenwart und ihren Gebeten verlangt. Die Reise führte über Dorpat (heute *Tartu* in Estland), wo Julie großes Aufsehen erregte. »Die Frau Geheimräthin v. Krüdener«, rapportierte der Dorpat'sche Polizeiminister Gessinsky,

> war auf der Poststation abgetreten und erhielt den andern Morgen einen so zahlreichen Besuch aus allen Ständen der Stadt, vorzüglich aber von den angesehensten Damen, von Studirenden, auch einigen Professoren und Lehrern, und sogar auch von Leuten aus der Dienstklasse, denen sie öffentliche Vorträge hielt, was sie die ganze Zeit ihres Aufenthalts ununterbrochen vom Morgen bis zum Abend beschäftigt hat. Die Zimmer waren zu jeder Tageszeit von Zuhörern aus allen Klassen angefüllt. Die Gegenstände ihres Vortrages waren aus ihren personellen Verhältnissen großentheils hergeleitet und von dem Bekenntniß ihrer eigenen Sündenlast begleitet, durch die sie zur Erkenntniß des wahren Heils gelangt sei, indem Selbstüberwindung, Beten und Beschäftigungen mit dem Heilande sie zu einer Lehrerin der Religion bildeten. Ferner hat sie Ermahnungen ihren Zuhörern gehalten, Erläuterungen über die Bibel gegeben und schwärmerisch ihre Beredsamkeit auf mannigfache Weise an den Tag gelegt. (...) Nicht unberührt darf ich lassen, daß die Frau Geheimräthin v. Krüdener in französischer Sprache der Versammlung eine humane Begegnung der Bauern empfohlen hat.[604]

Am 21. Januar 1821 passierte Julie zum ersten Mal seit vielen Jahren wieder die Tore von Sankt Petersburg. Die Stadt rief viele Erinnerungen in ihr wach. Hier hatte sie ihren Großvater mütterlicherseits als Kind oft besucht und hier war ihr Vater in ihren Armen gestorben. Auf direktem Weg eilte sie in das Haus ihres schwer kranken Schwiegersohns und ihrer Tochter. Mit Hingabe widmete sie sich der Pflege des Kranken. Sie betete mit ihm und las ihm auf seinen Wunsch hin Bibelstellen und geistliche Texte vor. Franz Karl von Berckheim war glücklich darüber, dass die Schwiegermutter seiner Bitte gefolgt war.

Julies Ankunft in Sankt Petersburg waren allerlei Gerüchte vorausgeeilt. Dazu gehörte das Gerede, dass der Zar der Baronin die Einreise nach Sankt Petersburg nur unter gewissen Auflagen gestattet habe. Peter von Goetze, der Geheimrat von Fürst Alexander Golizyn, wollte diesem Gerede auf den Grund gehen und fragte bei seinem Chef Golizyn nach. Auf seine Frage, ob es wahr sei, dass der Zar Frau von Krüdener die Einreise nach Sankt Petersburg nur unter der Bedingung erlaubt habe, »sie solle Niemanden vor sich lassen und keine Betstunden halten«, antwortete der Fürst verneinend. »Sie habe gar keiner Erlaubniß bedurft, um hierher zu kommen, und dem Kaiser sei die Härte, mit der ihr Marquis Paulucci in Livland begegnet, unangenehm gewesen.«[605] Zar Alexander I. selbst war nicht in der Stadt, als Julie ankam. Er nahm im Anschluss an den *Troppauer Fürstenkongress* von Januar bis Mai 1821 am *Laibacher Kongress* teil. Die Unterzeichner der Heiligen Allianz rangen sich dort zur Entscheidung durch, militärisch gegen gewisse revolutionäre Erhebungen in Neapel und Spanien vorzugehen, was für viele einem Verrat an den Prinzipen der Heiligen Allianz gleichkam. Auch Paul von Krüdener gehörte zu den Teilnehmern am Laibacher Kongress. Zar Alexander I. hatte ihn eingeladen. Besorgt schilderte Paul seiner Mutter die Entscheidungen und aktuellen Entwicklungen, die seiner Meinung nach keinen guten Lauf nahmen. Was seine Aufgabe als Botschafter in der Schweiz betraf, erteilte ihm sein Herrscher strenge Anweisungen bezüglich Maßnahmen bei den Kantonsstreitigkeiten.

Zumindest aus der Ferne wollte der Zar jedoch seine geistliche Freundin willkommen heißen, indem er einem Brief aus Laibach (*Ljublijana*, Slowenien) vom 8. Februar 1821 folgende Bemerkung anfügte: »Wenn Frau v. Krüdener angekommen ist, sagen Sie ihr tausend liebevolle Dinge von meiner Seite, ebenso den Berckheims.«[606] Fast identische Grüße wiederholten sich in weiteren Briefen.

Die Freude und Erleichterung war groß, als sich Baron von Berckheim in der Folgezeit langsam von seiner schweren Krankheit erholte. Wie es den Gepflogenheiten einer adligen Dame und der Familientradition entsprach, hatte Juliette in Sankt Petersburg nach dem Vorbild ihrer Großmutter und Mutter einen eigenen Salon eröffnet. Diesen stellte sie ihrer Mutter nun als Handlungsraum zur Verfügung. Julies langjährigem Freund Fürst Golizyn war es ein großes Anliegen, dass sein Mitarbeiter Peter von Goetze die baltische Missionarin kennenlernte. Vorbereitend klärte Golizyn seinen Mitarbeiter über die Botschaft seiner außergewöhnlichen Freundin auf:

> Die Krüdener (…) ist der Welt ganz abgestorben. Sie besitzt eine hinreißende Beredsamkeit. Ihre Ansichten sind oft sonderbar. Ueber gewöhnliche Gegenstände des Lebens äußert sie sich nicht. Ihre Unterhaltung betrifft immer nur die Religion.[607]

Wenig später kam es im Salon Berckheim zum ersten Zusammentreffen zwischen dem jungen Peter von Goetze und der Baronin von Krüdener. Gemäß Goetzes Aufzeichnungen saß Julie »auf einem kleinen hölzernen Schemel neben dem Sopha (...) die großen blauen Augen meist gen Himmel gerichtet.«[608] Minutiös hielt der junge Geheimrat den Inhalt ihrer Botschaft fest: »Nachdem das Gespräch einige andere Gegenstände berührt hatte, begann Frau v. Krüdener alsbald über ihre Mission zu sprechen.«[609]

> Es ist eine große Zeit, in der wir leben. Die Felsen schreien und die Erde thut sich auf, Könige fallen von ihren Thronen und neue Völker entstehen in der Geschichte. Das Alte ist überall abgestorben, und die großen Genien in der Literatur haben aufgehört.

Sie erzählte, wie oft sie »Personen, die das Unglück hatten auf dem Thron geboren zu sein, ermahnt habe, den ernstlichen Entschluss zu fassen und sich ganz zu Christum zu wenden.« Mitten in ihrer Rede wandte sie sich direkt an Peter von Goetze und forderte ihn auf, sich ganz Jesus zuzuwenden: »Fallen Sie nieder vor dem Herrn, so lange Ihre Knie noch nicht steif sind, so lange noch das Edle in Ihrem Herzen wohnt. Man nähert sich ja einem großen Herrn in der gebührenden Art, warum nicht auch Gott?«[610] Während sie ihn bei der Hand fasste, sagte sie: »Nehmen Sie (...) nun zu Herzen, was ich Ihnen gesagt habe oder spotten Sie darüber, aber ich habe aus innerer Ueberzeugung, die mir von Gott geworden ist, gesprochen.« Peter von Goetze wohnte noch weiteren Unterredungen »dieser merkwürdigen Frau« bei.

> Obgleich ich niemals ihre Andachtsstunden besuchte und ihr auch öfters widersprach, was sie mir übrigens nicht übel nahm, hatte sie mich dennoch in besondere Affektion [Zuneigung, D.S.] genommen, überhäufte mich jedesmal mit liebreichen Vorwürfen, dass ich sie so selten besuche und pflegte beim Abschiede mich auf die Stirn zu küssen. So, sagte sie, thue sie es auch mit dem Fürsten Galitzin.[611]

Neben ihrem Wirken im Salon ihrer Tochter Juliette war Julie auch als Habitué in den Salons der Schwestern Anna Sergeevna Golizyna und Sofia Sergeevna Mescherskaja anzutreffen. Lange vor ihrer Ankunft in Sankt Petersburg hatte die Baronin von Krüdener für Gesprächsstoff in den Salons der Metropole gesorgt. Speziell die Korrespondenz zwischen Roxandra Sturdza und der

Salonnière Sophia Swetchine hatte der Salongesellschaft als Informationsquelle gedient. Julies Bezüge zur russischen Salongesellschaft waren vielschichtig und intensiv. Bei ihrer Ankunft in Sankt Petersburg konnte sie auf ein gesellschaftliches Netzwerk zurückgreifen, das ihr Handlungsmöglichkeiten und Unterstützung bot.

Die fromme Prinzessin Anna Golizyna, für die auch der Zar aufrichtige Bewunderung empfand, stellte der baltischen Freundin ihren Salon großzügig zur Verfügung. Julie wurde schnell zum Gegenstand des öffentlichen Interesses. Menschen aus allen Gesellschaftsschichten und Berufsgruppen strömten im Salon Golizyna zusammen, »um die berühmte Heilige zu sehen.«[612]

> In St. Petersburg erregte Frau v. Krüdener lebhaftes Interesse: in dem Hause ihrer Freundin, der Fürstin Anna Galitzin, fanden sich Reiche und Arme, hohe Staatsbeamte und Militärs, Aristokraten und Handwerker ein, um die berühmte Heilige zu sehen.[613]

In den Salons empfing Julie alle Gesellschaftsklassen mit derselben Herzlichkeit. Sie verteilte religiöse Schriften der Russischen Bibelgesellschaft, gab Almosen und sprach viel von ihrer Mission. Johann Georg Kellner unterstützte sie dabei. Fürst Gabriac, der französische Interimsbotschafter in Russland, war damit beauftragt worden, seinen Minister in Paris ganz offiziell über die religiösen Entwicklungen in Sankt Petersburg zu informieren. In seinem Bericht vom 13. Juni 1821 erwähnte er auch die Baronin von Krüdener, die vor einiger Zeit angekommen sei. Zunächst habe sie nur wenige Menschen gesehen, doch mit der Zeit habe sie sich wieder mit Hingabe der religiösen Unterweisung gewidmet. Diese Religion, die Frau von Krüdener »katholisch, aber keineswegs römisch«[614] nannte, bezeuge sie jetzt in Sankt Petersburg und bald auch auf dem Land, wo sie sich mit der Prinzessin Mescherskaja auf dem Weg von Zarskoje Selo (heute *Puschkin*) niederlassen werde. Tatsächlich begleitete Julie die Prinzessin während der Sommermonate in das Landhaus ihrer Schwester Anna Golizyna auf der Wyborgischen Seite von Sankt Petersburg. Auch hier strömten bald die unterschiedlichsten Menschen zusammen. So übte Julie nicht nur im Salon Berckheim und im Salon Golizyna, sondern auch im Salon Mescherskaja großen Einfluss aus.

Sofia Sergeevna Mescherskaja, eine Vertraute des russischen Zaren, war bekannt für ihren wohltätigen Einsatz im Bereich der Gefängnisarbeit, ihr Engagement für die Bibelgesellschaften und damit verbunden für die Abfassung und Übersetzung religiöser Traktate. Der Agent der Britischen Bibelgesellschaft Robert Pinkerton zeigte sich gleichermaßen beeindruckt von der Begegnung mit Sofia Mescherskaja wie der Quäker William Allen.

In seinem Bericht wies Gabriac das Gerücht zurück, dass die Gunst der Öffentlichkeit Julie gegenüber im Jahr 1821 in Sankt Petersburg stark geschwächt sei. Er habe keinen Anlass, dies zu glauben. Die Beliebtheit ihrer religiösen Kurse sowie die regelmäßige Anwesenheit des Kultusministers Golizyn sowie des Oberhofmeisters und bekannten Mystikesr Košelev zeugten seiner Meinung keinesfalls davon, dass Julie an Ansehen eingebüßt hatte. Abgesehen von den Salonaktivitäten bemühte sich die Baronin wie gewohnt mit großem Eifer darum, das Schicksal unglücklicher und leidender Menschen zu erleichtern. Dies brachte ihr in Sankt Petersburg den Beinamen »Mutter der Armen«[615] ein.

Das imposante Salonnetzwerk der russischen Metropole ermöglichte Julie die freundschaftliche Verbindung mit vielen hochrangigen Persönlichkeiten. Zu diesen gehörten auch bedeutende griechische Staatsmänner wie Ioannis Kapodistrias, der später das erste Staatsoberhaupt des befreiten Griechenlands werden sollte. Julie und Kapodistrias kannten sich bereits seit ihrer Begegnung 1815 in Heidelberg. Des Weiteren kam es hier zu einem erneuten Wiedersehen mit Kapodistrias' Sekretär Alexander Sturdza. Gemäß dem Zeugnis einer adligen Zeitgenossin wurde Julie von vielen Gebildeten für eine inspirierte Botschafterin des Christentums gehalten. Ihr Einfluss auf die Leute in ihrer Umgebung, auch auf jene, die orthodox blieben, sei von großer Bedeutung gewesen. Dies bezeugt auch Julies Besuch bei dem erblindeten russischen Dichter Iwan Iwanowitsch Koslow (1779-1840). Jener hatte ihren Besuch nachdrücklich gewünscht. Auch der russische Diplomat Nikolai Turgenew (1789-1871) sowie dessen Bruder, der russische Historiker Alexander Turgenew (1784-1845), sympathisierten mit der baltischen Missionarin.

In Sankt Petersburg erhielt Julie außerdem einen Brief von Alexander Stakiev, dem unglücklichen Verehrer ihrer frühen Ehejahre und Held ihrer *Valérie*. Stakiev drückte Julie in dem Brief seine tiefe Hochachtung und seine Verbundenheit aus. Er sei glücklich, sie zu kennen, bedaure jedoch sehr, sie nicht sehen, hören und ihrem Beispiel folgen zu können. Er habe mehr als einen Fehler gemacht und brauche ihren Rat und ihre Entschuldigung. Das sei der einzige Weg des Heils für ihn. Er vertraute sich ihr an und bat Gott darum, ihre Tage zu bewahren. Stakiev lebte seit vielen Jahren zurückgezogen in Sankt Petersburg und konnte sich nicht zu einer persönlichen Begegnung mit der Baronin überwinden.

Die religiös-politisch angespannte Atmosphäre der Stadt verlieh den Diskussionen in den Salons eine besondere Prägung. Julie stellte die politischen Themen jeweils in einen engen Bezug zum christlichen Glauben. Inspiriert durch die Anwesenheit der vielen griechischen Staatsmänner in ihrer Salonrunde, die sich alle so sehr die Freiheit für ihr unterdrücktes Land wünschten, thematisierte Julie auch des Öfteren den griechischen Aufstand. An keinem anderen Ort war der Widerhall auf dieses Thema so groß wie in Sankt Petersburg. Es war zu jener Zeit wahrscheinlich das spannungsvollste Thema am russischen Hof. Die Augen Griechenlands waren auf Zar Alexander I. und die Griechen seines Vertrauens wie Kapodistrias und Ypsilanti gerichtet. Julie nahm kein Blatt vor den Mund und sah in der Befreiung der Griechen die Erfüllung eines göttlichen Auftrags und in Zar Alexander I. das Instrument, diesen Auftrag auszuführen. Diese Überzeugung fand auch in ihrem Aufsatz *Sur la libération de la Grèce* (Über die Befreiung von Griechenland) aus dem Jahr 1821 Ausdruck, der in den Salons rege Verbreitung fand. Unverblümt rügte die Baronin die passive Haltung des russischen Hofes, die Griechen ihrem Schicksal zu überlassen.

Julies Verhalten verschärfte das Dilemma, in dem sich der russische Zar befand. Ihm war nicht unbekannt, »wie sehr sein ganzes Volk wünschte, er möge sich der unglücklichen, glaubensverwandten Griechen annehmen.«[616] Nicht nur Golizyn und andere seiner Freunde, sondern auch die orthodoxe Hierarchie forderten ein Eintreten für die unterdrückten Glaubensgeschwister. Alexander I., der von allen Seiten extrem unter Druck stand, befürchtete, dass Julie mit ihren enthusiastischen Reden das Interesse für die Griechen noch stärker entfachen würde, und hielt es daher für nötig, sie zum Schweigen zu bringen. Die Art und Weise, wie er dies tat, zeigte, dass sein Wohlwollen für sie keineswegs erloschen war und dass er sich ihr noch immer verpflichtet fühlte. Im Laufe des Sommers 1821 schrieb der Zar Julie einen achtseitigen handschriftlichen Brief. In dem Brief erörterte er, »wie schwierig es für ihn sei, mit dem Jahrhunderte fortzuschreiten und dem Hülferufe der Griechen Folge zu leisten; wie sehr er wünsche dem Willen Gottes zu gehorchen, aber dieser Wille sei ihm noch nicht klar geworden.«[617] Er befürchte, einen falschen Weg einzuschlagen, wenn er Neuerungen begünstige, die schon »so viele Opfer gekostet und so wenige Menschen glücklich gemacht hätten.« Am stark von Metternich dominierten Laibacher Kongress hatte sich Zar Alexanders Überzeugung gefestigt, dass eine Unterstützung des griechischen Freiheitskampfes der Unterstützung einer Rebellion gegen die gesetzliche Gewalt gleichkäme, was den Prinzipien der Heiligen Allianz zuwiderliefe. Darin stimmte er mit der Argumentation Metternichs überein. Des Weiteren betonte er seine Verpflichtung, »nicht anders als gemeinschaftlich mit seinen Alliierten vorzugehen.« Erst nach dieser Rechtfertigung rügte er Julie für die Freiheit, die sie sich herausnahm, seine Regierung und ihre Handlungen zu kritisieren. Unter Berufung auf ihre »Pflicht als Unterthanin und als Christin« forderte der Zar sie auf, die heikle Thematik entweder nicht mehr öffentlich anzusprechen oder die Stadt zu verlassen.

Die Aufgabe, der Baltin diesen Brief vorzulesen, war Alexander Turgenew anvertraut worden. Julie war dankbar für diese rücksichtsvolle Geste. Mit Alexander Turgenew, Golizyns Mitarbeiter und Sekretär der Russischen Bibelgesellschaft, verband Julie eine freundschaftliche Beziehung. Turgenew fiel es sichtlich schwer, der Baronin, die seine Mutter hätte sein können, den Brief des Monarchen vorzulesen. Julie hörte sich die Lesung »mit Ehrerbietung« an und bat Turgenev, »ihrer lebhaften Erkenntlichkeit für die Zartheit und Schonung, mit welcher der Monarch seinen Willen kundgethan«[618] habe, Ausdruck zu verleihen.

Ein Brief an Golizyn, abgefasst vom 13. bis 15. August 1821 in

Cohirowa, brachte Julies große Enttäuschung über die Haltung des russischen Kaisers in der Griechenfrage zum Ausdruck. Sie riet Golizyn, das Leid der Griechen noch viel stärker an die Öffentlichkeit zu tragen, öffentliche Gebets- und Bußakte durchzuführen, wie im Jahr 1812, als Russland unter dem Schock des Brandes von Moskau gestanden hatte. Julies Schreiben schloss mit der Bitte: »Bevor ich den Kaiser verlasse, möchte ich ihn noch einmal sehen.«[619] Nach der Zustimmung des russischen Monarchen kam es am 7. September 1821 in einem Bauernhaus nach rund zwei Jahren zu einem weiteren, streng geheimen Treffen zwischen der Baronin und Zar Alexander I. Eine anonyme Begleitperson berichtete über die Begegnung: »Ihre Majestät erwartete unsere Ankunft und Frau von Krüdener wurde mit viel Zuneigung empfangen. Der Kaiser schenkte [ihr, D.S.] höchste Aufmerksamkeit; ich bewunderte seine Bescheidenheit.«[620] Der ausführliche Bericht von Julies junger Sekretärin Helena Maurer bestätigte diese Aussagen in allen Belangen. Beim Abschied sagte Alexander I. zu Julie, dass er jetzt nach Polen reise und sie in sechs Wochen wiedersehen werde. Golizyn gegenüber äußerte der russische Monarch, dass er »die Baronin genauso vorgefunden hatte, wie sie in Paris war«.[621]

Bereits am selben Tag bekam die Polizei von dem streng geheimen Treffen Wind. Wenig später gelangten verzerrte Meldungen an die Öffentlichkeit. Der Zar wurde von Fehlinformationen, die ein schlechtes Licht auf Julie warfen, überhäuft. Das geplante nächste Treffen sechs Wochen später fand nicht statt. Helena Maurer schrieb: »Der Kaiser kam nicht«.[622] Es reihte sich Missverständnis an Missverständnis.

Gegen Weihnachten 1821 bat Julie um ein weiteres Treffen. Zar Alexander I. war unter von ihm festgelegten Konditionen der Geheimhaltung bereit zu einem klärenden Gespräch. Doch es sollte nicht dazu kommen. Kurze Zeit vor dem geplanten Treffen wurde dem Zar der Artikel einer englischen Zeitung überbracht: Darin ging es um einen Minister, der zum Zaren kam, um eine Verfügung von ihm unterschreiben zu lassen, woraufhin der Zar zu ihm sagte: »Unterbreiten Sie ihn zuerst Frau von Krüdener«. Die Szene war mit einer zynischen Karikatur illustriert. So und ähnlich wurde der Zar aufgrund der bekannt gewordenen Verbindung zu Julie zur willenlosen Marionette degradiert und der Lächerlichkeit preisgegeben. Parallel dazu verleumdeten einflussreiche Geistliche – allen voran der bekannte russische Archimandrit[623] Fotij Spasskij – Julie bei den religiösen Autoritäten Russlands als Verführerin und Ketzerin. Auch vonseiten der Politik schlug Alexanders Umgang mit Julie hohe Wellen. Spasskij, dessen religiöser Einfluss in Sankt Petersburg stetig zunahm, entwickelte sich zu einem der erbittertsten Feinde der baltischen Missionarin. Er bezichtigte sie öffentlich eines falschen christlichen Glaubens. Rückblickend auf ihr Wirken im Jahr 1821 in Sankt Petersburg äußerte er später:

> Krüdener war eine Frau von bösem falschchristlichem Glauben, mit herausragenden Begabungen, auch im hohen Alter. Sie behauptete, sie sei von oben inspiriert. Die Rede von ihr verbreitete sich von einigen Jüngern so schnell, dass ganz Petersburg Frau Krüdener sehen und hören wollte, als wäre sie ein neues Wunder (…) Unter den angesehensten Adligen beeilten sich Männer, Frauen, Mädchen, dieses Weib Krüdener als ein neues wunderbares Orakel zu hören (…) In den Fängen von Tatarinova und Krüdener war sogar der Minister der geistlichen Angelegenheiten [Alexander Golizyn, D.S.] gefangen.[624]

All dies brachte Zar Alexander I. so in Rage und Bedrängnis, dass er Golizyn damit beauftragte, Julie den Ausreisebefehl zu überbringen. So wurde Julie zu Beginn des Jahres 1822 schließlich von Alexander I. zur Ausreise aufgefordert. Julie war zutiefst verletzt darüber. Zusammen mit ihren Begleitern zog sie sich vorerst auf Anna Golizynas Landhaus vor Sankt Petersburg zurück. In einem letzten leidenschaftlichen Brief, den die baltische Missionarin am 2. Mai 1822 an den russischen Monarchen richtete, verteidigte sie die Zuverlässigkeit ihrer früheren Vorhersagen und formulierte neue:

> Ja, Ihre Majestät, auch wenn es Ihnen nicht gefallen könnte, es ist mir unmöglich, nicht die Wahrheit zu sagen! Napoleon ist lebendig, er wird mit den Türken wiederkommen, England wird sich in einer Allianz des Nordens mit Schweden und Dänemark vereinigen.[625]

Julie war sehr wohl bewusst, dass Napoleon I. rund ein Jahr zuvor gestorben war. Sie prophezeite vielmehr die offensive Rückkehr des napoleonischen Geistes und seiner Familie. Tatsächlich sollte sich Napoleon III. später mit der Türkei und mit England verbünden, um Zar Nikolaus I. im Jahr 1855 auf der Krim zu besiegen. In dem Brief erinnerte Julie Alexander I. auch an gemeinsame Erlebnisse und drückte ihre Enttäuschung darüber aus, dass es nicht zu dem geplanten Treffen gekommen war. In der Hoffnung, dass Gott sie »noch einmal in die Nähe dieses großen und edlen Herzens bringe, das niemand so gut kenne«[626] wie sie, da sie um dessen »erhabene Bestimmung« wisse, reise sie jetzt ab und kehre mit Frieden in die Täler von Kosse zurück.

Viele waren erleichtert, als die Unruhestifterin die Umgebung von Sankt Petersburg endlich verließ. Andere waren entrüstet darüber, wie man mit der baltischen Baronin umgesprungen war, und plädierten für ihre sofortige Rückkehr. Turgenew erwähnte in seinen Erinnerungen viele Personen, die behaupteten, ohne sie nicht leben zu können, so auch der erblindete Dichter Koslow. Viele Adlige und hochrangige Persönlichkeiten sprachen sich voller Sympathie über Julies Aufenthalt in Sankt Petersburg aus.

Rückzug nach Kosse, 1822

Das Landgut Kosse empfing die Rückkehrer in herrlicher Frühlingsblüte. Die Natur erwachte zum Leben und weckte neue Hoffnung. Nach den turbulenten Monaten in Sankt Petersburg wurde es nun wieder stiller um Julie. Die Menschen strömten nicht mehr in denselben unüberschaubaren Scharen wie früher zu ihr. Trotzdem herrschte immer noch reger Betrieb auf dem Wohnsitz der Baronin. Die Andachten und Versammlungen wurden fortgeführt, Besucher aller Art herzlich willkommen geheißen. Nach dem Umgang mit den vielen hochrangigen Persönlichkeiten in der russischen Metropole widmete sich Julie nun wieder mit unverminderter Hingabe ihren Bauern und anderen Notleidenden. Julies Gutshof war laut Margareta Maurer-Fischer, der Hausbeamtin von Kosse, ein »heiliger Ort«, ein »Asyl für Unglückliche, Kranke und Arme«.[627] Die ganze Familie Maurer sprach in ihrer

Korrespondenz nur mit größtem Respekt von ihrer Gönnerin Frau von Krüdener. Helenas Bruder Konrad bedauerte in einem Brief vom 18. August 1822 aus Kosse:

> Schade, dass Frau von Krüdener so allgemein verkannt und nur von wenigen erkannt ist! Denn wo sind diejenigen, die sich aus dem großen Leben herausreissen, um in der Stille den Armen [zu dienen, D.S.] und ihren Reichtum mit ihnen zu teilen?[628]

Familie Maurer hatte Julie stets gegen Anschuldigungen der Schwärmerei verteidigt. Sie sahen in ihr keine Schwärmerin, sondern vielmehr »das personifizierte Verlangen der Volksseele nach einer neuen Verbindung mit Gott«[629], wie Margareta Maurer zu sagen pflegte.

Besorgt verfolgte Julie nach ihrer Rückkehr aus Sankt Petersburg die religiösen Entwicklungen im Land, die nichts Gutes verhießen. Im August 1822 wurden in Russland alle geheimen Gesellschaften verboten. Julies griechischer Freund Kapodistrias hatte als Beschützer aufständischer Griechen seine Gunst bei der russischen Regierung eingebüßt und musste das Land verlassen. Am *Veroneser Kongress*, dem Zar Alexander I. vom 20. Oktober bis 14. Dezember 1822 beiwohnte, setzte sich die Politik von Metternich gegenüber derjenigen von Zar Alexander I. durch. Der Kongress lehnte es ab, die griechische Unabhängigkeitserklärung anzuerkennen. Viele Entscheidungen des Veroneser Kongresses wurden zu Vorboten eines einsetzenden Zerfalls der Heiligen Allianz. Das Prinzip der religiösen Toleranz fiel in sich zusammen, was einschneidende Konsequenzen nach sich zog. Paul von Krüdener war in jener Zeit stark von innerschweizerischen Kämpfen herausgefordert. Seinem weisen Verhalten innerhalb dieser Streitigkeiten war es zu verdanken, dass es nicht zu mehr Ausschreitungen und Kämpfen in der Schweiz kam.

Besonders hart traf Julie im Mai 1823 der Tod ihres langjährigen Mitarbeiters Johann Georg Kellner. Am 19. Mai schrieb Franz Karl von Berckheim in Sankt Petersburg einen Brief an Spittler in Basel und informierte ihn über das Ableben seines ehemaligen Mitarbeiters. Darüber hinaus dokumentierte der Brief, dass Kellner gewissermaßen zu einem Teil der Familie geworden war, was seinen Verlust besonders schmerzlich machte:

Unser lieber Freund Kellner ist heimgegangen. Am Palm-Sonntage (...) ist er an einer Brustentzündung erkrankt und am folgenden Oster-Sonntage, den 30. März, in dem seligen Gefühle der Erbarmungen Gottes in Jesu Christo eingegangen zu seines Herrn Freude. Seit dem Jahre 1819 führte er ein mit Christus in Gott verborgenes Leben, der Welt verhüllet, in der seine innere Führung ihm nicht mehr erlaubte, aufzutreten, aber offenbar den Seelen, die ihm die Vorsehung zuführte, durch Mittheilung einer wesentlichen Salbung der Liebe. (...) Ich ersuche Sie, diese Nachricht allen lieben Mitverbundenen mitzutheilen. Der Verewigte, der während seiner letzten Lebensjahre mir und meiner Gemahlin der liebste Freund auf Erden geworden, hat oft mit zarter Freundschaft besonders seiner Freunde in der Schweiz gedacht.[630]

Es warteten schwere Zeiten auf Julie. Nach dem Tod von Kellner vermisste sie ihre Familie umso mehr: Juliette und Franz, die in Sankt Petersburg lebten, Sophie, Paul und Philippe in der Schweiz. Vor allem der Gedanke an Philippe lastete schwer auf ihrem Herzen. Mehr und mehr von seinem leiblichen Vater angezogen, hatte sich Philippe im Herbst 1821 einen Pass ausstellen lassen, um sein Medizinstudium in Paris weiterzuführen. Motiviert dort angekommen, war der nächste Akt in Philippes Lebensdrama gefolgt: Die Medizinschule hatte ohne jegliche Vorwarnung oder Angabe der Dauer ihre Pforten geschlossen. Völlig desorientiert war Philippe nach Genf zurückgekehrt, wo er von niemandem erwartet wurde. Er fühlte sich überall unerwünscht und fiel in eine tiefe Depression. Sein Bachelor in Philosophie, den er im Frühling 1822 in Genf gemacht hatte, half ihm auch nicht weiter. Er dachte daran, in ein Kloster einzutreten oder wünschte sich den Tod. Nicht einmal Madame Armand gelang es, zu ihm durchzudringen. In ihrer Verzweiflung wandte sie sich an Ostern 1823 in einem Brief an Baron von Berckheim. Armand gestand, dass ihr der psychische Zustand von Philippe Angst mache und flehte Berckheim an, dem jungen Mann zu schreiben und ihm seine Freundschaft zu schenken. Immer wiederhole er, dass er ohne Namen, ohne Familie und ohne Heimatland sei. Sein leiblicher Vater Terray versuche seine Sache so gut wie möglich zu machen, so Armand, und gebe ihm weise Ratschläge. Der Brief spiegelte etwas von der Verzweiflung des 25-jährigen Philippe wider, zeugte aber auch von der ungebrochenen Hingabe und Liebe, die Antonie Armand ihrem Adoptivsohn schenkte. Julie brach es fast das Herz, als sie von dem Zustand ihres Sohnes erfuhr.

Armands Hilfeschrei fand vielfaches Echo in der Familie Krüdener. Erst recht nachdem Julie ihre Kinder und Schwiegersohn Berckheim endlich darüber aufklärte, wer Philippe in Wirklichkeit war! Die ganze Familie war bereit, bei der Rettungsaktion des Halbbruders mitzuhelfen. Alle boten sie Philippe ihre Hilfe und Freundschaft an.[631] Philippe war überrascht und berührt von so viel Zuwendung, auch wenn viele Fragen offen blieben.

Julie war dankbar für den aktiven Einsatz ihrer Kinder. Sie war gesundheitlich angeschlagen und fühlte ihre Kräfte von Tag zu Tag schwinden. Was erst später erkannt wurde: Die Baronin von Krüdener war an einem schweren Krebsleiden erkrankt. Im Januar 1824 ordnete Julie in Kosse ihre Sachen, in der Gewissheit, dass sie nicht mehr lange zu leben hatte. In Sankt Petersburg begannen sich die Berckheims ernsthafte Sorgen um den Gesundheitszustand der geliebten Mutter und Schwiegermutter zu machen. Auch Helena und Margareta Maurer, die sich mit großer Hingabe um Julie kümmerten, zeigten sich besorgt. Das eindringliche Zureden von Juliette, Franz Karl und Freundin Anna Golizyna bewegte Julie schließlich dazu, sich deren Vorhaben, eine christliche Kolonie auf der Krim zu gründen, anzuschließen. Julies Familie und Freunde hofften, dass sich der Klimawechsel positiv auf ihre Gesundheit auswirken würde.

Immer konkreter wurde unter den Geschwistern Krüdener und Berckheim auch die Idee thematisiert, Philippe mit auf die Krim zu nehmen. In Absprache mit der Fürstin Golizyna wurde schließlich eine formelle Einladung an Philippe verschickt mit der Frage, ob er und seine Verlobte sich den Berckhheims, Julie, Fürstin Golizyna und den weiteren Auswanderern anschließen wollten. Nachdem auch Terray seinen Segen zu diesem Vorhaben gegeben hatte, schien der Ausreise ans Schwarze Meer nichts mehr im Weg zu stehen. Terray sah darin einerseits eine Chance für Philippe, in der neuen Heimat sein medizinisches Wissen anzuwenden, andererseits hofften alle, dass Philippe sein Leben in der Fremde und im Schoße der mütterlichen Familie wieder in den Griff bekäme.

Während sich alle eifrig in Reisevorbereitungen stürzten, erhielt Julie am 29. Januar 1824 eine Nachricht von Golizyn, dass Zar Alexander I. sehr krank gewesen sei, sich aber auf dem Weg der Besserung befinde. Julies Herz war voller Sorge und Anteilnahme. Ungeachtet ihrer eigenen Schwäche, sandte sie Zar Alexander I. am darauffolgenden Tag in respektvoller Zuneigung eine Nachricht und ersuchte ihn, sie zu ihm kommen zu lassen, damit sie mit ihm beten könne. In einem Schreiben vom 23. Februar 1824 antwortete der Zar, dass er gewillt sei, sie zu sehen, dass aber kein Mensch etwas davon erfahren dürfe. Er legte unabänderliche Bedingungen für das Treffen fest. Es sollte direkt vor ihrer Abreise auf die Krim an einem geheimen Ort stattfinden. Das Treffen wurde voller Spannung und Hoffnung erwartet. Doch bereits am 6. März – noch bevor sie Kosse verlassen hatte – erreichte Julie die Nachricht, dass kein Treffen stattfinden werde. Ein unglücklicher Zwischenfall mit einem ehemaligen Gefolgsmann der Baronin hatte Alexander I. zur Entscheidung geführt, das Treffen mit Julie abzusagen. Julies ehemaliger Begleiter war beim öffentlichen Predigen verhaftet und in den Berichten des Gouverneurs als Schüler der Baronin von Krüdener identifiziert worden. Der Zar wollte in der ohnehin schon angespannten religiösen Situation in Sankt Petersburg nicht riskieren, sich mit Julie zu treffen, während ihr Name Gegenstand einer laufenden Untersuchung war. Juliette hielt in ihrem Tagebuch fest, dass schwer in Worte zu fassen sei, wie sehr dieser Brief ihre Mutter und ihre engsten Mitarbeiter bekümmert habe. Sie hatten so große Hoffnungen in dieses Wiedersehen gesetzt.

Fürst Golizyn wurde damit beauftragt, Julie in einem Schreiben wissen zu lassen, dass der Zar »sehr verärgert«[632] darüber sei, ihr letztes Ersuchen ausgeschlagen zu haben, aber dass es ihm unmöglich gewesen sei, anders zu handeln. Der Brief offenbarte allerdings noch einen anderen Grund für die Zurückweisung der baltischen Missionarin: Der massive Druck, den die orthodoxe Geistlichkeit und die Polizei auf den russischen Monarchen ausübten. Im Zuge der Aufhebung der religiösen Toleranz war die Russische Bibelgesellschaft aufgelöst und die Orthodoxie zurückgerufen worden. Selbst Golizyn und Košelev, die langjährigen Freunde, geistlichen Berater und Mitarbeiter von Zar Alexander I., blieben nicht verschont und wurden im Jahr 1824 ihrer geistlichen Ämter enthoben.

Reise auf die Krim, 1824

Am 19. Mai 1824 brachen die Reisewilligen in Kosse auf. Sie begaben sich nach Sankt Petersburg, wo sie so lange die Gastfreundschaft von Anna Golizyna genießen durften, bis die *Barken* – ihr Wassertransportmittel und Zuhause für die folgenden Wochen – reisefertig waren. Fünf Barken an der Zahl sollten die Reisegruppe wolgaabwärts transportieren. Margareta Maurers Beschreibung lässt auf eine Gruppengröße von 20-30 Personen schließen. Julie bewohnte gemeinsam mit Anna Golizyna, Juliette von Berckheim und Helena Maurer die erste Barke. Auf der zweiten Barke befanden sich Margareta Maurer mit vier Töchtern und weiteren Damen. Die dritte Barke war die Küche. Auf der vierten befanden sich Margaretas Söhne Jacob und Hermann mit einigen weiteren Herren. »Auf der 5. hielten sich die Bedienten [Bedienstete, D.S.] und Weiber [Mägde, D.S.] der Fürstin [Anna Golizyna, D.S.] auf. Jede Barke hatte 3 bequeme Zimmer«[633], schrieb Margareta Maurer in die Schweiz.

Die abenteuerliche Reise nahm ihren Anfang am Ladogakanal, den Julies Urgroßvater, der Generalfeldmarschall von Münnich, 100 Jahre zuvor angelegt hatte. Nun erlebten sie am eigenen Leib, wie es vor ihnen schon unzähligen Auswanderern ergangen war. Auf der Wolga passierten sie Jaroslawl, Nischni Nowgorod, Kasan und Samara. Am 8. Juli 1824, als sie jene Gegenden hinter sich ließen, hielt Juliette ganz aufgeregt in ihrem Tagebuch fest, dass sie heute zum ersten Mal in ihrem Leben ein Dampfschiff gesehen hätten. Das erste Dampfschiff auf der Wolga war im Jahr 1817 vom Stapel gelaufen. Juliette war absolut begeistert, diese Innovation der Schifffahrt mit eigenen Augen zu sehen.

Am 19. Juli 1824 erreichten sie Saratow, wo sie einen zweistündigen Halt einlegten und an Land gingen. Ein anonymer Augenzeuge schilderte, wie Julie sofort nach ihrer Ankunft »zwey dortige protestantische Geistliche zu sich laden«[634] ließ und »eine lange Konferenz« mit ihnen abhielt. Saratow hatte sich bereits in der zweiten Hälfte des 18. Jahrhunderts zur Metropole der Wolgadeutschen entwickelt. In den Jahren um Julies Geburt waren die deutschen Kolonisten dorthin eingeladen worden. Sie hatten diese Region in einen blühenden Garten verwandelt und einen wesentlichen Beitrag zur gesellschaftlichen und wirtschaftlichen Entwicklung geleistet. Aufzeichnungen jener Zeit machen deutlich: Die Baronin von Krüdener war in den Kolonien ein Begriff. Daher ging die Durchreise der bekannten baltischen Missionarin und Fürsprecherin der Kolonien unter den Kolonisten nicht ohne Aufsehen vor sich: In die Vorträge der Reisegesellschaft »drängten sich oft viele andächtige Landsleute, fast Allen erklärte Frau von Krüdener aber, dass sie jezt zu schwach sey, ihnen Trost und Rath zu geben.«

Auch im Städtchen Dubowka, wo später die mennonitische Ansiedlung Eichenfeld entstand, gingen die Schiffsreisenden an Land. Über Zarizyn (seit 1925 *Wolgograd*) und Rostow erreichte die Reisegruppe am 15. August 1824 schließlich Theodosia (heute *Feodossija* in der Ukraine). Am 31. August 1824 fasste Margareta Maurer die Reise folgendermaßen zusammen:

> Wir machten bey 6000 Werst zu Wasser, und Gott führte uns durch Sturm und Wetter. Wir litten zweimal Schiffbruch, einmal auf dem Assowischen Meer und einmal auf dem Donfluss. Meine Söhne hatten das Glück, Kinder und Weiber zu retten.[635]

Von Theodosia aus reiste Baron von Berckheim voraus nach Karasubasar (heute *Bilohirsk* in der Ukraine), um eine Unterkunft zu organisieren. Dort wollten sie rasten, bis eine Weiterreise zur Südküste der Krim möglich würde. Vor allem Julie benötigte dringend eine Zeit der Regeneration nach der langen und beschwerlichen Reise. Für die Weiterreise an die Südküste stand vonseiten der Berckheims und Anna Golizyna klar das Anliegen im Vordergrund, am Zielort eine neue Kolonie zu gründen.

Die Krim wies eine beachtliche Anzahl von Einwanderern aus der Schweiz und Deutschland auf. Die ersten Krimsiedler waren 1804 aus Zürich und Umgebung auf der Halbinsel Krim eingetroffen, wo sie 1805 mit hartem Frondienst in der wunderschönen Landschaft nördlich der Handelsstraße Theodosia–Karasubasar den Grundstein zur Kolonie *Zürichtal* gelegt hatten. Durch Zuzügler aus den Kreisen der Erweckten hatte sich Zürichtal in den Folgejahren zur wohlhabendsten und vornehmsten Siedlung der mittlerweile zahlreich gewordenen deutschen Kolonien auf der Krim entwickelt. Es war eine herrliche Gegend, ein kleines Paradies. Ideal zur Erholung nach der strapaziösen Reise. Ein Geistlicher beschrieb seine Siedlung einige Jahre später wie folgt:

> Zürichtal ist von der Natur in mehrfacher Beziehung begünstigt. Es liegt in der Nähe vom nordöstlichen Vorsprung des krimmischen Gebirges, an dem auf demselben entquellenden Bache Jendol. Von Osten her verdeckt dem Wanderer eine lange, den Bach einfassende Hügelkette den Anblick des Dorfes, bis er an deren mit Weingärten besetzten Abhange in dasselbe eintritt. Nach Westen zu liegt es frei und ist schon stundenweit sichtbar mit seinen rothen Ziegeldächern. Gegen Norden begrenzt ein anmuthiges Wäldchen von wilden Obstbäumen, Rüstern, Ulmen, Weiden und Silberpappeln und im Süden entfaltet das benachbarte Gebirge eine wahrhaft liebliche Schweizerlandschaft. Am Bache finden sich Gärten und Wiesen. Er treibt eine Mühle mit zwei Gängen, deren Einkünfte zum Besten der Gemeinde verwendet werden. (...) Nur hier, am Bergesfluss und nahe am Wald, vom Bach umgrenzt und an laufenden Brunnen konnten die Zürcher eine zweite Heimat finden.[636]

Von 1805 bis 1810 waren sieben weitere Mutterkolonien durch Siedler aus Württemberg, Baden und der Schweiz entstanden. Die ersten Ansiedlungswellen gingen somit auf eine Zeit zurück, in der Julie noch keinen Einfluss durch ihre Erweckungspredigten genommen hatte. Allerdings hatten sich später zahlreiche weitere Siedler – unter Berckheims Aufsicht – dazugesellt, die durch die Predigten der Baronin zur Auswanderung angeregt worden waren.

Während Julie in Theodosia auf die Rückkehr ihres Schwiegersohns wartete, nahm sie nur vereinzelte Besuche an, um geistliche Unterhaltungen zu führen. Sie bedauerte, dass ihre Kräfte nicht für mehr ausreichten. Ihre Ankunft war von vielen aufgeregt erwartet worden. Die Nachricht, dass die große Predigerin der Auswanderer eingetroffen war, verbreitete sich wie ein Lauffeuer. Verschiedentlich hatten ausgewanderte Chiliasten in ihren Briefen an zurückgebliebene Verwandte in der Schweiz Bezug auf Julie genommen und auf neue Hinweise von ihr gehofft, wie ein Schreiben aus der Kolonie Mariental bei Odessa aufzeigt:

„Auch haben wir immer etwas Besonderes von der bekannten Gräfin [Julie, D.S.] erwartet, von welcher wir aber hier gar nichts mehr hören können. Wir erwarten oder sind wenigstens begierig auf eure Nachrichten, ob sie uns nicht neuen Aufschluss geben, wie viel Uhr es sein möchte.[637]

Wie viele andere Kolonisten, brannte der Autor dieses Briefes darauf, von Julie zu erfahren, wie nah die erwartete Wiederkunft Christi zeitlich herangerückt war.

Mittlerweile war es Baron von Berckheim gelungen, in ebenjener fruchtbaren Region zu der auch die Kolonie Zürichtal gehörte, eine ansehnliche Unterkunft in der näheren Umgebung von Karasubasar zu organisieren. Unter Berckheims Führung zogen seine Schwiegermutter und die übrigen Neuankömmlinge im September 1824 in ein großes Schloss auf einer Anhöhe neben der Stadt Karasubasar. Nach der Einquartierung in Karasubasar lebte Julie laut Zeitzeugen sehr zurückgezogen: »(...) sie ließ sich öffentlich nie und privatim wenig sehen, nahm nicht gern Besuch an und gab keinen zurück.«[638] Dies war nicht weiter verwunderlich angesichts der Tatsache, dass die Kräfte der Baronin von Tag zu Tag mehr schwanden. Etwas lag ihr jedoch trotz ihrer Schwäche ganz speziell auf dem Herzen: Sie wollte denjenigen Menschen, die ihr am nächsten standen, einen Brief schreiben. Dazu gehörten ihre geliebten Kinder und die Herzensfreundin Antonie Armand. Juliette konnte sie mündlich sagen, was ihr auf dem Herzen lag. Sie war bei ihr und kümmerte sich mit größter Hingabe um die geliebte Mutter.

Bezüglich Sophie quälten Julie starke Gewissensbisse. Lange vor ihr hatte ihre Stieftochter die ungute Verbindung zu Fontaines und Marie Kummer erkannt und ihre Mutter vergeblich mehrfach vor ihnen gewarnt. Julie hatte wiederholt heftig reagiert und die beiden immer wieder in Schutz genommen. Dies hatte schließlich zur Abreise und einer vorübergehenden Distanzierung von Sophie geführt. Julie hatte sich später zwar in aller Form bei Sophie entschuldigt, aber nun wollte sie dies auf schriftlichem Weg noch einmal ganz offiziell tun.

Ihrem Erstgeborenen Paul schrieb Julie nach Bern:

Was ich Gutes getan habe, wird bleiben: was ich Böses getan (denn wie oft habe ich für die Stimme Gottes gehalten, was nur Frucht meiner Einbildung und meines Stolzes war), die Barmherzigkeit meines Gottes wird es auslöschen. Ich habe Gott und den Menschen nichts als mein zahlreiches Unrecht darzubieten, aber das Blut Jesu reinigt mich von aller Sünde.[639]

Dann folgte der schwierigste Brief, derjenige an Philippe! Julie fühlte, dass es an der Zeit war, das Schweigen, dem sie sich verpflichtet hatte, zu brechen. Angesichts ihres nahen Lebensendes konnte sie nicht anders, als ihren schwermütigen Sohn wissen zu lassen, wie unendlich groß ihre Liebe zu ihm seit jeher war. Sein Schicksal lastete schwer auf ihr. Gebrochenen Herzens richtete Julie in einem Brief vom 21. September, abgefasst im Schloss von Karasubasar, folgende Worte an Philippe:

> Ich breche ein Schweigen, das Ihr und mein Herz viel gekostet hat (…) Teures und innig geliebtes Kind, wie haben auch Sie gelitten an diesem Schweigen! (...) Mein für mich manchmal so schmerzhaftes Schweigen, wenn ich mein Kind leiden sah, war es eine Barbarei, eine Einbildung? (…) Endlich sehen Sie mich Sie in Gedanken an mein Herz drücken und Sie sehen mich Sie um Vergebung bitten für alles, worin ich Fehler begehen konnte. (…) Eine Familie, die Sie zärtlich liebt, öffnet Ihnen die Arme, erwartet Sie hier (…) Werde ich dies sehen? Wird mein Herz das Ihre an sich selbst drücken? Ich bin krank, lieber Philippe, betagt, aber Gott weiß alles. Beten Sie für mich. Lieben Sie mit einer grenzenlosen Dankbarkeit Ihre Freundin Armand; sie war seit Ihrem jungen Alter Ihre Mutter (…) Oh! Verzeihen Sie mir, Sie, den ich so zärtlich liebe; verzeihen Sie mir jeden Kummer, lieber Philippe. Dass der Gott der Barmherzigkeit Sie behüte und Sie erfreue und Sie hierher führe! Ich lege Sie zu Füßen unseres großen Erlösers (…) Der heilige Segen des Herrn möge auf Ihnen ruhen! Was könnte ich Besseres wünschen, liebes Kind? Ich umarme Sie und bin mit Liebe diejenige, die Sie nicht verkennen können.[640]

In einem Brief bat Julie ihre Freundin Armand um Vergebung für alles, was jene ihr vorwerfen könnte. Sie hatte in ihr eine Seelenverwandte gefunden und für Philippe die bestmögliche Adoptivmutter.

Bald war Julie rund um die Uhr auf Pflege angewiesen. Eine junge Livländerin sowie zwei deutsche Mädchen unterstützten Juliette in der Pflege. Helena Maurer konnte zu ihrem großen Bedauern nicht mithelfen, da sie auf der Reise selbst krank geworden und zu jenem Zeitpunkt noch rekonvaleszent war. Eines der beiden deutschen Mädchen, Emilie, war Julie besonders ans Herz gewachsen. Emilie war in den Kolonien groß geworden. Wenn sie an der Reihe war, Julie zu pflegen, war dies immer eine besondere Freude für die Baronin. Erwartungsvoll lauschte sie Emilies Berichten vom Leben in den Siedlungen. Sobald sich Emilie zurückzog, war Baron von Berckheim an der Reihe. So wie Julie ihm wenige Jahre zuvor in seiner schweren Krankheit eine Stütze gewesen war, war er es nun für sie. Ihre Augen leuchteten auf, wenn der Schwiegersohn an ihr Bett trat und ihr aus *Teerstegens Blumengärtlein*, einer Sammlung von geistlichen Liedern und Andachten, vorlas. Besonders lieb war ihr das Lied Nr. 77 mit dem Titel *Aufmunterung zu Liebe und Vertrauen*:

1. Kinder, liebet Und betrübet
Nicht durch Argwohn euern Freund,
Der euch stündlich Unergründlich
Liebet und von Herzen meint!

2. Arges Denken Herzenskränken
Und kein Herzensbessern bringt;
Bleibt nicht ferne! Gott hilft gerne,
Wer sich kindlich zu ihm dringt.

3. Ja, ihr Kinder, Wir sind Sünder,
Doch nimmt Jesus Sünder an;
Kommt mit Demut, Klagt's mit Wehmut,
Und dann sei's wie nicht getan!

4. Liebet, liebet! Gott, der giebet
Sich den Liebenden umsonst;
Da verschwinden Alle Sünden
Wie ein Strohhalm in der Brunst.

5. Nahet freier Zu dem Feuer
Dieser großen Jesuslieb',
Bettelt kühne, Wenn's auch schiene,
Daß er euch von dannen trieb'!

6. Seinen Armen Und Erbarmen
Überlaßt euch, wie ihr seid!
Ihm ankleben, In ihm leben
Wirket alle Heiligkeit.

7. Mutterherze, Unser Schmerze,
Unser Elend lieget bloß;
Wir ersenken Unser Kränken
Und uns selbst in deinen Schoß.

8. Schließe drinnen Herz und Sinnen!
Du hast uns gemacht für dich
Und erlesen, Selig's Wesen,
Dir zum Lustspiel ewiglich.

9. Weil du liebest Und dich giebest,
Halten wir auch nichts zurück,
Mit Vertrauen Auf dich schauen,
Auf uns selbst mit keinem Blick.

Julie war es höchst unangenehm, dass sie zum Beten nicht mehr aufstehen und niederknien konnte. Aber es tat ihr gut, wenn Berckheim des Nachts mehrere Stunden bei ihr war und auf ihren Wunsch hin mit lauter Stimme betete. Sie sprach mit ihrem Schwiegersohn ganz offen über den baldigen Tod und ihre damit verbundenen Ängste. Ein plötzlicher Wintereinbruch ließ die zahlreichen Kolonisten aus der Schweiz und Deutschland in Karasubasar und Umgebung sehr leiden. Julie war tieftraurig darüber, dass sie den Armen und Leidenden aufgrund ihrer eigenen Schwäche nicht mehr helfen konnte wie früher.

Am 22. November 1824 feierten sie alle gemeinsam Julies 60. Geburtstag. Die Baronin freute sich wie ein kleines Kind über einige Blumen, Kuchen und Konfitüre, die sie glücklich an ihre Lieben verteilte. Überhaupt sei kaum zu merken gewesen, dass eine Kranke im Haus war, so Juliette in einem Brief an Sophie. Bei niemandem sonst habe sie eine größere Sanftmut und Ergebenheit beobachtet. Julies größte Sorge war es, den anderen zur Last zu fallen. Sie war dankbar für die kleinsten Dinge und freute sich an der herrlichen Aussicht. Juliette schrieb an ihre Geschwister in der Schweiz:

> Die Aussicht aus ihrem Zimmer war ziemlich schön: Man sah die Stadt, kräftige große Bäume und wir hatten ziemlich schöne Tage im Dezember; sie ließ das Fenster öffnen und beobachtete mit Genuss die letzten Sonnenstrahlen, sie freute sich darüber, die Küste zu sehen, in der Hoffnung, dass es denjenigen, die sie liebte, gelingen würde, sich auch dort anzusiedeln; sie war oft besorgt um euch alle.[641]

Ab Anfang Dezember 1824 machte Julie keinen Hehl aus ihrer Vorahnung, dass sie bald sterben würde. Innerlich durchlitt sie »die große und letzte Vorbereitung«[642] eines letzten Glaubenskampfes, so Juliette:

> Sie hatte nur Tränen anzubieten, nur das Blut des Erretters, um die Flecken der Sünden abzuwischen; sie sah nur ihre Nichtigkeit angesichts der göttlichen Majestät an den Pforten des Heiligtums; sie fand sich selbst mit Lumpen bedeckt, und schrie – wie David[643] – Tag und Nacht (...): ›Wer wird mir meine verborgenen Fehler aufdecken, wer wird mir Flügel der Taube geben?‹[644]

Juliette fand ihre Mutter morgens oft tränenüberströmt und auch am Abend weinte sie noch und sprach mit Gott über das, was sie beschäftigte. Wie gerne hätte Julie in dieser Zeit auch »Paul, Philippe, Sophie, ihre Armand« um sich gehabt und mit ihnen über das gesprochen, was ihr auf dem Herzen lag. Aber sie musste alles loslassen. In den letzten Wochen ihres Lebens erhielt sie keine Neuigkeiten mehr von ihren Lieben, obwohl sie sich so sehr darüber gefreut hätte. In Kosse war die Post verloren gegangen.

Am 15. Dezember versammelte Julie ihre engsten Begleiter um sich. Obwohl sie sehr geschwächt war, betete sie mit großem Eifer für alle Versammelten. Anschließend wünschte sie mit kaum vernehmbarer Stimme das Kreuzzeichen. Wenige Tage später nahm sie freudig den Anbruch des Weihnachtstages wahr und lobte Gott ein letztes Mal mit klarer Stimme. Am 25. Dezember 1824 trat sie im Vertrauen auf ihren Erlöser ihre letzte Reise an.

Kapitel 8

Abschied & Vermächtnis

1824 bis heute

Bei Julies Bestattung wurde ihrem Wunsch entsprechend aller Pomp vermieden. Ihre sterblichen Überreste wurden vorübergehend in der örtlichen armenischen Kirche begraben, in der Absicht, sie später in die griechisch-orthodoxe Kirche zu überführen, die Anna Golizyna in Koreis an der Südküste errichten wollte. Zwei Wochen nach Julies Tod reisten ihre Lieben an die Südküste weiter, wo Anna Golizyna viele Güter gekauft hatte. In Koreis wurden sie sesshaft. Gemeinsam mit Fürstin Golizyna investierte sich das Ehepaar Berckheim in den Folgejahren voller Hingabe in den Aufbau einer Kolonie. Auf diese Weise wollten Juliette und Anna Julies Mission weiterführen. Margareta, die ehemalige Hofbesitzerin bei Schaffhausen, wurde – wie von Julie prophezeit – eine selbständige Gutsbesitzerin, ebenfalls im Süden der Krim. Ihre Kinder fanden allesamt geachtete Stellungen. Helena Maurer wurde nach Julies Tod Sekretärin von Anna Golizyna. Ihr Bruder Johannes wurde von der Fürstin adoptiert und ihr späterer Gutsverwalter. Über den Tod ihrer Freundin schrieb Margareta Maurer: »Sie starb als Opfer ihres großen Berufs.«[645]

In den ersten Jahren nach Julies Tod erfuhr ihre letzte Ruhestätte in Karasubasar große Aufmerksamkeit. Es fanden Pilgerreisen zu ihrem Grab statt und nicht wenige erlebten Wunder. Auch das Schloss, in dem Julie starb, war den Reisenden bekannt. Der St. Galler Daniel Schlatter (1791-1870), der auf seinen Missionsreisen auch die Krim erreichte, hielt in seinen Erinnerungen fest:

> Auf einer Anhöhe neben der Stadt liegt ein großes Schloß, in welchem die weltberühmte Baronin von Krudener starb, kurz nachdem sie von St. Petersburg aus die Reise die Wolga herunter bis Sarepta, auf dem Don in's Asowsche Meer und der Krimm gemacht hatte.[646]

Zu den Besuchern von Julies Grabstätte gehörte auch Zar Alexander I. Die Nachricht vom Tod der baltischen Baronin hatte ihn zutiefst erschüttert. Sein Leben wurde seit einigen Monaten von Schicksalsschlägen überschattet. Im Jahr 1824 hatte er seine einzige und geliebte Tochter aus dem Verhältnis mit Madame Naryschkine verloren. Überdies war Sankt Petersburg zur Zeit von Julies 60. Geburtstag von einer Sturmflut heimgesucht worden, die ganze Teile der Stadt überflutet und viele Tote gefordert hatte. Zar Alexander I. erkannte darin eine Strafe Gottes für seine Sünden. Getrieben vom Bedürfnis nach Distanz, Ruhe und Klärung entschied er sich für eine Reise nach Taganrog, einer Hafenstadt in Südrussland an der Küste des Asow'schen Meeres. Der Zar hoffte, dass er von dort aus eine Bleibe für seine gesundheitlich angeschlagene Ehefrau finden würde. Vor seiner Abreise verfasste er ein geheimes Testament, in dem er die Thronfolge im Falle seines Ablebens regelte. Es sei nicht unbekannt gewesen, so Golizyns Mitarbeiter von Goetze, »dass der Kaiser sich schon seit Jahren mit dem Vorsatze trug, dem Thron zu entsagen und den Rest seiner Tage in einem verborgenen (…) Aufenthaltsorte zuzubringen.«[647]

Auf der Suche nach einer geeigneten Unterkunft führte Alexanders Reise von Taganrog auf die Krim. In Koreis kam es am 26. Oktober 1825 zu einem Wiedersehen mit dem Ehepaar Berckheim. In einem privaten Gespräch mit Baron von Berckheim erklärte der Zar seinem Mitarbeiter den Anteil, den er am Ableben von Julie hatte, und wollte voller Anteilnahme wissen, ob sie die Küste noch habe sehen können. Auch die Fürstin Anna Golizyna empfing den russischen Monarchen und langjährigen Freund mit großer Herzlichkeit und führte ein mehrstündiges Gespräch mit ihm. Sie erzählte ihm von Julies letzten Lebensmonaten, ihrem Sterben und ihren letzten Worten und legte ihm die Papiere vor, die Julie dem Zar versiegelt hinterlassen hatte. Daraufhin machte sich Alexander I. einem Gelübde entsprechend auf den Weg nach Karasubasar, um am Grab der verstorbenen Freundin zu beten. Nach einer weiteren langen, geheimen Unterredung mit Anna Golizyna kam Zar Alexander I. am 17. November 1825 erschöpft und krank wieder in Taganrog an, wo er am 1. Dezember 1825 einem Fieber erlag.

Nach und nach geriet die Baronin von Krüdener in Vergessenheit. Ein Brief von Helena Maurer an Paul von Krüdener legte 20 Jahre später die Vermutung nahe, dass Julies Leichnam nie nach Koreis überführt wurde, da der Sarg schon zu sehr verfallen war. Alles dort sei verwildert und trist, schrieb Helena. Es breche einem das Herz, wenn man daran denke.

Die Reaktionen auf Julies Tod waren so unterschiedlich wie diejenigen zu ihren Lebzeiten. Goethe zum Beispiel machte auch nach ihrem Hinscheiden keinen Hehl aus seiner Abneigung gegenüber der verstorbenen Baltin. Am 29. Juni 1825 ließ er Kanzler Friedrich von Müller wissen: »So ein Leben ist wie Hobelspäne; kaum ein Häufchen Asche ist daraus zu gewinnen, zum Seifensieden.«[648] Trotzdem empfahl er Müller, Julies *Valérie* zu lesen.

Der livländische Generalsuperintendent Sonntag, der Julie in ihren letzten Lebensjahren oft kritisiert hatte, widmete ihr einen Nachruf, der Anfang 1825 in den Riga'schen Stadtblättern erschien. Die »dogmatischen Meinungen und Betreibungen«[649] ihrer letzten Lebensjahre hätten ihm verboten, die »interessante frühere Bekanntschaft« wieder aufzunehmen, ließ er verlauten. Aber weit davon entfernt, »von diesem Blatte aus Nesseln auf ihr Grab zu werfen«, urteilte Sonntag letzten Endes taktvoll: »Für jedes Menschenleiden und Menschenbedürfniß hatte ihr Herz das tiefste, reinste, thätigste, selbstvergessendste, sich selbst aufopfernde Mitgefühl.«

In einem Pariser Salon begegnete Biograf Eynard einige Jahre nach Julies Tod ihrem früheren Geliebten Charles de Frégeville. Seine militärischen Verdienste für Frankreich hatten dem ehemaligen Divisionsgeneral und Großoffizier der Ehrenlegion eine Inschrift auf dem West-Pfeiler des Triumphbogens[650] in Paris eingebracht. Seine Zuneigung zur Baronin von Krüdener blieb bis ins hohe Alter ungebrochen. Nach der Begegnung schrieb Frégeville in einem Brief an Eynard, dass er sie verehrt habe, und dass die reine Ehrerbietung ihr gegenüber lange Zeit das Glück seines Lebens gewesen sei. Er bedaure zutiefst, sie nicht mehr gesehen zu haben, »als sie sich mit Hingabe dafür aufgeopfert hatte, die Menschheit über ihre wahren Interessen aufzuklären; über das Wissen, dass man sich in dieser Welt nur Glück erhoffen kann, wenn man die Vorschriften des göttlichen Buches befolgt, das Jesus Christus uns hinterlassen hat.«[651]

Am allermeisten litten Julies Kinder unter dem Abschied von der geliebten Mutter. Allen voran Juliette, die Julies missionarisches Wirken stets unterstützt und laut dem Zeugnis ihres Neffen »reichen Segen vom beständigen Umgang«[652] mit ihrer Mutter davongetragen hatte. Sie widmete sich so lange der Mission und dem Werk ihrer Mutter auf der Krim, bis die Krimkriege sie Anfang 1865 gewaltsam aus der neuen Heimat vertrieben. Juliette und Franz von Berckheim blieben kinderlos.

Aber auch Julies Erstgeborener trauerte. Bis an die Grenzen der Belastbarkeit von den Verantwortlichkeiten seines Botschafterpostens in Bern in Beschlag genommen, hatte Paul seine Mutter nach ihrer Ausweisung aus der Schweiz nicht mehr gesehen, was ihm sehr zusetzte. Unter den verloren gegangenen Briefen in Kosse war ein Brief, in dem er der Mutter seinen baldigen Besuch ankündigte. Er hatte gewusst, dass sie sich riesig darüber freuen würde. Sophie, die wie Paul in Bern lebte, ließ die Geschwister wissen: »Pauls Schmerz ist extrem; er hatte gehofft, sie bald zu sehen und sie hat den Brief nicht erhalten, in dem er es ihr ankündigte.«[653] Nach 13 Dienstjahren in der Schweiz wurde Paul im Herbst 1826 unter Zar Nicolas I. auf den prestigeträchtigen Botschafterposten in die USA – unter John Quincy Adams, dem sechsten Präsidenten der Vereinigten Staaten – berufen. Paul war verheiratet und hatte Kinder, die die Stammlinie weiterführten.

Philippes Leben blieb bis zum Ende von Schwierigkeiten geprägt. Er versuchte den Verlust einer Mutter zu verkraften, die sich ihm erst mit dem letzten Brief vor ihrem Tod als solche zu erkennen gegeben hatte. Seine Welt stand Kopf. Erst jetzt kannte er seinen leiblichen Vater und seine leibliche Mutter. In der Folgezeit löcherte er seine Adoptivmutter Armand mit Fragen über die Umstände seiner Geburt. Geduldig und nach bestem Wissen und Gewissen beantwortete sie Philippes Fragen, bis sie selbst schwer erkrankte. Rund ein Jahr nach Julie starb auch ihre Herzensfreundin Armand. Philippe wurde in der Folgezeit von einer tiefen Trauer erfasst. Er trauerte um zwei Mütter, die ihn beide auf ihre Weise innig geliebt hatten. Auch wenn Julies Brief sein Leben auf den Kopf gestellt hatte, blieb Philippes freundschaftliche Beziehung zu seiner neuen Familie ungetrübt. Zur Enttäuschung seiner Halbgeschwister kam es jedoch nie zur geplanten Auswanderung auf die Krim, von der sich alle eine positive Wende für das Leben von Philippe und seiner Familie erhofft hatten. Zum Zeitpunkt seiner Hochzeit im Jahr 1826 war Philippe 28-jährig und immer noch Medizinstudent. Er schloss seine Studien nie ab und trat auch nie in ein geregeltes Berufsleben ein. Zurückgezogen und desillusioniert lebte er in einfachen Verhältnissen auf dem Land von der Pension seines leiblichen Vaters. Er starb 40-jährig und hinterließ eine Frau und vier Kinder.

Auch Kosse mit seinen weitläufigen Ländereien und den einheimischen Bauern trauerte um den Tod der geliebten Herrin, die das Schicksal unzähliger Bauern für immer verändert hatte. Bis heute erinnert eine Gedenktafel im Park an die ehemalige Besitzerin des Gutes, die ab 1818 auch als einheimische Erweckungspredigerin und Wohltäterin gewirkt hatte. Erinnert man sich an Julies Einsatz für die armen Kinder der kossischen Bauern, für die sie eine Schule gründete und die sie den Winter über bei sich aufnahm, ist es umso bemerkenswerter, wenn auf der offiziellen Gutshof-Homepage zu lesen ist: »Im Gutsgebäude sind eine Gruppe des Kindergartens Rõuge, eine Naturschule und eine Jugendstube tätig.«[654]

Viele Russlanddeutsche gedenken Julie bis heute mit großer Hochachtung und sehen in ihr, als »Stammesmutter der Deutschen im Kaukasus«[655], eine Schlüsselfigur ihrer persönlichen Familiengeschichte, der sie vieles zu verdanken haben. Der historische Bezug zu Julie ist in einigen russlanddeutschen Kolonien bis heute gegenwärtig. So wird zum Beispiel die Entstehung der Kolonie *Helenendorf* (heute *Göygöl*), die zur größten deutschen Siedlung in Aserbaidschan wurde, noch heute in direkten Bezug zur baltischen Baronin gesetzt. Julie habe 1815 bei Zar Alexander I. »die Emigrationserlaubnis von Schwaben nach Helenendorf«[656] erwirkt, woraufhin diese Kolonie im Jahr 1819 von »194 schwäbischen Familien« gegründet worden sei.

Juliane von Krüdener selbst strebte in ihren letzten Lebensjahren einzig danach, dass ihre Mitmenschen – egal ob arm oder

reich – in der Liebe Gottes den Sinn und das Ziel ihres Lebens
fanden. Dieser Wunsch fand Eingang in einem ihrer späten Gedichte.

Wunsch!

Wäre ich der Morgenstrahl,
der den Alpenschnee begrüßet,
Wär ich in dem Frühlings Saal,
Silberquelle die da fließet!

Wäre ich der zarte Hauch,
Der in weißer Lilie lebet!
Wäre ich der goldne Rauch,
Den die Abend Sonne webet

Wäre ich die Morgenluft,
Die da Syriens Rosen küsset!
Taucht ich in Krÿstallener Gruft
Wo auch Purpur jetzt noch büßet –

Wäre ich Korallenpracht
Duft in Kalumsstengel!
Hätt' ich aller Fürstenpracht
Hätt ich Harfen wie die Engel!

Eins nur wollt' ich immer thun!
Eins nur wollt' ich ewig wissen
In der Liebe immer ruh'n
Und die Liebe nimmer missen.

Loben wollt ich Christus dich!
Allem was da lebet sagen:
Christus lebt – Er liebt auch dich
Nach was sollt ich weiter fragen.[657]

ZEITTAFEL

Mit wichtigen politischen Ereignissen der Jahre 1764 bis 1824, die auch Juliane von Krüdeners Leben betrafen.

1764	22. November: Geburt der Baronesse Juliane von Vietinghoff in Riga
1776-1778	Westeuropareise mit den Eltern (z. B. Warschau, Paris, London)
1782	29. September: Vermählung mit dem russischen Botschafter Burchard Alexius Konstantin Baron von Krüdener (1746-1802); Juliane wird Stiefmutter von Sophie Isabell Dorothea; zur Hochzeit erhält sie von ihrem Vater das estnische Landgut Kosse mit 1000 Leibeigenen
1782-1784	Botschafterposten in der kurländischen Hauptstadt Mitau
1784-1786	Botschafterposten in der Republik Venedig
	31. Januar 1784: Geburt von Paul Alexander; Zar Paul I. wird Taufpate
1786	August bis November: Italienreise
1787-1788	Botschafterposten in der dänischen Hauptstadt Kopenhagen
	18. Juli 1787: Geburt von Juliette
1789	14. Juli: Juliane erlebt den Sturm auf die Bastille in Paris aus nächster Nähe mit; Beginn der Französischen Revolution
1789-1791	Aufenthalt in Südfrankreich; Affäre mit Dragonerhauptmann Charles de Frégeville
1791-1792	Aufenthalt in Riga und Sankt Petersburg
1792	Juni: Tod von Julianes Vater Otto Hermann v. Vietinghoff in Sankt Petersburg
1793-1795	Juliane und die Kinder lassen sich in Leipzig nieder; Liebesbeziehung mit Claude Hippolyte Terray
1795/1796	Winter in Riga
1796-1797	Helvetische Periode; Aufenthalt am Genfersee
1798	Januar: Franzoseneinfall; Juliane flieht hochschwanger aus der Westschweiz
	21. Februar: Geburt und geheime Taufe von Philippe Hauger, dem außerehelichen Sohn von Hippolyte Terray und Juliane von Krüdener, in Donaueschingen
	September: Besuch bei Johann Caspar Lavater in Zürich
1799	Sommeraufenthalt im Kurort Teplitz; Abschied von Philippe, der Julianes Freundin Antonie Armand in Genf zur Erziehung anvertraut wird
	Dezember: Wiedersehen mit Alexis und Paul in Lübeck
1799/1800	Salon-Lebensgemeinschaft in Dresden
1800-1801	Botschafterposten in Berlin
1801-1803	Salonleben in der Westschweiz, Paris und Lyon
	14. Juni 1802: Tod von Julianes Ehemann

1803	Dezember: Veröffentlichung von Julianes Roman Valérie
1804-1806	Rückzug in die livländische Heimat; Juliane schenkt ihren Leibeigenen die Freiheit 2. Dezember 1804: Napoleon krönt sich zum Kaiser Herbst 1805: Lebensverändernde Gottesbegegnung Enger Kontakt zur Herrnhuter Brüdergemeine in Riga
1806	14. Oktober: Preußen verliert die Schlacht von Jena und Auerstedt 21. November: Kontinentalsperre
1807	7./8. Februar: Schlacht bei Preußisch Eylau Juliane und ihre Tochter helfen im Kriegslazarett in Königsberg; enger Kontakt zu Königin Luise von Preußen
1807/1808	Winter: Besuch der obersächsischen Herrnhuter Niederlassungen
1808	Februar bis Juni: Aufenthalt bei Jung-Stilling in Karlsruhe
1808-1809	Bei Fontaines und Marie Kummer in Markirch
1809-1810	März bis Mai: Kolonie im Katharinenplaisir in Bönnigheim; Ausweisung durch Friedrich I. von Württemberg
1810-1811	Aufenthalt in Riga Januar 1811: Tod von Julianes Mutter Anna Ulrike geb. Gräfin v. Münnich Juliane leitet einen religiösen Salon in Riga
1812	Russlandfeldzug von Napoleon, im September Brand Moskaus
1812-1814	Religiöse Salons in Karlsruhe und Straßburg; enger Kontakt zum badischen und russischen Hof sowie zu Napoleons Familie
1813-1815	Befreiungskriege Sommer 1813: Impulse auf den Genfer Réveil 16.-18. Oktober 1813: Völkerschlacht bei Leipzig März 1814: Napoleon wird auf die Insel Elba verbannt Sommer 1814: Juliane prophezeit Napoleons Rückkehr
1814/1815	Wiener Kongress
1815	1. März: Napoleon kehrt nach Frankreich zurück 4. Juni: Begegnung von Juliane und Zar Alexander I. in Heilbronn 18. Juni: Wellington und Blücher besiegen Napoleon bei Waterloo; Napoleon muss abdanken und wird nach St. Helena verbannt Juli bis Oktober: Religiöser Salon in Paris 10./11. September: Russische Heerparade im Nordosten Frankreichs 26. September: Unterzeichnung der Heiligen Allianz durch Zar Alexander I., König Wilhelm von Preußen und Kaiser Franz von Österreich
1815-1817	Missionsreise durch die Deutschschweiz und Südbaden
1817-1818	Missionsreise durch Deutschland während Exilierung nach Russland
1818-1820	Erweckliches Wirken in Kossé
1821	Besuch in Sankt Petersburg, rege Salonaktivität
1822-1824	Rückzug nach Kosse
1824	Frühling bis September: Reise auf die Krim 25. Dezember: Juliane stirbt mit 60 Jahren in Karasubasar auf der Krim

Anmerkungen

- Sofern sich mehrere aufeinanderfolgende Zitate auf dieselbe Seite einer Quelle beziehen, steht die Quellenangabe nur hinter dem 1. Zitat.
- Die Abkürzung »Übers. D.S.« bedeutet, dass das entsprechende Zitat durch die Autorin (Debora Sommer) aus einem anderssprachigen Original (mehrheitlich Französisch) übersetzt wurde.
- Deutsche Zitate wurden originalgetreu wiedergegeben, auch bei fehlerhafter Rechtschreibung.

1 Sommer, Debora 2013. *Eine baltisch-adlige Missionarin bewegt Europa: Barbara Juliane v. Krüdener, geb. v. Vietinghoff gen. Scheel (1764-1824)*. Göttingen: Vandenhoeck & Ruprecht unipress.
2 Juliane von Krüdener in ihrem Roman *Valérie*, zit. in Eynard [1849] 2006:5, Übers. D.S.
3 Gretchanaia 2012:334, Übers. D.S.
4 Juliane v. Krüdener in ihrer autobiografischen Erzählung *Algithe* [1802] 2007:261, Übers. D.S.
5 Germaine de Staël, zit. in Ley 2007b:19, Übers. D.S.
6 Ley 2007b:20, Übers. D.S.
7 Jugenderinnerungen Genfer Version [o.J.] 1961:8, Übers. D.S.
8 Jugenderinnerungen Genfer Version [o.J.] 1961:12, Übers. D.S.
9 Wilke 2013:10.
10 Jugenderinnerungen Moskauer Version [o.J.] 2012:337, Übers. D.S.
11 Jugenderinnerungen Genfer Version [o.J.] 1961:8, Übers. D.S.
12 Dem Buch gab er den Titel: *Gebetsübungen des Herrn Generalfeldmarschalls Grafen von Münnich, welche er zu Pelim, seinem Verbannungsort angestellet, und 1763 im 80sten Jahr seines Alters dem Major Carl Heinrich Baron von Wrangel von Wort zu Wort aus dem Gedächtniss zum Abschreiben vorgesagt hat.*
13 Ley 1959:205, Übers. D.S.
14 Jugenderinnerungen Genfer Version [o.J.] 1961:9, Übers. D.S.
15 Jugenderinnerungen Moskauer Version [o.J.] 2012:340, Übers. D.S.
16 Jugenderinnerungen Genfer Version [o.J.] 1961:9, Übers. D.S.
17 Jugenderinnerungen Moskauer Version [o.J.] 2012:356, Übers. D.S.
18 Jugenderinnerungen Moskauer Version [o.J.] 2012:333, Übers. D.S.
19 Jugenderinnerungen Genfer Version [o.J.] 1961:11, Übers. D.S.
20 Jugenderinnerungen Moskauer Version [o.J.] 2012:343, Übers. D.S.
21 Jugenderinnerungen Moskauer Version [o.J.] 2012:337, Übers. D.S.
22 Jugenderinnerungen Genfer Version [o.J.] 1961:11, Übers. D.S.
23 Groschek, Iris [o. J.]. *Samuel Heinicke in Hamburg: Eine kurze biographische Skizze.* Anm. 17. Online im Internet: URL: http://archive.is/O0hlC [18.02.2014].
24 Jugenderinnerungen Moskauer Version [o.J.] 2012:341, Übers. D.S.

25 Jugenderinnerungen Moskauer Version [o.J.] 2012:342, Übers. D.S.
26 Jugenderinnerungen Moskauer Version [o.J.] 2012:334, Übers. D.S.
27 Jugenderinnerungen Moskauer Version [o.J.] 2012:344, Übers. D.S.
28 Jugenderinnerungen Genfer Version [o.J.] 1961:11, Übers. D.S.
29 Jugenderinnerungen Moskauer Version [o.J.] 2012:357, Übers. D.S.
30 Jugenderinnerungen Moskauer Version [o.J.] 2012:340, Übers. D.S.
31 Bei der *Venus Medici* handelte es sich um eine Venusskulptur nach der Vorlage einer römischen Kopie, die sich im Besitz der Medici in Florenz befand.
32 Die *drei Grazien* waren ein beliebter Gegenstand der bildenden Kunst. Sie wurden meist unbekleidet, sich gegenseitig berührend oder umarmend dargestellt. Raffael hatte Anfang des 16. Jahrhunderts ein bekanntes Gemälde mit dem Titel *Le Tre Grazie (Die drei Grazien)* gemalt.
33 Jugenderinnerungen Genfer Version [o.J.] 1961:11, Übers. D.S.
34 Ley 1994:31, Übers. D.S.
35 Jugenderinnerungen Genfer Version [o.J.] 1961:13, Übers. D.S.
36 Auszug aus *Valérie*, zit. in Eynard [1849] 2006:5, Übers. D.S.
37 Gottzmann & Hörner 2007:50.
38 Jugenderinnerungen Moskauer Version [o.J.] 2012:342, Übers. D.S.
39 Johann Gottfried Herder, zit. in von Sivers 1868:1.
40 Jugenderinnerungen Moskauer Version [o.J.] 2012:343, Übers. D.S.
41 Jugenderinnerungen Genfer Version [o.J.] 1961:10, Übers. D.S.
42 Von [Ungern-]Sternberg 1848:304.
43 Meuvret 1934:126, Übers. D.S.
44 Jugenderinnerungen Moskauer Version [o.J.] 2012:343, Übers. D.S.
45 Jugenderinnerungen Moskauer Version [o.J.] 2012:333-334, Übers. D.S.
46 Jugenderinnerungen Moskauer Version [o.J.] 2012:345-346, Übers. D.S.
47 Jugenderinnerungen Moskauer Version [o.J.] 2012:346, Übers. D.S.
48 Jugenderinnerungen Moskauer Version [o.J.] 2012:347, Übers. D.S.
49 Jugenderinnerungen Moskauer Version [o.J.] 2012:346, Übers. D.S.
50 Dabei wird es sich um Friederike von Preußen (1767-1820), die Tochter von Friedrich Wilhelm II. von Preußen gehandelt haben, welche 1791 mit Prinz Friedrich August (1763-1827), Prinz von Großbritannien und Irland, Herzog von York und Albany vermählt wurde.
51 Jugenderinnerungen Moskauer Version [o.J.] 2012:333-334, Übers. D.S.
52 Jugenderinnerungen Genfer Version [o.J.] 1961:14, Übers. D.S.
53 Jugenderinnerungen Moskauer Version [o.J.] 2012:349, Übers. D.S.
54 Jugenderinnerungen Moskauer Version [o.J.] 2012:350, Übers. D.S.
55 Jugenderinnerungen Moskauer Version [o.J.] 2012:350, Übers. D.S.
56 Jugenderinnerungen Moskauer Version [o.J.] 2012:353, Übers. D.S.
57 Jugenderinnerungen Moskauer Version [o.J.] 2012:356, Übers. D.S.
58 Jugenderinnerungen Moskauer Version [o.J.] 2012:356, Übers. D.S.
59 Jugenderinnerungen Moskauer Version [o.J.] 2012:356, Übers. D.S..
60 Jugenderinnerungen Moskauer Version [o.J.] 2012:334-335, Übers. D.S.
61 Jugenderinnerungen Moskauer Version [o.J.] 2012:357, Übers. D.S.
62 Jugenderinnerungen Moskauer Version [o.J.] 2012:335, Übers. D.S.
63 Gottzmann & Hörner 2007:51.
64 Julie in einem Brief an Bernardin de Saint-Pierre, zit. in Ley 1994:32, Übers. D.S.

65 Ley 1994:32, Übers. D.S.
66 Ley 1994:36, Übers. D.S.
67 Aus dem Tagebuch von Sophie, zit. in Ley 1994:36, Übers. D.S.
68 Aus dem Tagebuch von Sophie, zit. in Ley 1994:37, Übers. D.S.
69 Staatsoberhaupt der Republik Venedig.
70 In seiner Rezension über Simonds *Voyage en Italie et en Sicile* richtet sich der Autor G. M. mit diesen Worten an seine Leser. *Le Mercure* 1828:282, Übers. D.S.
71 Juliane von Krüdener in ihrem Roman *Valérie*, zit. in Döbele-Carlesso 2006:66-67.
72 Von [Ungern-]Sternberg 1848:336.
73 Juliane von Krüdener in ihrem Roman *Valérie*, zit. in Döbele-Carlesso 2006:6-7.
74 Ley 1994:40-41, Übers. D.S.
75 Tagebuch von Venedig ([1785] 1961:27, Übers. D.S.
76 Juliane von Krüdener in: [Autobiografisches Fragment] [1785] 1998:75, Übers. A.N.
77 Ley 1994:43, Übers. D.S.
78 Juliane von Krüdener in *Valérie*, zit. in Döbele-Carlesso 2006:67.
79 Zitat aus den *Italienischen Reiseblättern aus dem Jahre 1786* von Julies Ehemann Alexis, zit. in: Von Krüdener [1786] 1970:14. Das Reisetagebuch umfasst einen Zeitrahmen vom 10. August bis 21. November 1786.
80 Eintrag vom 2. Sept. 1786 in Città Castellana, zit. in: Von Krüdener [1786] 1970:60.
81 Von Krüdener [1786] 1970:60.
82 Von Krüdener [1786] 1970:10.
83 Von Krüdener [1786] 1970:13.
84 Von Krüdener [1786] 1970:61.
85 Von Krüdener [1786] 1970:65.
86 Von Krüdener [1786] 1970:70.
87 Von Krüdener [1786] 1970:100.
88 Vgl. http://cartelen.louvre.fr/cartelen/visite?srv=car_not_frame&idNotice=8235 [Stand: 18.02.2014].
89 Zur »mittleren Grösse« ergänzt Ley (1961:20 Anm. 3) die Körpergröße von 1.606m, gemäß einem Pass, der Julie im Februar 1802 von den Genfer Behörden ausgestellt worden war.
90 Ley 1961:20-21, Übers. D.S.
91 Ellis 1935:229, Übers. D.S.
92 Von Krüdener [1786] 1970:147-148.
93 Von Krüdener [1786] 1970:158.
94 Ley 1994:43, Übers. D.S.
95 Von Krüdener [1786] 1970:159.
96 Von Krüdener [1786] 1970:175.
97 Von Krüdener [1786] 1970:179.
98 Von Krüdener [1786] 1970:182-183.
99 Höherer französischer Verwaltungsbeamter und Leiter einer historischen Provinz von Frankreich (einer sogenannten *Intendance*).
100 Ley 1994:45, Übers. D.S.
101 Von Krüdener [1786] 1970:199.

102 *Emile oder über die Erziehung* war Jean-Jacques Rousseaus pädagogisches Hauptwerk aus dem Jahr 1762.
103 Von Krüdener [1786] 1970:206.
104 Von Krüdener [1786] 1970:215.
105 Von Krüdener [1786] 1970:217.
106 Original abgedruckt in Mercier 1974b:161-162, Übers. D.S.
107 Ley 1994:45, Übers. D.S.
108 Mit dem Titel *Tagebuch für Helene (Journal pour Hélène)* [1787] 1961.
109 Ley 1961:45, Übers. D.S.
110 Ley 1961:59, Übers. D.S.
111 Ley 1994:47, Übers. D.S.
112 Ley 1994:139, Übers. D.S.
113 Es handelte sich dabei um das *Tagebuch von Venedig*, welches Julie quasi als Notizpapier verwendete, indem sie es umdrehte und von der hinteren Seite her mit diesen Informationen zu füllen begann.
114 Ley 1961:57, Übers. D.S.
115 Ley 1961:62, Übers. D.S.
116 Nördlich von Kopenhagen gelegener Landsitz der Schimmelmanns.
117 Brief von Schimmelmann an ihre Freundin Louise Stolberg, abgefasst am 22. Mai 1789. Zit. in Ley 1994:53, Übers. D.S.
118 Brief von Bernardin de Saint-Pierre an Julie vom 5. März 1790, zit. in Ley 1994:23, Übers. D.S.
119 Lee, Vernon [1910] 2009.
120 Gretchanaia 2012:348, Übers. D.S.
121 Eynard [1849] 2006:45, Übers. D.S.
122 Eynard [1849] 2006:46, Übers. D.S.
123 Louise Auguste Prinzessin von Dänemark (1771-1843), seit 1786 durch Heirat Herzogin von Schleswig-Holstein-Sonderburg-Augustenburg. Die Prinzessin pflegte zeit ihres Lebens ein sehr enges Verhältnis zu ihrem Bruder König Friedrich VI.
124 Französischer Botschafter in Kopenhagen.
125 Aus den Memoiren von Frégeville, zit. in Ley 1994:78, Übers. D.S.
126 Eynard [1849] 2006:52, Übers. D.S.
127 Eynard [1849] 2006:53-54, Übers. D.S.
128 Eynard [1849] 2006:53, Übers. D.S.
129 Eynard [1849] 2006:52, Übers. D.S.
130 Eynard [1849] 2006:54, Übers. D.S.
131 Ley 1994:50, Übers. D.S.
132 Eynard [1849] 2006:55, Übers. D.S.
133 Julie in einem deutschen Brief an Jean Paul Richter, abgefasst in Lausanne am 17.12.1796, abgedruckt in Berger 1957:32-33.
134 Ley 1994:83, Übers. D.S.
135 Ley 1994:83, Übers. D.S.
136 Ley 1994:87, Übers. D.S.
137 Ley 1961:101, Übers. D.S.
138 Ley 1961:103, Übers. D.S.
139 Ley 1961:108, Übers. D.S.
140 Ley 1961:113, Übers. D.S.

141 Ley 1994:92, Übers. D.S.
142 Berger 1957:12.
143 Berger 1957:22-23
144 Berger 1957:25-26.
145 Berger 1957:31-32. Brief an Jean Paul vom 17. Dezember 1796.
146 Julie in einem Brief von Anfang Mai 1797. Berger 1957:38.
147 Mercier 1974b:478-479.
148 Brief vom 9. Januar 1799 an ihre Mutter, zit. in Ley 1965:9, Übers. D.S.
149 Feilchenfeldt 1983:4. Brief vom 17. September 1815 an ihren Ehemann Karl August Varnhagen.
150 [Journal] [1800a] 1998:79, Übers. A.N.
151 Ley 1961:157, Übers. D.S.
152 Ley 1961:157, Übers. D.S.
153 In seinem bekannten Gedicht *Sie saßen und tranken am Teetisch* parodierte der deutsche Dichter Heinrich Heine die Berliner Salongesellschaft.
154 [Journal] [1800a] 1998:84, Übers. A.N.
155 [Journal] [1800a] 1998:84, Übers. A.N.; gemäß Gretchanaia (1998:149) sind hier Julianes *Pensées et Maximes* gemeint, welche am 2. Oktober 1802 in der Pariser Zeitschrift *Mercure de France* veröffentlicht wurden.
156 [Journal] [1800a] 1998:84, Übers. A.N.
157 Tagebuch [1800] 2008, in Gretchanaia & Viollet 2008:160, Übers. D.S.
158 Portrait de Mme de *** [ca. 1800] 1998. Fragmentarisches Selbstporträt.
159 Tagebuch [1800] 2008, in Gretchanaia & Viollet 2008:153-167. Tagebuchaufzeichnungen über die Zeit in Berlin vom 2. Juli bis Sommer 1800.
160 Tagebuch [1800] 2008, in Gretchanaia & Viollet 2008:157, Übers. D.S.
161 Tagebuch [1800] 2008, in Gretchanaia & Viollet 2008:162, Übers. D.S.
162 Tagebuch [1800] 2008, in Gretchanaia & Viollet 2008:155, Übers. D.S.
163 Berger 1957:42.
164 zit. in Bosold 1996:56-57.
165 zit. in Bosold 1996:56.
166 Ley 1994:127, Übers. D.S.
167 Ley 1994:131, Übers. D.S.
168 Ley 1994:132-133, Übers. D.S.
169 zit. in Appel 2006:144.
170 Ley 1994:136, Übers. D.S.
171 Ley 1994:139-140, Übers. D.S.
172 Ley 2007b:19, Übers. D.S.
173 Ley 2007b:19, Übers. D.S.
174 Eynard [1849] 2006:114-115, Übers. D.S.
175 Ley 1971:29, Übers. D.S.
176 Schreiben vom 18/30. März 1802, abgedruckt in Ley 1994:146.
177 Juliane von Krüdener in einem Brief an Antonie Armand, zit. in Ley 1961:268-269, Übers. D.S.
178 Álvarez Ordóñez 2001:178, Übers. D.S.
179 von Arnim, zit. in Burger 1926:683-684.
180 Juliane von Krüdener in einem Brief an Jean Paul, abgefasst am 10.03.1804 in Bötzow bei Berlin, zit. in Berger 1957:52-53.
181 Boubée 1914:9, Übers. D.S.

182 Hübel 2008:73.
183 Appel 2006:151.
184 Appel 2006:152.
185 Französischer Adelstitel im Rang zwischen Graf und Baron.
186 Ley 1994:161, Übers. D.S.
187 Ley 1994:162, Übers. D.S.
188 Juliane von Krüdener in einem Brief vom März 1803 aus Lyon an Antonie Armand in Genf, zit. in Eynard [1849] 2006:132, Übers. D.S.
189 Juliane von Krüdeners *Gedanken und Maximen*, die im Oktober 1802 mit einem Vorwort von Chateaubriand erschienen.
190 Jean-Baptiste Geoffroy (1755-1836), französischer Wissenschaftler.
191 Juliane von Krüdener in einem Brief vom 17. April 1803 aus Lyon an ihre Stieftochter Sophie in Berlin, zit. in Eynard [1849] 2006:133-134, Übers. D.S.
192 »Drei Sonaten für Cembalo oder Hammerklavier, komponiert und gewidmet der Madame Gräfin von Browne geborene von Vietinghoff, von Ludwig van Beethoven.« Vgl. Kinsky 1955:24.
193 Eynard [1849] 2006:134, Übers. D.S.
194 Helmina von Chézy, zit. in Döbele-Carlesso 2006:XII.
195 Von Chézy 1858:254.
196 Von Chézy, Helmina 1818:144-145.
197 Brief vom 10. März 1804 aus Bötzow bei Berlin an Jean Paul, zit. in Berger 1957:52.
198 Eynard [1849] 2006:137. Übers. D.S.
199 Eynard [1849] 2006:137-138, Übers. D.S.
200 Napoleon, zit. in Ley 2007b:21, Übers. D.S.
201 La Roche, zit. in Hilger 2009:128.
202 Döbele-Carlesso 2006:VII.
203 Juliane von Krüdener in einem Brief vom 10. März 1804 aus Bötzow bei Berlin an Jean Paul., zit. in Berger 1957:53-54.
204 Jean Paul in einem Brief vom 7. Juni 1804 aus Koburg an Juliane von Krüdener, zit. in Berger 1957:57.
205 August Adolph von Hennings, zit. in Döbele-Carlesso 2006:XIV.
206 Goethe, zit. in Döbele-Carlesso 2006:XIV.
207 Ley 1961:262, Übers. D.S.
208 Von Herder 1813:120-121.
209 Brief an Borowski vom 10. September 1804, zit. in Burger 1926:685.
210 Brief an Borowski vom 2. Dezember 1804, zit. in Burger 1926:687.
211 Ley 1961:256, Übers. D.S.
212 *Zeitung für die elegante Welt*. Berlin: Mode, Unterhaltung, Kunst, Theater, Band 5, 1805, S. 303.
213 Ley 1971:29, Übers. D.S.
214 Ley 1971:29, Übers. D.S.
215 Die Schilderung dieses Ereignisses sowie der weiteren Entwicklungen geht größtenteils auf Julies ersten Biografen Charles Eynard zurück (Eynard [1849] 2006:150-154), dessen Beschreibung im Kern dem Tagebuch von Julies Stieftochter Sophie d'Ochando entspricht. Zudem stand Eynard bei der Abfassung seiner Biografie in Kontakt mit Julies langjährigem Mitarbeiter Henri-Louis Empaytaz.

216 Brief vom 14. März 1810 an Antonie Armand, zit. in Ley 1994:251, Übers. D.S.
217 Juliane von Krüdener in einem Brief vom 28. Juli 1818 an Fürstin Golizyna, zit. in Gretchanaia 1998:124, Übers. A.N.
218 Juliane von Krüdener in einem Brief vom 28. Juli 1818 an Fürstin Golizyna, zit. in Gretchanaia 1998:124, Übers. A.N.
219 Juliane v. Krüdener in einem (nicht datierten) Brief an Antonie Armand, zit. in Ley 1961:268-269, Übers. D.S.
220 Zit. in *Frau Juliane von Krüdener, oder Leben, um zu lieben* 1886:11-14. Vgl. auch: Falck 1912:174.
221 Juliane v. Krüdener in einem Brief an ihren Sohn Paul vom 11. Juli 1806, zit. in Ley 1961:264, Übers. D.S.
222 Nach Johannes 14,6.
223 Juliane von Krüdener in einem Brief an ihren Sohn Paul vom 11. Juli 1806, zit. in Ley 1961:264-266, Übers. D.S.
224 Burger 1926:688.
225 Achim von Arnim, zit. in Ricklefs 2008:125.
226 Achim von Arnim, zit. in Ricklefs 2008:125.
227 Ley 1994:197, Übers. D.S.
228 Ley 1994:197, Übers. D.S.
229 von Arnim 1807:120.
230 von Arnim 1807:122.
231 von Arnim 1807:122-123.
232 von Arnim 1807:123.
233 von Arnim 1807:125.
234 Röder 2010:41.
235 Ley 1994:199-200, Übers. D.S.
236 Luise in einem Brief vom Dezember 1809 an ihre Freundin Caroline Friederike von Berg, zit. in Rothkirch 1985:524.
237 Philipps 2009:187.
238 Ley 1994:200, Übers. D.S.
239 Borowski, zit. in Wendland 1910:16 Anm. 1.
240 Burger 1926:688-689.
241 von Arnim 1807:119.
242 Ley 1994:203, Übers. D.S.
243 Hagen 1863:62.
244 Burger 1926:688.
245 Germaine de Staël in einem Brief an Juliane von Krüdener, abgefasst am 14. Oktober 1807 in Coppet, zit. in: Ley 1994:203, Übers. D.S.
246 Burger 1926:689.
247 Julie in einem langen Brief an den französischen Politiker und Schriftsteller Jacques de Norvins, abgefasst am 26. November 1809, zit. in Eynard [1849] 2006:203, Übers. D.S.
248 Knapton 1936:97, Übers. D.S.
249 Ley 1961:292, Übers. D.S.
250 Empfehlungsschreiben vom 23. Dezember 1807, zit. in *Sendschreiben* 1833:151-153.
251 vgl. Schick [o.J.]:15.

252 Zacharias Werner, zit. in Mertens 1992:42.
253 Eynard [1849] 2006:168, Übers. D.S.
254 Jung-Stilling in einem Brief vom 29.12.1814, zit. in Schwinge 2002:560.
255 Julie in einem Brief vom 21. Juni 1808 an Antonie Armand, zit. in Eynard [1849] 2006:183, Übers. D.S.
256 Müller 1941:13.
257 Jörn 1951:99.
258 Ley 1994:209, Übers. D.S.
259 Jung-Stilling in einem Brief vom 29. Dezember 1814 an Johann Friedrich von Meyer in Frankfurt am Main, abgedruckt in Schwinge 2002:560.
260 Jung-Stilling in einem Brief vom 16. Juli 1816 an Franz Karl von Berckheim, zit. in Schwinge 2002:598.
261 Jung-Stilling in einem Brief vom 29.12.1814 an Johann Friedrich von Meyer in Frankfurt am Main, zit. in Schwinge 2002:560-561.
262 Jung-Stilling in einem Brief an Berckheim aus dem Jahr 1816, zit. in Schwinge 2002:596-597.
263 Bei den Jakobinern handelte es sich um Mitglieder des radikalsten und wichtigsten politischen Klubs während der Französischen Revolution. Sie vertraten die politische Linke und setzten sich u. a. für die Abschaffung der Monarchie ein.
264 Jung-Stilling in einem Brief an Berckheim aus dem Jahr 1816, zit. in Schwinge 2002:596-597.
265 Eynard [1849] 2006:183, Übers. D.S.
266 Ley 1965:12, Übers. D.S.
267 von lat. quietus = ruhig.
268 Ley 1994:214, Übers. D.S.
269 Karl Viktor von Bonstetten in einem Brief an Friederike Brun, zit. in Von Bonstetten 1829:282-283.
270 Ley 1961:312, Übers. D.S.
271 Ley 1961:313-314, Übers. D.S.
272 Werner, zit. in Walser-Wilhelm 2003:661.
273 Werner, zit. in Walser-Wilhelm 2003:661.
274 Appel 2006:260.
275 Von Redern 1927:94.
276 Mercier 2008:91, Übers. D.S.
277 Mercier 1972:111-112, Übers. D.S
278 Ley 1965:13, Übers. D.S.
279 Die »goldene Regel« von Königin Hortense lautete gemäß Hübel (2008:39) folgendermaßen: »Bei zwölf Personen sollten es unverfängliche Themen sein, wie Reisen und Literatur, acht können sich über Kunst, Wissenschaft und Erfindungen unterhalten. Bei sechs seien Politik und Philosophie angebracht, vier können romantische Gefühle und Träume des Herzens austauschen, während zwei von sich selbst redeten.«
280 Ley 1994:230, Übers. D.S.
281 Ley 1971:35, Übers. D.S.
282 Ley 1994:230, Übers. D.S.
283 Ley 1994:243, Übers. D.S.
284 Ley 1994:241, Übers. D.S.

285 Ley 1994:232, Übers. D.S.
286 Nach Johannes 14,6.
287 Ley 1994:233, Übers. D.S.
288 Ley 1994:247, Übers. D.S.
289 Mann 1868:91.
290 Ley 1965:14, Übers. D.S.
291 Ley 1961:315, Übers. D.S.
292 Eintrag vom September 1809, zit. in Ley 1961:354, Übers. D.S.
293 Eynard [1849] 2006:194-195, Übers. D.S.
294 Leenhardt 1911:271, Übers. D.S.
295 Buchholtz 1898:35.
296 Mertens 1992:65.
297 Mertens 1992:66.
298 Buchholtz 1898:37.
299 Dorow 1838:148.
300 Dorow 1838:148.
301 Dorow 1838:150-151.
302 Baur [1883] 1969:202-203.
303 Baur [1883] 1969:203.
304 Eynard [1849] 2006:238, Übers. D.S.
305 Von Westerholt 1958:212.
306 Meisner 1893:16.
307 Dorow 1845:127.
308 Dorow 1838:160.
309 Julie in einem Brief an ihre Schwester Dorothea, abgefasst in Straßburg am 26. Februar 1813, zit. in Knapton 1937:491.
310 Ley 1965:15, Übers. D.S.
311 Eynard [1849] 2006:248, Übers. D.S.
312 Hadorn 1901:423.
313 Eynard [1849] 2006:249, Übers. D.S.
314 Muhlenbeck 1887:176, Übers. D.S.
315 Muhlenbeck 1887:176, Übers. D.S.
316 Wemyss 1977:52.
317 Jung-Stilling in einem Brief vom 29. Dezember 1813 an Christian Friedrich Spittler, zit. in Schwinge 2002:532.
318 Ley 1994:267, Übers. D.S.
319 Eynard [1849] 2006:260-261, Übers. D.S.
320 Julie in einem Brief vom 17. November 1813 an Spittler und Kellner, zit. in Staehelin 1974:269.
321 Staehelin 1965:42.
322 Staehelin 1965:43.
323 Brief vom 21. Januar 1814 aus Karlsruhe an eine unbekannte Freundin in Königsberg, zit. in Burger 1926:691.
324 Jung-Stilling in einem Brief an Franz Karl von Berckheim, abgefasst am 16./17. Juli 1816, zit. in Schwinge 2002:598.
325 Werner 1865:75.
326 Staehelin 1974:274.
327 Edling [1888] 2011:132, Übers. D.S.

328 Schischkow 1832:162.
329 Schischkow 1832:163.
330 Schischkow 1832:164.
331 Staehelin 1974:275-276.
332 Eynard [1849] 2006:272, Übers. D.S.
333 Die *Samojeden* und *Lappen* stehen symbolisch für zwei russische Eingeborenen-Stämme am Nordpol.
334 Eynard [1849] 2006:293, Übers. D.S.
335 Ley 1994:273, Übers. D.S.
336 Freystedt [1902] 2011:99.
337 Ley 1975:91, Übers. D.S.
338 *Der Fürstinnencongress* 1861:397.
339 *Der Fürstinnencongress* 1861:397.
340 *Der Fürstinnencongress* 1861:398.
341 Knapton 1939:136, Übers. D.S.
342 Cochelet 1836:72-73, Übers. D.S.
343 Cochelet 1836:73, Übers. D.S.
344 Cochelet 1836:89-89, Übers. D.S.
345 *Der Fürstinnencongress* 1861:400.
346 *Der Fürstinnencongress* 1861:401.
347 Eynard [1849] 2006:286-287, Übers. D.S.
348 Cochelet 1836:74, Übers. D.S.
349 *Der Fürstinnencongress* 1861:398.
350 Cassandra ist eine Gestalt der griechischen Mythologie. Der Gott Apollon gab ihr aufgrund ihrer Schönheit die Gabe der Weissagung. In der antiken Mythologie galt sie als tragische Figur, welche immer Unheil voraussah, aber nie Gehör fand.
351 *Der Fürstinnencongress* 1836:399.
352 Eynard [1849] 2006:315, Übers. D.S.
353 Cochelet 1836:93, Übers. D.S.
354 Übers. nach Högy 1984:9-10.
355 Arndt 1869:220.
356 Arndt 1840:249.
357 Arndt 1840:250.
358 Brief zit. in Staehelin 1974:283.
359 Schwinge 2002:561.
360 Brief vom 16. Dezember 1814, zit. in Staehelin 1965:44.
361 Ley 1994:280, Übers. D.S.
362 Julie im Gespräch mit Theologieprofessor Gügler im Sommer 1817 in Horw, zit. in: von Liebenau 1901:114-115.
363 Ley 1994:282, Übers. D.S.
364 Ley 1994:283, Übers. D.S.
365 Eynard [1849] 2006:317-318, Übers. D.S.
366 *Enklave* geht auf das französische Wort *enclaver (umschließen)* zurück und meint ein Staatsgebiet, das vollständig vom Gebiet eines anderen Staates umschlossen ist. Schluchtern gehörte zum Großherzogtum Baden, befand sich aber als in sich geschlossener Teil im Königreich Württemberg.
367 Online im Internet: URL: http://www.rappenhof.de [Stand: 14.02.2014].

368 Leibbrandt 1928:94.
369 *Kaukasien* umfasste das nach dem Kaukasus-Gebirge benannte Gebiet zwischen dem Asow'schen und dem Schwarzen Meer im Westen und dem Kaspischen Meer im Osten. In der Nähe des Kaukasus war die Arche Noah auf dem Berg Ararat gestrandet, was dem Bild der Zufluchtsstätte eine weitere biblische Rechtfertigung für diese Ersatzregion verlieh.
370 Ley 1975:103, Übers. D.S.
371 Ley 1975:110, Übers. D.S.
372 Bestandteil von Juliettes Tagebuch jener Zeit, in russischer Übersetzung veröffentlicht von Elena Gretchanaia (1998:128-133). Hiervon liegt mir eine private Übersetzung auf Deutsch von Alina Nasarenko vor. Sofern keine andere Quellenangabe vermerkt ist, beziehen sich die Zitate dieses und des nachfolgenden Abschnittes auf die erwähnte Quelle in Gretchanaia 1998:128-133.
373 Zar Alexander I. zu seinem Freund Golizyn, zit. in Ley 1975:117, Übers. D.S.
374 Ley 1968:233, Übers. D.S.
375 Ley 1975:116, Übers. D.S.
376 Einerseits wohl deshalb, weil Julies Post seit der Ausweisung aus dem Königreich Württemberg immer noch streng überwacht wurde und sie alles zu vermeiden suchte, was eine Zensur nach sich ziehen konnte. Andererseits weil ihr enger Kontakt zu Zar Alexander I. vertraulicher Art bleiben musste.
377 Der vollständige Brief in deutscher Originalversion ist abgedruckt in Ley 1968:233-234.
378 Die deutsche Originalversion findet sich in Ley 1968:234.
379 Ley 1975:118-119, Übers. D.S.
380 Edling [1888] 2011:234, Übers. D.S.
381 Ley 1975:312, Übers. D.S.
382 Ley 1975:123, Übers. D.S.
383 Von [Ungern-]Sternberg 1848:337-338.
384 Von [Ungern-]Sternberg 1848:338.
385 Von [Ungern-]Sternberg 1848:338-339.
386 Von [Ungern-]Sternberg 1848:340.
387 Eynard [1849] 2005:77, Übers. D.S.
388 Colmache 1848:209, Übers. D.S.
389 Colmache 1848:211, Übers. D.S.
390 Colmache 1848:213, Übers. D.S.
391 Colmache 1848:212, Übers D.S.
392 Colmache 1848:216, Übers D.S.
393 Colmache 1848:219, Übers. D.S.
394 Colmache 1848:222, Übers. D.S.
395 Von Chateaubriand 1852:92-93, Übers. D.S.
396 Als Zar Nikolaus I. von Russland wurde er zum Nachfolger seines Bruders Zar Alexander I.
397 Eynard [1849] 2005:75, Übers. D.S.
398 Eynard [1849] 2005:75-76, Übers D.S.
399 Ley 2007a:313, Übers. D.S. Dabei handelt sich um ein Zitat aus *Der Einsiedler*.

400 Ley 2007a:313, Übers. D.S.
401 Arndt 1840:251.
402 Ley 1975:130, Übers. D.S.
403 Antonie Armand (zit. in Ley 1975:138) und Eynard ([1849] 2005:90) sprechen von 150.000 Russen, *The Christian Guardian* (1846:387) spricht gar von 500.000 Soldaten.
404 Empaytaz 1840:40, Übers. D.S.
405 Übers. nach Paléologue [o.J]:322.
406 Ley 1975:141, Übers. D.S.
407 Ley 1975:146, Übers. D.S.
408 Louise Cochelet, zit. in Ley 1975:153, Übers. D.S.
409 Empaytaz 1840:40-41, Übers. D.S.
410 zit. in Planert 2007:360.
411 Rosenberg 1953:128.
412 Goethe in einem Brief vom 3. Januar 1827 an Eckermann. Archiviert in CH AVG, Ley.A.2.
413 Brescius & Spieker 1818:17-18.
414 Hurter 1817:18.
415 Julie in einem Brief vom 12. November 1815 an die Salonnière Juliette Récamier in Paris, zit. in Ley 1961:520, Übers. D.S.
416 Online im Internet: URL: http://www.napoleonmuseum.tg.ch [Stand: 15.02.2014].
417 zit. in Schwinge 2002:580.
418 Lippoth 1986:359.
419 Jung-Stilling in einem Bief vom 16./17. Juli 1816 an Franz Karl von Berckheim, zit. in Schwinge 2002:596. Hervorhebung vom Original übernommen.
420 Mann 1868:176-177.
421 Ostertag 1865:343.
422 Die Abkürzung fl steht für die Währungseinheit *Florin* und steht für Gulden.
423 zit. in Ostertag 1865:344.
424 Ley 1961:524, Übers. D.S.
425 Ostertag 1865:336.
426 Ostertag 1865:347.
427 Ostertag 1865:348.
428 Steinemann 1966:17.
429 Keuler 2009:120.
430 Probst 1968:73.
431 Probst 1968:74.
432 Baur [1883] 1969:208.
433 Johann Heinrich Pestalozzi in einem Brief an seinen Freund Joseph Schmid, abgefasst Ende März 1816 in Baden, zit. in Schläpfer 1994:48.
434 Johann Heinrich Pestalozzi in einem Brief an seinen Freund Joseph Schmid in Zürich, abgefasst am 8. April 1816, zit. in Schläpfer 1994:48.
435 Julie an ihre Freundin Louise Cochelet, die Vorleserin von Hortense, abgefasst am 20. April 1816, zit. in Ley 1961:527, Übers. D.S.
436 Zschokke, zit. in Renold 1998:88.
437 Probst 1968:79.

438 Zschokke, zit. in Renold 1998:90.
439 Laut Müller 1863:204.
440 Kellner, zit. in Staehelin 1974:322-323.
441 Auszüge nach der deutschen Übersetzung von Mann 1868:214-217.
442 Johann Heinrich Speisegger, zit. in Hurter 1817:71.
443 Originaltext in Eynard [1849] 2005:154-155. Deutsche Übersetzung nach Von Kürenberg 1948:274.
444 Kellner, zit. in Probst 1968:84.
445 Staehelin 1974:326.
446 Vgl. 1. Thessalonicher 5,21-22. Staehelin 1974:330-331.
447 zit. in Hadorn 1901:426-427.
448 Schönauer [1850] 1913:271-272.
449 Gemäß Richter (1999:69) war Lachenal sehr reich und besaß ein großes Gut an der Grenzacher Straße in der Nähe des Riehenertors. Dieses verkaufte er an den Handelsmann Daniel Schönauer-Bernouilli (:72).
450 Diese Schreibweise geht auf *La Chenal*, die französische Variante und Aussprache des Namens zurück.
451 zit. in Staehelin 1974:334.
452 Staehelin 1974:62.
453 Staehelin 1974:45.
454 *Lettre de Madame de Krudener à Monsieur de Bergheim* 1817:16-17, Übers. D.S.
455 *Lettre de Madame de Krudener à Monsieur de Bergheim* 1817:16, Übers. D.S.
456 Mann 1868:230.
457 344/354-407. Einer der größten christlichen Prediger der Vergangenheit.
458 Mann 1868:230-231.
459 *Lettre de Madame de Krudener à Monsieur de Bergheim* 1817:11, Übers. D.S.
460 *Lettre de Madame de Krudener à Monsieur de Bergheim* 1817:12, Übers. D.S.
461 *Lettre de Madame de Krudener à Monsieur de Bergheim* 1817:13, Übers. D.S.
462 *Lettre de Madame de Krudener à Monsieur de Bergheim* 1817:15, Übers. D.S.
463 Mann 1868:236-237.
464 Veith 1817:15. Hervorhebung vom Original übernommen.
465 Faesch 1817:14.
466 Probst 1968:88.
467 Hurter 1817:98.
468 Aus der unveröffentlichen Gedichtsammlung *Worte aus der Ferne. 1818-1822*, CH AVG, Ley.A.3.4.1, S. 6.
469 zit. in Schläpfer 1994:60.
470 Kellner [1817]:33-34.
471 Kellner [1817]:36.
472 Kellner [1817]:38.
473 Kellner [1817]:114.
474 Gügler, zit. in von Liebenau 1901:115-116.

475 von Liebenau 1901:107.
476 zit. in Schläpfer 1994:67.
477 Der Wortlaut der Predigt ist in Hurter 1817:112-115 abgedruckt.
478 Zürcher Regierung, zit. in Von Kürenberg 1948:294.
479 Hess, zit. in Müller 1863:201.
480 Hurter 1817:118.
481 Hurter 1817:IV.
482 Hurter 1817:III.
483 Hurter 1817:26.
484 Müller 1863:205.
485 Hurter 1817:III-IV.
486 Von Dillenburg 1817:59.
487 Maurer 1843:359-360. Hervorhebung vom Original übernommen.
488 Maurer 1843:346.
489 Veith, zit. in Schläpfer 1994:84.
490 Benz 1950:683.
491 Benz 1950:683.
492 Kellner 1817:100.
493 Von Dillenburg 1817:98.
494 Kellner 1817:92.
495 Von Dillenburg 1817:89.
496 Von Dillenburg 1817:91.
497 Von Dillenburg 1817:93.
498 *Eynard* [1849] 2005:280, Übers. D.S.
499 *Eynard* [1849] 2005:282, Übers. D.S.
500 Liebenau 1901:101.
501 Ley 1961:539, Übers. D.S.
502 Schläpfer 1994:108.
503 Schläpfer 1994:108-109.
504 Müller 1863:209.
505 Mayr 1927:12.
506 Kellner, zit. in Obser 1918:93.
507 *Frankfurter OberPostamtsZeitung* vom 8. September 1817.
508 Staehelin 1977:77.
509 Maurer 1843:278.
510 Gelzer 1956:200.
511 Scheitlin, zit. in Schläpfer 1994:98.
512 *Wer ist die Madam von Krudener? Und was will dieselbe in der östlichen Schweiz?* 1817:8.
513 Julie in einer Predigt im Januar 1818. Zitiert von Theologieprofessor Spieker, in Brescius & Spieker 1818:67-68.
514 Eynard [1849] 2005:286-287, Übers. D.S.
515 Das genannte Verzeichnis enthält Namen von 24 Personen, die aus den Kantonen Appenzell, Zürich, Luzern, Schaffhausen, Thurgau und Basel stammen.
516 Richter 1999:73.
517 Professor Friedrich Lachenal in einem Brief vom 19. März 1818 an Caspar Altorfer, zit. in Müller 1863:218.

518 zit. in Ley 1994:375, Übers. D.S.
519 Buchholtz 1897:13.
520 Buchholtz 1897:17.
521 Krug 1818:5.
522 Krug 1818:7.
523 Krug 1818:10.
524 Krug 1818:10-12.
525 Ley 1975:204, Übers. D.S.
526 Benz 1950:592.
527 Benz 1950:593.
528 Kovalevski 2007:212.
529 Werner, zit. in Kovalevski 2007:212.
530 Küchler, zit. in Krummacher 1860:19.
531 Küchler, zit. in Krummacher 1860:21.
532 Küchler, zit. in Krummacher 1860:22.
533 Bei den Parias handelte es sich um Unterprivilegierte und von der Gesellschaft Ausgestoßene.
534 Küchler, zit. in Krummacher 1860:22-23.
535 Steinemann 1966:57-58.
536 Buchholtz 1897:19.
537 *Treu niedergeschriebene Rede* 1818:4-5.
538 *Treu niedergeschriebene Rede* 1818:6.
539 *Treu niedergeschriebene Rede* 1818:8-9.
540 Steinemann 1966:25.
541 Brescius & Spieker 1818:3.
542 Brescius & Spieker 1818:3-4.
543 Brescius & Spieker 1818:73.
544 Brescius & Spieker 1818:75.
545 Brescius & Spieker 1818:74.
546 Brescius & Spieker 1818:4.
547 Brescius & Spieker 1818:4-5.
548 Brescius & Spieker 1818:5.
549 Brescius & Spieker 1818:6.
550 Brescius & Spieker 1818:9.
551 Brescius & Spieker 1818:18.
552 Brescius & Spieker 1818:26.
553 Brescius & Spieker 1818:36.
554 Brescius & Spieker 1818:61.
555 Brescius & Spieker 1818:42-44.
556 Brescius & Spieker 1818:67-68.
557 Brescius & Spieker 1818:68.
558 Brescius & Spieker 1818:68-69.
559 Brescius & Spieker 1818:48.
560 Brescius & Spieker 1818:49 Anm.
561 Kellner 1818:142.
562 Kellner 1818:143.
563 Gause [1932] 1989:105.
564 Gause [1932] 1989:106-107.

565 Borowski, zit. in Wendland 1910:16 Anm. 1.
566 Kellner 1818:143.
567 Dorow 1838:158.
568 Kellner 1818:143
569 Kellner 1818:144.
570 Buchholtz 1897:27.
571 *Deutsch-protestantische Kämpfe* 1888:51.
572 Ley 1975:212-213, Übers. D.S.
573 *Deutsch-protestantische Kämpfe* 1888:61.
574 Sigrist 1818b:36.
575 *Deutsch-protestantische Kämpfe* 1888:62.
576 Gemeint ist der tahitianische König Pomaré II. Dessen Vorgänger, Fürst und König Pomaré I. hatte die Christianisierung der Insulaner unterstützt.
577 Gemeint ist die Insel *Tahiti* im Süd-Pazifik. Ein älterer Name der Insel – so ähnlich auch in der vorliegenden Primärquelle verwendet – war *Otaheite*.
578 Sigrist 1818a:25-26.
579 *Deutsch-protestantische Kämpfe* 1888:64.
580 Ein livländlischer Ordnungsrichter hatte eine Art polizeiliche Sonderfunktion inne. Er war primär für die Aufrechterhaltung von Sicherheit und Ordnung verantwortlich. Zu seiner dreijährigen Amtszeit wurde er direkt vom Generalgouverneur berufen.
581 *Deutsch-protestantische Kämpfe* 1888:64-65.
582 *Deutsch-protestantische Kämpfe* 1888:65.
583 Ley 1994:394-395, Übers D.S.
584 Ley 1994:395.
585 Ley 1994:395-396, Übers. D.S.
586 Ley 1994:396, Übers. D.S.
587 CH AVG, Ley.A.3.4.1:38.
588 Aus der Gedichtsammlung Worte aus der *Ferne. 1818-1822*, CH AVG, Ley.A.3.4.1, S. 38-41.
589 *Deutsch-protestantische Kämpfe* 1888:67-68.
590 *Deutsch-protestantische Kämpfe* 1888:68.
591 *Deutsch-protestantische Kämpfe* 1888:69.
592 *Deutsch-protestantische Kämpfe* 1888:73.
593 *Deutsch-protestantische Kämpfe* 1888:73-74.
594 Stiefel 1969:43.
595 Helena Maurer, zit. in Stiefel 1969:43-44.
596 Helena Maurer in einem Brief vom 8. September 1819 an Pestalozzi in Yverdon, zit. in Stiefel 1969:182.
597 Ley 1994:398, Übers. D.S.
598 Steinemann 1966:29.
599 Steinemann 1966:29.
600 Mercier 1972:144, Übers. D.S.
601 Neben dem *Kleinen* und *Großen Katechismus* die einzige lutherische Bekenntnisschrift aus Martin Luthers Feder.
602 Aus der Gedichtsammlung *Worte aus der Ferne. 1818-1822*, CH AVG, Ley.A.3.4.1, S. 59.

603 CH AVG, Ley.A.3.4.1:67.
604 *Deutsch-protestantische Kämpfe* 1888:74-76.
605 von Goetze 1882:34.
606 Ley 1994:400, Übers. D.S.
607 von Goetze 1882:32.
608 von Goetze 1882:32-33.
609 von Goetze 1882:33.
610 von Goetze 1882:34.
611 von Goetze 1882:35.
612 von Goetze 1882:36.
613 *Deutsch-protestantische Kämpfe* 1888:76.
614 Ley 1975:266, Übers. D.S.
615 Hommaire de Hell 1848:441.
616 von Goetze 1882:53.
617 von Goetze 1882:54.
618 von Goetze 1882:55.
619 Ley 1975:269, Übers. D.S.
620 Ley 1994:405, Übers. D.S.
621 Ley 1975:270, Übers. D.S.
622 Ley 1975:270, Übers. D.S.
623 *Archimandrit* war ein besonderer Ehrentitel für einen russisch-orthodoxen Priestermönch.
624 Gretchanaia 1998:32, Übers. A.N.
625 Ley 1994:409, Übers. D.S.
626 Ley 1994:409, Übers. D.S.
627 Steinemann 1966:31.
628 Steinemann 1966:30-31.
629 Steinemann 1966:33.
630 Staehelin 1974:421.
631 Eine Unmenge an Briefwechseln innerhalb der Familie zeugen davon. Einzusehen in Genf unter CH AVG Ley.G.3.4.
632 Ley 1994:419, Übers. D.S.
633 Steinemann 1966:77.
634 *Morgenblatt* 1825:384.
635 Steinemann 1966:78.
636 Brief von Probst Kyber aus dem Jahr 1839 an Antistes Gessner, zit. in: Weisbrod-Bühler [o.J.]. Online im Internet: URL: http://tinyurl.com/lupp-p2c [Stand: 14.02.2014].
637 Der Schweizer F. Fiechtner in einem Brief vom März 1818, zit. in Föll 2002:147-148.
638 *Morgenblatt* 1825:384.
639 Ley 1994:423, Übers. D.S.
640 Ley 1965:35-36, Übers. D.S.
641 Juliette, zit. in Brief von Sophie d'Ochando an Philippe Hauger, abgefasst am 11. Juni 1825 in Bern. CH AVG Ley.G.3.2., Übers. D.S.
642 Juliette, zit. in Brief von Sophie d'Ochando an Philippe Hauger, abgefasst am 11. Juni 1825 in Bern. CH AVG Ley.G G.3.2., Übers. D.S.
643 Gemäß Psalm 19,13: *Wer kann merken, wie oft er fehlet? Verzeihe mir die*

verborgenen Sünden! und Psalm 55,7: *Ich sprach: O hätte ich Flügel wie Tauben, dass ich wegflöge und Ruhe fände!*

644 Juliette, zit. in Brief von Sophie d'Ochando an Philippe Hauger, abgefasst am 11. Juni 1825 in Bern. CH AVG Ley. G.3.2., Übers. D.S.
645 Steinemann 1966:81.
646 Schlatter 1836:352.
647 von Goetze 1882:329.
648 Demandt 2001:233.
649 *Deutsch-protestantische Kämpfe* 1888:79.
650 Online im Internet: URL: http://tinyurl.com/3r78mjv [Stand:08.08.2011].
651 Eynard [1849] 2006:51, Übers. D.S.
652 Mann 1868:280.
653 Sophie in einem Brief vom 4. Februar 1825 an Philippe Hauger, zit. in CH AVG Ley.G.3.2., Übers. D.S.
654 Online im Internet: URL: http://www.visitestonia.com/de/map/gutshof-viitina [Stand: 01.06.2013].
655 Artikel zum Monat Juni im Kalender 2005 des Historischen Forschungsvereins der Deutschen aus Russland e. V.
656 Online im Internet: URL: http://tinyurl.com/6xsl7qx [Stand: 21.04.2011].
657 Aus der Gedichtsammlung *Worte aus der Ferne. 1818 1822*, CII AVG, Ley.A.3.4.1, S. 648.

BIBLIOGRAFIE

Vorbemerkungen

Der vorliegende Jubiläumsband stützt sich inhaltlich auf die Dissertation der Autorin: Sommer, Debora 2013. *Eine baltisch-adlige Missionarin bewegt Europa: Barbara Juliane v. Krüdener, geb. v. Vietinghoff gen. Scheel*. Göttingen: Vandenhoeck & Ruprecht unipress. 725 S. Eine ausführliche Bibliografie findet sich ebenda auf den S. 674-706. Bei der nachfolgenden Bibliografie handelt es sich um eine Auswahl wichtiger Quellen sowie um diejenigen, aus denen direkt zitiert wird.

Die Abkürzung CH AVG steht für *Archives de la ville de Genève* in der Schweiz. Hier befindet sich die Privatstiftung von Francis Ley. Die Archivübersicht (http://tinyurl.com/69a4uex [Stand: 14.02.2014]) zeugt vom Umfang der Ley'schen Privatstiftung.

[Alexander I.] 1821. *[Alexander I. an Prinz Galitzyn:] Commencée le 8 et finie le 15 février 1821*. Ancienne Bibliothèque [Sankt Petersburg] Particulière de l'Empereur, Section des Manuscrits, casier II, rayon 5, carton 33, No. 1113. CH AVG, Ley.A.4.1.1.

Álvarez Ordóñez, Gemma 2001. Chateaubriand et les salons, in: Real, Elena u.a. (eds). *Écrire, traduire et représenter la fête*. Valencia: Universitat, 175-185.

An die Armen [o. J.]. Sonderdruck. o.O: s.n. CH AVG, Ley.A.2.13.

Appel, Sabine 2006. *Madame de Staël: Biographie einer großen Europäerin*. Düsseldorf: Artemis & Winkler.

Arndt, Ernst Moritz 1840. *Erinnerungen aus dem äusseren Leben*. Leipzig: Weidmann'sche Buchhandlung. 249-251.

Arndt, Ernst Moritz 1869. *Meine Wanderungen und Wandelungen mit dem Reichsfreiherrn Heinrich Karl Friedrich von Stein*. Berlin: Weidmann'sche Buchhandlung. 219-222.

Autour de Valérie: Oeuvres de Mme de Krüdener 2007. Présentées par Michel Mercier, Francis Ley et Elena Gretchanaïa. Paris: Honoré Champion.

Baur, Wilhelm 1866. Barbara Julie v. Krüdener, in: *Geschichts- und Lebensbilder aus der Erneuerung des religiösen Lebens in den deutschen*

Befreiungskriegen. Band 2, 2. Aufl. Hamburg: Agentur des Rauhen Hauses. 247-298.

Baur, Wilhelm [1883] 1969. Krüdener, Juliane von, in: *Allgemeine Deutsche Biographie (ADB)*. Band 17. Berlin: Duncker & Humblot, 196-212.

Benrath, Gustav Adolf 1990. Krüdener, Barbara Juliane von (1764-1824). *TRE*. Band 20. Berlin: Walter de Gruyter.

Benz, Ernst 1950. *Die abendländische Sendung der östlich-orthodoxen Kirche: Die russische Kirche und das abendländische Christentum im Zeitalter der Heiligen Allianz*. Abhandlungen der geistes- und sozialwissenschaftlichen Klasse, Jahrgang 1950, Nr. 8. Wiesbaden: Verlag der Akademie der Wissenschaften und der Literatur in Mainz.

Berger, Dorothea 1957. *Jean Paul und Frau von Krüdener im Spiegel ihres Briefwechsels*. Wiesbaden: Limes.

Blaser, Fritz 1964. Frau von Krüdener in Luzern, in: *Zwischen Reuss und Biregg: Beiträge zur Geschichte des Hirschmatt-, Neustadt- und Bireggquartiers und seiner Umgebung in Luzern 1964*. Luzern: Selbstverlag des Quartiervereins Hirschmatt-Neustadt-Biregg, 102-107.

Bosch, Anton 2003. Baroness von Krüdener, die Heilige Allianz und Übersiedlung der Deutschen in den Kaukasus (Anfang 19. Jh.), in: Bosch, Anton (Hg.). *Russland-Deutsche Zeitgeschichte: Unter Monarchie und Diktatur*. Band 4, Ausgabe 2004/2005. Nürnberg: Historischer Forschungsverein der Deutschen aus Russland. 48-75.

Bosold, Birgit Anna 1996. *Friederike Liman: Briefwechsel mit Rahel Levin Varnhagen und Karl Gustav von Brinckmann sowie Aufzeichnungen von Rahel Levin Varnhagen und Karl August Varnhagen*. Dissertation. Universität Hamburg.

Bosshardt 1817. *Ein Wort der Wahrheit über Frau von Krudener und ihre Lehre: Von einem Augen- und Ohrenzeugen*. Schaffhausen: s.n. 15.

Boubée, Robert 1914. *L'Abbé J.-B. Poidebard et la baronne de Krudener*. Lyon: Lardanchet.

Brecht, Martin (Hg.) 1993. *Der Pietismus vom siebzehnten bis zum frühen achtzehnten Jahrhundert*. Geschichte des Pietismus, Band 1. Göttingen: Vandenhoeck & Ruprecht.

Brecht, Martin & Deppermann, Klaus (Hg.) 1995. *Der Pietismus im achtzehnten Jahrhundert*. Geschichte des Pietismus, Band 2. Göttingen: Vandenhoeck & Ruprecht.

Brescius & Spieker 1818. *Beiträge zu einer Charakteristik der Frau Baronesse von Krüdener: Von dem Consistorialrathe Brescius und dem Professor D. Spieker*. Berlin: F. Dümmler. CH AVG Ley.B.1.10.3.

Brodbeck, Doris (Hg.) 2006. *Dem Schweigen entronnen: Religiöse Zeugnisse von Frauen des 16. bis 19. Jahrhunderts*. Markt Zell: Religion & Kultur. 139-151.

Buchholtz, Arend 1897. Frau von Krüdeners letzte Jahre, in: *Rigascher Almanach für 1898*. Riga: W. F. Häcker. 1-58.

Buchholtz, Arend 1898. Die Krüdener-Blau'sche Betgesellschaft in Riga und ein Ausbruch religiöser Verrücktheit in Kolzen, in: *Baltische Monatsschrift*. 45(1898), 29-50, 96-120.

Burdach, Heinrich 1818. *Frau von Krüdener und der Geist der Zeit: Zur Beherzigung für Gläubige und Ungläubige*. Leipzig: C. H. F. Hartmann.

Burger, Rose 1926, Juliane von Krüdener, in: *Die Frau*, Jg. 33, 680-692.

Burger, Rose 1927, Frau von Krüdener und Achim von Arnim, in: *Euphorion. Zeitschrift für Literaturgeschichte*, Band 28, 362-365.

Chateaubriand, vgl. *Von Chateaubriand*.

Cochelet, Louise [verh. Parquin] 1836. *Mémoires sur la Reine Hortense et la famille impériale, par Mademoiselle Cochelet, lectrice de la Reine*. Band 2. Paris: Chez Ladvocat.

Colmache, [Édouard] 1848. *Reminiscences of Prince Talleyrand: Edited from the papers of the late M. Colmache, private secretary to the prince, by Madame Colmache*. Band 2. London: Henry Colburn.

De Berckheim, Juliette, vgl. *Von Berckheim [geb. von Krüdener], Juliette*.

De Chateaubriand vgl, *Von Chateaubriand*.

De Krüdener, Juliette, vgl. *Von Berckheim [geb. von Krüdener], Juliette*.

Demandt, Johannes 2001. Johannes Daniel Falks Begegnungen mit Frau von Krüdener und ihr Gespräch über Goethe, in: Braun & Schäufele (Hg.). *Frömmigkeit unter den Bedingungen der Neuzeit: Festschrift für Gustav Adolf Benrath zum 70. Geburtstag*. Darmstadt: Hessische Kirchengeschichtliche Vereinigung, 225-236.

Der Fürstinnencongress zu Baden-Baden und Frau von Krüdener 1861, in: *Morgenblatt für gebildete Leser*. Nr. 17. 23. April 1861. Stuttgart und München: Verlag der J. G. Cotta'schen Buchhandlung. 396-401.

Derré, J[ean]-R[ené]. (Hg.) 1975. *Écrits intimes et prophétiques de Madame de Krüdener: 1ère Partie: 1785-1807*. Paris: Editions du CNRS.

Deutsch-protestantische Kämpfe in den Baltischen Provinzen Russlands 1888. Leipzig: Duncker & Humblot. 40-79.

Döbele-Carlesso, Isolde (Hg.) 2006. *Barbara Juliane von Krüdener: Valérie oder Briefe Gustavs von Linar an Ernst von G... Roman*. In der Übersetzung der erweiterten Fassung der Leipziger Ausgabe von 1804. Brackenheim: Carlesso.

Döbele-Carlesso, Isolde 2010. *Juliane von Krüdener auf dem Kathari-*

nenplaisir bei Cleebronn. Spuren 88. Marbach am Neckar: Deutsche Schillergesellschaft.

Dorow, Wilhelm 1838. Juliane, Freifrau von Krüdener, in: *Denkschriften und Briefe zur Charakteristik der Welt und Litteratur*. Band 1. Berlin: Alexander Duncker, 144-161.

Dorow, Wilhelm 1845. *Erlebtes aus den Jahren 1790-1827*. 3. Teil. Verlag der J. C. Hinrichschen Buchhandlung.

Edling, Roxandra [1888] 2011. *Mémoires de la Comtesse Edling (née Stourdza): Demoiselle d'honneur de sa Majesté l'impératrice Elisabeth Alexéevna*. Unveränderte Reproduktion der 1888 durch die Imprimerie du S-t Synode veröffentlichten Ausgabe. USA: s.n.

Eisele, Herbert 1970. Einführung, in: Von Krüdener, Burckhard Alexis Konstantin. *Italienische Reiseblätter aus dem Jahre 1786*. Paris. CH AVG, Ley.J.4.2.i-viii.

Ellis, Havelock 1935. *From Rousseau to Proust*. Boston: Houghton Mifflin.193-251.

Empaytaz, Henri-Louis 1840. *Notice sur Alexandre, empereur de Russie*. 2. Aufl. Genève: Mmes Ve Beroud et Susanne Guers.

Eynard, Charles [1849] 2005. *Vie de Madame de Krüdener*. Tome 2. Unveränderter Nachdruck der 1849 durch Cherbuliez in Paris veröffentlichten Ausgabe. USA: Elibron Classics (www.elibron.com).

Eynard, Charles [1849] 2006. *Vie de Madame de Krüdener*. Tome 1. Unveränderter Nachdruck der 1849 durch Cherbuliez in Paris veröffentlichten Ausgabe. USA: Elibron Classics (www.elibron.com).

Faesch, Johann Jakob 1817. *Predigt über 1. Petri 5. V. 6. 7. gehalten in der Kirche St. Theodor den 4. May 1817*. Basel: Flick.

Falck, Paul Th. 1912. Das Kirchenlied im Baltenlande, in: *Baltische Monatsschrift*, 54. Jahrgang. 74. Band. Riga: Jonck & Poliewsky. 170-179.

Feilchenfeldt, Konrad (Hg.) 1983. *Gesammelte Werke*. Rahel-Bibliothek. Rahel Varnhagen. Band 6. München: Matthes [und] Seitz.

Föll, Renate 2002. *Sehnsucht nach Jerusalem: Zur Ostwanderung schwäbischer Pietisten*. Tübingen: Tübinger Vereinigung für Volkskunde.

Frankfurter OberPostamtsZeitung 1817. Diverse Ausgaben im Zeitraum vom 6. Juli-22. Dezember 1817.

Frau Juliane von Krüdener, oder »Leben um zu lieben.« 1886, in: *Christlicher Volks-Kalender: Ein freundlicher Erzähler und Ratgeber für die liebe Christenheit, auf das Gemein-Jahr 1886*. Hg. von der Diakonissen-Anstalt. Kaiserswerth: Verlag der Diakonissen-Anstalt.

Freystedt, Karoline [Sophie] [1902] 2011. *Erinnerungen aus dem Hofleben*, hg. von Karl Obser. Reprint. LaVergne: Nabu Press.

Frossard, Frédéric 1884. Madame de Krudener: d'après des documents inédits, in: *Bibliothèque Universelle et Revue Suisse*. Band 24. Lausanne: Bureau de la Bibliothèque Universelle, 302-321, 503-532. CH AVG, Ley.A.1.4.3.

Gäbler, Ulrich 1983. Der Weg zum Réveil in Genf, in: *Zwingliana* 16/2 (1983), 142-167.

Gäbler, Ulrich (Hg.) 2000. *Der Pietismus im neunzehnten und zwanzigsten Jahrhundert*. Geschichte des Pietismus, Band 3. Göttingen: Vandenhoeck & Ruprecht.

Gause, Fritz [1932] 1989. Frau von Krüdener in Ostpreussen, in: *Altpreussische Forschungen: 9. und 10. Jahrgang 1932 und 1933*. Hg. vom Verein für Familienforschung in Ost- und Westpreussen. Nachdruck. Hamburg: Selbstverlag, 98-116.

Gelzer, Urs 1956. David Spleiss: Antistes und Professor, in: *Schaffhauser Beiträge zur Geschichte*. Band 1, 33 (1956). Hg. vom Historischen Verein des Kantons Schaffhausen, 197-204.

Gérard, Franck 2012. Les amours contrariées de Claude-Hippolyte Terray, in: *La Vie en Champagne 2012*. Sonderheft mit dem Titel *La Motte-Tilly*. 2012:38-43.

Ghervas, Stella 2008. *Réinventer la tradition: Alexandre Stourdza et l'Europe de la Sainte-Alliance*. Paris: Honoré Champion.

Gottzmann, Carola L. & Hörner, Petra 2007. *Lexikon der deutschsprachigen Literatur des Baltikums und St. Petersburgs*. Band 1. Berlin: Walter de Gruyter.

Gretchanaia, Elena 1995. Le salon de Madame de Krüdener à Paris en 1802-1803: D'après le journal inédit de sa fille, in: *Campagnes en Russie: Sur les traces de Henri Beyle, dit Stendhal*. Paris: Solibel France, 185-189.

Gretchanaia, Elena P. (Hg.) 1998. *Baronessa Krudener: Neizdannyie avtobiografitcheskie teksty*. Moskau: O.G.I. (Der Autorin liegt eine private Übersetzung aus dem Russischen ins Deutsche von Alina Nasarenko vor).

Gretchanaia, Elena (Hg.) 2007a. Algithe, in: *Autour de Valérie* 2007, 251-296.

Gretchanaia, Elena (Hg.) 2007b. Juliette de Krüdener: Journal de 1803, in *Autour de Valérie* 2007, 319-339.

Gretchanaia, Elena & Viollet, Catherine 2008. *Si tu lis jamais ce journal...: Diaristes russes francophones 1780-1854*. Textes rassemblés, transcrits, présentés et annotés par Elena Gretchanaia et Catherine Viollet. Paris: CNRS Éditions. 151-167.

Gretchanaia, Elena 2012. »Je vous parlerai la langue de l'Europe«: La francophonie en Russie (XVIIIe-XIXe siècles). Bruxelles: Peter Lang.

Groschek, Iris [o. J.]. *Samuel Heinicke in Hamburg: Eine kurze biographische Skizze.* Online im Internet: URL: http://archive.is/O0hlC [18.02.2014].

Hadorn, W[ilhelm] 1901. *Geschichte des Pietismus in den Schweizerischen Reformierten Kirchen.* Konstanz: Carl Hirsch.

Hagen, [Ernst] A[ugust] 1863. *Max von Schenkendorf's Leben, Denken und Dichten: Unter Mittheilungen aus seinem schriftstellerischen Nachlass dargestellt von Dr. A. Hagen.* Berlin: Verlag der Königlichen Geheimen Ober-Hofbuchdruckerei (R. Decker).

Herder, Johann Gottfried, vgl. *Von Herder.*

Hieber, Petra 1995. *Auf der Suche nach dem Glück: Juliane von Krüdener-Vietinghoff (1764-1814): Selbstwahrnehmung im Spannungsfeld gesellschaftlichen Wandels.* Frankfurt am Main: Peter Lang.

Hilger, Stephanie M. 2009. *Women write back: Strategies of Response and the Dynamics of European Literary Culture, 1790-1805.* Amsterdam: Rodopi. 119-147.

Högy, Tatjana 1984. *Jung-Stilling und Russland: Untersuchungen über Jung-Stillings Verhältnis zu Russland und zum »Osten« in der Regierungszeit Kaiser Alexanders I.* Schriften der J. G. Herder-Bibliothek Siegerland e. V., Band 12. Siegen: Selbstverlag.

Hommaire de Hell, Xavier 1845. *Les steppes de la mer caspienne, le Caucase, la Crimée et la Russie méridionale: Voyage pittoresque, historique et scientifique.* Band 2. Paris: P. Bertrand.

Hurter, Friedrich [Emanuel] 1817. *Frau von Krudener in der Schweiz.* St.Gallen: s.n.

Hvidt, Kristian 2002. *Ihr und wir: Dänemark aus der Sicht des Auslands – von 845 bis 2001.* Kopenhagen: s.n. 55-60.

Jörn, W. (Hg.) 1951. *Jung-Stilling: Ein Pilger zur ewigen Heimat.* 3. Aufl. Lahr-Dinglingen: St. Johannis-Druckerei C. Schweickhardt.

Jung, Martin H. (Hg.) 1999. *»Mein Herz brannte richtig in der Liebe Jesu«: Autobiographien frommer Frauen aus Pietismus und Erweckungsbewegung. Eine Quellensammlung.* Aachen: Shaker. 177-186.

Jung-Stilling, Johann Heinrich 2002. *Briefe.* Ausgewählt und hg. von Gerhard Schwinge. Giessen: Brunnen.

[Kellner, Johann Georg] 1817. *Der lebendige Glaube des Evangeliums: Dargestellt in dem öffentlichen Leben der Frau von Krüdener. Begleitet mit der von Ihr an die Theologen in Luzern gehaltenen Anrede über den hohen Beruf des Priesters*. o.O: s.n. Online im Internet: URL: http://tinyurl.com/cxmaj9o [Stand: 28.03.2009].

Kellner, Johann Georg [1817] 1910a. Missionsbericht aus Arbon, in: *Schriften des Vereins für Geschichte des Bodensees und seiner Umgebung: 39. Heft*. Lindau i. B.: Kommissionsverlag von Joh. Thom. Stettner, 91-93.

[Kellner, Johann Georg] [1817] 1910b. Zeitung für die Armen: Montag den 5. März 1817, in: *Schriften des Vereins für Geschichte des Bodensees und seiner Umgebung: 39. Heft*. Lindau i. B.: Kommissionsverlag von Joh. Thom. Stettner, 89-90.

Kellner, [Johann Georg] 1818. Die Reise der Frau von Krüdener: Aus einem Schreiben ihres Begleiters, des Herrn Kellner, aus Polangen vom 28. März 1818, in: *Zeitschwingen oder des deutschen Volkes fliegenden Blätter*, Nr. 36. 16. Mai 1818, 142-144.

Keuler, Dorothea 2009. *Verlorene Töchter: Historische Skandale aus Baden und Württemberg*. Tübingen: Silberburg. 110-125.

Kinsky, Georg 1955. *Das Werk Beethovens: Thematisch-bibliographisches Verzeichnis seiner sämtlichen vollendeten Kompositionen*. München: G. Henle.

Knapton, E[rnest] J[ohn] 1937. An unpublished letter of Mme de Krudener. *The journal of modern history*, Vol. 9, No. 4 (Dez. 1937), 483-492.

Knapton, Ernest John 1939. *The lady of the Holy Alliance: The life of Julie de Krüdener*. New York: Columbia University Press. 262.

Knapton, Ernest John 1941. Historical Revision, No. 98: The origins of the Treaty of Holy Alliance. *History*. CH AVG, Ley A.4.1.1.

Kovalevski, Bärbel 2007. Zur Bildnismalerei von Caroline Bardua (1781-1864) am Beispiel ihrer Porträts von August Hermann Niemeyer und Juliane von Krüdener, in: Soboth, Christian (Hg.). *»Seyd nicht träge in dem was ihr thun sollt.«: August Hermann Niemeyer (1754-1828): Erneuerung durch Erfahrung*. Hallesche Forschung, Band 24. Tübingen: Max Niemeyer, 199-216.

Krug, [Wilhelm Traugott] 1818. *Gespräch unter vier Augen mit Frau von Krüdener gehalten und als Neujahrsgeschenk für gläubige und ungläubige Seelen mitgetheilt vom Professor Krug*. Leipzig: In Kommission bei W. Rein & Komp.

Krummacher, Friedrich Wilhelm 1860. *Immanuel Friedrich Sander: Eine Prophetengestalt aus der Gegenwart*. Elberfeld: Druck und Verlag Wilhelm Hassel. 16-27.

[Lacroix, Paul] (Pseudonym: P. L. Bibliophile JACOB) 1880. *Madame *de Krudener: ses lettres et ses ouvrages inédits.* 2. Aufl. Paris: Paul Ollendorff. 273.

Lee, Vernon [1910] 2009. *The Countess of Albany.* 2nd ed. London: John Lane. A Project Gutenberg Canada ebook #273. Date first posted: 5 March 2009. Kapitel 14. Online im Internet. URL: http://tinyurl.com/6z776f4 [Stand: 20.06.2010].

Leenhardt, Camille 1911. *La vie de J.-F. Oberlin 1740-1826 de D.-E. Stoeber: Refondue sur un plan nouveau, complétée et augmentée de nombreux documents inédits.* Paris: Berger-Levrault.

Lehmann, Hartmut (Hg.) 2004. *Glaubenswelt und Lebenswelten.* Geschichte des Pietismus, Band 4. Göttingen: Vandenhoeck & Ruprecht.

Leibbrandt, Georg 1928. *Die Auswanderung aus Schwaben nach Russland 1816-1823: Ein schwäbisches Zeit- und Charakterbild.* Stuttgart: Ausland und Heimat Verlags-Aktiengesellschaft.

Ley, Francis 1959. *Le maréchal de Münnich et la Russie au XVIIIe siècle.* Paris: Plon.

Ley, Francis 1961. *Madame de Krüdener et son temps: 1764-1824.* Paris: Plon.

Ley, Francis 1965. *Le drame de l'enfant illégitime à l'époque romantique: le fils de Madame de Krüdener et de Claude-Hippolyte Terray.* Paris: Plon. [vgl. CH AVG, Ley.A.2.8 und Ley.G.3.1].

Ley, Francis 1967. *Bernardin de Saint-Pierre, Madame de Staël, Chateaubriand, Benjamin Constant et Madame de Krüdener: (d'après des documents inédits).* Paris: Aubier.

Ley, Francis 1971. *La Russie: Paul de Krüdener et les soulèvements nationaux 1814-1858.* Paris: Hachette.

Ley, Francis 1975. *Alexandre 1er et sa Sainte-Alliance (1811-1825): Avec des documents inédits.* Paris: Fischbacher.

Ley, Francis 1994. *Madame de Krüdener 1764-1824: Romantisme et Sainte-Alliance.* Paris: Honoré Champion.

Ley, Francis 1999. Madame de Krüdener à Paris (1802-1804), in: *Revue d'Histoire littéraire de la France* (RHLF), 1999/1, 99-108.

Ley, Francis 2007a. Histoire d'un solitaire, in: *Autour de Valérie* 2007, 297-315.

Ley, Francis 2007b. La vie extraordinaire de Mme de Krüdener, in: *Autour de Valérie* 2007, 13-26.

Lippoth, Rolf 1986. Maria Gottliebin Kummer aus Cleebronn – eine Prophetin im Umkreis der Frau von Krüdener, in Blaufuss, Dietrich (Hg.): *Pietismus-Forschungen: Zu Philipp Jacob Spener und zum spiritualistisch-radikalpietistischen Umfeld.* Frankfurt am Main: Peter Lang, 295-383.

Lund, Hannah 2004. *»Die ganze Welt auf ihrem Sopha«: Frauen in europäischen Salons.* Berlin: trafo.

[Mann, Carl Heinrich] 1868. *Frau v. Krüdener: Ein Zeitgemälde.* Bern: Carl H. Mann.

Maurer, Johann Conrad 1843. *Erinnerungen an Johann Conrad Maurer: Bilder aus dem Leben eines Predigers (1771-1841). Grösstentheils nach dessen hinterlassenen Papieren herausgegeben.* Schaffhausen: Hurter'sche Buchhandlung.

Mayr, Johann Heinrich 1927. Krudeneriana, in: *Wuhrmann 1927,* 4-16.

Meisel, Heinrich 1818. *Frau von Krüdener: Geschildert von Heinrich Meisel.* Dresden: In Commission der Georg Voss'schen Buchhandlung in Leipzig.

Meisner, Heinrich (Hg.) 1893. *Briefe an Johanna Motherby von Wilhelm von Humboldt und Ernst Moritz Arndt.* Leipzig: Brockhaus.

Mercier, Michel 1972. Écrits de Madame de Krüdener. Thèse complémentaire pour le doctorat ès-lettres. Présentée à l'université de Paris IV. (unveröffentlicht).

Mercier, Michel 1974b. *Valérie: Origine et destinée d'un roman.* Université de Lille III: Service de reproduction des thèses.

Mercier, Michel (Hg.) 2007a. Pensées et Maximes, in: *Autour de Valérie* 2007, 27-52.

Mercier, Michel (Hg.) 2007b. Valérie, in: *Autour de Valérie* 2007, 53-213.

Mercier, Michel 2008. Religion et politique de Madame de Krüdener, in: *Cahiers de la Nouvelle Société des Études sur la Restauration,* Band 7, Les Ulis (F): Acort, 85-97.

Mertens, Erich 1992. *Jung-Stilling und der Kreis um Frau von Krüdener,* in: Wörster, Peter (Hg.) 1992, 41-96.

Mertens, Erich (Hg.) 1998. *Auf den Spuren von Jung-Stilling: Studien zu Johann Heinrich Jung-Stilling (1740-1817).* Siegen: Jung-Stilling-Gesellschaft.

Meuvret, Jean 1934. *Histoire des pays baltiques: Lituanie – Lettonie, Estonie – Finlande.* Paris: Librairie Armand Colin.

Mikhaïlowitch, Nicolas 1912. *L'Empereur Alexandre Ier: Essai d'étude historique.* Band 2. Sankt Petersburg: Manufacture des Papiers de l'État. 215-238; 318-326. CH AVG, Ley A.4.1.1.

Morgenblatt für gebildete Stände: 19. Jahrgang 1825. Stuttgart und Tübingen: J. G. Cotta'sche Buchhandlung. [*Morgenblatt* Nr. 96, vom Freitag, 22. April 125, S. 384].

Müller, Hermann 1941. *Heinrich Jung-Stilling: Ein Wort zu seiner rechten Würdigung*. Siegen/Leipzig: Wilhelm Schneider.

Müller, Johann Georg 1863. Frau von Krüdener in der Schweiz: Aus dem Tagebuche Joh. Georg Müller's, in Gelzer, Heinrich (Hg.): *Protestantische Monatsblätter für innere Zeitgeschichte*. Band 23. Gotha: Justus Perthes, 195-218.

Muhlenbeck, E[ugène] 1887. *Étude sur les origines de la Sainte-Alliance*. Strasbourg: Heitz & Mündel. Mützenberg, Gabriel [1806] 1989. *A l'écoute du Réveil: De Calvin à l'Alliance évangélique*. Saint-Légier: Emmaüs.

Nöthiger-Strahm, Christine 1993. Die soziale Botschaft der Juliane von Krüdener auf ihren Erweckungsreisen in der Schweiz 1816/17, in: *Zwingliana* 19/2 (1993), 263-278.

Nöthiger-Strahm, Christine 2006. Das auserwählte Volk der Armen, in: Brodbeck, Doris (Hg.). *Dem Schweigen entronnen: Religiöse Zeugnisse von Frauen des 16. bis 19. Jahrhunderts*. Markt Zell: Religion & Kultur, 139-151.

Nöthiger-Strahm, Christine 2011. Juliane von Krüdener (1764-1824) und die Schweiz, in: Seidel, J. Jürgen (Hg.). *Gegen den Strom: Der radikale Pietismus im schweizerischen und internationalen Beziehungsfeld*. Zürich: dreamis, 151-163.

Obser, Karl 1910. Frau von Krüdener in der Schweiz und im badischen Seekreis: Nach Mitteilungen des badischen Staatsrates J. A. v. Ittner, in: *Schriften des Vereins für Geschichte des Bodensees und seiner Umgebung: 39. Heft*. Lindau i. B.: Kommissionsverlag von Joh. Thom. Stettner. 79-93.

Oppell, [o.J.]. Notice sur la Baronne de Krüdener par une de ses petites-filles la Baronne d'Oppell. CH AVG, Ley.A.1.3.1-9;29-39.

Ostertag, Albert 1865. *Entstehungsgeschichte der evangelischen Missionsgesellschaft zu Basel: Mit kurzen Lebensumrissen der Väter und Begründer der Gesellschaft*. Basel: Verlag des Missionshauses.

Paléologue, Maurice [o. J]. *Alexander I.: Der rätselhafte Zar*. Aus dem französischen übersetzt von Willy Grabert. Berlin: Paul Neff.

Pestalozzi, Johann Heinrich 1996. *Der Mut des Demütigen: Worte zum Glauben*. Zürich: TVZ. 30-32.

Philipps, Carolin 2009. *Friederike von Preussen: Die leidenschaftliche Schwester der Königin Luise*. München: Piper.

Philipps, Carolin 2010. *Luise: Die Königin und ihre Geschwister*. München: Piper.

Planert, Ute 2007. *Der Mythos vom Befreiungskrieg: Frankreichs Krie-*

ge und der deutsche Süden, Alltag – Wahrnehmung – Deutung, 1792-1841. Paderborn: Ferdinand Schöningh.

Probst, René 1968. *Der aargauische Protestantismus in der Restaurationszeit*. Zürich: Juris.

Railton, Nicholas M. 2000. *No North Sea: The Anglo-German Evangelical Network in the Middle of the Nineteenth Century*. Leiden: Brill.

Renold, Ursula 1998. Pietismus und Provokation: Missionarin Barbara Juliane von Krüdener (1764-1824), in: *Was Männer wollten und Frauen taten: Erster historischer Frauenstadtrundgang Aarau 1998*. Hg. vom Verein Frauenstadtrundgang Aarau und von der Fachstelle für die Gleichstellung von Frauen und Männern des Kantons Aargau. Baden: Baden, 86-93.

Richter, Erhard 1999. Die »Erweckungstätigkeit« der Baronin Juliane von Krüdener in Basel und am Grenzacher Horn in den Jahren 1816 und 1817, in: *Das Markgräflerland: Beiträge zu seiner Geschichte und Kultur*, Band 1/1999. Hg. vom Geschichtsverein Markgräflerland. Schopfheim: Geschichtsverein. 64-76.

Ricklefs, Ulfert 2008. Kunstthematische und politische Rahmenbildung in *Des Knaben Wunderhorn*, in: Strack, Friedrich (Hg.). *200 Jahre Heidelberger Romantik*. Berlin: Springer.

Röder, Annemarie 2010. *Luise – eine Königin unterwegs in Preussen*. Unter Mitarbeit von Carsten Eichenberger & Catharina Raible. Baden-Württemberg: Haus der Heimat.

Rosenberg, Alfons 1953. *Der Christ und die Erde: Oberlin und der Aufbruch zur Gemeinschaft der Liebe*. Olten: Otto Walter.

Rothkirch, Malve (Hg.) 1985. *Königin Luise von Preussen: Briefe und Aufzeichnungen 1786-1810*. Mit einer Einleitung von Hartmut Boockmann. München: Deutscher Kunstverlag.

Schick, Erich [o.J.]. *Heinrich Jung-Stilling: Der Patriarch der Erweckung*. Stuttgart: Evang. Missionsverlag. 16.

Schischkow, Alexander 1832. *Memoiren des Admirals A. Schischkow über die Zeit seines Aufenthalts bei der Person des wohlseligen Kaisers Alexander I während des Krieges mit den Franzosen in den Jahren 1812 bis 1814*. Aus dem Russischen übersetzt von Carl Goldhammer. Leipzig: Paul Gotthelf Kummer. Online im Internet: URL: http://tinyurl.com/6xx94fu [Stand: 28.07.2009].

Schläpfer, Michael 1994. *Künderin des bevorstehenden Weltunterganges: Juliane von Krüdener in der Schweiz 1815-1817*. Lizentiatsarbeit der Philosophischen Fakultät I der Universität Zürich.

Schlatter, Daniel 1836. *Bruchstücke aus einigen Reisen nach dem südli-*

chen Russland in den Jahren 1822 bis 1828: Mit besonderer Rücksicht auf die Nogaÿen. St.Gallen & Bern: Huber und Comp.

Schwinge, Gerhard (Hg.) 2002. *Johann Heinrich Jung-Stilling: Briefe.* Ausgewählt und hg. von Gerhard Schwinge. Gießen: Brunnen.

Sendschreiben geprüfter Christen an weiland den geheimen Hofrath Jung-Stilling: Aus dessen schriftlichem Nachlasse gesammelt und geordnet für seine Freunde 1833. Karlsruhe: C. F. Müller'sche Hofbuchhandlung.

Sigrist 1818a. St. Petersburg und Moskwa im Herbst 1817: Vom Dr. Sigrist, in: *Zeitschwingen oder Weimarisches Unterhaltungsblatt*, Nr. 7. 26. Januar 1818, 25-26.

Sigrist 1818b. St. Petersburg und Moskwa im Herbst 1817: Zweites Kapitel, in: *Zeitschwingen oder Weimarisches Unterhaltungsblatt*, Nr. 9. 4. Februar 1818, 35-36.

Sommer, Debora 2013. *Eine baltisch-adlige Missionarin bewegt Europa: Barbara Juliane v. Krüdener, geb. v. Vietinghoff gen. Scheel (1764-1824).* Göttingen: Vandenhoeck & Ruprecht unipress.

Staehelin, Ernst 1965. *Professor Friedrich Lachenal: 1772-1854.* Studien zur Geschichte der Wissenschaften in Basel, hg. von der Universität Basel, XVI. Basel: Helbing & Lichtenhahn.

Staehelin, Ernst 1974. *Die Christentumsgesellschaft in der Zeit von der Erweckung bis zur Gegenwart: Texte aus Briefen, Protokollen und Publikationen.* Basel: Friedrich Reinhardt.

Staehelin, Ernst 1977. Die Beziehungen Schaffhausens zur Christentumsgesellschaft, in: *Schaffhauser Beiträge zur Geschichte* 54, 62-80.

Steinemann, Ernst 1966. *Frau Margareta Maurer-Fischer im Mühlental bei Schaffhausen und ihre Kinder auf dem Wege nach der Krim: Ein Beitrag zur Geistesgeschichte um Pestalozzi und Frau von Krüdener aus Briefen im Nachlass von Dr. med. Johann Jakob Stokar zum Sittich.* Schaffhausen: s.n. 98.

Stiefel, Roland 1969. *Pestalozzi und Schaffhausen: Ein Beitrag zur Schaffhauser Schul- und Personengeschichte.* Schaffhausen: Alfred Meili.

Straube, Gvido & Laur, Mati 2009. Der Hallische Pietismus und die Herrnhuter Brüdergemeine in Liv- und Estland im 18. Jahrhundert, in: *Forschungen zur baltischen Geschichte*, 4/2009, 97-114.

Stricker, Gerd (Hg.) 1997. *Deutsche Geschichte im Osten Europas: Russland.* Berlin: Siedler.

Stiefel, Roland 1969. *Pestalozzi und Schaffhausen: Ein Beitrag zur Schaffhauser Schul- und Personengeschichte.* Schaffhausen: Alfred Meili.

Strube, Rolf (Hg.) 1991. *Sie sassen und tranken am Teetisch: Anfänge und Blütezeit der Berliner Salons 1789-1871.* München: Piper.

Stuber, Christine 2002a. »*Eine fröhliche Zeit der Erweckung für viele*«: *Quellenstudium zur Erweckungsbewegung in Bern 1818-1831*. 2. korrigierte Aufl. Bern: Peter Lang.

Stuber, Christine 2002b. »Que ce réveil est beau!«: Zur Erweckungsbewegung in Bern von 1818 bis 1831, in: *Berner Zeitschrift für Geschichte und Heimatkunde (BEZG)*. 64. Jahrgang 2002 Heft 1. Bern: Historischer Verein des Kantons Bern.

Sturdza, Roxandra – vgl. Edling.

The Christian Guardian, and Church of England Magazine 1846. London: Seeley. Madame de Krudener. S. 385-389.

Treu niedergeschriebene Rede, welche Frau von Krüdener in einer Versammlung zu Beeskow, am 27sten Januar 1818, gehalten hat 1818. Berlin: Enslin.

Varnhagen, Rahel à vgl. Feilchenfeldt, Konrad (Hg.).

[Veith, Johann Wilhelm] 1817. *Winke der Wahrheitsliebe, die Frau von Krudener betreffend, von einem warmen Verehrer der Wahrheit*. Schaffhausen: s.n.

Von Arnim, Achim 1807. Frau von Krüdener in Königsberg, in: *Vesta*, Band 1, 119-127.

<u>Von Berckheim [geb. von Krüdener], Juliette</u>

 Von Krüdener, Juliette [1803] 2007. Journal de 1803, présenté par Elena Gretchanaïa, in: *Autour de Valérie* 2007, 319-339.

 Von Krüdener, Juliette [1806-1808] 1994. Journal 1806-1808. CH AVG, Ley.B.1.1.

 Von Krüdener, Juliette [1808-1809] 1961. Journal 1808-1809. Fragmente in: Ley 1961, 306-354. 325-329. CH AVG, Ley.B.1.2-B.1.4.

 Von Krüdener, Juliette 1810-1812. Journal. CH AVG, Ley.B.1.5.

 Von Krüdener, Juliette 1813-1814. Journal. CH AVG, Ley.B.1.6.

 Von Berckheim, Juliette 1814-1819. Journal. CH AVG, Ley B.1.7.

 Von Berckheim, Juliette 1815. Journal. CH AVG, Ley B.1.8.

 Von Berckheim, Juliette 1815-1817. Journal. CH AVG, Ley B.1.9.

 Von Berckheim, Juliette 1814-1819. Journal. CH AVG, Ley B.1.7.

 Von Berckheim, Juliette 1818-1820. Journal. CH AVG, Ley B.1.10.1.

 Von Berckheim, Juliette 1822. Journal (= 4 Tagebücher aus dem Jahr 1822). CH AVG, Ley B.1.11 – Ley B.1.14.

 Von Berckheim, Juliette 1823-1824. Journal. CH AVG, Ley B.1.15.1.

 Von Berckheim, Juliette 1824. Journal. CH AVG, Ley B.1.15.2

Von Bonstetten, Karl Viktor 1829. *Briefe von Karl Viktor von Bonstetten an Friederike Brun*. Hg. von Friedrich von Matthisson. 1. Teil. Frankfurt a. M.: Wilhelm Schaefer's Buchhandlung. S. 281-283.

Von Chateaubriand, F[rançois-René] 1852. *F. A. v. Chateaubriand's Denkwürdigkeiten: Von Jenseits des Grabes.* Deutsch von L. Meyer. 2. Ausgabe in Bänden, Band 3, 3. Teil. Leipzig: Hermann Costenoble. 92-93.

Von Chézy, Helmina 1818. Erinnerungen aus meinem Leben bis 1811, in: von Chézy, Helmina (Hg.). *Aurikeln: Eine Blumengabe von deutschen Händen.* Berlin: Duncker und Humblot, 145-148.

Von Chézy, Helmina 1858. *Unvergessenes: Denkwürdigkeiten aus dem Leben von Helmina von Chézy. Von ihr selbst erzählt.* 1. Teil. Leipzig: F. A. Brockhaus. 253-254.

Von Dillenburg, Friedrich 1817. *Freimüthige Widerlegung der in vaterländischen Blättern eingerückten Schrift Frau v. Krudner betreffend: Gewidmet gefühlvollen edlen Seelen zur Berichtigung gewagter und ungerechter Urtheile über diese Dame.* Helvetien [Schaffhausen]: s.n.

Von Goetze, Peter 1882. *Fürst Alexander Nikolajewitsch Galitzin und seine Zeit: Aus den Erlebnissen des Geheimraths Peter von Goetze.* Leipzig: Duncker & Humblot.

Von Herder, Johann Gottfried 1813. *Stimmen der Völker in Liedern: Gesammelt, geordnet, zum Theile übersetzt durch Johann Gottfried von Herder.* Neu hg. durch Johann von Müller. Wien: Katharina Gräffer und Härter.

Von Krüdener, Burckhard Alexis Konstantin [1786] 1970. *Italienische Reiseblätter aus dem Jahre 1786.* Hg. von Herbert Eisele. Paris. CH AVG, Ley.J.4.2.

Von Krüdener, Juliane, vgl. Nachtrag zur Bibliografie.

Von Krüdener, Juliette [Tochter], vgl. *von Berckheim [geb. von Krüdener], Juliette.*

Von Kürenberg, Joachim 1948. *Die tanzende Heilige: Der von Krüdener seltsame Irrfahrt.* Hamburg: Mölich.

Von Liebenau, Theodor 1901. Juliana von Krudener im Kanton Luzern, in: *Katholische Schweizer-Blätter.* Luzern: s.n. 101-132.

Von Münnich, [Ernst] [1817] 2006. *Die Memoiren des Grafen Münnich, Sohnes des Feldmarschalls: Für seine Kinder geschrieben,* hg. von Ulrich Wilke. Reprint. Neukirchen: make a book. 53-208.

Von Redern, Hedwig 1927. *Zwei Welten: Das Leben von Juliane von Krüdener 1764-1825.* Schwerin i. Mecklb.: Friedrich Bahn.

Von Sivers, Jegór (Hg.) 1868. *Herder in Riga.* Riga: Kymmel's Buchhandlung.

Von [Ungern-]Sternberg, Alexander 1848. Frau von Krüdener, in: *Berühmte deutsche Frauen des achtzehnten Jahrhunderts: In Bildnissen zusammengestellt.* 1. Teil. Leipzig: F. A. Brockhaus. 291-372.

Von Westerholt, Egon 1958. *Lezay Marnésia: Sohn der Aufklärung und Präfekt Napoleons (1769-1814)*. Meisenheim am Glan: Anton Hain. 209-214.

Walser-Wilhelm, Doris & Peter (Hg.) 2003. *Bonstettiana: Briefkorrespondenzen Karl Viktor von Bonstettens und seines Kreises.* Teilband 10/2: 1808-1811: Coppet, Baskenland, Genf. Göttingen: Wallstein. S. 651.

Wemyss, Alice 1977. *Histoire du Réveil 1790-1849*. Paris: Les Bergers et les Mages.

Wendland, Walter 1910. *Ludwig Ernst von Borowski, Erzbischof der evangelischen Kirche in Preussen: Ein Beitrag zur Geschichte der ostpreussischen Kirche im Zeitalter der Aufklärung*. Königsberg i. Pr.: Kommissionsverlag Ferd. Beyers Buchhandlung.

Wer ist die Madam von Krudener? Und was will dieselbe in der östlichen Schweiz?: Nur für gemeine und Bauersleute 1817. St.Gallen: Franz Brentano.

Werner, Karl Friedrich 1865. *Christian Gottlob Barth, Doktor der Theologie, nach seinem Leben und Wirken. Band 1*. Calw: Vereinsbuchhandlung.

Wilke, Ulrich (Hg.) 2006. *Die Memoiren des Grafen Ernst von Münnich*. Reprint der deutschen Memoiren Ernst von Münnichs, hg. von Arved Jürgensohn, 1896. Neukirchen: make a book.

Wilke, Ulrich (Hg.) 2008. *Lebensbeschreibung des russisch-kaiserlichen General-Feldmarschalls, B. C. Grafen von Münnich*. Reprint der deutschen Lebensbeschreibung von Gerhard Anton von Halem, 1803. Neukirchen: make a book.

Wilke, Ulrich 2010. *Burchard Christoph von Münnich: Texte-Bilder-Archivalien*. Hude: Privatdruck.

Wilke, Ulrich 2013. *Burchard Christoph von Münnich 1683-1767: Von der Hunte an die Newa*. Neukirchen: make a book. Erweiterte Neuauflage.

Wolff, Joseph 1861. *Travels and adventures of the Rev. Joseph Wolff.* London: Saunders.

Wörster, Peter (Hg.) 1992. *Zwischen Strassburg und Petersburg: Vorträge aus Anlass des 250. Geburtstages von Johann Heinrich Jung-Stilling*. Schriften der J. G. Herder-Bibliothek Siegerland e. V., Band 25. Siegen: Selbstverlag.

Wuhrmann, Willy 1927. *Frau von Krüdener in Romanshorn und Arbon: Nach der »Lebenswanderung« von J. H. Mayr in Arbon mitgeteilt von Willy Wuhrmann, Arbon*. Sonderabdruck aus dem 54. Hefte der

Schriften des Vereines für Geschichte des Bodensees und seiner Umgebung.
Zeitgenossen: Biographieen (sic!) *und Charakteristiken* 1818. Band 3, 1. Abteilung. Hg. von F. A. Koethe u.a. Leipzig: F. A. Brockhaus. 105-182.
Zimmerling, Peter 1999. Barbara Juliane von Krüdener (1764-1824): Die große Frau der Heiligen Allianz, in: *Starke fromme Frauen: Begegnungen mit Erdmuthe von Zinzendorf, Juliane von Krüdener, Anna Schlatter, Friederike Fliedner, Dora Rappard-Gobat, Eva von Tiele-Winckler, Ruth von Kleist-Retzow*. 3. Aufl. Gießen: Brunnen. 22-46.

Barbara Juliane von Krüdener – Auswahl von Schriften

Viele Schriften sind in unterschiedlichen Versionen (Original plus Übersetzungen) erschienen.
Zur Vielzahl unterschiedlicher Valérie-Versionen verweise ich auf die bibliografischen Hinweise bei Ley (1994) oder Döbele-Carlesso (2006).

Alexis [1796-1797] 1972, in: Mercier 1972:30-58. Original auch in CH AVG, Ley.A.3.2.7.
Algithe [1802] 2007, présentée par Elena Gretchanaïa, in: *Autour de Valérie* 2007, 251-296.
Après la bataille d'Eylau [1807] 1975, in: Derré 1975, 221-255.
Briefe an Zar Alexander I. und an Golizyn. Mikhaïlowitch, Nicolas 1912. *L'Empereur Alexandre Ier: Essai d'étude historique.* Band 2. Sankt Petersburg: Manufacture des Papiers de l'État. 215-238; 318-326. CH AVG, Ley A.4.1.1.
<u>Brief an den Innenminister Berckheim – in verschiedenen deutschen Übersetzungen:</u>
 [Brief an den Badenschen Minister von Berkheim] 1817. Grenzacher-Horn, den 14. Februar 1817, in: Hurter 1817, 77-90.
 [Brief an den Badenschen Minister des Innern, Herrn von Bergheim] 1817. Grenzacher-Horn, den 14. Februar 1817, in: Zeitgenossen III 1818,141-152.
 Brief der Frau Baronin von Krüdener an Herrn von Bergheim, Minister des Innern zu Karlsruhe [1817] 1818, in: Meisel 1818:17-35.
 Brief der Frau Baronin von Krüdener an Herrn von Bergheim 1817, in: Mann 1868,228-241.
 Schreiben der Frau Baroninn von Krüdener an Herrn von Bergheim,

Minister des Innern zu Karlsruh 1817. Zentralbibliothek Bern: ZB Laut 162:5.
[Description du jardin de Schönhoff] [1799] 2012, in: Gretchanaia 2012, 319-330.
Der Einsiedler [1818] 1999, in: Jung 1999:178-185.
Élisa ou l'Éducation d'une jeune fille [1799] 1961. Fragmente in: Ley 1961:142-145. Original im fonds Ley – 48 Seiten CH AVG, Ley.A.3.2.8.
Géraldine I [1789-1790] 1975, in: Derré 1975, 99-131.
Géraldine II [o.J.] 1975, in: Derré 1975, 133-166.
Histoire d'un solitaire (Fragment aus *Othilde*) [1808-1809] 2007, présentée par Francis Ley, in: *Autour de Valérie* 2007, 297-315. Original: CH AVG, Ley.A.3.2.4
[Journal] [1809]. Fragmente in: Ley 1961, 325-354. Original: CH AVG, Ley.A.3.3.4.
[Journal de 1809]. Fragmente in: Ley 1961:325-354. Unveröffentlichtes Original in CH AVG, Ley.A.3.3.4.
Jugenderinnerungen Genfer Version [o.J] 1961, in: Ley 1961:7-16. Gemäß einer Handabschrift von Juliane von Krüdeners Enkelin Oppell. Archiviert in Genf: CH AVG, Ley A.1.3.
Jugenderinnerungen Moskauer Version [o.J] 2012, in: Gretchanaia 2012:333-357. Original im russischen Staatsarchiv Moskau: GARF, fonds 967, inventaire 1, n° 1, f° 2-3 v; 6-20 v. Die Transkription der französischen Fragmente durch Gretchanaia erschien unter dem Titel *[Souvenirs d'enfance et de jeunesse]*.
[L'auteur de Valérie et la société parisienne] [1804] 2007, présentation et publication par Elena Gretchanaia, in: *Autour de Valérie* 2007, 221-250.
Le Camp de Vertus [1815] 1880, in: Lacroix 1880, 139-148.
Le Camp de Vertus, ou la grande revue de l'armée russe, dans la plaine de ce nom, par l'Empereur Alexandre 1815. Alyon: Guyot.
[Le Désert] (Fragment aus *Othilde*) [1808-1809] 2007, présentée par Francis Ley, in: *Autour de Valérie* 2007, 299-300. CH AVG, Ley.A.3.2.4
[Lettre à Johann Friedrich Heller] [o.J.], in: Mercier, Michel 1972. Écrits de Madame de Krüdener. Thèse complémentaire pour le doctorat ès-lettres. Présentée à l'université de Paris IV. 143-187. Original auch in CH AVG, Ley.A.3.1.
Lettre de Madame de Krudener à Monsieur de Bergheim, ministre de l'intérieur à Carlsrouhe 1817. Zentralbibliothek Zürich, 18.1548,3.
Lettre à Heller [1818] 1972, in: Mercier 1972:148-187.
[Manuscrit en forme de cantique] [1787-1800] 1974, in: Mercier 1974b, xcviii-ciii.

O Dieu de vérité. Gedicht, in : *Autour de Valérie* 2007, 314-315.

Pensées [o.J.] 1880, in: Lacroix 1880:237-257.

Pensées et Maximes [1802] 2007, présentées par Michel Mercier, in: *Autour de Valérie* 2007, 27-52.

Portrait de Mme de *** [vor 1804] 1912, in: Gretchanaia 1912, 330-331.

Schreiben an den jungen Gelehrten jüdischer Herkunft in verschiedenen deutschen Übersetzungen:

[Französisches Original] 1816 [1849], in: Eynard 1849, 140-145.

[An einen jungen Gelehrten von jüdischer Geburt] ([1816] 1818, in: von Pfeilschifter, 5-6.

[An einen jungen Gelehrten von jüdischer Geburt] [1816] 1868, in: Mann 1868:214-218. Kopie in: CH AVG, Ley.A.2.13.

[An einen jungen Gelehrten von jüdischer Geburt] ([1816] 1818, in: *Zeitgenossen 3* 1818, 137-140.

Ein Brief der Frau von Krüdener [o.J.]. Sonderdruck. Strassburg: J. H. Silbermann. CH AVG, Ley.1.2.13.

[Sur la libération de la Grèce] 1821. Inédit. CH AVG, Ley.A.3.4.2

Sur l'éducation des princes [1820] 1972, in: Mercier 1972:188-201. Original auch in CH AVG, Ley.A.3.4.2.

Sur les Psaumes [1815] 1880, in: Lacroix, Paul (P. L. Bibliophile Jacob): *Madame de Krudener: ses lettres et ses ouvrages inédits*. 2. Aufl. Paris: Paul Ollendorff. 261-262.

Tagebuch für Helene (Journal pour Hélène od. Journal de Copenhague) [1787] 1961, in: Ley 1961, 38-58.

Tagebuch von Venedig [1785] 1961, in: Ley 1961, 27-34.

Tagebuch [1799/1800] 1998, in: Gretchanaia 1998:79-94. Tagebuchfragmente in russischer Übersetzung, unveröffentlicht auf Französisch. Das Tagebuch umfasst die Zeitspanne von September 1799 bis Sommer 1800.

Tagebuch [1800] 2008, in: Gretchanaia & Viollet 2008:153-167. Das Tagebuch umfasst die Zeitspanne vom 2. Juli 1800 bis Sommer 1800.

Valérie [1803] 1974, in: Mercier, Michel (Hg.): *Mme de Krüdener: Valérie*. Paris: Klincksieck.

Valérie [1803] 2006, in: Döbele-Carlesso, Isolde (Hg.): *Valérie oder Briefe Gustavs von Linar an Ernst von G…: Roman. In der Übersetzung der erweiterten Fassung der Leipziger Ausgabe von 1804*. Brackenheim: Carlesso.

Valérie ou lettres de Gustave de Linar à Ernest de G… [1803] 2007, présentée par Michel Mercier, in: *Autour de Valérie* 2007, 53-213.

Worte aus der Ferne, 1818-1822: Von Frau Baronin Barbara von Krüdener, geborene Baronessa von Vietinghof. Gedichte. Unveröffentlicht. CH AVG, Ley.A.3.4.1.

Weitere Biografien bei FRANCKE

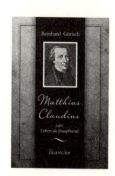

Reinhard Görisch
**Matthias Claudius
oder Leben als Hauptberuf**
ISBN 378-3-86827-467-7
112 Seiten, gebunden

Diese Biografie schildert in kompakter Form die Lebensstationen des Dichters und Schriftstellers Matthias Claudius (1740–1815). Hauptthemen seines Werkes werden vorgestellt, in Zitaten kommen er und Zeitgenossen zu Wort. Claudius wird dem Leser in der Vielschichtigkeit seiner Persönlichkeit und seines Gesamtwerks nahegebracht. Durch sein schriftstellerisches Schaffen regt er bis heute dazu an, christliches Leben bewusst zu gestalten, die eigenen Gaben auszuschöpfen und an der Hoffnung über unsere Existenz hinaus festzuhalten.

Wilhelm Faix
Zinzendorf – Glaube und Identität eines Querdenkers
ISBN 978-3-86827-339-7
240 Seiten, Paperback

Zinzendorf – Stratege und Visionär, fromm und klug, initiativ und integrierend, ein Querdenker. Diese Biografie zeigt ausführlich, wie Theologie und Biografie bei Zinzendorf aufeinander bezogen sind.

Wilhelm Faix zeichnet die Lebensgeschichte Zinzendorfs nicht nur nach, sondern betrachtet seine Persönlichkeit zunächst aus ganz unterschiedlichen Perspektiven, zeigt ihn als Poeten, betrachtet Aspekte seiner Theologie, seines Gemeindeverständnisses und seiner Spiritualität. Dann kommt aber auch die Spannung zwischen Individualität und Sozialität in den Blick, die Wechselbeziehung von Kultur und Individualität, von Gemeinde und Gemeindepädagogik.

Faix vergleicht die Epoche der anbrechenden Moderne, in der Zinzendorf aufwächst und die ihn herausfordert, mit der sogenannten Postmoderne und ihren Herausforderungen für uns. Dabei stellt er nicht nur wichtige Fragen, sondern versucht auch Antworten aus der Geschichte des berühmten Grafen zu geben. Namentlich Zinzendorfs bewusste Entscheidung für Gemeinschaft.

Ein lesenswertes Buch für alle an Geschichte und Biografie interessierten Leser.